为什么是深圳

长篇报告文学

陈启文　著

海天出版社
HAITIAN PUBLISHING HOUSE

·深圳·

图书在版编目（CIP）数据

为什么是深圳 / 陈启文著. — 深圳 : 海天出版社，
2020.8（2021.3重印）

ISBN 978-7-5507-2937-7

Ⅰ. ①为… Ⅱ. ①陈… Ⅲ. ①报告文学–中国–当代
Ⅳ. ①I25

中国版本图书馆CIP数据核字（2020）第108724号

为什么是深圳
WEISHENME SHI SHENZHEN

出 品 人　聂雄前
责任编辑　梁　萍　谢　芳
　　　　　韩海彬　曾韬荔
责任技编　郑　欢
责任校对　万妮霞
封面设计　张　军

出版发行　海天出版社
地　　址　深圳市彩田路2038号海天综合大厦（518033）
网　　址　www.htph.com.cn
订购电话　0755-83460239（邮购、团购）
排版制作　深圳市龙瀚文化传播有限公司　0755-33133493
印　　刷　雅昌文化（集团）有限公司
开　　本　787mm×1092mm　1/16
印　　张　24.25
字　　数　335千
版　　次　2020年8月第1版
印　　次　2021年3月第3次
定　　价　69.80元

目　录

为什么是深圳

历史的追问

我曾经离深圳很远，如今离深圳很近。我现在的邻居几乎都是深圳人，我也的确是深圳的邻居。最早听说深圳是1980年，在那个如火如荼的夏天，一个如天方夜谭般的神话从遥远的中国南方海滨传到了内地，有个名叫深圳的小渔村在一夜之间变成了中国第一个经济特区。许多人对深圳的名字还存在误读，将深圳读成"深川"。中国原本是一个充满了神话的国度，深圳也确实像一个神话，而神话往往会遮蔽历史真相。一直到今天，世人依然对深圳有一些误解，第一个就是对历史的误解。

深圳，在深圳经济特区建立之前，难道真的是一个小渔村吗？

这是我对深圳的第一个追问。无论是追溯还是追问，一切都要从大海开始。

这是一片亘古以来就被大海拥抱的土地。这块约2000平方公里的土地，位于北回归线以南、伶仃洋东侧的珠江入海口，拥有260余公里的黄金海岸线和一个接一个的海湾：大亚湾、大鹏湾、深圳湾、前海湾、赤湾。那海岸线被风吹成一条条优美的曲线，随着潮汐起伏，活泛而灵动。然而，你绝对不能忽视这海岸线下的深邃和复杂。一些考古学家已为我们揭开了那深埋在地底下的真相，当他们将考古铲深入到六七千年前的历史堆积层，发现这一带至少在新石器时代中期便有人类活动的足迹。百越部族的一个分支——南越部族，他们是在这一带沿海沙丘谷地繁衍生息的海洋渔猎族群。早在夏商周时期，这些先民便面朝大海，凿木为舟，这一带的海湾便是他们奔波大海的港湾和可通舟楫的原始口岸。而大海，既是沧桑岁月的见证，也是这一方水土源远流长的归依。你必须有足够的耐心转弯抹角，才能如同转世般，去接近那些已走出很远的先辈，去拜谒那一个个经世不灭的灵魂。这是走进深圳内心深处的一种方式。

秦始皇统一中国，将岭南并入大秦帝国版图，原属百越的珠江三角洲被纳入南海郡管辖，郡治在今广州。汉武帝时在全国设置三十八处盐官，南头半岛便是其中之一，为番禺盐官治所，史称东官。三国东吴甘露元年（265年）又在东官设立司盐都尉，始建垒城，这便是深圳最早的城池。东晋咸和六年（331年）将原南海郡东南部析出，置东官郡，下辖宝安等六县，而宝安的辖地包括今香港、深圳、东莞、番禺南部、中山、珠海、澳门等地区，以南头为郡城和县治。南头古城至今犹存，这是深圳的历史之根和文脉之源，就位于深圳市的南山区。当你沿着深圳市东西主干道深南大道一路向西，走到西头的最末端，就是深圳城市史的开端。若由此追溯，这一方水土的郡县史和城市史至少已有一千七百年。

自宋朝以降，这座古城已是海上丝绸之路的一个枢纽，盛产海盐、香料和珍珠。追寻那些在时空中穿过的身影，第一个不能遗忘的人物便是文天祥。这位南宋末年的右丞相兼枢密使，在东南沿海一带抗击南下的元军，最终兵败被俘，被押送到伶仃洋一带。他眼睁睁地看着南宋王朝的最后一场血战，也是中国历史上规模较大的一次海战，一个王朝最终在大海里沉没。一位抗元将领无力实现对一个王朝最后的拯救，却在这里留下了最后的绝唱："人生自古谁无死，留取丹心照汗青。"如今南头古城规模最大、保存最完整的一座古建筑，便是当地人为纪念文天祥而建起的信国公文氏祠。正义堂中安放着文天祥的镀金塑像，从人体造型到衣褶线条都充满了纵放凌厉的动感，只有海风才有如此强劲的动力。文天祥的族人当年也追随他而来，如今文氏后裔在深圳宝安区的松岗、福田区的岗厦等地开枝散叶，"子孙繁衍，世泽流长"，这是历史为深圳注入的一股血脉。

当中国历史进入明代，这一带是郑和下西洋的必经之路。郑和七下西洋，开创了人类历史上多次伟大的远航，但他的壮行或远航就像一场辉煌的梦幻。当人类从陆地征战转向海洋争霸，从明朝到清朝都采取了壁垒森严的海禁。明洪武二十七年（1394年）在今深圳境内同时设立了两座千户所城，一座是设于南头半岛的东莞守御千户所城，一座是设在大鹏半岛的大鹏守御千户所城，这两座海防要塞为"虎门之外卫，省会之屏藩"。进入十六世纪，粤海一带既有来自大西洋诸国的远征舰队，又有倭寇与海盗频频侵袭。葡萄牙原是一个扼地中海进出大西洋之要冲的西南欧小国，逐渐崛起为海上霸主，随后便开辟了东方航线，对东方诸国进行殖民掠夺。明正德六年（1511年）夏，葡萄牙武装商船驶入屯门澳，这一海湾三面环山，为天然避风港。当时，今深圳和香港皆属东莞辖地，史载"番夷佛郎机船队入寇，占据东莞县属屯门岛及海澳海道"。他们还在屯门岛上竖一石柱，刻上了葡萄牙王国的国徽，这是对中国主权的公然侵犯。明正德十六年（1521年），广东提刑按察使司副使汪鋐率军将葡萄牙武装商船赶出了屯门澳。据今世学者考证，此公不仅是中国抗击西方入侵者的第一人，也是中国向西方学习先进武器的第一人。在击败葡萄牙入侵者后，他还对缴获的葡萄牙佛郎机炮进行研究和仿造，开"师夷之长技以驭夷狄"之先河。一个明朝的官员，既能用一只眼睛警惕地瞄准来自海上的侵略者，又能用另一只眼睛正视西方的先进科技。这正是中华民族必须具备的目光，而这样的目光最早出现在深圳海防前哨，又何尝不是深圳的历史眼光。

随着海上入侵者愈来愈多，为了加强海防，明万历元年（1573年）又从东莞县析出新安县，这一县名被寄予"革故鼎新，转危为安"之义，县域包括今深圳市和香港特别行政区全境。入清后，康熙年间又在新安县修筑了九龙寨、大屿山、南头寨、赤湾左右等六大炮台。道光十九年（1839年），钦差大臣林则徐在虎门销烟的同时，与水师提督关天培布防珠江口，对入侵的英军严阵以待。林则徐担任钦差大臣和两广总督期间，多次来新安县巡视海防要塞。而被称作鸦片战争揭幕之战的九龙海战,就是在这里打响的,深圳也因此被有些史学家称为鸦片战争的肇始地。

九龙海战的直接指挥者,为一位在深圳土生土长的水师参将赖恩爵,字简廷,为大鹏城客家人。深圳别称鹏城,就源自始建于明洪武年间的大鹏所城,距今已有六百余年历史。据清代《新安县志》,其"内外砌以砖石,沿海所城,大鹏为最,周围三百二十五丈,高一丈八尺,面广六尺,址广一丈四尺,门楼四,敌楼如之,警铺一十六,雉堞六百五十四"。自建城以来,大鹏所城一直是伶仃洋东侧的重要海防堡垒之一。赖恩爵生于斯,长于斯,从小耳濡目染,深知海防之要害。而赖家乃是一个"三代五将"的武将世家,他少年随父从军,并未享受世袭恩荫,而是从普通士卒一步一步提升为把总、千总、守备、都司、游击、参将。在九龙海战前夕,英军以坚船利炮频频挑衅广东水师,林则徐召众将商议应对之策。赖恩爵当时已四十四岁,老成持重,沉默低调,一开始没有主动请缨。众将领见英国舰船高大坚固,那枪炮又特别厉害,一个个望而生畏。赖恩爵这才打破沉默,沉着地表示愿意率师应敌,并向林则徐立下军令状。赖恩爵足智多谋,又善于选择战机。据说,除了水师船,他还下令征用一批渔船,在每船两旁排立稻草人进行伪装,并装上一口铁炮,配两个炮手,十个兵。就在他准备出战之际,九龙湾接连三天大雾,英军拿望远镜也看不清船上是军士还是稻草人。赖恩爵大呼一声:"天助我也!"随即率军出战,在大雾弥漫中把英军舰船包围起来,一声令下,百炮齐发,打得英军晕头转向。这一仗,击沉英舰一艘,击毙英军三十多人,连英军主帅道格拉斯的胳膊也被打断了。当时参与这场战事的英国军官亚当·艾姆斯里记述,中国水师船和岸上炮台的炮火都"打得顽强而相当准确",使英国官兵"人都瘫痪了","说不出话来"。最后,这名军官几近绝望地悲呼:"我希望我绝对不再参加这种战斗,从这次战斗里,我们已经被揍得很够受的了……"

赖恩爵在家门口击败了英军,这也是他一生征战中的辉煌一页。他被道光皇帝赏戴花翎,封"呼尔察图巴图鲁"(巴图鲁有勇士之意),由参将擢升为副将。此后，赖恩爵又参加了中英穿鼻洋海战、官涌海战，屡立战功，被擢升为南澳镇总兵、广东水师军务提督。在广东水师提督关天培虎门殉国后，赖恩爵继任广东水师提督，从一品。然而，由于大清帝国长期奉行闭关锁国的政策，其战略战术和武器装备已远远落后于英国，又加之在鸦片战争爆发的关键时刻，清廷临时换将，将一边抵抗侵略、一边学习西方先进科学技术、力图"师夷长技以自强"的林则徐革职查办，提前剥夺了他的指挥权，第一次鸦片战争以惨败而告终。随着《南京条约》及其后一系列不平等条约的签订，清政府被迫将香港岛、九龙以及新界先后割让或租让给英国。国运衰落，天不假年，道光二十八年（1848年），赖恩爵在大鹏所城振威将军第病逝，年仅五十三岁。一位春秋鼎盛的将领，只因无力报国郁郁而终。在回光返照时，他将子孙叫到病榻前，这位抗英名将留下了"收回香港"的遗嘱。在他与世长辞近一百五十年后，香港终于在1997年7月1日回归祖国。一百多位散居世界各国的赖氏后人，从未忘怀先辈的遗嘱，在香港回归之际纷纷回到大鹏所城，在道光皇帝钦赐的"振威将军第"横额上悬挂了一幅红色牌匾：还我祖愿！这其实也是深圳的百年祈愿啊。

　　从一座古城到另一座古城，从一条老街到另一条老街，感觉一直走不出一代代先行者的足迹。而"中国民主革命伟大先驱"孙中山就在光绪二十六年（1900年）10月6日，委派革命党人郑士良发动三洲田起义，在今深圳坪山区的马峦山腹地打响了推翻清王朝统治的第一枪。这一年为农历庚子年，史称"庚子首义"。如今，这里还保存着庚子首义旧址——罗氏大屋。中山先生病逝后，当地民众为缅怀这位"起共和而终两千年封建帝制"的划时代伟人，将南头古城内的三条街命名为中山东街、中山西街和中山南街，又在古城外建起了中山公园。这也是深圳历史最悠久的公园，公园北边还保留着一段明洪武年间修建的南头城北城墙遗址，城墙高约两丈，城基宽约一丈，以红砂岩奠基和灰色巨石筑砌。这一段沿山形走势而筑砌的古城墙，那爬满苍苔的砖石以沉默的方式历数着兴亡与沧桑，在时空中延续着，一直延续着，而历史从未中断。在公园南门入口右侧，屹立着一座花岗岩石雕头像，这是由著名雕塑家钱绍武主持雕刻的、全国最大的孙中山石雕头像。在松柏掩映的雕像背面，镌刻着中山先生的手迹："吾志所向，一往无前，愈挫愈奋，再接再励，用能鼓动风潮，造成时势。"

　　大鹏所城所在的大鹏新区，也将其主干道命名为中山路。深圳人对一位先行者的敬仰，不仅仅是因为这里打响了推翻清王朝统治的第一枪，更因中山先生首倡"敢为天下先"。老子《道德经》云："我有三宝，持而保之：一曰慈，二曰俭，三曰不敢为天下先。"而中山先生反其道而行之，率先提出了"敢为天下先"的口号，穷其一生，身体力行，死而不已，还留下了"同志仍须努力"的遗嘱。而"敢为天下先"，正是深圳从先行者身上继承的人文精神。只有"敢为天下先"，才能冲破阻碍历史车轮前进的一切力量。中山先生号日新，取自《大学》第三章："苟日新，日日新，又日新。"只有不断革新和创新，才能遵循历史的大势，如大道之行。中山先生一直强调要"内审中国之情势，外察世界之潮流，兼收众长，益以新创"，而这一切的目的就是为了致文化强、国家强、民族强。他尝为庚子首义处的一所学校题名为"强华学校"，以此激励当地学子为中华崛起、强大而读书。

　　如今，无论是始建于东晋的南头古城，还是明朝筑起的大鹏所城，均如大隐隐于市，以平实的姿态隐匿于如群峰崛起的楼群中。这古老的土地确实需要以一种雄健而强劲的方式崛起，也同样需要保持它的元气和底色，任你潮起潮落、众生喧哗，我自一派从容。这需要曾经沧海的历练，更需要一种海纳百川的涵养。透过这座古城，也让我见识了一个多元的老深圳，这里汇聚了广府建筑、潮汕建筑、客家围龙屋和中西合璧的骑楼。岭南文化原本就是在碰撞和交汇中产生的。第一次是秦始皇南征岭南百越，来自中原的华夏文化和岭南本土的百越文化在这片海湾发生了第一次碰撞和交融。随后中原王朝又因多次战乱而衣冠南渡，一批批中原移民如潮水般涌入岭南，如今岭南人基本上是移民，岭南文化也基本上是移民文化。而岭南文化的另一个潮流就是海洋文化，那横亘于长江流域与珠江流域之间的分水岭——南岭阻隔了从岭南通往中原的路途，却挡不住奔向大海的珠江。

在岭南文化的内核中依然保留有从百越时期流传下来的本土风度，那就是面朝大海、向海求生，也是岭南文化之元气。尤其是鸦片战争以来，随着东西方文化的碰撞和交汇，中国南方得风气之先，先后涌现出了林则徐、康有为、梁启超、孙中山等一批又一批敢为天下先的代表人物。在岭南人骨子里和文化里，逐渐形成了两种最突出的性格，一种如这古城青砖贯顶、石柱顶梁的岭南建筑一样——顶硬上；还有一种是他们在赶海时的一句口头禅——"我走先！"

　　从南头古城、大鹏所城走向历史上的深圳墟，感觉离大海越来越近。深圳之名，始见于明永乐八年（1410年）史籍，那时的深圳还真是一个广府人和客家人聚居的小渔村，距南头古城约十公里。清康熙七年（1668年），在新安县边境修筑了深圳、盐田、大梅沙、小梅沙等二十一座墩台，为海防前哨，深圳从此便由一个小渔村逐渐形成了深圳墟。墟乃墟市，在今深圳的区域内当时共有三十六墟市，深圳墟为其中较大的一个。由此可见，深圳形成墟市的时间在深圳经济特区建立之前已历三百余年，早已不是一个小渔村了。而随着香港岛、九龙、新界相继被割让或租让给英国，深圳河成为深港之间的分界线，内地与香港仅有的两个陆路口岸都设在这里。若要追溯深圳的城市化或现代化之路，最直接的原因，一是得益于其毗邻香港的独特位置，一是得益于铁路。在深圳经济特区建立之前，最重要的一条路就是广深铁路，原为广九铁路华段。这条铁路于清光绪三十三年（1907年）动工施建，又在辛亥革命推翻帝制、缔造共和的1911年全线贯通，一辆蒸汽火车从广州站出发，一路轰鸣着喘着粗气，浓烟滚滚地开往深圳。随后，广九铁路全线贯通，一趟趟列车往返于广州、深圳和香港九龙之间，而深圳则是广州和香港九龙之间的一个枢纽站。在火车的拉动下，深圳墟人口越聚越多，墟市渐渐变成了街道，街上挤满了琳琅满目的国货铺和洋货铺，俨然成了一个小香港。1953年，宝安县人民政府将县城从南头搬到了深圳镇，从此深圳镇便成为全县的政治、经济和文化中心。

　　对历史的追溯，是为了还原历史的真相，诚实地正视历史。

如果你只看到了深圳崛起的一副面孔，就难以理解深圳为什么是深圳。

如果仅仅用四十年的现代化进程来看待深圳，也同样难以理解深圳为什么是深圳。

对一座城市乃至一个国家的历史进程，都必须放在一个辽阔而深远的背景下审视。如人民英雄纪念碑的碑文就有"由此上溯到一千八百四十年"的历史追溯，其核心和灵魂就是一部中国近现代史的浓缩。中国作为一个文明古国，每一个地方都有能追溯的悠久历史。深圳虽是经济特区，却也并非特例，它并非一座横空出世的城市，这古老的土地上也有自己深扎的根脉。只有深入它的根脉，才能看清在这一方水土更幽深的内部发生过什么。而一切历史的最终指向都是通往当下的道路。如此，你才能看清深圳走过来的路，从救亡图存之路到奋发图强之路，从近现代的历史变革之路到改革开放和现代化崛起之路。

历史其实一直在路上，只要你愿意回望，历史就在眼前。

若能正视历史，无论是从1979年3月深圳建市看，还是从1980年8月建立深圳经济特区看；又无论是从如今的整个深圳范围看，还是从狭义的深圳看，深圳都绝不是一个小渔村了。诚然，那时候的深圳和全国的县城一样，很小，很狭隘，只有两条穿城而过的水泥路：一条是人民路，一条是解放路，全长不到两公里。而在深圳经济特区建立之前，广深铁路一直是单轨铁路，每日往返广深两地的旅客列车只有三对，日发送旅客仅一千多人次。那是典型的慢车，全程最快也得耗时两个多小时，最慢四五个小时。

站在1978年的时空中看深圳，那时候的深圳跟国内其他地区的县城差不多，大家都站在同一条起跑线上。但若同对岸的香港比，两地在一百多年的分治后已经拉开了千百倍的差距。这差距是一眼就能看见的。当你站在这边灰暗的老街上眺望那边，香港那傲岸而炫耀的倒影几乎倾倒了整个南海。那倒影从对岸清晰地伸过来，连阳光照在玻璃上的光斑都历历可见。城市的差距还体现在那早已发黄又难以磨灭的历史数据上。1978年宝安全县工业总产值仅有六千万元。深圳建市时，其生产总值还不到两个亿（1.96

亿元），而香港当年的生产总值已超千亿（1117亿元人民币）。从面积上看，宝安县为香港的两倍，但其生产总值还不足香港同期的千分之二。

这就不能不让人下意识地追问，香港为什么是香港？深圳为什么是深圳？

深圳河其实很窄，并非难以逾越的天堑。20世纪80年代，罗大佑唱响了一首风靡海内外的歌曲："小河弯弯向南流，流到香江去看一看……"这条小河就是深圳河，而两岸最狭窄之处相隔只有三十多米。只要提到深圳河两岸的差距，谁都会提起深圳河畔的罗芳村。罗芳村早先叫罗方村，这原本是一个多以罗姓和方姓村民聚居的自然村落，两岸还有一座小桥相连。自从两岸以深圳河划界而治后，一个自然村就变成了两个世界。不过，一直到新中国成立初期，两岸都未在边境线拉起铁丝网，小河流到哪里，哪里便是边界，河这边的村民还在对岸租地耕种，河这边的孩子还可以在河那边上学。后来，随着边境线管控越来越严，两岸的差距也越来越大。到1978年时，这边的村民人均年收入只有一百三十来块钱，而那边的村民人均年收入高达一万三千多港元，相差一百多倍，那时港币比人民币还值钱。如今罗芳村的很多老村民还记得当时一句话："内地劳动一个月，不如香港干一天。"这极为巨大的差距必然会产生强烈的心理落差，也让老百姓用脚来选择自己的人生。河这边的村民纷纷逃向了河那边，一个罗芳村就跑掉了六七百人，在河那边又建起了一个罗芳村。河两岸的村民还约定日子，在河两岸见面，相互喊话，这也是当时的一大奇景——界河会。

逃港的又岂止是一个罗芳村。从20世纪50年代初至80年代初，既是逃港潮一浪高过一浪的时期，也是世界发达国家经济高速发展的时期。科学技术革命使发达国家生产转向技术和资本密集工业，香港地区原本就与西方经济体系接轨，香港经济也进入腾飞时期。香港制造业以轻工业为主，工厂需要大量青壮年劳工，随着内地大量青壮年逃港，这些偷渡来的新移民有助于降低生产成本，给香港经济腾飞带来了巨大的人口红利。而港英当局针对内地去的偷渡客，曾从1962年开始采取"抵垒政策"，只要偷渡者抵达香港，一般就不会被遣返，还派送面包给偷渡客吃，并协助他们在粉岭、上水等车站登上开往九龙的火车。很多偷渡者就业后都领到了香港居民身份证。香港人口在那三十年里增长了近十倍，由六十多万增加至近六百万，其中五分之四左右的人是从移民潮开始来港的内地居民，或这批移民在港出生的后代。而内地，尤其是珠江三角洲，大量劳动力外流，严重破坏了农村生产，有的生产队在集体逃港前将七头耕牛杀了五头，导致无牛生产作业；有的民众甚至破产逃港，将家中东西卖光，钱粮用光吃光，生活更加困难。而宝安又是当年的重灾区，至少有六七万人逃往香港。当时流传一句民谣："宝安只有三件宝，苍蝇、蚊子、沙井蚝，十屋九空逃香港，家里只剩老和小。"

我的邻居中，有一个又高又瘦的香港老人，罗先生。一开始我还不知道他是个香港人，我问他是哪儿来的，他笑着说，从深圳湾捞上来的。那次他带着两个亲老弟一起逃港。"好好练身体，日后去香港"，为了逃港，他们和珠三角的很多子弟一样，从小就苦练游泳。那时，沿深圳河早已拉起了带高压电的铁丝网，这是一道难以逾越的障碍，很多人只能选择从海上偷渡。而这一带离香港最近的就是位于南头半岛东南端的蛇口，南与香港元朗隔海相望，最近距离只有四公里。海边有大片茂密的红树林，偷渡者往往会躲在林中，趁边防人员换岗的间隙迅速下水。而对于渺小的人类，哪怕四公里的海上距离也难以泅渡，一旦遭遇风浪就会迷失方向。谁往这海湾里一跳，就等于把自己的性命豁出去了。偷渡者有的以气垫作船、球拍为桨；有的抱着轮胎、空油桶或塑料泡沫之类的浮载物；还有的甚至什么也没有，只靠一条命。他们既要冒着被大海吞噬的危险，又要冒着被两岸边防军警抓捕的危险，一旦下水就只能拼命游向彼岸。罗先生刚开始还挺害怕，怕下海之后自己没有那么好的水性，不知能不能泅渡过去。这其实也是所有逃港者的心态。就在犹疑之际，有人突然看见红树林外边闪烁着边防巡逻队的手电光，那害怕和犹疑突然变成了豁出去的一跳，顷刻间一个个笼罩在夜幕下的阴影便扑通、扑通地跳进了大海里。谁都知道，等待他们的只有两条路：

一条死路，在泅渡中淹死，那不怪别的，只怪你命不好；一条活路，偷渡成功，那不就像从娘肚子里重新出生了一次吗？从此不但自己能过上好日子，甚至一家人都能过上好日子。家里人知道了，马上就会烧香祭祖放鞭炮庆贺。在珠三角很多地方，哪家有人偷渡成功，家人不仅不避嫌，反而会大摆筵席，大放鞭炮，热烈庆祝。罗先生很幸运，他最终在沉浮挣扎中游到了彼岸。他的一个老弟还没来得及跳就被逮住了，还有一个很快就沉没在大海里了。一母生三子，三子不同命啊！说到这里，老人的眼里泪光闪烁，如回忆中的海水，幽深而冰凉。他充满忏悔地说，都是我，非要带着他偷渡，是我害死了他啊！

深圳，一座在大海的怀抱里孕育的城市，一个在大海的怀抱里诞生的经济特区，在分娩的过程中必然会有撕裂和淌血的疼痛，而这如血流不止的逃港潮，其实也是其症状之一。深圳记者、作家陈秉安在其《大逃港》一书中，则把逃港潮称为"中国改革开放的催生针"，这一针直接扎准了穴位。

据广东省党史专家高宏研究，1977年11月，邓小平刚刚复出不久便南下广州，这也是他复出后首次外出视察。广东省的主要领导向邓小平汇报广东情况时，最头疼的问题就是席卷深圳湾的逃港潮。邓小平默然地抽着烟，若有所思地说："这是我们的政策有问题！"那时的领导干部大多还没有认识到邓小平完全有另一种思维。

邓小平在这次广东视察时谈得最多的就是政策问题，他一再强调："看来最大的问题是政策问题。政策对不对头，是个关键。这也是个全国性的问题。过去行之有效的办法，可以恢复的就恢复，不要等中央。"

邓小平在广东点燃了改革开放的"第一把火"。一个伟大的战略转变正在一个伟人的大脑里酝酿，只有迅速、果断地把党和国家的工作重点转移到经济建设上来，才能从根本上解决诸多问题。

1978年被称为中国改革开放的元年。在这年12月召开的十一届三中全会上，中国改革开放的总设计师邓小平力排重重阻力，启动了中国的一次伟大转型。全会的中心议题就是讨论把全党工作重点转移到社会主义现代化建设上来。中国从此迈开了新时期的历史脚步，把改革开放作为一项基本国策。改革开放是两个词，即对内改革、对外开放。但辩证地看，却是一个密不可分的词组：改革就是开放，寓改革于开放之中；开放就是改革，寓开放于改革之中。这两者之间连一个顿号也放不下。

在这一历史转折关头，必须有关键人物来发挥关键作用。据《习仲勋主政广东忆述录》记载，1978年春天，习仲勋肩负中央的重托，主政广东。在他抵粤赴任的当年7月，就深入逃港潮的旋涡中心宝安县调研。他从深圳湾一直走到了中英街。这条小街位于今深圳市盐田区沙头角镇，由梧桐山流向大鹏湾的小河河床淤积而成，原名鹭鹚径（后更名鸪鹚径）。这一带曾是长脚鸪鹚栖息觅食的浅水湾，它们的长颈和长喙可以深入水底去捕食人们看不见的鱼虫，又以一种凌波微步的姿态款款而行，一旦有人走近，它们便振翅而起。这些大海的精灵，眼里从来没有人间的边界，那从天空飞过的翅膀投下的阴影，依然在贴着地面飞翔。一位迷惘的诗人曾经发问："鹭鹚！鹭鹚！你自从哪儿飞来？你要向哪儿飞去？你在空中画了一个椭圆，突然飞下海里，你又飞向空中去……"

对于人类，这条长不足一里、宽不够七米的鸪鹚径，却如同两个世界之间的一条鸿沟。街心以界碑石为界，左手是深圳，右手是香港。小街的这边站着中方的边防战士，那边则站着英国大兵，他们近在咫尺，四目相对。尽管中方边防战士比对方要低半个头，但气势一点也不低于对方。不得不承认，中国人从来没有输在气势上，但在经济上却比那边差得太多。习仲勋站在中英街上，看到那边商铺林立，人流如潮，而这边却是冷落寂寥，四顾萧索，破败的老房子墙皮脱落，就像一块块刺眼的伤疤。

习仲勋透过一条小街，眼睁睁地看到了双方的差距，这让他心中非常难受也非常难堪，"解放快三十年了，那边很繁荣，我们这边却破破烂烂，这个差距太大了啊！"时不我待，为了尽快缩小两地差距，习仲勋率先向中央请求："让广东在四个现代化建设中先走一步！"

这正是广东人的一句口头禅："我走先！"

从一个春天到另一个春天

深圳的一切，都来自那个冰河解冻的春天。

深圳的一切，都来自那声改革开放的召唤。

许多过来人回想起那个春天，一切历历如在眼前，海在天上，天在海里，一轮刚刚从大海上升起的太阳，如梦初醒。

对于深圳，那一年的春天仿佛在歌曲《春天的故事》中发生，"1979年，那是一个春天，有一位老人在中国的南海边画了一个圈……"

在汹涌澎湃的春潮中，一位老人以划时代的激情，将一个处于中国南方边缘的边陲县推向改革开放的最前沿。

这年春天（1979年3月），宝安县撤县设市。在建市之前，深圳的知名度就比宝安大，尤其是深圳口岸早已名声在外，习仲勋根据当时的实际情况确定以深圳为市名。深圳市最早被定为省地共管的副地级市，同年11月又升格为省辖地级市。1981年再升格为副省级城市。到了1988年11月，国务院批准深圳市在国家计划中实行单列，并赋予其相当于省一级的经济管理权限。这是破天荒的。一座城市在短短的几年内"连升三级"，这在国内外都是破天荒的。

这年春天（1979年1月），国务院批准在深圳蛇口建立中国内地第一个出口加工区，这也是中国第一个外向型经济开发区。又是一个破天荒。

只要追溯深圳改革开放初期的历史，就不能不提到三个推动历史进程的人物，一个是中国改革开放的总设计师邓小平，一个是主政广东的习仲勋，还有第一个敢于吃螃蟹的深圳人——袁庚。

袁庚，原名欧阳汝山，1917年出生在大鹏镇。他是一位海员的儿子，父亲一辈子在大海上"揾食"，他是被大海一口一口喂大的。他和抗英名将赖恩爵一样，都是大鹏镇土生土长的客家人。一位生逢乱世的大鹏之子，从小就对大鹏先贤赖恩爵特别崇敬，欲"拯斯民于水火，扶大厦之将倾"，这也是那一代人共有的胸怀和抱负。袁庚在广东省广雅一中毕业后，于1936年考入中央陆军军官学校广州燕塘分校（又称黄埔军校广州分校）。1939年，袁庚加入中国共产党，同年加入东江纵队，在东江流域和港九地区开展抗日游击战，历任东江纵队联络处处长、驻港办事处第一任主任。1945年8月，日军投降后，袁庚以东江纵队港九大队上校的身份，被派往香港与港英当局就东江纵队港九游击队撤离九龙半岛问题进行谈判。他出色地完成了这次谈判任务，在处理涉外事务上的才干也开始为人熟知。1946年，袁庚随东江纵队北撤至山东烟台，入华东军政大学学习，随后编入第三野战军，参加了济南战役和淮海战役。1949年9月，袁庚任两广纵队炮兵团团长，参加了解放广东沿海岛屿的战斗，如今深圳市南头半岛的前海、蛇口和大铲岛一带就是他率部解放的。这位年轻的炮兵团团长看着那被炮火撕裂的焦土和弥漫在海天之间的硝烟，眼中没有太多胜利的豪情，却有满目疮痍的伤痛。他下意识地摸了一下还在发烫的炮筒，不由得冒出这样一句话："这里，从此再也不会有炮声响起！"

一位浴血奋战的军人，说出了他对和平的憧憬。新中国诞生后，袁庚随即接受了和平年代的特殊使命，由一位前线指挥员迈入了他人生的第二阶段。1949年11月，他被调至中央军情部武官班受训，先赴越南任胡志明主席的情报和炮兵顾问，后又担任印度尼西亚雅加达总领事馆领事，在周恩来总理出席于雅加达召开的亚非会议期间负责情报组织工作。1961年，袁庚被任命为中央调查部第一局副局长，1963年赴柬埔寨破获国民党暗杀刘少奇的"湘江案"。1966年，他被指派为光华轮党委书记，将在印尼排华事件中受难的华侨接回祖国。十年动乱时期经康生批准，袁庚因莫须有的罪名被拘捕囚禁于秦城监狱，在高墙铁网下熬过了五年炼狱生活，直到1975年10月才恢复工作，任交通部外事局副局长。此时他已年近花甲，一个人活到这把年纪，即便就此退休，他也没有虚度人生。然而，1978年10月的一纸任命，在中国改革开放元年把一位年过花甲的老人推向了中国改革开放的最前沿。他被任命为交通部所属的香港招商局常务副董事长，主持招商局的全面工作。他的人生由此迈进了第三阶段，不是告老还乡颐养天年，而是充当一头"老牛亦解韶光贵，不待扬鞭自奋蹄"的拓荒牛。

香港招商局是中国创办最早、规模最大的驻港航运企业。早在清同治十一年（1872年），洋务派大臣李鸿章就奏请设立了香港招商局，这也是洋务派把手伸进香港的一个大手笔。袁庚为香港招商局第二十九任掌门人。此时，这家以航运为主的驻港中资企业由于长时间经营不善，已沦落为一个空壳，没有一条船，只有一家老旧的修船厂和一个又小又破的码头，总资产加起来仅四千多万港元。袁庚被安排到这个位置，还真是非常适合，也可以说是历史的选择。他从投身东江纵队后就开始从事对外联络和情报工作，而这种经验丰富的外向型干部在当时是少有的。由于长时间担当特殊使命，他练就了敏锐而独特的眼光。透过锈迹斑斑的一副空壳，他看到了这个驻港中资企业的独特价值。随后，他便向中央提出了重振香港招商局的二十四字方针："立足港澳，背靠国内，面向海外，多种经营，买卖结合，工商结合。"——这其实也是他立足的一种姿态。当他站在内地的海岸线上，总是下意识地看着香港；而当他站在香港的海岸线上，又总是下意识地看着内地。香港招商局对岸就是他当年率部解放的蛇口。此时，他早已不是用战争的眼光来看待了，而是换了一种眼光。他也是当年最早改变眼光和思维的一批人。在隔海相望间，一个念头就像那伸向大海的半岛一样在弥漫的海雾中浮现出来，越来越清晰。

一位历经战火淬炼的军人，早已形成了自己的战略思维，干什么都要先考虑到"天时、地利、人和"三要素。那么香港招商局的地利在哪里呢？香港地域狭小，又是寸土寸金之地，凭招商局那点儿资本在香港不可能伸展拳脚。他将目光放到了对岸的南头半岛，那是他当年亲手解放的地方。若能直接杀回自己原先的战场，既可以充分利用广东省的土地和劳动力，又可以利用香港及外国的资金、技术、设备，这是双赢的最佳选择。他还未改掉那"远略英谋，临机果断"的军人性格，没有给自己犹豫的时间，随即就把脑子里的念头开始付诸实施。1979年春天（1月31日），适逢中央"以经济建设为中心"、推动改革开放的重大契机，袁庚带了一份香港明细全图赴京向国务院副总理李先念汇报，请求在南头半岛划一块地方给招商局建设工业区。李先念在南头半岛的根部用铅笔画了两条杠，准备把整个南头半岛都划作工业区。但袁庚考虑到当时招商局只有那么点儿家底了，这整个南头半岛他还真是不敢要。他还有一个更大的顾虑，那时候，搞面向海外的工业区还是史无前例的一场试验，一旦出现闪失，势必对随之而来的改革开放形势造成不利影响，政治责任重大。他对李先念说，他只想要一块小地方，搞点试验，探索一下中国未来的经济走向。李先念于是改圈了蛇口的一小片海湾和土地，又对袁庚说："不给你们钱买船建港，你们自己去解决，生死存亡，你们自己管！"

在枪林弹雨中闯过来的老一辈革命家，都有一股子冲锋陷阵的劲头，说话都挺冲。

袁庚虽说一直后悔自己当时"胆子太小"，但如今只要说起改革开放之初最猛的闯将，许多人的第一反应就是袁庚。蛇口工业区一经国务院批准，袁庚便带着第一批拓荒者开进蛇口。邓小平是中国改革开放的总设计师，袁庚则是蛇口这一小片土地的总设计师。他深信这是命运的安排，这也是他最后的使命。

蛇口，地处深圳南山区南头半岛东南部，东临深圳湾，西依珠江口，与香港新界的元朗和流浮山隔海相望。而蛇口本身就是一个神话，相传后羿射日，一连射下八个太阳，当他把第九支箭嗖的一下射向天空，一条巨蛇从天而降，蛇身化作狭长而蜿蜒的海岸线，而蛇头正好落在南海边，那蛇口还真像一个朝着大海张开的蛇口。但这个神话一直只是传说，蛇口接下来将缔造出一个创世纪的神话。而最初划给蛇口工业区的开发用地，哪怕精确到了小数点后两位也只有2.14平方公里。这一小片土地第一次在地图上被醒目地标示出来，只是那时候还极少有人知道，它将成为贴在深圳经济特区身上的一个举世瞩目的标签。袁庚以他那惯有的军人步伐转了一圈，对身边的人笑道："你们看，这一小片狭长的土地就像试管一样。"这个风趣而形象的比喻，还真是逼真地说出了蛇口扮演的角色，如果说深圳经济特区是邓小平为中国改革开放划出的第一片试验田，那么蛇口就是中国改革开放的第一根试管。

那时蛇口还是一个以农业生产为主的人民公社，良田沃土是不能占用的，划给蛇口工业区的是一片被历史和偏见遮蔽得太久的海边荒滩和荒山坡。这海滩上没有红树林，只有疯长的咸水草，烂泥荒滩散发出一阵一阵的腥臭味。一条黄泥小径一路向大海蜿蜒而去，又从大海蜿蜒而来。那些去捕捞沙井蚝的渔人，随它而去，又随它而来，一双双赤脚，深一脚浅一脚地走过拖泥带水的日子，把一条路走得坑坑洼洼、弯弯曲曲，却从来没有谁正眼瞧过这片土地。中国改革开放之路，从一开始就是"筚路蓝缕，以启山林"。

1979年7月2日，这是一个必将载入史册的日子。三十年前，一位当年头戴钢盔的炮兵团团长曾经发誓："这里，从此再也不会有炮声响起！"而今，他又戴着安全帽站在自己亲手解放的这片土地上，摆在他面前的不是军用地图，而是蛇口开发的一幅蓝图。如果说一位老人在中国的南海边画了一个圈，那么还有一位老人在这两平方多公里的土地上画出了中国内地第一个出口加工区的第一幅蓝图。为了这幅蓝图，袁庚违背了自己当年的誓言，一如当年指挥作战一样，那手臂猛地一挥，一声令下，轰然震响的炮声顷刻间震撼了荒山坡，掀起纷纷扬扬的尘土，连被埋得太深的石头也像从蛇口吐出的倔强牙齿。海风在炮声中呼啸，海浪在震荡中翻滚。这振聋发聩的炮声，被称为"中国改革开放的第一声开山炮"。炮声撼动的又岂止是这一片荒山坡，还有那板结的体制和僵化的思想。此时，还不能说是一个时代的结束，却已是另一个时代的开始。当挖掘机掘开海滨淤积的滩涂，一次就发现了四百多具偷渡者的骸骨。那数十年间，不知有多少前赴后继的偷渡者被海浪吞没了。袁庚满眼悲怆地看着这些遗骸，又下意识地冒出一句话："从此，这里再也不会有人偷渡了！"

就在蛇口打响第一声开山炮的这一年，从中央到广东省、深圳市都在为中国第一个经济特区而紧锣密鼓地筹划着。此前，广东省委第一书记习仲勋已代表广东向中央提出要划出一块地方作为改革开放的试验田，但这试验田叫什么名字呢？这就像为一个即将分娩的新生儿正式命名，必须郑重其事，一直定不下来。邓小平豪爽地说："就叫特区嘛！陕甘宁就是特区。"他这一句话，就把深圳经济特区的名字正式定下来了。这不是一次单纯的命名，这是以特区的名义重新定义了一个时代。邓公还以一种革命家的豪迈激励广东说："中央没有钱，可以给些政策，你们自己去搞，杀出一条血路来！"

中央没有钱，这是实事求是，当时中国正处于拨乱反正、百废待兴的时期，再加上政策失误等导致国民经济遭受严重损失，到处都要用钱，国家财力捉襟见肘。邓小平、习仲勋都是从枪林弹雨中闯过来的革命家，"杀出一条血路来"，既是他们在战争年代的生命体验，也是他们对改革之路的洞察和预见，这一路上将遇到重重障碍和阻力，你只能像冲锋陷阵一样"杀出一条血路来"。

十月怀胎，一朝分娩。1980年8月26日，这是一个早已从日历上撕掉的日子，但也有不少有心人保存了这张日历。这一天，经第五届全国人民代表大会常务委员会第十五次会议审议通过，正式批准设立深圳经济特区。这一天被世人称为"深圳生日"，但严格地说，这是深圳经济特区的生日。深圳，深圳，其实是两个不同层次也不容混淆的概念。一个是深圳市（面积2050平方公里），一个是深圳经济特区，在深圳市境内划出三百多平方公里的地域（初为327.5平方公里，补更调查数据为395.992平方公里，实际可开发面积仅约110平方公里）。这一片沿着海岸线延伸的狭长土地，东起大鹏湾边的梅沙（背仔角），西至深圳湾畔的蛇口工业区（珠江口安乐村），北靠当年东江纵队的根据地梧桐山和羊台山脉，南邻香港，以深圳河为界，包括罗湖区、福田区、南山区和盐田区。沿经济特区设有全长八十多公里的管理线，这是第二道关卡，俗称"二线关"。关内为特区，关外则为非特区，在同一座城市内实行分隔管理，这是当时的一种创举。

深圳是中国第一个经济特区，但并非唯一的特区，而是中国最早实行对外开放的四个经济特区（广东深圳、珠海、汕头和福建厦门）之一。根据中央的指示，深圳在改革开放中实行特殊政策、灵活措施，建成一个以发展工业为重点的工、商、农、住宅、旅游等多种行业并存的综合性特区。而深圳经济特区成为中国改革开放的窗口、综合改革的试验区和排头兵，还将在中国的制度创新、扩大开放等方面承担着试验和示范的国家使命，为中国实行对外开放政策探索和积累经验。如果说改革是"摸着石头过河"，深圳就是第一个摸着石头过河的探路者，这水有多深，这风险有多大，都必须有一股"敢为天下先"的胆识，冲在时代的最前沿。

从某种意义上说，蛇口提前打响的第一声开山炮，也是深圳打响的第一声开山炮。随着深圳经济特区的诞生，大规模的开发立即全面铺开，中央军委调遣了两万多名基建工程兵支援特区建设，来自五湖四海的数十万建设者也如潮水般奔向深圳，都是特区建设的"开荒牛"。

1982年夏天，我穿着那个年代流行的海魂衫，几乎是义无反顾地奔向了深圳。我来了，赶海来了！那时我才二十出头，在内地已有一份安稳的职业，我来这里不是为生存所迫，而是想要换一种活法。人到了特区，心也跳得快些。这是真的。这是一个热烈的世界，这是一种实实在在的热，海风滚烫而凶狠，而海浪的拍击也是可以产生大量的热能的。我还不太适应被大海反射过来的灿烂阳光，一直眯缝着两眼，让我突然觉得自己走错了地方。那时的深圳还是一座被农村包围的城市，整个特区就像一个巨大的建筑工地，到处都是工棚、脚手架和搅拌机。一条条刚从泥土里平整出来的路面马上就挤满了人，扑上来的灰土落在身上，让我脚步沉重。和我走在同一条路上的，还有成群结队蜂拥而来的农民工。他们都忙着把自己往离大海最近的地方搬运。蛇皮袋，搪瓷缸，塑料皮捆着的被窝卷儿，这是当年所有农民工的共同特征。他们身上的每一样东西都特别经得起摔打，经得起折腾。和这些人拥挤在同一条路上，我感到非常偶然，又十分茫然，甚至有种被裹挟进来的感觉。在这里，他们不愁找不到事做。一个乡下汉子，刚刚放下身上的蛇皮袋子，立马就能在这里找到一个什么活路干干。他们在路边搭个简易窝棚，立马就能开铺睡觉，生火做饭。在大锅里炒菜的不是锅铲，而是挖土的铁锹。他们是那样按捺不住，他们浑身充满了力量，随时都可以爆发出来。

追踪深圳经济特区之路，首先就要从"深圳第一路"——深南大道开始。在建市之初，深圳还没有一条像样的马路，碎石路面在烈日下尘土飞扬，深圳派人去香港招商，好不容易招来了几个港商，可刚一跨过罗湖桥，这些西装革履的港商就被灰尘呛得咳嗽不止，连眼泪都呛出来了。为了不把这些港商"呛回去"，深圳市政府痛下决心，决定修通一条横贯市区东西的主干道。1979年7月，第一支踏上深圳土地的陆丰建筑第六施工队承接了开路工程，这支由农民工组成的县级建筑工程队，在深圳城市街道拓荒史上写出了艰辛惨淡的第一笔。这筑路工地没有路，施工设备非常简陋，成千上万的土石方只能靠人力用板车推的推、拉的拉。我来这里时，很多路段还没来得及浇上柏油。而说到浇油，如果不是亲眼所见，像我这样一个文人还真是难以想象，工程队连洒油机也没有，他们用铁皮焊了个二十多斤的土漏斗，让两位身板好的汉子用手臂举得直直地操作。那刚刚浇上的沥青被烈日烤得黏黏糊糊的，连修路的民工一个个看上去也是黏黏糊糊的，就像刚从柏油桶里钻出来的，脑门子上，脸上，臂膀上，背脊上，一片焦煳，流淌着污黑的汗水，散发出污黑的气味。一位洒油工换班时想把胶鞋脱下来，却怎么也脱不下了，那沥青把胶鞋给烫熔了，把裤子也黏住了。

在这条路上，我认识了一个叫锁链的农民工。这无疑是个土得掉渣的名字。他说这个名字好，娘说，锁链啊，能锁住命，链住金。这小伙子来深圳已经两年了，每天负责看守一口熬沥青的大锅，一天十多个小时，他所有的动作，所干的一切，就是围绕着大锅煎熬自己的生命。我尽量站得离那口大铁锅远点，但弥散在周围的还是那股浓烈刺鼻的沥青味。他张大嘴巴喘气时，我看见他的舌头和喉咙都是黑的。他渴了，端起一个老大的搪瓷缸，把一大缸水直接灌进了火辣辣的嗓子眼里。一个生命可以在两年的时间里每天面对这样一口灼烫的、呛鼻的大锅，这口锅对于他与其说是一种工具，不如说早已从工具变成了一种坚守。然而，这只是我一个文人的感觉。这小伙子的想法其实很简单，非常简单，在这里多赚点钱，回家，盖房子，娶媳妇，生娃。他那种乡下的方言很难懂，但我听懂了。这个小伙子我后来一直没忘，他成了我记忆中与一座城市连接在一起的一个形象。在深圳经济特区拓荒时最需要的就是这种一下就能把自己豁出去，舍命地在这里大干一场的人。这是他们的活路，几乎所有的农民工都把干活叫活路。

由于这条路要从蔡屋围村中穿过，有的村民认为破坏了他们安身立命的风水，时不时就上路阻止施工。若要提及深圳的现代化进程，蔡屋围是一个典型。如今蔡屋围已成为深圳市中心，也是深圳最富裕的城中村。当年那些阻止施工的村民又怎么能想到，一条路会给他们带来滚滚财源，而他们世世代代守望的风水，却只是如一潭死水般的贫穷。1980年，在深圳经济特区建立前夕，深南大道从蔡屋围到当时上步工业区的第一段路终于修通了，全长只有两公里余，七米宽，仅够两辆车来回并行。这样一条路实在称不上是大道，但在当时已是深圳市最长最好的路了，这条路也算是献给深圳经济特区的奠基礼。随后，这条路又开始扩展和延伸，直到1987年春节前，深圳市把广深铁路用高架桥托起，才将这条路修通了近七公里长，将路幅拓宽到五十米。这条深南大道才是名副其实的大道了，被深圳人自豪地称作"十里长街"。然而在拓展的过程中，这条路几乎是在一路的争议中不断推进的。有人质问，修条马路为什么要搞这么宽？有人痛骂，简直是败家子，老百姓的血汗钱都给败光了! 诚实地说,那时这路上跑来跑去的也确实没有几辆车。然而,你不能只看眼前,没过多久,那些质问的、痛骂的人又换了一种方式:这马路怎么修得这么窄、这么短? 怎么就那么鼠目寸光!

遭受质问和痛骂的还有当时的"深圳第一高楼"——深圳国际贸易中心大厦,多被世人简称为国贸大厦。国贸大厦借鉴香港的招投标制度,在国内首次公开招标设计方案;第一次大范围采用世界一流的建筑安全设施。大厦开始招标设计为三十八层,很多人就质问,盖这么高的楼有必要吗? 后来,国贸大厦的设计又调整到五十三层,高达一百六十米。质疑的声音就更多了:这楼到底要盖多高? 难道想要捅破天? 这人可不能心比天高啊!

站在当时,你又不能不说这样的质问有它的道理。那时,中国内地最高的大楼也只有三十多层,而国贸大厦附近最高的建筑为深圳宾馆,只有四层。就在这些质问和争议声中,国贸大厦于1982年在罗湖中心城区破土动工了。这座大厦的总设计师朱振辉毕业于哈工大土木建筑系,曾任中南建筑设计院院长、深圳市城市规划设计研究院院长,堪称当时深圳最优秀的建筑设计师之一。它的主体工程由中建三局一公司承建。无论是设计者还是承建者,他们都在创造当时的"中国第一"。这是中国建筑史上第一栋超高层建筑,在很多方面都无章可循。无论是在设计上还是在建设上,无论是在管理上还是在技术上,很多都是开国内先例。在建设过程中,中建三局竟然创造了三天盖一层楼的惊人速度,这一速度创造了中国建筑史上的新纪录,居当时世界领先地位。这也是被传为神话般的"深圳速度"。许多人都把"深圳速度"理解为速度快、效率高,甚至想当然地认为是铆足了干劲、加班加点、夜以继日地干出来的。其实,"深圳速度"第一得益于管理创新,中建三局作为国有企业,率先大胆打破了"铁饭碗"(固定工资制),当时工地负责人的工资是"上不封顶,下不保底";第二得益于技术创新,中建三局在标准层的施工中研制出了国内第一套大面积内外筒整体同步滑模新工艺,这一独特技术创新可以用三个"特别"来形容——速度特别快,效率特别高,质量特别好。

1985年12月29日，中国第一个经济特区建造的中国内地第一高楼，以高耸入云的姿态在罗湖崛起。一眼望上去，感觉一座趴在海湾里的城市突然站了起来，一座城市从此才开始像一座城市。这座大厦被誉为"中华第一高楼"。它不仅是一座高楼，还代表着深圳经济特区建立五年来所达到的高度，也代表了那个年代中国现代化崛起的海拔高度。1987年，该工程荣获首届鲁班金像奖，颁奖词中称："她是诞生神话的地方，她的矗立本身就是神话。"

我还没有等到国贸大厦竣工就逃离了深圳。在1982年深圳那个火热的夏天，我看到的国贸大厦还是一个巨大的土坑，沿途见到的都是低矮的瓦房、丛生的灌木、茂密的荒草和板结的土地、被撕裂的黄土山坡，脚下是一条条泥浆路，一边走一边要把深陷在泥泞里的鞋子使劲地拔出来，还要使劲地甩动，好让烂泥掉下来。多少年过去了，那泥浆路还在我的记忆中延伸着，一直延伸到一片荒凉的内心。我心里的荒凉是真实的，沮丧也是真实的。我也不止一次地想过，自己从大老远跑到这地方来，难道就是要在这样一个个烂泥坑里浪费自己的生命、消耗自己的青春吗？这条路我没有走下去，我感觉自己的气力已经渐渐用尽，就要一头栽倒在这泥浆中了。最终我选择了逃离，从此与深圳擦肩而过。

当我与深圳背道而驰时，无数人正以最快的速度奔向深圳，那是我无论如何奔跑也追赶不上的节奏。尽管我与深圳背道而驰，但我只是埋怨自己没有当一头"开荒牛"的勇气、追赶不上深圳的节奏。然而，还有许多与深圳背道而驰的人，却把矛头对准了深圳，对经济特区掀起了一轮"围剿"、批判的风潮。纵观深圳经济特区的发展之路，在每一个历史转型时期，几乎都要遭受一次强大的冲击波。那一轮风潮，也是深圳遭受的第一次冲击波。从蛇口建立中国内地第一个出口加工区开始，就掀起了一场不小的"租界风波"。风是从北京刮下来的，旋即就风靡全国。袁庚后来不止一次地提到了一篇让他很恼火的文章，题为《旧中国租界的由来》。该文借讨论旧中国的租界问题来议论经济特区，影射经济特区把土地有偿出租给外商，经济特区都成了国外的租界了。这对深圳的冲击特别大，即便像袁庚这种从枪林弹雨中杀出来的老革命，每每往前走一步也是战战兢兢，如履薄冰，他们甚至"感觉是拿自己的身家性命在玩"。

追溯历史，必须直面历史。当深圳经济特区还处于鸿蒙初开之际，既没有开发的资本，又没有技术设备，只能抓住改革开放的先机和毗邻香港、面朝大海的地缘优势，利用荒芜闲置的土地招商引资。从20世纪80年代到90年代初，正值世界产业转移高峰期，那些发达经济体纷纷把产业链低端、劳动密集型的产业向发展中国家转移。而深圳最早就是承接这样的产业，以"三来一补"来料加工或代加工为主要模式，即来料加工、来样加工、来件装配和补偿贸易，依靠外商提供的原料、技术、设备，并根据对方提出的产品质量、规格、款式等要求，完成加工、组装、整合等基础制造环节，最后把产品提供给外商，从中获取相应的回报。这些工厂都是从代加工（OEM）起步，主要是"三资企业"，即中外合资经营企业、中外合作经营企业和外商独资经营企业。这是深圳经济特区创业史上的第一阶段，如今被一些学者简称为"深圳加工"阶段。那时也正是深圳的拓荒期，那些"开荒牛"推平荒芜丛生的山坡，填平咸水草疯长的海边滩涂，蛇口土地上不断生长出一道接一道围墙，密密麻麻的工厂、宿舍和烟囱。工厂宿舍外的海风中与阳光下晾晒着打工族的工衣，哪怕洗过若干遍，依然散发出咸涩的味道。尽管深圳制造业那时还处于产业链的最低端，却是深圳的一次关键转型，从以农耕立命转向以工业立市，从长时间的内部封闭转型为外向型经济，由此奠定了深圳外向型、出口加工型经济的基础。这一次转型也让逃港潮转为打工潮。对于数亿中国农民来说，这是一次伟大的转型，让他们在一亩三分地之外找到了另一条活路，换了一种活法。

诚然，随着国门打开也难免鱼龙混杂，水货趁机而入。有些人向经济特区泼脏水，斥责深圳是"香港市场上的水货之源"和"走私的主要通道"，有人攻击"特区是国际资产阶级的飞地"，更有人别有用心地指向经济特区的制度："深圳除了五星红旗还在飘扬之外，都是资本主义的东西！"在南海那蔚蓝的天空下，一时间甚嚣尘上，阴霾重重，那沉重的压力让还在咿呀学语、蹒跚学步的特区难以承受。深圳经济特区何去何从，有的人在观望，有的人在发问，这特区该不该办，怎么办？这在如今看来简直不是问题，然而在当时却是咄咄逼人也必须清楚回答的问题。

1984年1月，又一个春天降临，此时南海风高浪急，原本也是自然常态，一个年轻的特区还涉世未深，但一个饱经沧桑的老人来得正是时候。邓小平先后视察了深圳、珠海和厦门三个经济特区。这也是邓小平首次视察深圳。此时，深圳国贸大厦正以"三天一层楼"的深圳速度在春雨雾气中朝天空生长，老人若要登上这座高楼，还要等待另一个春天。而这次，他把视察的重点放在了蛇口。

这年邓公已八十高龄，那一双眼睛依然很亮，还特别犀利。

这年袁庚也已六十七岁，那步履依然有一种军人的矫健。

这两位老人，一位是中国改革开放的总设计师，一位是蛇口改革开放的总设计师，正所谓"风云际会千年少"。在中国数千年未有之大变局的时代潮头，一个顶层设计者，一个基层设计者，在这里有了一次高度默契、心心相印的历史交集。这也是高层与民意的一次面对面交流。

自从蛇口率先打响第一声开山炮，袁庚率领第一批拓荒者在四年多的时间里，已把最初的一幅蓝图变成了生机勃勃的现实。那一片毛荒草乱的海滩和山坡上，一座现代化的工业新城已在南海前沿率先崛起。袁庚盯着的不只是脚下的一小片土地，而是辽阔的大海。他看准蛇口港是华南地区的咽喉要道，在蛇口工业区打造的第一个项目就是蛇口港。1983年9月25日，经国务院批准，蛇口港成为国家正式对外开放口岸，也是中国第一个由企业投资自办、自负盈亏的港口。在这两平方多公里的土地上，袁庚还率先探索出了中国改革开放的第一个可推广模式——"蛇口模式"，即不要国家拨款，自行引进外资，自担风险，产品以外销为主，高速发展工业。哪怕到了今天，当你重新审视袁庚对蛇口工业区的设计理念，也不能不佩服他超前的眼光。在那个以"三来一补"为主的初创时期，他却对蛇口工业区开发提出了"三个为主"，即"产业结构以工业为主，企业投资以外资为主，产品市场以出口为主"，从而确立了蛇口工业区生产型和外向型的大方向。特别值得一提的是，他还提出了"五不引进"，对来料加工、补偿贸易、技术落后、污染环境和挤占出口配额的项目一个也不准引进。这让蛇口引进项目的门槛比"三来一补"更高，把那些技术落后的企业挡在了门外，也让蛇口工业区在高速度中得到了高效率、高质量的发展，打造出了一小片最灿烂的土地。后来国家紧缩银根，很多"三来一补"企业举步维艰，而蛇口工业区的日子在经济特区中最为好过。当很多地方以牺牲环境为代价而谋求发展时，蛇口工业区从一开始就把污染环境的企业挡在了门外。后来，很多地区在"先污染，后治理"中付出了惨重的代价，而蛇口却率先打造出了人与自然、工业生态和自然生态和谐共生的美丽中国典范。优化生态环境其实也是优化营商环境，谁愿意到一个污水横流、臭气熏天的地方来搞开发啊。

在改革开放的拓荒年代，袁庚虽是当之无愧的急先锋，但他最愿意享受的其实是慢生活。袁庚不止一次跟人说过，世界上美丽的地方他见得多了，还是觉得蛇口最美。当蛇口还是一片荒滩时，袁庚便在香港举行的招商酒会上描述："那里有绵绵细沙的海滩，海滩上有风吹瑟瑟的树林，那是中国的夏威夷。"这位老人不但有一身军人气质，那风骨里还有一种诗人气质，但很多人听了他这如诗如画的描述，都觉得他简直是疯了，只要到过蛇口的人都会被吓回来。那时蛇口流传着一句俗话，也是大实话："蛇口的苍蝇南头的蚊，又大又狠吓死人。"但袁庚绝不是遭人冷嘲热讽的理想主义者，而是一个实干家。历经几年打造，蛇口就变成了南海边最美丽的地方。而今，谁都觉得蛇口就是"中国的夏威夷"。

1979年蛇口港开工后，袁庚这个六十多岁的总指挥很着急，走到哪里都是风风火火的，恨不得把失去的时间追回来，但很多年轻力壮的员工还是习惯于磨洋工。港口建设的第一项重任就是清理淤泥。按袁庚的测算，平均每人每天（八小时）能运送四十车泥土，但运泥工一个个就像老牛拉慢车，每人每天只能运送二三十车。这也是计划经济时代的普遍现象。香港招商局为直属交通部的全民所有制企业，每个人手里都端着铁饭碗，拿着死工资,你爱干不干、干得好与干得差都是一个样。袁庚当年10月在全国率先推出并实行定额超产奖励制度,按每天四十车定额,完成定额者每车奖两分钱,超额每车奖四分钱,"上不封顶,下不保底"。别看这几分钱的奖金,那时候四分钱差不多就是一个鸡蛋的价钱了。这一制度拉开了新时期分配制度改革的序幕,效果立竿见影,哗——运泥工的干劲一下就被奖金鼓起来了。每人一天少则能运送八九十车,干劲大的甚至高达一百三十多车,一天就能领到三四块钱的奖金。这就是生产力的解放啊!但奖励制度很快就被上级叫停了,施工效率也在一夜之间回落。袁庚拍案而起,他跟僵化的计划经济体制叫板。后来,经两位党和国家领导人批示,这小小的蛇口工业区才恢复了定额超产奖。这之后,从深圳到全国都逐渐推行起这种"上不封顶,下不保底"的工资奖金制。这是袁庚在蛇口开创的又一个第一。

后来几年里,袁庚这位拓荒者还开创了一个个破天荒的全国第一,有人总结他先后开创的二十四项全国第一:创办国内第一家为全球市场服务的跨国经营集团——中国国际海运集装箱(集团)股份有限公司(中集集团);在全国首开工程招标先河;在全民所有制和集体所有制并存的计划经济体制下,创办了中国第一家股份制中外合资企业——中国南山开发区股份有限公司;1983年,袁庚针对计划经济体制下僵化的人事制度和分配制度又进行了一次突破,在全国率先进行干部人事制度改革,实行人才公开招聘和竞聘上岗;与此同时,试行"干部冻结原有级别,实行聘任制",第一个对领导干部实行公开的民主选举和信任投票制度;率先进行分配制度改革,实行基本工资加岗位职务工资加浮动工资的工资改革方案,基本奠定了与市场经济相适应的分配制度……这一系列动作,以敢闯敢试的大无畏精神,冲破了中国几十年的人事禁区,打破了干部终身制。

这每一个第一,无一不是当时体制上的突破之举。袁庚是那个时代的知识型干部,但从来没有宏旨高论,一出口就是心里话、大实话,这也让他率先发出了"时间就是金钱,效率就是生命"的时代先声。那时,中国还处于改革开放初期,国人还没有从闻利色变、谈钱脸红、"越穷越革命"的年代走出来,而利润和效率长期被国人视为资本主义的专用词。难道社会主义建设就不需要利润和效率?袁庚这句话如"冲破思想禁锢的第一声春雷",为利润正名,为效率呐喊,更是在价值观上的率先突破。对于新时期的改革开放,最根本的突破就是价值观的突破。也只有这样的价值观,才能承载中国市场经济体制的创新。有人说,这句话是袁庚在蛇口为他敢闯敢试的精神写下的第一条最生动、最形象的脚注;有人说,中国走向市场经济就是从这句话开始的。这句口号作为深圳精神的逻辑起点,如今还是深圳最有影响力的观念之一,并成为影响当代中国人思维的最重要的理念之一。

然而,这一声石破天惊的呐喊在当时成了争论的焦点,只有在特定语境下你才能理解这句话在当时要承担多大的政治风险,袁庚甚至被冠上了"要钱要命的资本家"的恶名。对此,袁庚是有心理准备的,他坦言:"写这标语时,我就准备戴帽子了。"他甚至做好了最坏的准备,"大不了再回秦城去!"

袁庚经历过战火淬炼,也经历过炼狱的煎熬,这样一位从身心到灵魂都经历过反复淬炼的老人,对一己之命运早已有一种曾经沧海、世事洞明的洒脱,但他对蛇口的命运却充满了功败垂成的忧患。1984年早春,袁庚在蛇口客运码头迎接邓小平,又陪同邓公登上蛇口微波山俯瞰蛇口全景。而在深圳市区进入蛇口的分界线上,竖立着一块比路标更醒目的标语牌:"时间就是金钱,效率就是生命。"看上去触目惊心。这是袁庚特别想让邓小平看见的,又是他特别担心让邓小平看见的。在那样一个非常时期,他的心情非常矛盾,非常复杂,但是他认准了,豁出去了。他试探着问邓公:"小平同志,我们提出了一个口号,叫作:时间就是金钱,效率就是生命。不知道这提法对不对?"

邓小平很干脆,给了他一个肯定的回答,这也是对一种价值观的高度肯定,而深圳经济特区和蛇口工业区也得到了他老人家的高度赞赏:"这次到深圳一看,给我的印象是一片兴旺发达的景象。深圳的建设速度是相当快的，蛇口更快。"他给袁庚等敢闯敢试的特区人进一步指明了方向："我们建立特区，实行开放政策，有个指导思想要明确，就是：不是收，而是放。特区是个窗口，是技术的窗口，管理的窗口，知识的窗口，也是对外开放政策的窗口，特区可以引进技术，获得知识，学到管理。特区搞好了，经济发展了，收入可以高一点。让一部分地区先富起来，平均主义不行。"不能不说，蛇口的这些突破都是在高层默许下的突破，而袁庚作为一个冲在第一线的改革家和实干家，在这两平方多公里的土地上，无疑为中国改革开放的试验拓展了现实空间和想象空间。

邓小平还特意为深圳经济特区题词："深圳的发展和经验证明，我们建立经济特区的政策是正确的。"他还说过这样一句话："深圳的重要经验就是敢闯！"

如果说逃港潮是深圳经济特区的催生针，邓小平则在1984年这个有些迷惘的春天给深圳打了一针强心剂，让经济特区的血量增加，血液循环更加舒畅。

这一年，深圳市率先闯过计划经济体制的一道严关，在全国第一个取消各类票证制度，放开一切生活必需品价格，打响了市场经济第一枪。

这一年，在新中国成立35周年庆典上，上百辆彩车驶过长安街，其中唯一的一部企业彩车就是深圳蛇口工业区的彩车，车上挂着一幅醒目的标语："时间就是金钱，效率就是生命。"这是深圳蛇口率先叫响全国的一种新价值观，"蛇口模式"带来了前所未有的发展速度，其成功经验很快在深圳乃至全国推广。蛇口也因其敢闯敢试，先声夺人，每每在经济特区中率先走出第一步，被誉为"特区中的特区"和"窗口中的窗口"。

这一年国庆节刚过，袁庚以六十七岁、早该退休的年龄，被任命为蛇口工业区党委书记，他还将继续以"敢为天下先"的胆识开创一个个属于蛇口、属于深圳，也属于中国的第一。

1987年4月，在袁庚的力推下，招商银行经中国人民银行批准，在蛇口工业区举行开业典礼。这是中国境内第一家完全由企业法人持股的股份制商业银行,也是国家从体制外推动银行业改革的第一家试点银行。

1988年5月,新中国第一家由企业创办的商业保险机构——平安保险在蛇口开业,从此打破了中国人民保险公司一统天下的局面,将竞争机制引入保险业,成为保险机制改革的一次突破性尝试。

追溯深圳经济特区之路,蛇口一直处于最前沿,而深南大道则是一条穿越时空的走廊,两侧矗立着一幢幢地标性建筑,其中一座坐落在深南大道中段北侧的超高层大厦就是深圳证券交易所运营中心。这是一座巨型悬挑超高层建筑,也是荷兰大都会建筑事务所(OMA)在中国设计的第二大建筑(第一大建筑是中央电视台总部大楼)。其底座被抬升为一个巨大的"漂浮平台",顶部建造一个屋顶花园,腰部由一条鲜亮的红色光带缠绕,整体造型犹如一个漂亮的烛台。而在深圳人眼里,它最具标志性的意义,还在于证券或股票。1990年12月1日,深圳证券交易所正式成立,这是中国改革开放后第一个投入运作的证券交易所。深圳在实践中全力推动民营企业发展和国有企业员工持股的产权改革,这正是中国特色社会主义市场经济发展的根本目标,使无产者变成有产者,使大多数人占有大多数生产资料,从而消除两极分化,走向共同富裕的道路。

在深南大道北侧还高耸着一座地标性建筑——地王大厦。从这座大厦的诞生,又可追溯深圳在中国城市土地管理制度改革上迈出的关键一步。"土地是财富之母。"这是政治经济学之父威廉·配第的名言。在深圳拓荒时期,中央不给钱,地方没有钱,只能以盘活土地资源来换取迫切需要的建设资金。按照当时的《中华人民共和国宪法》,第十条第四款明文规定:"任何组织或者个人不得侵占、买卖、出租或者以其他形式非法转让土地。"不能不说,深圳经济特区也敢闯敢试了。1987年12月1日,又是一个载入史册的日子,深圳市第一次进行国有土地使用权公开拍卖,这也是新中国成立以来的首次国有土地使用权拍卖会,号称"中国土地第一拍"。这在当时也是惊天动地的一拍,那绝不只是用土地换来了一笔宝贵的资金,它甚至促成了宪法的修改。第二年,第七届全国人民代表大会第一次会议通过的《中华人民共和国宪法修正案》，将宪法第十条第四款修改为："任何组织或者个人不得侵占、买卖或者以其他形式非法转让土地。土地的使用权可以依照法律的规定转让。"这一修改以国家根本大法的形式肯定了深圳土地管理体制改革的做法，为全面实行国有土地使用权有偿让渡提供了根本的法律依据和保障。而深圳地王大厦就是深圳土地管理制度改革的一个代表作。地王之名，来源于其得天独厚的地理位置，该地段处于罗湖区深南东路、宝安南路与解放中路交会的黄金三角地带，被地产界誉为投资的地中之王。1992年，香港一家公司以1.4亿多美元的高价一举中标，创下了当时深圳的地价之王。20世纪80年代的深圳第一高楼国贸大厦，在独领风骚十余年后被地王大厦超越。这座大厦在建造时采用十多项在国内领先的先进技术和工艺，施工速度达到两天半一层楼，刷新了国贸大厦三天一层楼的"深圳速度"，创造了新的"深圳速度"。这座标志性建筑1996年春天竣工，其高度超过了国贸大厦的两倍，为当时中国最高的钢结构大厦、世界第五的超高层建筑。

当深圳创造一个又一个历史纪录时，中国改革开放之路又一次走到了十字路口。20世纪90年代前后，随着国内外政治、经济形势发生巨大变化，针对改革开放再次出现了比80年代初更激烈的争议，这是深圳遭受的第二次冲击波，比第一次冲击波还要来势凶猛。有人质问改革开放是姓"社"还是姓"资"，更有人公然指责企业承包是"瓦解公有制经济"，引进外资是"甘愿作为外国资产阶级的附庸"，股份制改革是"私有化"，市场经济是"资本主义"，经济特区是"和平演变的温床"。尤其对一直走在改革开放最前沿的蛇口，有人认为其社会性质已经变质了，"脱离了社会主义，资本主义化了"。在这种沸反盈天的舆论干扰下，深圳一度出现了外商投资减少甚至抽逃资金的现象，从深圳经济特区到全国的经济发展速度也明显下降，外贸出口额下降，经济形势越来越严峻……

在沸沸扬扬的争议和质疑声中，袁庚为堵饶舌者之利口，壮实干家之声色，在蛇口工业区竖起了一块"空谈误国，实干兴邦"的标语牌。然而，山雨欲来风满楼,风暴眼中心的深圳,风暴眼中心的蛇口,仅凭一块标语牌又怎能抵挡住强大的冲击力?

1992年春天(1月19日),春潮带雨,雾气漫天,邓小平以年近九旬的高龄,再次视察深圳等地,他一走到南海边,天就放晴了。"东风扇淑气,水木荣春晖",邓公打量着这座春光明媚、朝气蓬勃的特区城市,眼里闪烁着欣慰和兴奋的光芒。这才十来年啊,一座城市就发生了这样巨大的变化。"天翻地覆谁得知,如今正南看北斗",只要沿着正确的方向走下去,再过二十年、三十年、四十年,真是海水不可斗量、前途不可限量啊!邓公对深圳在改革开放和建设中取得的成绩又一次给予了高度肯定,对争议和质疑给予了针锋相对的回应:"改革开放迈不开步子,不敢闯,说来说去就是怕资本主义的东西多了,走了资本主义道路。要害是姓'资'还是姓'社'的问题。判断的标准,应该主要看是否有利于发展社会主义社会的生产力,是否有利于增强社会主义国家的综合国力,是否有利于提高人民的生活水平。对办特区,从一开始就有不同意见,担心是不是搞资本主义。深圳的建设成就,明确回答了那些有这样那样担心的人,特区姓'社'不姓'资'。"

1月20日上午,邓小平参观了国贸大厦。这座深圳第一高楼,也是深圳一扇面向世界的窗口,自竣工以来,位于五十三层的旋转餐厅先后接待过国内外六百多位首脑政要,如美国前总统乔治·布什、联合国前秘书长加利、日本前首相海部俊树、新加坡前总理李光耀等。李光耀访问深圳时曾说过:"你们社会主义怎么走,没有实验室不行。深圳就是实验室。"

邓小平在旋转餐厅凭窗而立,在360度的旋转中俯瞰着深圳全景式的繁荣景象,然后发表了将改革进行到底的"南方谈话":"要坚持党的十一届三中全会以来的路线、方针、政策,关键是坚持'一个中心、两个基本点'。不坚持社会主义,不改革开放,不发展经济,不改善人民生活,只能是死路一条。基本路线要管一百年,动摇不得。只有坚持这条路线,人民才会相信你,拥护你。谁要改变三中全会以来的路线、方针、政策,老百姓不答应,谁就会被打倒。"这言简意赅又意味深长的一番话,从理论上深刻回答了困扰和束缚人们思想的许多重大问题，把改革开放和现代化建设推向新阶段。

从山雨欲来风满楼，到东方风来满眼春，发展才是硬道理！

从一个春天到另一个春天，一如歌曲《春天的故事》中的描述："1992年，又是一个春天，有一位老人在中国的南海边写下诗篇……"

这一年，袁庚已七十五岁，以副部级待遇离休。一位老人，从近花甲到过古稀的这十三四年里活出了自己最想活的人生。在他交棒时，一个从零起步的蛇口工业区已发展成资产规模高达一百多亿元的大型投资控股型企业集团。而香港招商局的总资产已由他接手时的四千多万港元增至两百亿港元。到2000年，香港招商局资产管理总额达一千两百多亿港元，他亲手缔造的招商银行、平安保险均已跻身世界500强企业。他最欣慰的是，在1987年到1992年任职期间，他力排众议，让蛇口的三个下属公司——平安保险、招商银行和中国南山开发集团股份有限公司走出体制外，实行股份化。他最遗憾的，第一个是自己"胆子太小"，没有把整个南头半岛接过来搞开发；第二个是1981年，以香港富豪李嘉诚和霍英东为首的十一位港商想要入股共同开发蛇口工业区，"袁先生，你那个地方能不能给点我们，把中央政府给你们的权力也给点我们，我们一起来搞！"却被他拒绝了。这两大遗憾，让蛇口错过了更大的发展机会。

无论欣慰或遗憾，谁都不会忘怀这位经历了抗日战争、解放战争、新中国建设和新时期改革开放的历史老人。从救亡图存到奋发图强，从为了让中国人民站起来到为了让中国人民富起来，他七十多年的革命和建设生涯，一直与祖国和民族的命运同行。尤其是在中国改革开放的前十多年，他不断冲破思想禁锢，大胆创新实践，提出了一系列与市场经济相适应的新观念，开展了一系列体制机制的新变革。这位创造历史又走进了历史的老人，不仅是"蛇口模式"和蛇口精神的缔造者，更是社会主义市场经济的成功践行者。在他生前身后先后被香港特别行政区政府授予金紫荆勋章、上海市人民政府授予"中国改革之星"的称号，获颁由党中央、国务院、中央军委制作的中国人民抗日战争胜利60周年纪念章、中国"改革先锋"称号、"最美奋斗者"称号。更有人赞誉他是中国改革开放实际运作第一人，而他一直谦卑地自称是"改革开放马前卒"。这是一个"誉满天下，谤亦随之"的老人，一路裹挟在卖国、拜金、挑战国家体制的骂名之下，他以笑骂由之的坦荡胸怀，度过了传奇而富有争议的一生。无论是以前浴血奋战的革命生涯，还是现在的改革开放，他的初心始终不渝，用他的话说："以前和现在都是为了老百姓能活得更好！"

袁庚晚年一直在蛇口定居，一直见证着蛇口的成长。2016年春天（1月31日凌晨），袁庚老人在蛇口病逝，享年九十九岁。他已与世长辞，但从未离开他开拓的这片热土。只要走进蛇口，你就会仿佛看见他还活生生地伫立在这里。是的，这是伫立在蛇口海上世界文化艺术中心广场上的一尊约三米高的铜像。一位老人九十九年的人生，最终被定格在这里。这尊铜像又恢复了他从前的模样，宽阔的额头，一副国字大脸，一双英气逼人的剑眉，那抿着的嘴角带着一种坚毅而又自信的微笑。他的姿态更加生动，一件西装仿佛刚刚脱下，随手搭在手臂上，他撸起衬衫袖子露出手臂，仿佛正在海风的吹拂下准备奔赴大海。这样一种神采飞扬的姿态让我看见了海风的形状。我突然觉得，这其实就是深圳经济特区的精神姿态。

见过他的和没见过他的人，都说这尊铜像很像他，像极了。

袁庚本人其实也是一位雕塑家，如著名作家黄宗英所说："袁庚是雕刻家，是米开朗琪罗，不是理论上的，而是实实在在地雕刻了一个崭新的蛇口工业区。"

袁庚的精神影响了无数在深圳创业的企业家。

万科创始人王石说："我们为什么会如此地尊敬甚至是崇拜袁董？其实，袁董集中了我们心目中最理想的官员的一切优秀品质——有知识有文化，有理想有激情，有远见有谋略，正派，清廉，自信，对上不阿谀奉承，对下不趾扈，还特有幽默感。"

腾讯创始人马化腾说，只要蛇口精神在，"深圳就会生生不息，企业精神就会绵延持久……让深圳涌现出更多的'袁庚',是对袁老最好的怀念"。

从1979年的春天到1992年的春天,既是袁庚一生最艰难也最辉煌的十几年,也是深圳改革开放的第一阶段。作为中国第一个经济特区,深圳一方面率先冲破僵化的计划经济体制,攻克了体制机制上的顽瘴痼疾,突破了利益固化的重重藩篱,破解了发展中遇到的突出矛盾和问题;另一方面,以"摸着石头过河"的谨慎,从早期外科手术式单点突破,到产权改革、所有制改革、人事体制和分配体制改革、土地使用制度改革、财税体制改革、投融资体制改革等系列组合拳,初步探索出了具有中国特色的社会主义市场经济体制模式,建立起以十大体系为主要内容的市场经济体系基本框架,基本上完成了第一阶段的历史使命,为改革开放"杀出一条血路"。十多年的创业经验、财富和资源的不断积累,为未来长足发展奠定了基石。从20世纪90年代开始,深圳的很多企业基本上完成了原始积累,逐渐建立现代企业制度,形成了国有、民营、外资企业三足鼎立的局面,逐步从劳动密集型的代工制造向自主创业、深圳制造转型。这是深圳的第二次转型。进入第二个发展阶段,从率先发展、加快发展、协调发展,到推动经济社会转入科学发展轨道,把改革开放引向深入。接下来,深圳将进一步解放和发展社会生产力、激发和凝聚社会创造力,续写更多的中国奇迹。

世界是平的

深圳作为中国改革开放的桥头堡，也是中国走向全球化的先行者。1997年7月1日，中国对香港恢复行使主权。随着香港回归，一个特别行政区和一个经济特区的经济关系进入一个新的阶段，这对进一步推进深港衔接、保证香港的平稳过渡、加速推动深圳走向全球化，既是机遇也是挑战。全球化也是一把双刃剑。2000年，时任古巴国务委员会主席卡斯特罗在南方首脑会议开幕式上指出，由于不公正的国际经济秩序，经济全球化并没有使广大的发展中国家从中受益，反而造成南北差距加大，富国愈富、穷国愈穷，数亿人口处于饥饿和贫病之中。这使全球化犹如一艘装载着不平等乘客的航船，很难安全到达彼岸。然而，全球化又是"一艘你不得不乘坐的船"，他呼吁发展中国家争取在这艘航船上占据应有的位置，以便使所有的乘客能够在团结、平等和公正的条件下安全到达彼岸。

中国作为世界上最大的发展中国家，在国际经济秩序下一直面临不公正的竞争，甚至受到排挤。而中国在改革开放的进程中展示了积极顺应经济全球化潮流、主动参与国际竞争和合作的决心与开放的姿态。中国在1986年7月就正式提出关于恢复在关贸总协定缔约方地位的申请，一直谈到关贸总协定走进历史。1994年4月15日，在摩洛哥的马拉喀什市举行的关贸总协定乌拉圭回合部长会议上，决定成立更具全球性的世界贸易组织（WTO），以取代1947年订立的《关税及贸易总协定》，中国随即又由复关谈判转入入世谈判。历经十五年漫长而又艰辛曲折的谈判历程，中国终于在2001年11月10日加入世界贸易组织。世界贸易组织有"经济联合国"之称，这意味着，中国经济在入世后已成为世界经济的组成部分。

对一个国家全球化的程度，没有绝对标准，但有相对标准，主要以四大依据来衡量，即经济整合、人员往来、科技实力及国际政治参与。而在全球化视野内，货币资本、人力资本、文化资本和社会资本都是竞争力，又以产业结构、环境质量、公务员素质和机制、国民幸福指数作为评估国家综合实力的要素。中国入世是大势所趋，国人大多乐观以待甚至是翘首企盼，但也有人发出不可名状的惊呼："狼来了！"那些早已洞见历史大势的专家，对中国入世的未来则充满信心，如摩根士丹利首席经济学家史蒂芬·罗奇所说："中国经济将会持续强劲，中国的崛起将是全球化的最主要催化剂之一。"

史蒂芬·罗奇的预言将在接下来的岁月中一步一步经受考验。

中国入世后，由于深圳在中国走向全球化的进程中扮演着先行先试的角色，国内外经济界几乎一致看好深圳，这个中国经济特区将成为中国最大的受益者。深圳拥有众多的外向型产业和企业，在入世后的第一个红利就是其原材料进口成本会大大降低，而更重要的是将获得一个更为开放、更为广阔的国际市场空间。然而，在全球化的背景下，随着中国全方位开放的迅猛发展，向深圳提出了新的挑战：经济特区如何继续"特"下去？深圳不是中国唯一的经济特区，随着更多沿海开放城市、经济开放区、国家级新区加入开放的行列，中央在改革开放之初给予深圳的那些特殊政策，已不再是深圳的特殊优势，更不是什么"特权"了。如果深圳一如既往地把发展思路局限于继续争取更多优惠或给予经济特区的特殊政策，那么在全球化的群雄逐鹿中就很有可能败下阵来，甚至有可能被抛弃。这让不少深圳人产生了焦虑情绪。2003年，互联网上贴出了一篇在国内外都引发了强烈反响的文章，它有一个极具震撼力的追问式的标题："深圳，你被谁抛弃？"

此文堪称深圳的盛世危言，一篇网文能够产生轰动效应，只因它触及了深圳的痛点，才让世人产生了如此强烈的共鸣。对于深圳来说，在中国入世后确实又进入了一个关键的转折点。世贸组织追求的目标就是要让"所有的乘客能够在团结、平等和公正的条件下航行"，又如托马斯·弗里德曼在《世界是平的》一书中所说："当世界变平时，最大的竞争是你与你的想象力之间的竞争——现在有太多教育、知识、联系和革新分配工具可用，内心全球化（没完没了地行走、交流、合作、体验）才能适应外部世界全球化的节奏感。"这就意味着，无论是深圳，还是深圳人，一方面要继续发挥经济特区的优势，另一方面也要跳出经济特区的特殊地位和政策优势。深圳若要在全球化的背景下打造全面开放的新高地，就必须以先进城市为坐标，以世界前沿为参照，按国际规则"打篮球"，这样才能真正走向更为开放、更为广阔的国际市场。

世界是平的，你若想要登上"一艘你不得不乘坐的船"，先得把它变成一艘让"所有的乘客能够在团结、平等和公正的条件下航行"的船。而深圳最明显的城市分割就是"二线关"。自深圳经济特区建立后，一条东西全长八十余公里的边防管理线把深圳"一分为二"，人为造成"一市两制"。关内和关外，从一开始就不在一条起跑线上，二元结构导致城市发展严重失衡。一座失衡的城市，势必形成心理上的落差，深圳人心目中，早已形成了关内是特区、关外是郊区的概念，有人说"关内是欧洲，关外是非洲"，还有人说"宁要关内一张床，不要关外一套房"。心理落差取决于现实的落差。在基础设施、市政配套、公共服务水平等方面，关内关外的差距越来越大，经济实力也悬殊，关外占全市面积的六分之五，每平方公里的产值仅仅相当于关内的五分之一。随着关内城市化的进程不断加快，人口越来越多，必然会给土地、交通带来巨大的压力，又必然会导致关内房价节节高升，让狭小的关内不堪重负。一个又一个必然，也让深圳必须向关外扩展，寻求更大的发展空间。这就必须消除一座城市内部的壁垒。2010年，在深圳经济特区建立三十周年之际，市民盼望已久的"特区外扩"终于成为现实。经中央批准，深圳将经济特区范围延伸至全市，一道在时空中延续了近三十年的"二线关"从此消失了，这为深圳能建设成为国际大都市填平了鸿沟，铺平了道路。

在全球化背景下，深圳开始了第二次转型，并一步一步验证史蒂芬·罗奇对深圳充满了信心的预言。

这一次转型大致是在进入90年代后，尤其是香港回归和中国加入WTO后，深圳经济与世界经济基本接轨。伴随着经济全球化和国际产业资本的大规模转移，吸引了一大批世界跨国公司在深圳建立生产制造基地，这也促使深圳从"深圳加工"向"世界工厂"转型，使深圳成为珠三角世界工厂的主体部分，成长为信息化时代"世界先进制造业基地"，也成就了"深圳制造"。那些有着银灰色外壳的"世界工厂"成为深圳的标志，深圳也是"世界工厂"的代表，感觉浑身都充满了金属和电子元器件的味道。

这一阶段，一大批海内外的电子元器件、零部件厂商在深圳和珠三角地区设厂，形成了以深圳为龙头的电子信息配套产业体系，而大批农民工也在流水线上历练成熟练的产业工人。无论是从中国制造看，还是从世界工厂看，深圳完善的制造体系和制造能力在国内几乎无可匹敌，放之于世界也名列前茅。如1988年在深圳投资建厂的富士康科技集团，就是中国制造和世界工厂的典型代表，拥有一百多万员工及全球顶尖客户群，在全球计算机和消费电子设备组装领域占据统治地位。

一旦触及世界工厂，就会条件反射般地提到一条路，那是我最不想走的一条道，却又是一条必经之路——广深高速。这条双向六车道高速公路于1997年7月1日开通运营，连接着广州、东莞、深圳三座经济高度发达的城市，被誉为粤港澳大湾区内的黄金走廊。据说，这是地球上最宽的高速公路，却也是世界上最拥挤的高速公路。一路走过来，沿途都是有着银灰色外壳的大型工厂，还有无数条道路连接着它，就像支流汇入主流。路上行驶的大都是巨大的货柜车，那些被挤在其间的小车，管你是奔驰还是宝马，一辆辆都在惊恐而又小心翼翼地躲避着，密闭的货柜里装载最多的就是电子产品。这条路时不时就被堵住了，而全世界电子生产商最担心的就是这条路被堵，连老外都会操着生硬的中文惊呼："广深高速堵车，世界电脑缺货！"

如今，深圳这条船上，已有全球八十多个国家的两万多家企业于此落户，其中有近百家世界500强企业在深圳设立总部或研发生产基地，如计算机产业的IBM、希捷、施乐，通信产业的飞利浦、北方电信、朗讯科技，新材料产业的杜邦等。国内许多企业也纷纷将研发生产基地搬到了深圳。还有很多跨国公司在深圳开设了"观察哨"，密切关注和追随"未来中国"发生的最新趋势。《日本经济新闻》评论员中山淳史到深圳实地探访后，发现深圳成为全球创业家的青睐之地，有赖于其全方位的开放以及惊人的效率。他发现深圳还存在一种叫"方案公司"的行业，对众多生产电子零部件和电路板的工厂了如指掌。只要创业者提出要求，他们就能快速实现资源整合与信息对接。即便创业者自身没有工厂或设计、研发部门，但只要有想法，就可以在短时间内将研发的产品推向市场。

从全球化的意义看，深圳是中国最早引入市场机制的城市，经过四十年的探索与发展，如今已是中国内地市场机制最完善的城市。如今的深圳几乎容纳了整个世界，被誉为"小联合国"，蛇口被誉为"中国的夏威夷"，南头半岛被誉为"中国的曼哈顿"。这其实不是比喻，而是深圳对标国际的一种追求。深圳在对标世界，世界也在对接深圳。如美国《福布斯》杂志所说，从深圳的开放热潮中，你就知道旧金山湾区必须和深圳跨时空"联姻"，共建"加中湾"（Calichina），才能组合出世界最强的高新技术家庭。

若从深圳放眼中国，当中国成为世界工厂，中国制造的电子、机电、家具、玩具、服装、食品……包罗万象，应有尽有，在世界的每一个角落都能看到MADE IN CHINA（中国制造）的标识，但你却骄傲不起来。在深圳街头，你随时可以看到这样的情景，当夜幕上打出了沃尔玛的霓虹灯字幕，很多打工妹在下班后也来这里购物。这里的衣服和鞋子有的就是她们自己生产的，上面贴的却是世界名牌商标。放心，她们可以用自己的血汗作证，这里的每一件商品绝对没有冒牌，都是货真价实的名牌。在这个世界上，早已形成了一种通行的游戏规则，一些人在设计室里设计商标或品牌，一些人在流水线上制造衣服和鞋子。一双在流水线上经过上百道工序制造的耐克鞋，可以卖到三百美元，制造者可以拿到三十美元，而丰厚的利润属于商标或品牌持有方。这就是耐克，希腊胜利女神！但这些中国的打工妹还很少懂得它的英文原意，她们更懂得怎样拼命加班，拼命延长自己的劳动时间，一天工作十几个小时以上，在流水线上做一个月的耐克鞋，才能挣到买一双耐克鞋的工资，然后又到这里来买一双耐克鞋。

这也是一条生物链。不仅耐克，还有皮尔·卡丹、阿迪达斯、苹果、梦特娇、圣罗兰、香奈儿……美国的，法国的，世界的，中国已是世界工厂，世界上最廉价的劳动力正在源源不断地生产出世界上最昂贵的产品。这个生物链的两端合作得最默契的还是美国和中国。美国人身上穿着中国人制造的衣服，中国人身上贴满了美国的品牌，世界上最大的发达国家和世界上最大的发展中国家各自扮演的角色，就像命运的奇异安排。

在这强大无比的世界工厂和中国制造背后，中国看似什么也不缺，但至少缺乏三样东西：一是具有原创性的核心技术和知识产权，二是对标全球的名牌商标，三是世界一流的经营理念。

对于中国，对于深圳，这些都形成了一种咄咄逼人的倒逼机制。当中国以更加开放的姿态拥抱大海和世界，走在最前沿的深圳经济特区一直占有先发优势，但在经历了二十年的加速发展后，深圳经济特区若再按照原来的发展模式，那么土地、人口、环境、资源等要素均会难以为继。尤其是土地资源，深圳同其他城市相比一开始就先天不足。深圳经济特区（关内）只有三百多平方公里，土地和资源上已很难有进一步拓展的空间。即便拓展到整个深圳市，也只有约两千平方公里。若同国内一线城市相比，北京的面积相当于八个深圳市，上海的面积相当于三个深圳市，广州的面积超过了三个半深圳市。面对土地和资源这一难以拓展的大限，深圳人又一次做出明智的选择，如崛起的高楼一样向高端发展，发展高新技术产业，从深圳制造向深圳创造转型，向自主创业和科技创新转型，由此迈进了位于价值链顶端的产品设计、技术研发领域。

这是在深圳加工、世界工厂后的第三次转型，把深圳从改革开放的试验田推向了"高产田"。

撬动地球的杠杆

"科学技术是第一生产力""创新是引领发展的第一动力",科技实力和产业结构是评估一个国家或一座城市现代化程度的标准或要素之一。党的十八大以来,注重实施创新驱动发展战略,习近平总书记做出了形象的科学论断:"科技创新,就像撬动地球的杠杆,总能创造令人意想不到的奇迹。"

深圳在一些方面占了先机,但在科技方面也有先天不足。深圳不同于北京、上海、广州等一线城市,深圳的科技底子就是一个边陲穷县的底子。这里别说没有名牌大学和国家级研究机构,在1979年建市时,全市只有一名具有中级职称的工程师。更有人说:"全市只有两名科技人员,一名是拖拉机维修工,另一名是兽医。"这是一个苦涩的笑话。为了迅速改变科技落后的现状,多年来,深圳市一直为高新科技产业搭建平台,打造营商环境,提供优质服务。如今,深圳市已相继建立综合政策体系、人才支撑体系、引进与自主开发并重的科技成果体系,还有以财政资金为引导、企业投入为主体、金融机构支持的资金支撑体系,以市场为导向、企业为主体、产学研相结合的科技研发体系,以保护知识产权为核心的法律法规体系。与此同时,还建起了一个个高标准、高质量的高新技术产业聚集园区。

深圳还有一个漂亮的大手笔,即创办了高交会,并建立了以高交会为主要平台的高科技交易市场体系。深圳不只有春天的故事，还有秋天的故事。1999年金秋季节，首届中国国际高新技术成果交易会在深圳举办。这个中国规模最大、最具影响力的科技类展会，在推动高新技术成果商品化、产业化、国际化，以及促进地区、国家间的经济技术交流与合作中发挥着越来越重要的作用。这一切，可以提炼为一句话——"中国科技第一展"。

而在此前，深圳也有一个如今只存在于老一辈深圳人记忆中的节日——荔枝节。这个节日却让深圳人颇为尴尬，作为中国第一个经济特区，在发展了近二十年后，还只有一个具有农耕文明象征意义的荔枝节。深圳原本就是荔枝生长的沃土，从荔枝节到高交会，既是一夜之间的改变，也是延续了数千年农耕文明后的华丽转身。这一片荔枝生长的沃土，如今已是高新技术的沃土。从1999年秋天到2019年秋天，高交会已连续举办了二十一届，深圳高新技术发展的成功与这一个重要平台密切相关。一批接一批具有世界眼光的企业家、科学家会聚深圳，把最佳产品和新兴产业推向国际市场，与世界顶级水平对标，很多国内外人士都是通过这个平台第一次关注到深圳卓越的科技创新力。在这里可以看到中国国家领导人和外国政要的身影，还有来自海内外科技界和商界的精英，任正非、马化腾、汪滔、陈宁……

深圳市出手的一系列组合拳，推动深圳高新技术产业驶入了快车道。2000年，深圳高新技术产品产值首次突破千亿元，有自主知识产权的高新技术产品占全部高新技术产品的比重首次突破百分之五十。2003年，深圳高新技术产品产值完成了第二个千亿目标。从此以后，这项指标就以平均每年一个"千亿元级"的速度增长。

然而到了2008年，正当深圳高新技术朝着更高的目标迈进时，全球化机遇忽然变成了全球化的风险。2008年10月8日，这一天被欧美投资者称为世界上最黑暗的一天，美国灾难性的次贷危机引发了全球性金融风暴的总爆发。在华尔街股市连续狂跌后，这场危机像龙卷风一样席卷全球，这是一场比十年前的亚洲金融风暴更恐怖的灾难，美国第十三任联邦储备委员会主席艾伦·格林斯潘把这次危机称为"百年不遇的金融危机"。

从世界经济的大格局看，每一场危机都意味着重新洗牌。在这个重新洗牌的过程中，既要面对惨遭淘汰的危机，却也蕴藏着无限商机。深圳市政府在危机四伏中没有选择大放血，而是有效地发挥经济杠杆的作用。在公平竞争的市场体制或机制下，面临危机的所有企业都是平等的，优胜劣汰原本就是市场的自然选择。让一些企业淘汰掉，正好"腾笼换鸟"。深圳在几十年高新技术产业的发展史中，一边在产业结构调整中创新，一边在创新中调整产业结构，从电子视听产业、电子信息产业到互联网、生物工程、人工智能等，其产业结构不断升级，企业结构不断调整，形成了良性循环。不知道有多少产业衰退了、消亡了，又有多少新兴产业诞生和壮大；不知道有多少知名企业被淘汰了、退市了，又有多少新型企业被发现，并成为著名企业；不知道有多少产品进入了历史博物馆，又有多少产品成为市民消费追捧的对象。在这些过程中，深圳高新技术产业不断升级，企业不断更新，产品不断迭代，形成了现在的战略新兴产业，包括新一代信息技术产业、互联网产业、新材料产业、新能源产业、生物产业、节能环保产业。

从2008年全球金融危机及接踵而至的欧债危机，到2018年美国挑起中美贸易摩擦和针对多国的贸易战，危机一直在地球上延烧。但从那些危机四伏的国家及产业、企业看，最深的危机不是金融危机，而是体制或机制上的危机，还有由此而产生的心理危机。在应对这场全球性危机时，中国受冲击最严重的深圳等沿海发达地区和大批外向型企业，都在危机的高峰期进行了有效的应对，没有出现西方国家那样的重创，政府和全社会的共同努力都很奏效。整个社会的信心逐步地回升，无论是国人还是外商，都对中国的发展继续保持积极评价。中国强大的抗冲击能力和危机处置能力远远超过了西方发达国家，也让整个世界开始重新认识中国，认识深圳。

全球知名财经杂志美国《商业周刊》（中文版）称深圳是"中国最具硅谷气质的创新城市"。

诺贝尔经济学奖得主克里斯托弗·皮萨里德斯说："深圳的发明发现正在影响中国各地，甚至世界各国。"

深圳在科技创新方式上不同于北京、上海、广州等一线城市。这些城市的科研力量主要集中在科研院所和高校，而深圳则形成了六个"百分之九十以上"的现象：百分之九十以上的创新型公司为本土企业，百分之九十以上的研发机构在企业，百分之九十以上的研发人员在企业，百分之九十以上的研发资金源于企业，百分之九十以上的专利发明出自企业，百分之九十以上的重大科技项目由龙头企业承担。迄今，深圳已拥有一万多家国家级高新技术企业，并已形成了龙头企业领跑、广大中小企业跟进的雁阵效应。这些企业雁阵构建的是深圳的现代产业体系，而企业雁阵背后就是人才雁阵所构建的科技创新体系。若要对深圳本土生长起来的高新技术企业按代际做一个梳理，四十年，四个年代，依次可以以1980年代诞生的华为、1990年代创立的腾讯、2000年代创办的大疆、2010年代成立的云天励飞为代表。这四家企业的创始人任正非、马化腾、汪滔、陈宁又是各自行业领域的杰出代表，也是这四个雁阵中的领头雁。

任正非是一位和共和国一起走过来的企业家。他是深圳经济特区初创时期的"开荒牛"，也是1980年代在深圳创业的第一代企业家。1987年，深圳市政府在全国率先推出了第一个鼓励科技人员以技术专利、管理等要素入股、兴办民间科技企业的暂行规定。这一年，任正非已四十三岁。由于遭遇商业陷阱而背上了两百万元沉重的债务，正是深圳这一政策的出台，让他绝处逢生。他与几个合伙人凑了两万多元的注册资金，在蛇口工业区一侧的南油新村租用办公场地，创办了华为技术有限公司，开始了他们充满艰险和未知的创业之路。任正非带领华为一路走来又一波三折，他们从给香港一家小型程控交换机厂商做代理商到小作坊式地组装小型程控交换机，从模拟到自主研发大型数字程控交换机，从率先在全球研发出多载波技术到推出华为的中国"芯"。通过不断创新，致力于把数字世界带入每个人、每个家庭、每个组织，把华为从一个小作坊式的公司打造成震惊世界的科技王国，成为全球领先的ICT（信息与通信）基础设施和智能终端提供商的世界500强企业。

华为自创立以来便与深圳经济特区一起成长，在追逐西方发达国家的征程中，大致经历了四个阶段，从2G时代的模拟、3G时代的追随、4G时代的同行到5G时代的超越。而今，华为已成为5G时代的全球领跑者，构建起"万物互联"的智能世界。这一路上，多少电子通信设备的大鳄在一轮又一轮的激烈竞争中惨遭淘汰，包括当年几乎垄断了中国通信市场的诺基亚、摩托罗拉都已黯然退出历史舞台，而华为则从独树一帜到异军突起，正在改变世界。

这要归功于任正非和华为团队。任正非是一位充满了前瞻意识、忧患意识和国际视野的企业家。他作为深圳改革开放和科技创新之路的亲历者和典型代表，自始至终坚持把科技创新放在第一位。在科技创新的同时，任正非和他的团队还在现代企业管理体制上不断创新，其代表作就是创立了开中国企业之先河的企业治理大法——《华为基本法》，重新定义了中国企业的基本准则和精神。任正非和他缔造的华为正因为一直敢闯敢试，坚持创新，将改革开放进行到底，才能登上时代的高峰。诚然，这也要依托深圳经济特区改革开放程度的不断深化、创新精神的不断升级。任正非和华为的命运，与深圳经济特区的命运紧密相连，互为因果。任正非在创办华为之初只想"活下去"，之后不但活下来了，他还把自己活成了一个传奇。这也是属于深圳和华为的传奇。

马化腾是一位70后企业家，也是一位深圳本土培育出来的企业家。1993年，马化腾从深圳大学计算机专业毕业后，进入深圳润迅通信发展有限公司，做编程工程师，专注于寻呼机软件的开发。这段经历使马化腾明确了开发软件的意义在于实用，而润迅开阔了马化腾的视野，并给马化腾在管理上提供了必要的启蒙。1998年，马化腾创办了深圳市腾讯计算机系统有限公司，"一位70后企业家，创办了一家90后企业"，马化腾和腾讯团队的创业史和创新史具有鲜明的时代特征，堪称邓小平"南方谈话"以来深圳改革开放不断深化、创新精神不断升级的缩影，颇有解读的标本意义。

随着一只"小企鹅"在南海边破壳而出，马化腾和腾讯也一度举步维艰。在创业之初，这只嗷嗷待哺的小企鹅最缺乏的就是资金。1999年秋天，在深圳举办的第一届高交会上，"小企鹅"之父马化腾抱着改了六十六次、二十多页的商业计划书几乎跑遍所有的展台，极力推销腾讯这只"小企鹅"。最终引起了全球最大信息技术风险投资公司美国国际数据集团（IDG）与香港盈科数码的重视，拿到了腾讯发展史上第一笔风险投资。正是借助高交会的平台，这只如今风靡全球的"小企鹅"才活了下来。从最初的模仿到自主创新，这只小企鹅终于打败了狮子，在互联网上打造了一个庞大的QQ帝国，为中国人创造了全新的沟通方式。如今，腾讯是中国最大的互联网综合服务提供商之一，也是中国服务用户最多的互联网企业之一，为世界十大互联网公司之一。腾讯多元化的服务包括社交和通信服务、QQ游戏平台、门户网站、新闻客户端和网络视频，还有无所不能的微信，几乎涵盖了我们社交、娱乐生活的方方面面，旗下的用户超过了中国移动、中国联通和中国电信的总和。有人形容腾讯的发展是"爆发式增长"，最重要的一个原因就是腾讯通过"互联网+"连接实体、产业、服务、个人、设备等一切基本要素，创造出一个"互联网+"的生态体系。

抚今追昔，马化腾对深圳高交会搭建的平台一直充满了感念："我们曾为凑出必需的营运资金而四处奔波、夜不能寐，甚至试图卖掉我们的QQ软件。幸运的是，借助深圳第一届高交会这个平台，我们获得了第一笔风险投资。深圳为腾讯这样的企业提供了最佳的创业创新和成长环境，如果没有深圳市政府的大力支持，腾讯也不可能有后来的发展……也是我们长期、永久扎根在深圳很重要的原因。"

汪滔是当下中国最年轻的"技术创业家"之一，也是深圳80后创业、创新的杰出代表。2006年他在香港科技大学攻读硕士研究生之际，便创办了深圳市大疆创新科技有限公司，它是深圳2000年后初创企业的典范。说起来，汪滔进入香港科技大学，首先就得益于深圳市与北京大学、香港科技大学三方携手、共同创建的"深港产学研基地"。2003年，香港科技大学在深圳招收了九名选派生，汪滔便是其中之一。汪滔在创业之初就经历了2008年全球金融危机，在公司"只有一口气"的时候，大疆公司获得了深圳市首笔三十万元政府资助资金。而大疆能逆势崛起的秘密就是以科技创新制胜，大疆无人机是深圳的代表产品之一。此前，成本高昂的无人机几乎没有价廉物美的消费级产品，而大疆利用深圳及周边地区强大的碳纤维材料、航空铝合金加工、特种塑料、锂电池、磁性材料等配套产业，把无人机推向大众化，打破了国际无人机厂商对中国市场的垄断，开创了一个百亿元级的大市场。随着5G和"互联网+"新时代的来临，汪滔又将目光投向了专业级的无人机版本和细分市场，先后推出了"大疆无人机+消防""大疆无人机+搜救""大疆无人机+太阳能""大疆无人机+植保"系列产品，使无人直升机系统成为全自动的空中作业平台，适用于商业航拍、工业及军事作业等许多领域，广泛应用于农业、地产、新闻、消防、侦察、救援、能源开采、感应测绘、野生动物保护等领域。2020年春天，全球又遭逢新冠病毒疫情暴发。在疫情疯狂蔓延之际，大疆无人机在监控、传递信息、喷洒消毒、红外测温和投送紧急物资上大显身手。用网友的话讲："哪里有天空，哪里就有大疆无人机。"

汪滔和大疆公司从低谷中起飞，为什么在短短十几年里就能笑傲蓝天、占领俯瞰天空的高度？应该说，在技术改变商业的这个时代，汪滔和大疆的成长和成功代表了新的技术创业逻辑：第一个就是要在细分市场中掌握核心技术，第二个就是高新技术创新企业依然要恪守中国传统的工匠精神。汪滔就是一个有着完美工匠精神的科技创新者，对于细节的追求更是严谨到了苛刻的程度，比如细到一颗螺丝拧的松紧程度，他都有严格的要求。

当然，还有一个不可或缺的因素，那就是依托深圳这座城市所搭建的科技平台。这点，还是让汪滔自己来说吧。2015年，汪滔获得深圳市科学技术奖"市长奖"，奖金一百万元。他在获奖感言中历数了多年来深圳市政府对自己创业的扶持，发自肺腑地说："我还记得在2006年那次高交会的经历，让我们坚定了创新的决心；是2008年政府资金的扶持政策，让大疆公司第一次搬进了宽敞的办公室；在2010年的创新创业大赛上，公司又第一次拿到了正式的奖项。我常常想，这一群初出茅庐的年轻人，不用去阿谀奉承、投机取巧，就可以在踏实做事的埋头苦干当中，达到创业之巅。这样的故事恐怕只在深圳才可以实现。大疆创业成长的路上深深地打上了这个城市的烙印，我要感谢市政府，更要感谢这个城市！"

若论及深圳2010年后创业创新企业的典范，就是目前风头正劲的独角兽公司云天励飞了。

2014年，陈宁和留美同学田第鸿联合创立深圳云天励飞技术有限公司。陈宁是一位70后企业家，为美国佐治亚理工学院电子工程博士，曾任中兴通讯IC（芯片）技术总监。田第鸿是佐治亚理工学院电子与计算机工程博士，亦是视频图像处理与视觉计算领域专家。云天励飞是华侨华人（海归）创业和创新的典型代表，也是人工智能和芯片领域创新的杰出代表。而云天励飞创业也体现了时代特征：自2010年，深圳经济特区迈入了而立之年，改革开放已进入深水区，深圳通过"供给侧结构性改革"打造人才供给梦工场。云天励飞团队是被深圳市政府引进并大力支持的科研团队，这与云天励飞团队选择深圳有直接关系，也体现了深圳在引进人才方面的优势。陈宁和同窗田第鸿看到了中国在人工智能和芯片领域同世界的差距，所以毅然放弃在美国优渥的待遇，回国创业，率先研发出了像科幻片一样神奇的云天深目系统，在人工智能的三个核心技术（算法、芯片、大数据）领域都已跻身世界前列。作为深圳本土成长起来的一家独角兽企业，云天励飞正致力于"以人为核心，构建AI（人工智能）城市大脑"，并有望成为未来世界级的AI产业领导者。

说到深圳，陈宁更是一脸的深情："我们创业的五六年，深刻感受到深圳是最适合海归创业的一座城市，没有之一。如果2014年我们选择的不是深圳——并不是说中国其他城市不好，但是除了深圳以外，可能我们都确实没有办法作为只有技术含量的这样一个海归团队，能够在城市打造国际第一个人脸动态识别的样板。深圳不只是科技创造者和企业创新者的创业基地，更关键的是深圳把创新和创业的基因融入每一个普通市民的骨髓里。

无论是市领导，还是普通办公室人员，他的基因里面都有创新的理念，都有自己对科技的想法，都有开放和创新的精神。所以，深圳才会诞生这么多的优秀科技企业。我坚信，云天励飞在深圳这样一座包容开放的创新城市里，将会越做越大，成为未来世界级的AI产业领导者。"

这些企业家总让我下意识地从两方面追问和探寻：他们为什么会选择深圳？深圳又是如何成就了他们？兴许，只有把这两者放在一起，你才能理解一个城市和一个企业为什么能产生乘法效应。

第一章

与深圳一起成长

我们活下来了

第一印象，这个人就像他的穿着一样很随意也很不经意，一件深蓝色的西服配着一件灰白色的衬衫，几乎没见他打过领带，而衬衫领口的那粒扣子也从来不扣。那习惯于眯缝着的眼睛，牵动着扇面一样的皱褶，但这双眼睛一旦睁开，就会闪烁出奇异而咄咄逼人的光亮，让你不敢正视。这个人颇有点独来独往的侠士之风，甚至还有股骨子里的霸气。这样的人一般都很有主见又很难预料，他们常常不按牌理出牌。所谓性格即命运，在这种人身上表现得特别鲜明。在他身上有一种与征服也与统驭有关的力量，若是换一个时代，他也许会成为一个指挥千军万马的将帅。而在这样一个百年未有之大变局的时代，他以另一种方式验证了我的假设，而今，他统率着的是一支拥有近二十万人的科技大军，"叱咤则风云兴起，鼓动则嵩华倒拔"。

一个人拥有这样的气魄或气势，往往也会把自己活成一个传奇。事实上，在成为华为的统帅之前，这个人在他的天地里已演绎出了一段段传奇。当我翻开他那充满了苦难的、变幻、跳跃、闪烁的，又充满了现代感的人生履历，感到这是一个难以驾驭的人物。而对他人生命运的最好的解释者，无疑就是任正非本人。他说过一句发自肺腑的话："没有长夜痛哭过的人，不足以谈人生，我曾因做噩梦而在半夜哭醒……"

对于任正非来说，他人生最痛苦的一个年头无疑是1987年，那也是他绝处逢生的一年。

那是一个寒冷而苦涩的早春季节。春节刚过,南海边遭遇了一次阴冷的寒潮,那从深圳湾吹过来的海风裹挟着咸涩的腥味,一阵一阵地吹在他身上。他穿着一件风衣,风从敞开的领口倒灌进去,一个瘦长的身影时不时地鼓起来,但他浑然不觉风寒,一直朝着大海逆风而行。那挺直的腰杆和矫健而有节奏的步伐,一看就是一位军人,无论是穿上军装还是脱下军装,这都是一种早已渗透到他骨子里的气质。

如果不是这一股骨子里的硬气支撑着,他可能还真是挺不过来。

这是深圳经济特区建立的第七个年头,任正非走过的这条路,我也曾走过。坑坑洼洼的街道两边挤满了外来工搭建的简易工棚,在凄厉的海风中摇摇晃晃,屋顶上的塑料布在卷起的沙尘中哗哗作响,仿佛就要吹散架了,而那些外来工却咬着牙一次又一次地将这工棚拴牢了,绑紧了。那一股子强悍的倔劲不只是来自他们粗壮的骨骼,好像还来自别的什么。而在这简易的工棚背后,就是一座座拔地而起的大楼,哪怕在这阴郁的苍穹下,也正迸发出奇异的光辉。

南油集团总部大楼,就是深圳湾当年一座令人瞩目的大楼。

此时,任正非刚从那座大楼里走出来。南油集团是由深圳市投资管理公司、中国南油石油联合服务总公司及中国光大集团共同投资的大型中外合资企业,为当时深圳经济特区综合实力最强的五十家大型企业集团之一,一度雄踞第一,占深圳工业总产值的八分之一。而任正非背后的那幢八层楼高的南油大厦,雄踞于南海大道与登良路交会处,在20世纪80年代是南头半岛的地标性建筑,拥有当时全深圳最大的会堂、最大的影剧院和最高的钟楼,承载了一个城区、一个时代和一群拓荒者的光荣与梦想。1983年,任正非作为中国人民解放军基建工程兵的一位团级军官,服从国家整建制撤销基建工程兵的决定,转业至深圳南海石油后勤服务基地,成为深圳经济特区的第一批"开荒牛"。南油大厦于1985年7月在深圳湾(后海湾)边的一片荒地上破土动工,翌年8月便建成投入使用,南油集团总部及其下属公司搬入大厦办公。而由南油集团开发的南油开发区与香港招商局的蛇口工业区，一时间如南头半岛的一对凤凰，在前海湾和后海湾比翼齐飞。

任正非作为南油集团的一员，那胸口上的南油徽标不仅是一个南油人的标志，更是一种身份的象征，一如南油集团总部的那座地标性建筑一样，闪烁着那个年代令多少人羡慕和憧憬的光芒，承载着他的光荣与梦想。然而，在这一天，他的光荣与梦想却以他有生以来最屈辱的方式而猝然结束了。对于这残酷的命运，任正非只能坦然接受。他是实实在在犯了一个大错，给电子公司带来了巨大的、无法挽回的损失。说来，这又是一个实在不该犯的大错。半年前，一个港商经人介绍，上门来找任正非洽谈一笔业务，说是可以从香港购买到一批进口彩电。想想那个年代，内地连黑白电视都一机难求，而彩电对于内地老百姓还是一个传说。但也有一部分先富起来的人，到处寻找门路购买彩电，从香港进口几乎是唯一的门路。任正非一听这个港商可以搞到进口大彩电，这笔生意能为公司大赚一笔啊。而这个港商看上去又是个特别实诚的人，给任正非留下了一个既讲义气又讲信用的好印象。机不可失，商机如战机。任正非赶紧找总公司申请了两百万元货款，对于这样一笔大生意总公司自然也是求之不得，将货款拨给电子公司，这笔钱就由任正非这个经手人来支配了。那港商已回到香港，声称一旦收到货款马上发货。到了香港又一再打电话来催促，说是再不抓紧那彩电就被别人给抢走了。这也是当时的实情，见了彩电谁都疯抢啊，就跟抢钱似的。任正非也是太急于求成了，他还没有同对方签订合同，连一张收据都没有，就将货款直接打入了对方提供的账号。结果，在给了钱之后，别说彩电了，就连一根天线也没有看见。

如果用今天的眼光看，谁都会觉得这也太没脑子了，怎么连最简单的法律意识也没有，这是任正非干的事吗？但只要从那段历史走过来的人都知道，当时内地还没有健全的法律体系，别说内地其他省市，即便是走在改革开放最前沿的深圳，人们也没有清醒的法律意识，很多生意都是通过熟人朋友牵线搭桥，凭哥们儿义气交易。任正非就是一个特仗义的哥们儿，结果却碰上了一个特不讲义气的奸商。那也确实是一个非常精明的奸商,他最精明的地方就是法律意识强。香港既是一个成熟的法治社会,也是一个成熟的商业社会。许多港商都知道怎么运用法律来保护自己,在趋利避害的商业博弈中知道怎么规避风险去追求最大的利益。对于一些不法商人来说,他们也知道怎么钻法律的空子,尤其是钻内地法律的空子。

许多事,或许只有拉开时空的距离才能看清。这其实也是一种反思。多年后,任正非痛定思痛地袒露了他当时的心态:"我们军人最大的特点就是不懂什么叫作市场经济。我们觉得赚人家的钱是很不好意思的事情,怎么能赚人家的钱呢?而且我们认为,给人家钱,人家就应该把货给我们,我们先把钱给人家有啥不可以的?人都要彼此信任。这就是军队的行为,是不适应市场经济的。"

而在当时,眼看血本无归,总公司唯任正非是问。任正非早已急红了眼,他就像立下军令状一样给集团总部写下了一份保证书,又咬破指头狠狠按下了一个血指印,他发誓要把被骗的两百万元追回来。而那奸商骗到一笔巨款后立马就人间蒸发了,就算你能把他找到,一没合同二没收据,也休想打赢这场官司。这损失只能由任正非承担。南油集团总部决定将任正非除名,并将这被骗的巨款算到他的头上,让他签下了欠款还债协议。任正非在协议上一笔一画地签上了"任正非"三个字,他对自己应该承担的责任一点也不含糊。在签字后他又看了一下那个数字,两百万元!那年头国内人均月工资还不到一百元,深圳也高不了多少。一个人背上了这样一笔巨债,三生三世也还不清啊,但他必须还!

任正非在欠款还债协议上签字后,又在离婚协议上一笔一画签了字。于公于私,他都绝不含糊。在人生至暗的关头,他对妻子孟军提出的离婚要求没有任何怨言。他不能连累妻子和儿女,这笔债是他欠下的,只能自己一个人来扛。一个四十三岁的男人,走出了南油集团总部大楼,又从南油集团的宿舍搬了出去,找到了一间十来平方米的简陋出租房。远在贵州的父母亲听说儿子出事了,出大事了,坐了一天一夜的慢车赶到深圳来看望儿子,老人家生怕儿子过不了这个坎啊。可老人还没有来得及安慰儿子,儿子就先安慰两位老人:"您老就放心吧,我还欠了国家两百万元债呢! 这笔债只要一天没还清,我就必须一天一天活下去; 若是还清了,我更要活下去!"

这话,还真是让两位老人家放心了。疼子莫若母,知子莫若父,尤其是做父亲的,更知道儿子这个德性!

任正非的父亲任木生,字摩逊,清宣统二年(1910年)出生于浙江省浦江县黄宅镇任店村,他是当年任店村唯一一位大学生,也是他们家族的第一位大学生,1934年肄业于北平民大经济系。抗战期间,大批知识分子从沦陷区流亡大西南,任摩逊顶着日寇飞机的狂轰滥炸,几经辗转来到贵州镇宁县,在镇宁一所中学任教。他刚刚安顿下来,那命定的缘分也随之而来。没过多久,他就和一位叫程远昭的乡村小学教师一见钟情,结婚成家了。1944年10月25日,小两口迎来了自己的第一个孩子,任摩逊给儿子取名正非。若望文生义,正,正确; 非,是非。这是一个父亲对儿子的寄望,做人正直,有分辨是非、主正是非的能力。但还真不能如是望文生义,此中还有深意,这"正非"是一种平衡,非即正,正即非,非中有正,正中有非。而人世间充满了是是非非,何为正,何为非,一个人要用一辈子去探究,去领悟。在长子任正非降生后,夫妇俩又相继生下了六个孩子,加上任正非,共二子五女。这给一个清贫的教师家庭带来了沉重的生活压力。幸亏程远昭勤俭又善于持家,两口子除了每月几十元的工资,还喂猪、养鸡补贴家用,这清贫的日子才能够一天一天过下去。而过了今天,程远昭开始盘算明天的日子; 过了今年,她又开始盘算下一年的生计。用她的话说:"吃不穷,穿不穷,不会划算一世穷。"

任正非生逢乱世,出生在抗日战争时期,童年时正值解放战争时期,在青年时代又经历过饥荒和动乱岁月。作为家中的长子,他从小就摘野菜,打猪草,上山砍柴,下河摸鱼,为家里分担了一份家务。他的童年和少年时的幸福生活,就是十天半月能喝上一碗热乎乎的豆腐花,吃上一顿香喷喷的煎豆腐。每次打豆腐时,父母亲半夜就要起来忙活。任正非也在一边帮着烧火，还得掌握好火候。这打豆腐看上去简简单单，那每一道工序还真不简单，只要一道工序掌握不好，再好的黄豆一旦失去浆头就做不成豆腐了。这给任正非留下了深刻的印象，他后来干什么事情，都习惯用打豆腐来比喻，心急吃不成热豆腐，磨豆腐的就要把豆腐磨好。除了豆腐外，若还能吃上一顿红烧肉，那就是最幸福的生活了。

任摩逊在新中国成立后当上了中学校长，像他们那一代跨越了新旧社会两重天的知识分子，早已认准了只有知识才能改变命运，也只有知识才能改变国运。无论遭逢怎样的变乱，任摩逊都把读书作为天下第一等的大事。这一大家子人在灯光下读书的情景，堪称一道风景。程远昭原本只是一个高中毕业的小学教师，她在忙完家务后不是管教子女，而是和子女一起学习，后来成为一名中学数学高级教师。她教出的学生很多都考上了重点大学，成为优秀的科技专家。

对于一家人，最难熬的是那三年困难时期。多少人都仰望苍天，陷入了绝境之中。而一个母亲从来不会绝望。她说得最多的两句俗话，一句是"天上不会掉馅饼"，一句是"天无绝人之路"。对于一个多灾多难的民族，这是最朴素也最坚韧的精神支撑。为了让每个孩子都能活下去，这个一向善于精打细算的母亲，对一家人采取分餐制度，每天根据每个孩子的年龄和生长发育的情况，把一块玉米饼分成几瓣。围在一起的孩子就像一群饥饿的小狼崽子，那一小瓣玉米饼几口就吞下去了，又睁大一双双饥饿的眼睛望着母亲。任正非那时十六七岁，正处于身体发育的关键期，他分到了最大的一份，想要分给弟弟妹妹，却被母亲严厉制止了："吃下去，你要想活下去，就必须吃下去！"一个慈祥的母亲，还从来没有这样严厉过。而这样的严厉其实是对生命最大的仁慈。饥荒岁月，家里每个人都吃不饱，一个个骨瘦如柴，面黄肌瘦，却没有一个人饿死。当饥荒终于熬过，一家人吃上一顿饱饭后，做母亲的终于长吁一口气："我们活下来了！"

她是笑着说的。在饥饿和死神的阴影下，一家人笑到了最后。

1963年夏天，十九岁的任正非考上了重庆建筑工程学院暖通专业，包括采暖、通风、空气调节,这类专业在当时还是前沿专业。在任正非考大学之前,母亲就节衣缩食为他准备好了学费。一个总是想到明天的人,干什么都会提前准备,她还提前给儿子准备好了一套被子。这一家九口都是几个人挤在一张床铺上睡,那时上大学是要自带被子的,如果任正非一个人抽走一床被子,这家里就少了一床被子。程远昭把一些破床单、旧衣服浆洗干净,裁剪出来,一块一块地缝成了一床百衲被。慈母手中线啊!任正非看着母亲在昏黄的灯光下深深地躬下去的背脊,眼眶一阵一阵发酸。这床百衲被,整整陪伴了任正非五年的大学生活。

在他上大四时,一场风暴已席卷全国,父亲从一位"人类灵魂的工程师",一夜之间被打成了"牛鬼蛇神",关进了"牛棚"。任正非在重庆听说后心急如焚。他见过那些造反派有多么凶狠,他们根本没有什么师生之情,将那些大学教授一个个踩在脚下又踢又打。对于这些从旧社会走过来的知识分子,最难以忍受的还不是皮肉之苦,而是被践踏得失去人格尊严。一些老教授怎么也过不了这个坎,选择了自杀。而任正非最担心的也是父亲过不了这个坎,他必须立马赶回去。但他连买一张火车票的钱也没有,只能连夜扒火车赶回贵州。半路上,有人发现他逃票,在揍得他鼻青脸肿后又把他恶狠狠地撵下了火车。任正非在混乱的人群中又扒上了另一列火车才赶回了家里,费尽周折见到了父亲。父亲老了,仿佛突然间就老了,那脸上的皱褶显得愈加深刻,深陷的眼窝里透出了更深邃的光芒。儿子打量着父亲,父亲也打量着儿子。看着这鼻青脸肿的儿子,父亲竟然没有问他是自己摔成这样的,还是被人打成这样的,只沉声说了一句:"明天一早你就赶回学校去,哪怕天下放不下一张安静的书桌,你也要找一个安静的角落,静下心来读书。一个人若能闹中取静读书,那是最入心的。若有啥想不通的,你就想想你的姓名吧,任正非,你为什么叫任正非?"

任正非能生在这样一个家庭,有这样的父亲和母亲,是他一生中最大的幸运。

在那个"知识越多越反动"的岁月,任正非不为所动,一意孤行。他把著名数学教育家樊映川的高等数学习题集从头到尾做了两遍。在此基础上，他自学了电子技术。这是二十世纪发展最迅速、应用最广泛的新兴技术，也是近代科学技术发展的一个重要标志，然而当时中国在这一领域却落后了西方发达国家一个世纪。当很多人在一个荒诞岁月荒废了学业，任正非却找到了通往未来的人生方向。接着，他还自学了逻辑、哲学和三门外语，他这三门外语的水平当时已达到可以阅读大学课本的程度。无论是从任正非的命运看，还是从他选择的方向看，他接下来的人生还真是像他的名字一样，越琢磨越有意味。

在同龄人中，他的不幸是那一代人遭遇的集体的不幸，但他又堪称那个时代的幸运儿。

按照大学学制，任正非本该在1967年的夏季毕业，但当时政策有变，大学毕业后必须要先去工厂、农村或部队锻炼，与工农兵打成一片，然后根据表现选拔政治可靠的大学生分配工作。任正非选择到部队去锻炼，加入了中国人民解放军基本建设工程兵。

20世纪70年代，经周恩来总理特批，中国从法国斯贝西姆和德西尼布两家公司引进了一套制造化纤的设备，在东北辽宁建厂，生产一种名为"的确良"的化学纤维纺织品，用来制造军服，部分供给民用。那年代若能穿上一身的确良的衣服，也很有面子了。这套进口设备在西方不算先进，但到了技术设备落后的中国几乎是尖端设备了，国内还很少有人接触到这种全自动的机器。法国公司派出了几百名专家到现场来指导安装，任正非作为技术人员来学习如何操作自动控制系统和修护保养，而自动化设备必须有电子技术控制，任正非自学的电子技术正好派上用场。机器设备安装完毕，法国专家按照合同完成了任务，把整套设备交给中国人后便撤回了法国。但没过多久，就发现在设备运行的一个环节需要一种检验设备的仪器，这种仪器中国当时还没有，也不知道去哪里买，若要去法国采购又颇费周折。厂里决定自力更生，发起科研攻关。这一关，被任正非第一个攻下了，他用数学推导的方式，把仪器的设计给推导出来，制作成功了。这个仪器取名叫"空气压力天平"，在当时是非常了不起的科技成果，《文汇报》打出了一个大标题——《我国第一台空气压力天平》。据报道："解放军基建工程兵某部青年技术员任正非在仪表班战士的配合下，研制成功我国第一台高精度计量标准仪器——空气压力天平，为我国仪表工业填补了一项空白……这种仪表是最近几年刚出现的，目前世界上只有几个工业发达的国家能制造。"

任正非一边进行技术攻关，一边坚持钻研自动控制和数字技术。有时候他把一个技术问题想通了，等到清醒过来时，才发现手脚都已冻僵，连自己也像一台机器了。

1978年，中国在改革开放的元年终于迎来了一个科学的春天，三十四岁的任正非作为部队选拔的代表出席了全国科学大会。这是一次科学盛会，也是一个伟大时代启航的盛典。在大会开幕式上，邓小平以他那充满了震撼力和穿透力的西南官话，重申了"科学技术是生产力"这一马克思主义基本观点，这是中国全面推进改革开放的先声。邓小平的讲话让任正非感到特别亲切，他是在贵州生长的，又是在重庆上大学，这浓厚的乡音就是他的母语。

1982年，任正非当选为中国共产党第十二次全国代表大会代表，又一次成为一个重要历史阶段的见证者和参与者。这次大会是党的第七次全国代表大会以来最重要的一次会议，总结了新中国成立以来的历史经验，正式提出了"建设有中国特色的社会主义"的新命题。

从1967年参军到1983年转业，任正非在军营里度过了十六个年头，他攻下了一个又一个技术难关。他的命运与国运紧密相连，说到底还是父亲早已认准了信念，只有知识才能改变命运，也只有知识才能改变国运。这十几年军营生活也是他人生的黄金年华，一介书生在一座大熔炉里得到了反复淬炼，那身心也有了金属般的强度和硬度。那段岁月，他和孟军从相恋到结婚，生下了大女儿孟晚舟和儿子任平。孟军也是一位英姿飒爽的军人，她父亲孟东波是一位1938年入党的老革命，曾任四川省副省长。孟军比任正非先一步转业，后来成为南油集团的一名高管。这两口子是多少人羡慕的神仙眷侣，这样一个家，又是多少人羡慕的美满家庭。

很多人都以为任正非会在"正途"上一直走下去。所谓正途，往往有稳定的生活轨道，有稳定的心智和生活法则，当这样的经历持续了十年，一般就不容易动摇和改变，也不容易为外在的东西所迷惑，而等待他们的也是一个可以预见的结果。只要你这样按部就班地走下去，不折腾出什么事情来，就会得到按部就班的提升。凭任正非的资历，他成为一家国企的高管是指日可待的。但他却一下走到了人们的意料之外，还背负了两百万元的巨债。那种压力和痛苦只有亲身经历者才能体会得到。

当一个人陷入了巨大的痛苦中，甚至都没有痛苦的感觉了。

而一个人不怕有着噩梦般的过去，就怕未来是一个噩梦。

这两句话，就是任正非对自己的安慰和救赎。

那段日子，任正非和父母挤在一间简陋的棚屋里，每夜几乎都是在噩梦中度过，但他从未流过一滴眼泪。当他看见母亲趁菜市场清场捡来一大把别人扔掉的菜叶喜滋滋地回来时，他赶紧把头扭到了一边。那眼眶里的泪水，他是用拳头擦掉的。这房间里没有抽油烟机，贵州人又是重口味，一炒菜满屋子都是油烟味和麻辣味，每个人都呛得拼命咳嗽，连心都快咳出来了。但咳过之后，任正非和父母亲依然说说笑笑，他们过惯了苦日子，也时常提起过去的那些苦日子。老父亲说，再苦也没有他关在"牛棚"里苦啊，他都咬着牙关挺过来了，活下来了。

而老母亲说得最多的还是那两句俗话："天上不会掉馅饼"，"天无绝人之路"。

任正非很少仰望苍天，他一直在寻找出路。用那些外来工的话说，就是寻找活路。活下去，如何才能活下去？

在任正非最茫然的那段日子里，也有一些外地的朋友向他伸出了援手。有人开导他："你既然在深圳栽了一个大跟头，这个地方兴许不一定适合你。天下之大，难道只有一个深圳？你可以换个地方试试看啊！"对此，任正非也犹疑过，深思过，而越想他越是认准了，他决不会离开深圳。上苍对每一个特区人其实并没有什么特殊的眷顾，深圳最大的特色，就是让你闯，让你试。若说试一试，还有哪里能比得上深圳？若不敢闯一闯，又哪来的机遇或运气？更别说什么改变命运了。若连试也不敢试一下，又拿什么来验证你的能力？更遑论实现梦想了。

就在任正非决计闯一闯时，有一位朋友来找他了。这位朋友正在做模拟程控交换机生意。深圳经济特区初创之际和内地一样，使用的还是那种不用拨号、通过邮电局总台转接的老式手摇电话。而深圳和香港仅一河之隔，作为中国改革开放的桥头堡，在地缘上领风气之先，又有先行先试的特区政策优势，先在公用电话上开始使用模拟程控电话，1985年深圳发行了我国第一套电话卡，这是中国通信发展史上的一个标志性事件。由于还处于尝试阶段，此时交换机的销路还没有打开，还要找门路到各单位去推销。任正非的这位朋友由于缺乏人脉，打不开销路，仓库里积压了不少产品。这生意做得像鸡肋一样，食之无味，弃之可惜。他想到任正非在电子公司干过副总经理，又是转业军人，门路宽，人脉广，请任正非帮忙代销，按比例提成。这是无本生意，没有什么风险，但任正非知道，这是非常难做的生意，若是好做，难道还轮得上你吗？任正非答应试一试。哪怕是试一试，他也是干一行钻一行。这程控交换机全称为存储程序控制交换机，是利用计算机技术完成控制、接续等工作的电话交换机，又分为模拟交换机和数字交换机。当时数字程控交换机属于尖端科技，只有西方发达国家才有。而任正非凭着在电子技术上的专业眼光，很快就意识到，这程控电话必将取代老式手摇电话，而深圳经济特区在先行先试后将会在全市推广，程控电话必将成为国内通信设备更新换代的大趋势，中国人口之多幅员之广，将是全世界程控电话最大的市场。

任正非在试一试后，就决定干一干了。后来有人说，你别看任正非总是习惯于眯缝着一双眼，那眼睛一旦睁开，眼光就像探测器一样灵敏而犀利，很多在别人眼里看来像鸡肋一样的生意，他却敏于发现其中蕴藏的奇妙商机。这样的眼光，让他对市场经济有着天然的洞察力和准确的判断力，从而在时代转换的机遇中找到自身特长的对接点，审时度势地制定出面向未来的人生定位和发展战略，就像一个船长勾画出了一幅清晰的航海图。

然而此时，这样的评说对于任正非来说一切都是后话，任正非决定干一干，除了因为他对市场敏锐的预见，据说还因为"一份神秘的红头文件撕开一道制度口子，没有它就没有华为的今天"。这份文件我后来找到了，这是深圳市政府1987年2月4日正式公布的第十八号文件——《深圳市人民政府关于鼓励科技人员兴办民间科技企业的暂行规定》。如今纸张早已泛黄，但字迹依然清晰。这是全国首个鼓励科技人员以"个人所拥有的专利、专有技术、商标权等工业产权作为投资入股"创办民营科技企业的"红头文件"，其宗旨是"充分发挥科技人员的积极性，促进科研与生产直接结合，发展外向型的先进技术特别是高技术产业"，而"民间科技企业在自愿的原则下，可吸纳其他国营企业和集体企业的股份；经深圳市有关部门批准后，民间科技企业亦可吸纳海外投资者和涉外企业的股份"，民间科技企业不仅"享有其他类型企业的同等权利"，在税务减免、申请贷款、外贸内销上还享受优惠政策。——这标志着，深圳在国内率先突破当时还很僵化的计划经济体制，打开了民营科技企业创业的大门，从而为民营科技企业搭建起了最初的政策支撑平台。而在当时的内地，出台这样的文件是几乎不敢想象的。

这份文件后来被视为中国首份民营科技企业的"准生证"。

随着"十八号文件"的出台，一座"创新之城"的梦想由此启航。而在当时国营企业计划性的生产链条中，很多有创业意愿和创新意识的科技人员，既难以得到合理的激励机制，也没有足够的自主发展空间。他们或留职停薪，或辞职下海，如潮水般奔向深圳经济特区这个可以施展拳脚的舞台，这甚至是当时的科技人员可以自主创业的唯一舞台。在一年不到的时间里，深圳市政府发文批准的民营科技企业就达到七十多家，民营企业开始在科技创新上唱主角，引发了一场风起云涌的科技企业创办潮。这也是深圳经济特区最为独特的一道风景线。

设若没有这样一份文件，任正非，一个赤手空拳、背负着两百万元巨债的科技人员，当时是不可能创办一家民营科技公司的，就是有想法也没办法。那时创办公司的注册资金最低五十万元，而这份文件大大降低了创办民营科技公司的门槛，只需两个股东以上和一万元注册资本。任正非东挪西凑筹集到了三千多元，这就是他投入华为的原始资本。他又拉来了四位合伙人，总共2.1万元注册资金。这就是华为起步时的家底子。而这种合伙人模式也是华为后来实行内部股份制的一种雏形。任正非去工商局注册公司时，忽然想到公司还没有取名呢，他正好看到街边的墙壁上刷着一条标语："中华有作为！"这让他脑子里灵光一闪，就叫华为吧。华为华为，中华有为！他在口里一遍一遍地叫着，感觉越叫越响了。

华为就这样诞生了。当年，谁知道这家名不见经传的华为技术有限公司？而今，谁又不知道这家全球第一大电信设备商——华为投资控股有限公司！在深圳大事记里，记下了这样一句话："1987年，深圳市政府十八号文件明晰了民营企业产权，华为在深圳创立。"这当然是后话。一家民营科技公司从深圳最低的门槛起步，如今已登上了中国高科技民营企业的珠穆朗玛峰。深圳也从最低的门槛出发，迈向全球创新之都。这是中国第一个经济特区和以任正非为代表的特区人共同创造的一个创世纪神话。而只要提及华为的创业史，任正非就会发出命运的感叹："如果没有十八号文件，我们就不会创办华为。"

然而在神话的开端，一切还处于最低端的状态。任正非在蛇口的一栋居民楼里租了一间两室一厅作为公司办公室——南油新村A区16栋801室。这里是华为的诞生地，也是孵化基地。在华为入驻时，这一带还属于蛇口，是一个位于南山半岛东北部、背靠大南山、依傍深圳湾的村庄——粤海门村。直到1991年春天，这儿才设立了南山区粤海街道。任正非之所以把公司设在这里，只因这里紧挨着蛇口工业区，在袁庚的精心打造下，蛇口被称为三资企业的投资天堂和深圳本土企业孵化器。这里最早引进的港资企业凯达玩具和日资企业三洋电器等，皆是当时的海外名牌企业。当时，蛇口工业区每三个人中就有一个是凯达玩具厂的员工。他们最让人垂涎的待遇，就是员工食堂里每顿饭都有鸡腿吃。三洋不给员工发鸡腿，但给每人配了一辆自行车。这两家大厂成千上万的职工，每天骑着自行车上下班的身影，投在那幅"时间就是金钱，效率就是生命"的巨幅标语牌前，成为蛇口那时最亮丽的一道风景线。尤其是三洋的那些打工妹，人称"三洋妹"，她们穿着清一色的白色工装，随着那自行车的速度和节奏，优美的、充满青春气息的身体曲线如海浪般奔涌起伏。这也是深圳改革开放展览馆"大潮起珠江——广东改革开放40周年展览"的摄影作品中的一幅代表作。1990年风靡全国的电视剧《外来妹》，就是以蛇口三洋厂房为原型拍摄而成。

任正非看着窗外的风景，心如潮涌，一阵一阵起伏，他时常伫立在窗口，望着三洋电机株式会社那个全球瞩目的标牌长久地出神。SANYO，其创始人井植薰解释三洋的寓意，三洋是指太平洋、大西洋和印度洋，而三洋欲以人类、技术、服务三根支柱为依托，与三大洋相连的全世界人民共同发展。这是三洋的寓意，又何尝不是三洋的野心，日本之所以能在战败后的废墟上迅速崛起，一个重要原因，就是不乏井植薰这样雄心勃勃的企业家。井植薰出生于日本淡路岛一个撑船运货的船夫家庭，三四岁时父亲就病逝了，母亲带着八个儿女饱受生活的煎熬。井植薰十四岁时初中毕业，就进入姐夫松下幸之助的松下电器制作所当学徒。但他不想在姐夫的羽翼下干一辈子，于是另起炉灶，和大哥合伙在1950年创办了三洋电机公司。在三洋创办之初，别人一听兄弟俩对三洋寓意的解释，几乎都会笑掉大牙。而经过三十年的发展，三洋电机株式会社成为一家横跨三大洋的大型跨国集团公司。

中国更需要这样有野心的企业家啊，当然有！在蛇口这个孵化器里，此时有多家未来的大型企业正在孵化之中。或许此时，一个个未来的企业巨头和财富领袖正站在各自的窗口凝望，如华为技术有限公司创始人任正非，万科集团创始人王石，金蝶国际软件集团创始人徐少春等，这些日后崛起的大型企业集团，乃至跻身世界500强的世界级企业，最初都是从蛇口孵化出来的。然而此刻，他们又怎能想到自己未来的命运？然而连想也不敢想，又怎么可能有未来呢?

一家很小的公司,却在楼上挂了一个醒目的大招牌,用繁体大字写着:華爲。那时的深圳,到处都是来自香港、台湾和海外的商人,他们使用的是繁体字,对简化字还很陌生,而深圳的外向型企业,也只能尊重他们的习惯。从楼下望上去,那繁体的"華爲"往往会被很多内地人看成"华鸟",这是一家什么鸟公司?莫不是养鸟的?别人调侃华为,任正非也自我调侃,他幽默地说:"哈,鸟公司!好哇,我姓任,天高任鸟飞啊!"

但一开始别说飞,华为连能不能活下来都是一个问题。任正非面临的不只是让自己活下去,还得让华为活下来。华为只能从无本生意开始,给销售商推销积压滞销的程控交换机,卖出去后赚点差价。往好里说,华为是电子产品的代理商,任正非既是总经理又是业务员,他的专业技术只能在推销时用来介绍产品性能。若实话实说,此时的华为就是一家皮包公司或二道贩子,这无本生意没有任何风险,却也是世界上最难做的生意。从任正非当年和几个合伙人的一张合影看,一眼就能看出这生意当年做得有多么艰辛惨淡。任正非穿着衬衫西裤,衬衫扎在裤子里,你能清楚地看到他连皮带都没系,全靠扣子扣着裤腰。任正非确实是一个生性节俭的人,一直到现在也很节俭,但不可能节俭到连皮带也不系。而为了让公司活下来,任正非的父母亲还从退休金里抠出钱来,支持任正非创业。

我采访了华为的一位老员工,他给我讲述了华为创业之初的一些往事,那时候任正非只有一个念头,就是竭尽全力让华为活下来。

为了活下来,任正非在华为创办之初还卖过火灾报警器、螺旋仪、气浮仪、减肥保健药品。一位朋友还给任正非介绍了一种生意,卖墓碑。这生意任正非实在不愿意做,但为了活下来他也只能硬着头皮做。还别说,这生意也给任正非带来了启示。一块墓碑的石料买来不过几十上百元,可只要刻上铭文和纹饰,那价值就翻了好几倍,一块能卖三五百元。若是由出色的工匠精雕细刻,甚至能卖上千元。石头还是石头,而这铭文和纹饰在某种意义上说,就是知识产权的价值啊。

回首1987年，对于任正非来说既是最不幸的一年，又是最幸运的一年，而幸与不幸都是他最艰难的一年。这一年终于熬过去了，接下来又怎么熬呢？无论怎样的煎熬，任正非此时都认准了中国城乡必将告别那种老式手摇电话，推广程控电话是大势所趋，这个机遇华为必须提前抓住。为此，他经朋友介绍，找到香港鸿年电子有限公司的老板。一见面，他就直话直说，他看上了鸿年公司生产的HAX小型程控交换机，但华为公司是一个刚刚创办的小公司，没有资金进货，但他们可以全力以赴为鸿年公司打开内地的市场，卖掉一批结算一批。任正非那种商界少有的气质，还有那坦率而诚恳的谈吐，让这位香港老板有些另眼相看了。香港乃鱼龙混杂之地，虽说不乏奸商，但绝大多数港商讲诚信也很仗义。这位老板慷慨地为任正非提供了授信额度，任正非不用付现金就能拿到该公司的HAX小型程控交换机。就这样，华为同香港鸿年电子有限公司签订了协议，成为其在内地的代理商。

任正非第一次拿货时，这位老板还幽默地笑着说："任生，你被香港人骗了一次，你也可以骗香港人一次啊！"

任正非哈哈大笑道："我骗了你一次，还有第二次吗？"

任正非还真是看准了，到了1988年，从深圳到中国其他各地都开始推广程控电话，交换机从无人问津一下变成了市场上的香饽饽。当时各地政府都在打造城市电信网络，但政府也拿不出钱来，就给电信部门一个特殊政策，允许它们先收取安装程控电话初装费。那些先富起来的一部分人和大大小小的单位，都想把程控电话先装起来。不说大城市，在一个中等城市，装一部程控电话就要花四五千元的电话初装费，还要排队摇号，甚至走后门拉关系、请客送礼才能挂上号，再要排半年队才能装上。程控电话有多火爆，程控交换机就有多火爆。那些大型局用交换机只有国外的大公司才能生产，任正非代理的是小型交换机，这小型交换机当时也火得不得了，主要销售到酒店、厂矿、学校和大大小小的机关单位。一个单位有多个部门，有的要装十几部甚至几十部电话，而一台二十四门的HAX小型交换机就可以连接二十四部电话机，只要装一部电话再加一台程控交换机，这单位各部门就都能用上程控电话了。这样一台小型交换机的生产成本只要七十元人民币，售价竟高达四五百美元。想想，全国有多少单位啊，那需求量简直是一个巨大的旋涡，而利润全被海外电信商席卷而去。鸿年公司生产的HAX小型程控交换机并非什么名牌，但任正非在不到一年的时间里就在全国打开了市场，而作为代理商，分到的只是一小杯羹。任正非就靠这一小杯羹，为自己，也为华为公司掘到了第一桶金。

在年终的股东会上，华为公司张灯结彩，充满了喜庆的气氛。几位股东频频碰杯，那鲜红的葡萄酒照得一张张面孔上荡漾着红光，那碰杯的声音很好听，就像银锭一样清脆响亮。连不胜酒力的任正非也连干了几杯，那眯缝的眼睛红了一圈，他高高举起酒杯长叹一声："我们活下来了!"

行与不行都要试一下

任正非赚到第一桶金后，第一件事就是想到还债。那两百万元巨债，他在一年多的时间里就还上了一大半。自任正非上当受骗后，在很多人眼里这老任就是一个书呆子加傻大兵的形象了。任正非还债的故事，就像他当年上当受骗的故事一样，很快就在南油集团上上下下传开了。在那个年代，很多人都觉得这是任正非几辈子也还不清的债，真没想到这书呆子居然这么快就还上了一百多万元。有的人还不敢相信，瞪着眼睛问，真的？假的？这老任莫不是中了香港的六合彩？

任正非还债，也让南油集团的几个老总喜出望外又特别感动。南油集团虽说与任正非签了一纸欠款还债协议，但也没指望他这辈子还能还上了。他们也从来没有催逼过，南油集团都准备把那两百万元做呆账处理了。这老任啊，还真是一条汉子，虽说头脑简单倒也特别实诚啊，有了钱立马就来还债了。他们还在南油酒店盛情款待任正非。三杯酒下肚，一位老总说："老任啊，天下可没有白吃的午餐啰！你得给咱们讲讲，怎么在这么短的时间就掘到了第一桶金。"

任正非对于自己的老东家是很有感情的，他毫无保留地讲了程控交换机市场有多大，利润有多高。他越说越来劲，但那脸上看不出丝毫喜色，反而是满脸的焦虑。"唉，我们卖的都是小型交换机，赚的是几个小钱啊，最赚钱的大买卖还是大型交换机。同大型交换机相比，小型交换机只是香饽饽上面的一粒小芝麻，那些大钱都被人家外国佬赚走了！"

　　任正非这是给老东家提供了一个巨大的商机。大型交换机又称局用型交换机，一个城市想要安装程控电话，就必须购置大型交换机。一些有先见之明的国外电信商早已提前在中国布局，如诺基亚公司早在1983年就创办了上海诺基亚贝尔股份有限公司，上海贝尔。那时候一提到这名字简直如雷贯耳，为了能买上一台大型交换机，那大门口一天到晚排着长队。上海贝尔还是合资企业，中国人多少还能分到一杯羹，而中国每年还要动用大量宝贵的外汇从国外进口大型交换机设备，供不应求。由于中国需求量巨大，那些外商不但一次次抬价，还摆出一副洋大爷的嘴脸，你得提前一年半载就预付订金，再按先来后到的次序等待半年甚至一年左右才能提货。从20世纪80年代到90年代，这些大型交换机来自七个国家的八种机型，分别是日本的NEC和富士通、美国朗讯、加拿大北电、德国西门子、法国阿尔卡特（Alcatel）、瑞典爱立信、比利时贝尔，号称"七国八制"。那时邮政和电信尚未分家，邮电部有个主管电信的领导开了一个玩笑，"八国联军"以另外一种方式杀回来了！

　　任正非眼看着大型交换机的滚滚利润都白花花地流进了外国人的银库，既心痛又焦虑。那些国外厂商几乎垄断了中国通信市场，为了榨取更丰厚的利润而结成利益共同体，联手抬高价格，也是造成国内电话装机费用居高不下、电话不能迅速普及的重要原因。任正非想，南油集团拥有雄厚的资本和人才优势，若是让旗下的电子公司趁机转型升级，研发制造大型程控交换机，极有可能抓住一次重大的战略机遇期。然而南油集团是一家以国有资本为主的大型企业，凡项目都要逐级上报，层层监督管理，重大决策必须经过繁多的程序和多层的审批程序，这也大大降低了决策效率。而高科技往往也是高风险，有人测算过，其成功率还不到百分之五。作为企业决策者，谁敢承担百分之九十五失败的高风险？南油集团从成立以来，一直把自己基本定位为开发商，以打造南油开发区和房地产为主业。直到1993年7

月，深圳市信诺电讯股份有限公司才进驻南油开发区，生产具有国际先进水平的HJD-04型万门数字程控交换机。但这家公司并非南油集团旗下的公司，而是一家非上市股份有限公司，只是进驻南油开发区办厂而已。

同国有企业相比，民营企业决策主体单一，具有决策快、效率高的机制。在市场的激烈竞争中，一个商机往往转瞬即逝，只有快速决策才能在瞬息万变的市场中生存下来。尽管高科技与高风险并存，但高科技产品一旦研发成功并实现了市场化、产业化，民营企业往往就能获得几十倍甚至上百倍财富的增长，不断出现创业的财富神话。这种创造财富神话的动力，使无数民营企业家前赴后继，敢闯敢试。而此时，任正非还真是跃跃欲试了。他也不止一次跟香港鸿年公司的老板说过，开发大型交换机是一次难得的机遇，但鸿年公司的HAX小型程控交换机当时卖得正火，皇帝的女儿不愁嫁，谁又愿冒着高风险去搞什么高科技呢？后来，随着小型交换机市场退潮，又加之香港相继遭受亚洲金融风暴和全球金融危机的冲击，这家公司一度陷入了困境。任正非发达之后一直没有忘记鸿年公司在自己最困难的时候曾经拉过自己一把，他对鸿年公司多次伸出援手，帮他们渡过了一道道难关。

任正非和他的母亲一样，也是一个过着今天就想着明天的人。那时候华为每天都在数钱，任正非却心事重重。一个股东问他："老任啊，你一天到晚眯缝着眼，吊着一副苦瓜脸，这是愁啥呢？难道这钱把你给赚愁了？"

任正非说："这钱我还真是赚得有些心不安、神不宁啊。"

几个股东都笑了起来："哈，咱们一不偷二不抢，三不走私逃税，这凭真本事赚来的钱，怎么就不安心哪！"

任正非说："我们这哪里是凭真本事啊，这交换机的哪一个零件是咱们生产的？咱们是全靠人家赚点钱啊，我就怕有一天没得赚了。这些天我都在琢磨呢，要想长久赚钱，赚大钱，还真得要有自己的本事，那就是自己生产交换机！"

一个股东冲他做了个鬼脸，阴阳怪气地说："老任啊，你每天数钱数得手抽筋,但脑子可不能抽筋啊!咱们现在安安稳稳赚钱多好啊,干吗要去冒那么大的风险?呵,对了,现在公司赚钱了,你也缓过劲来了,赶紧再找个年轻漂亮的老婆,这才是真本事嘛!"

这位股东平时就喜欢开任总的玩笑,而任正非一般也是一笑而过。可这一次非同一般,他拍着桌子几乎是在吼叫了:"我跟你们讲正事,你扯东扯西搞么子?谁跟你开玩笑啊!"

任正非一般不发火,一旦发火挺吓人,几个股东倒有些害怕了。有人赶紧劝道:"老任,干吗发这么大脾气,有什么事好好说嘛。你继续说,我们洗耳恭听。"

任正非一脸正色道:"听着,我现在跟你们讲正事,这就是一次股东会。我越来越觉得做产品代理商不是长久之计,咱们华为公司的定位就是一家科技公司,眼下不能只看着今天赚了几个钱,还真得想想明天。华为现在可以继续做代理商,但不能光做代理,咱们也要做自己的交换机,先可以从组装做起,然后逐步掌握核心技术,只有这样才能摆脱对别人的依赖,华为才会真正地成长起来。"

但任正非的建议被几个股东否决了。他们也觉得任正非有眼光,但光有眼光还不行,这小型交换机在当时很多国有企业都做不出来。华为说穿了就是一个皮包公司,一无专业人才,二无机械设备,三无生产基地。如果真要生产交换机,打造自己的品牌,你要投入多少资金来研发?又要多少钱来办厂?如果研发不成功,这刚刚掘到的第一桶金就打水漂了。何况,眼下这交换机卖得火,但说不定也是火坑。你任正非可以去闯去试,但别把一个公司和几个股东都拉下去往火坑里跳。

任正非就是再发火也是白发。华为公司虽小,却也是股份公司,任正非这个掌门人,一个人说了不算,还得按游戏规则办事。而接下来的一切都在任正非的意料中。到了1989年的上半年,交换机市场更火了,根本就不用推销了,鸿年公司开始在内地多地布局,设立自己的办事处或销售点。这也不能怪人家鸿年公司,这是市场经济的游戏规则,人家能够轻易赚得的红利为什么要分给别人？这让华为的几个股东急了。很多事情，往往是过蒙见窘，急中生智。此时他们终于明白了，任正非去年的建议还真是明智的选择。做代理商，永远是为别人作嫁衣。人家要你做，你还能赚到几个针头线脑钱，而一旦利润大了，人家就不要你做了。

在汹涌的市场大潮中，商机无限，但每一个商机都有无数人盯着。你任正非和华为看到了，人家也看到了。从1988年到1989年这短短的一年多时间里，国内一下冒出了几百家生产程控交换机的新厂家，深圳就有上百家。华为走慢了一步，现在进入还来得及吗？任正非说："你走慢了一步还可以追赶上去，你若因走慢了一步就不敢走下去，华为永远都在原地踏步。"几个股东都认为任正非说得有道理。但任正非提出的目标不是做小型交换机，而是大型交换机。任正非调查过，那时候国内兴起的几百家厂商还只能生产小型交换机，连一百门以上的中型交换机都生产不出来，五百门以上的局用级交换机更没有厂商研发出来。邮电部下属的一些研发机构正在加紧研发大型交换机，但据任正非估计，在短时间还难以推上市场。可以说，当时国产大型交换机在国内市场还是一片空白。任正非说："只要我们把目标设定为做大型交换机，华为的脚步就不慢了，而是抢占了先机。我们要做国内第一个生产大型交换机的厂商，从五百门到两千门，一网打尽！"

任正非并未唱高调，那略带沙哑的嗓音还有些低沉，却把几个股东猛地震撼了。几个人都面面相觑，又一起盯着任正非，好像在审视这老任的脑子是不是搭错了神经。他们盯着任正非，任正非也一声不吭地盯着他们，仿佛在进行一次沉默的较量。那个爱开玩笑的股东又忍不住笑了起来："老任啊，我要说你是老天真，你肯定不会承认，这话得摸着脑袋说啊！我们连小型交换机都没有搞过，你竟敢说要做国内第一个生产大型交换机的厂商，这牛皮从深圳吹到你们贵州那山旮旯儿里去了，哈哈哈……"

任正非这次没发火，还挺有耐心地等着他的笑声终于停下来，这才慢条斯理地开口了："好，你笑也笑过了，那就张开耳朵来听我说吧。你们别被那大型交换机吓破了胆，自从咱们开始卖小型交换机，我就一直在钻研其中的原理，我也一直在了解那大型交换机。这交换机无论大小，其原理基本上是共通的，都是采用时分复用技术和大规模集成电路。相比之下，大型交换机只是体型更大，元件线路系统更为复杂，并没有本质的不同。想想，咱们中国人连'两弹一星'都造出来了，难道还造不出一台交换机？"

一个股东语重心长地说："老任啊，'两弹一星'那可是国家全力去造啊，要人才有人才，要资金有资金。咱们一家鸟公司，就算你老任天高任鸟飞，可这大笔资金从哪里来？就算银行肯贷款，我打听过，这失败的风险高达百分之九十五。你才刚刚把那两百万元债还清啊，难道你还想背上两千万元的债？"

任正非说："这天底下的任何事情都要试一下，我老任也不敢说一试就能成功，但你连试都没试过，又怎么能证明不能成功？"

几位股东一起喊了起来："你知道试一下要付出多大的代价吗？"

任正非说："你们莫急啊，先听我把话说完嘛！如果我们现在就研发大型交换机，那肯定要冒极大的风险，咱们现在也只吃得起补药，吃不了泻药。但我们必须先定下这样一个目标，然后一步一步去努力。眼下，我们先买一些原配件回来，自己组装，然后贴上华为的牌子卖。现在国内的电脑电视不也是组装嘛。从代理到组装，这是我们迈出的第一步，这样子既可以打出华为的品牌，也不需要投大量的钱去研发，而组装比做代理商的利润空间要大得多。迈出了第一步，接下来我们再从组装到研发、制造，这是我们必须迈出的第二步。"

几个股东听了，都觉得这是个好法子，那就先走第一步吧。

这第一步也是华为创业史上的第一次转型。

任正非通过关系找到了珠海一家通信设备厂，这是一家以生产小型交换机为主的国有企业。任正非就像当初跟香港鸿年公司的老板洽谈一样，直来直去，他要采购交换机散配件回去组装。而对于生产厂家，卖散配件比卖成品更划算，不仅可以减少组装程序，还不用负责售后服务和保养等问题。任正非一次就采购几十套散件回来，然后招聘技术人员和工人，组装型号为BH01的小型交换机，然后贴上华为的牌子。坊间相传，华为甚至把其他厂家BH01的厂家地址和品牌一抹，就换成华为的。还有人说，华为是一家从"山寨企业"迈向高科技企业的典范，这也是实情。

为了了解当时的背景，我走访了深圳市的一位老领导。据他回忆，那时深圳还处于产业链最低端的代加工时期，像华为这样一家小微企业也不可能一下就跨越这一时期，一开始走的也是低端路线。这不是他们的选择，而是历史的局限。而回首历史，又让人不能不佩服深圳的眼光。深圳的科技创新之路几乎是从零开始，一开始就举步维艰，也曾走过一段弯路。早在20世纪80年代，深圳的市领导就以超前的眼光，力推深圳市与中国科学院合办了当时国内最早的科技工业园，试图把中科院的科技成果转化为深圳的产业，把技术先进的国有企业引进深圳，打造产学研相结合的产业园，这在全国是具有开创性的。1985年，李灏调到深圳，他是深圳历史上迄今以来任期最长的市委书记，也是深圳电子信息产业的第一推手。在主政深圳期间，他把电子工业部的一大批技术先进的企业和人才引入深圳，组建了当时全国最大规模的电子信息产业集团——赛格集团，以发展具有国际竞争力的中国一流电子元器件产业集团为目标。赛格集团曾经跻身为全国电子百强企业，为深圳电子信息产业发展做出了开拓性的贡献。

华为正好赶上深圳市从政府主导产业向市场主导产业的转型阶段，这让华为既能瞄准电子信息产业发展的大趋势，又能借助于市场经济激发出的强大的活力、潜力和创造力，才得以在接下来的几年里迅速崛起。用任正非的话说，华为从组装第一台模拟程控交换机开始，就已瞄准电子信息产业这条主航道，后来一直聚焦于此。

BH01的小型交换机是华为自己组装的第一台机器，这是一个二十四门的小型用户交换机，在当时确实是很低端的机型。然而，诚如一位华为的过来人所说："这样一台没有任何技术含量的机器，却成了华为当时的技术起点。"

尽管做的是低端产品，但任正非对组装产品的质量要求很高。由于这种组装的小型模拟交换机的利润率不高，有人想以降低成本来提高利润，任正非几乎是拍案而起了。他从小就有一套磨豆腐的理论，你打造一个产品，正如一碗由无数黄豆磨成的豆腐或豆浆，经过去粗取精、去伪存真地加工，再细细品来，才别有一番滋味。他也时常用打豆腐来比喻："咱们磨豆腐一定要把豆腐磨好，这多少豆子打多少豆腐，不能偷工减料，每一道工序一定要掌握好，若是失去浆头就做不成豆腐了。这干什么都跟打豆腐是一个道理，我们决不能为了降低成本而忽略质量，否则那是自杀或杀人。搞死自己是自杀，把大家都搞死了，是杀人！"这一番话加上他那脸上的表情，简直是"杀气腾腾"。华为好不容易才活下来，决不能自己把自己搞死。而在那个"山寨"时代，任正非就以他充满了预见性的目光看到了"未来是质量的世界"。这种把质量视为生命的理念，也是支撑着华为从小到大、越做越强的第一信念。如今华为已构建起大质量管理体系，用任正非的话说："要实现高质量，必须有大质量体系，大质量就是全面质量管理，端到端的质量哲学系统。就是要和世界上最好的公司合作、和世界上最优秀的人在一起。我们要瞄准高质量前进，敢于投资，要以胜利为中心，不以省钱为中心。我们所有业务的本质是实现高质量，高质量的实现是需要投入高成本的，我们一定要明白我们要的是胜利。五千年来最省钱的是谁，是农民，但直到今天农民也没有富。你看我们这三十年来干了啥事，就是不停地花钱，构建起了这个共同的平台，这不是随便就能拷贝的。谁能打败华为？只有我们自己，如果搞个低质量，一下子就让我们栽了。"

任正非的话说得很直，但充满了辩证思维和逻辑思维，他把大质量体系比作一个"端到端的质量哲学系统"，与其以降低成本来提高利润，不如以提高质量来降低成本、提高利润。对他的思维方式有的人还真是看不懂，但你一听他的比喻立马就懂了："世界上不需要维护的是什么，是钞票。如果产品不需要维护，不就等于是拿电路板印钞票吗？"

任正非把市场定位为以"农村包围城市"，还在华为的产品包装箱和宣传册上印了两句宣传语，一句是"到农村去，到农村去，广阔天地大有作为"；一句是任正非提出来的："凡购买华为产品，可以无条件退货，退货的客人和购货的客人一样受欢迎！"这两句话，一句带有鲜明的时代烙印，一句则是超前的经营理念。那还是八十年代末，有人说"无条件退货"最早就是任正非和华为提出来的售后服务理念。由于华为组装机的质量还真不错，又加之销售价格低、服务做得好，这一款低端机的销量节节攀升，很多客户都提前打来预付金订货。结果是，那珠海厂商的散配件一时间供应不上了，华为收了客户的钱却无货可发，这让几位股东都焦急万分。华为好不容易打出了自己的品牌，做出了信誉，若是不守信用那就前功尽弃了。任正非心里着急，却也暗自欣喜，这又是一个转型升级的机遇啊。他立马召集几个股东商议，先是把手一摊，用一副无可奈何的神情说："咱们收了客户的预付金，现在仓库里的货都发光了，若是退还预付金，就等于把这些客户推掉了，以后想要与他们合作也不可能了。如果不退钱，又发不出货，到时客户找上门来，咱们按合同要双倍赔偿，还会搞得声名狼藉，赔了夫人又折兵。你们说怎么办啊？"

一个股东闷闷地抽了半支烟，又狠狠掐灭了，一脸急切地说："那还等什么？咱们赶紧自主研发和生产自己的产品吧！"

这正是任正非最想听的一句话，他却故意浇了一瓢冷水："我算了一大笔账，如果咱们自主研发和生产，就要招聘专业研发人员，还要买很多材料设备和模具。这笔钱，咱们公司账户上钱还是够用的，但我一个人承担不起这个风险啊。"

那个爱开玩笑的股东一下站了起来，冲着任正非嚷嚷："老任哪，咱们这几个哥们儿，说好了有福同享，有难同当，谁让你一个人承担风险了？我赞成，马上招兵买马，自主研发，越快越好！"

另一个股东说："咱们刚开始起步，步子不要迈得太快了，最好是小步快跑。先从小型交换机干起，研发成功后小批量试验，若投放市场效果好，再大批量生产。"

任正非说："好，那就按这个思路走下去。在咱们的产品研发出来之前，先还得两条腿走路，一边继续想办法采购散配件搞组装，一边抓紧时间搞研发。"

那个爱开玩笑的股东又笑了："谁能一条腿走路啊，咱们华为永远都得两条腿走路!"

任正非最大的业余爱好就是看书，维克多·雨果是他崇敬的一位作家。雨果在其长篇小说《笑面人》中揭示了人类的权利、正义、真理和智慧惨遭摧残的"永恒的痛苦"。这是一位超越了国界的天才，他关注的不只是他的祖国法兰西及西方世界，还有东方那个遥远而古老的中国。他在《笑面人》中对中国发出了犀利的警告："中国在发明方面总是跑在我们前面：印刷术，大炮，气球，麻醉药，都是他们先有的。只不过这些发明在欧洲立刻蓬勃发展，而且变成了不起的奇迹；在中国这些发明却始终停留在胚胎状态，而且死在母腹中。中国是一个装死胎儿的玻璃瓶。"

对于他这近乎诅咒的警告，我们的许多同胞难免有一种情绪性的反感。其实，雨果是一位伟大的人道主义作家，只要你冷静地想一想，你就会发现这是犀利的警告也是善意的忠告。为什么拥有四大发明的中国，在雨果所处的那个时代会被西方列强打得一败涂地？只因中国古代的很多创新发明都没有化为推动时代变革的引擎，往往在绝对专制而又僵化的体制下被扼杀在摇篮里。如造纸术和印刷术一直在手工小作坊里传承，而火药则更多地被用来做鞭炮，只有指南针把郑和引向了西洋。一个曾经在世界上走得最远的泱泱古国，却长时间采取海禁和闭关锁国的政策，把自己同世界孤立起来了。

任正非一心想要走出维克多·雨果的魔咒，一直想要自主研发出拥有自己的品牌、商标和知识产权的产品。而这个研发任务，任正非就交给了华为公司此前引进的工程师莫军了，由他担任项目经理，立项名称为BH02小型程控交换机。莫军是华为招聘的第一批技术人才，此前他主要负责小型交换机的组装技术和后期技术维护，还从未研发过交换机，但在组装的过程中他基本上把小型交换机的原理摸清楚了。而研发一开始只能从模拟开始,照葫芦画瓢。他既要依据BH01型交换机的原理进行仿制,又必须避开人家的专利技术,从电路设计到软件开发都必须是自主研发。这一款机型从1989年下半年立项,在1990年新年伊始就研发成功了,但这研发速度还是没有赶上市场更新换代的速度。结果刚一研发出来就成了落后的机型,没有投产和投放市场。这也是华为在自主研发上交的第一笔学费。

当几位股东心疼不已时,任正非只有一句话:再接再厉!要不这一笔学费就白交了。

任正非没有留下一点时间差,随即就推动BH03型交换机立项上马。这一款机型对外宣称为BH01的升级版。莫军带着项目部的几个技术人员按一比一的比例,用复印机将BH01的电路板复印下来,然后进行可控的电路设计和软件开发。这电路板和话务台软件是交换机的主要核心技术,相当于电脑的主板和电脑软件一样,必须自主研发。从电路板和软件设计,再到软件程序编写、外壳设计、整机组装、性能测试和调配,既是从模拟开始,又要有自主创新。那时的测试设备全都是进口的,价格高昂,华为没有钱去购买,只能采取最原始的方式去检测,用放大镜对上千个密密麻麻的焊点一个一个地观察,再用万用表检测线路,然后接到电话机上面用听筒测试软件。而软件程序必须用电脑,那时电脑还是稀罕之物,会用电脑的人也很少,能用电脑设计和编写软件程序的人更是少之又少。

任正非几乎是豁出去了,给莫军拨款买了一台当时在国内最先进的电脑回来。说来有些尴尬,也有些令人难以置信,任正非从20世纪60年代开始就在大学里自学电子技术,但那时的电子技术都是晶体管、三极管、集成电路板之类,到了90年代初,他还不知道电脑长成什么模样。在部队时,有一位专家来给部队转业技术人员作报告,那是中国第一代计算机专家,讲解如何在科学计算、信息管理、过程控制方面运用计算机。这位专家讲得神乎其神,任正非和学员们却没有看见过计算机究竟是什么模样,只听说那大型计算机比一栋楼房还大。现在,他终于看到电脑的真面目了,而且是当时最先进的电脑,就是386电子计算机。世界上第一台386电脑在1986年9月才研制出来，20世纪90年代初才刚刚进入中国内地，售价高达上万元。

当莫军正对着电脑设计软件时，任正非就像一个天真好奇的孩子一样，站在一边看着。他摸着电脑嘿嘿一笑："哈，这玩意儿，它一想事还真是像人一样头脑发热呢，了不得，真是了不得。外国人搞的东西值得我们学习，中国什么时候才能赶上他们哟！"

莫军和几位研发人员一直是边学边干。他们连吃住睡都在一间狭窄简陋的实验室里，日复一日，夜以继日，一台电脑一盏灯，一碗泡面一杯水，一双双眼睛不是紧盯着电脑，就是盯着专业书籍和模具，从硬件到软件，一点点攻克。没完没了地试验、论证、检测，提出了多少个方案又推翻了多少次，进行了多少次试验又失败了多少次，莫军早已记不清了。但他记得，每一个攻关人员眼里密如蛛网的血丝从来就没有消失过，他们从来没有看清过日月，只有没日没夜地苦熬。而醒来的第一件事，就是庆幸自己眼睛还没有失明，还能看清电脑上那些数字和图标。任正非除了管理公司的事务，大多数时间也和研发人员待在一起，给他们出主意，当助手，有时候还要当焊接工和搬运工，半夜三更，还要给他们煮面条，买消夜。这次研发历经了一年多的时间，这也是他们度过的最漫长的一年，每天都是度日如年。到1991年春天，这是属于华为的第一个春天，BH03终于完成了一台交换机应有的全部基础功能测试，也标志着第一款真正属于华为自主研发的交换机成功了。

用任正非的话说，这是华为生下的第一个亲儿子。

然而却没有人发出兴奋的欢呼，每个人都像刚刚分娩的母亲，连欢呼的力气都没有了。有一位工程师深深地舒了一口气，伸了个懒腰，感觉像浑身解脱了一样，只想躺下来睡一觉。突然间，这位工程师觉得眼睛刺痛，他用双手捂住眼睛喊叫："我看不见东西了，我什么也看不见了，我变成瞎子了！"

任正非赶紧将他送到医院。经医生诊断，他是由于眼睛超负荷劳累，导致眼角膜脱落必须马上做手术。任正非将那工程师送到手术台，紧紧地握住他的手，深深弯下腰去，鞠躬道："感谢你为华为的付出，华为是永远不会忘记你的!"

那工程师闭着眼睛幽默地说:"老板啊,我还没有死呢,你不必说得这么壮烈!"

后来有人说,任正非无论走到哪里都挺着腰杆子,但在给华为做出了贡献的员工面前,他却一次次地弯下腰来。

随着BH03型小型交换机的研发投产,华为从代理商到组装,又迈出了"技术自立"的第一步,从此有了自主研发的品牌。华为技术有限公司,从此成为一家名副其实的技术公司。产品从硬核、软件到外观皆可称得上价廉物美,并通过了邮电部门的验收,并取得了入网许可证。BH03只是二十四门的小型交换机,任正非瞄准的主打市场还是农村的广阔天地。他写过一篇《对中国农话网与交换机产业的一点看法》。一方面,表达了他对农村电信市场前景的乐观:"中国是一个农业大国,农村地域和农业人口占了总数的百分之八十左右。这几年,随着国家经济的蓬勃发展,农村经济特别是乡镇企业发展非常迅猛,从而促使农村电话的大发展,潜力很大。"另一方面,他又忧心忡忡地表达了他对国产交换机的看法:"没有任何一个国家有像中国这么多的交换机生产厂家,各厂家各自为政,很难使国产交换机的整体水平提高档次,也是产生许多短期行为的原因。现在的现实,好的厂家都会被拖垮,差的厂家又成不了气候。中国的通信工业处在一个非常时期。"这种诸侯混战,只顾眼下赚钱、不顾产品质量的"短期行为",根本就无法和海外厂商竞争。任正非和华为当然也想赚钱,但任正非的眼光又确实超越了许多国内厂商,他是从民族企业和国外企业的竞争来谋划华为的发展。而就在这样一个非常时期,他认准了,"中国电子工业中,唯有程控交换机有可能成为中国的拳头产品"。任正非早已瞄准了下一个目标,马上投入四十八门的交换机研发,然后是一百门、五百门、一千门、两千门……

任正非无论是雄心勃勃还是野心勃勃,那些股东倒也没有太多的担心了。这位华为的掌门人虽说这山看着那山高,但却是一步一步地走,每一步都走得沉稳而踏实。

其实我赌的不是运气

对于华为接下来的路，最缺的已不是资金，而是人才。华为的邻居——三洋电器的大老板井植薰在《成功源于探索》一书中的第一句话就说："何谓经营之本？我认为是造就人。"

造人，永远都是比造产品更重要的事。只有"制造"出优秀的企业人才，才能由这批优秀人才去研发、制造、推销优质的产品。而你要造就人才，先要招揽人才。那时的高校毕业生，大多把机关单位或国字号大型企业作为择业之首选，其次是大型三资企业。

华为作为一家小型交换机生产商，还只是一家小型民营企业，在人才竞争上还是弱势群体，很少有人才主动上门问津。若要招揽人才，还必须借助深圳经济特区构建的人才支撑体系。人才如水，水到渠成。流动既是人才的本性也是活力。一个地方想要引进或留住人才，就看你能不能成为一个适合的港湾，能不能让真正的人才如鱼得水。为此，深圳相继出台了一系列人才服务政策，在人才引进与流动方面打破户籍、地域、身份、学历、人事关系等制约。比如，只要符合条件的人才就可以直接申办入户，其配偶和未成年子女亦可随迁入户。深圳还在全国率先设立了人才交流服务中心，为具有干部身份的科技人才保管档案，提供服务，让企业放心与人才签订合同，解决科技人才的后顾之忧。20世纪80年代，深圳经济特区的户籍管理还相当严格，却为人才引进入户开辟了快速通道。对华为这样的民营科技企业也一视同仁，只要符合引进人才的标准，就可以正式入户深圳。否则，华为是难以招揽到大量科技创新人才的。

华为虽小，也是采用现代企业管理制度，实行工号管理，当时的工号已编排到三十多号。为了招揽人才，任正非拿着深圳引进人才的"红头文件"，跑到华中科技大学、清华大学等高校，拜访电子通信专业的教授，邀请他们带着大学生、研究生来华为参观考察。华为还为高校毕业生提供实习平台，交通、食宿费一概由华为报销。有人说，他这简直是在白花花地撒钱呢。这正是任正非想要达到的效果，一传十，十传百，很多人都知道深圳有个华为公司，任老板出手特别大方。很多人就是冲着他这慷慨大方的气魄，当然，也有人是冲着深圳而来。谁都想来特区走走看看，既然有人撒钱请他们来，不来白不来。只要他们来了，任正非就会想方设法地留住人才。

1989年初夏，华中理工大学计算机系的一位教授带着应届毕业的硕士研究生郭平到华为参观考察。此行，师生俩纯粹只是参观考察，郭平的毕业去向都已安排好了，哪里都不去，已经内定留校任教。他随老师来深圳，一是想看看特区，开开眼界，再就是想了解一下企业的研发与生产，以后在教研中也可以作为一个实例来解读。然而，当这位二十五岁的小伙子遇到了四十五岁的任老板，早已确定的命运开始出现不确定性。这就是命运，一切皆有可能。任正非陪着师生俩参观华为的生产线，这生产线在当时还实在没什么看头，可郭平对每一个工艺流程都看得很仔细，还时不时提出一些技术上的问题，一问就能问到点子上。小伙子偶尔还发表一点见解，一说又说在点子上。任正非眯缝着眼，却在下意识地打量着这小伙子。他看上去斯斯文文的，说话条理清晰，一听就知道，每一句话都是经过了脑子和心坎的。那圆圆的脸庞看上去还稚气未脱，天真单纯却又充满了一股朝气。任正非一直眯缝着眼睛，但他已经认准了，这就是他打着灯笼火把寻找的人才。

参观过后，任正非将郭平单独请到了办公室，一张嘴就是单刀直入："小郭啊，我们正准备研发四十八门的程控交换机，想请你来当项目经理，你可以留下来吗？"

郭平一下子愣住了，他还真没想过要留在这样一家民营小公司打拼。按他的人生规划，他在留校任教后还可以继续攻读博士研究生，说不定还有出国留学的机遇呢。而现在，既然任老板单刀直入，他也直言不讳地说："你们研发二十四门交换机，既没有严格的产品工程概念，也没有科学的流程和制度，这是草台班子的搞法，一是凭经验，二是拼运气。好在你们运气不错，还真是搞成功了，但四十八门交换机的要求更高，我不知道有没有这样的运气呢！"

任正非一听就乐了，他风趣地说："运气也是一种成功的因素嘛！我遇到你，是我的运气；你遇到我，说不定是你的运气。小郭，留下来吧，咱俩赌一把运气怎么样？"

郭平也被他逗乐了："搞科技研发，怎么能赌一把呢！"

任正非说："其实我赌的不是运气，而是你的技术。你还这样年轻，若只是把技术用来纸上谈兵，我真是替你可惜了。你何不把自己的技术和天赋拿出来试一下。你别看咱们现在还是一家小公司，我们的目标是要做国内第一个生产大型交换机的厂商。目前，国内的大型交换机都被外国企业垄断了，价格贵得要命，中国人的血汗钱被外国公司拿走了。摆在我们眼前的一条路，就是一起来搞研发，打破外国厂商的垄断。小伙子，你别以为我老任是在唱高调，像我这样一大把年纪了，早已过了唱高调的岁月，但华为的理念早已确定，我们不仅是一家民营企业，更是民族企业，华为华为，中华有为！"

这一番话还真说得郭平怦然心动，根据深圳引进人才的政策，他也没有什么后顾之忧，就咬牙答应了："好，任总，那我就留下来跟你一起干！"

任正非那眯缝着的眼睛一下睁开了："小伙子，你想好了？若是没想好，你还可以再想想，我给你三天时间思考吧。"

任正非这欲擒故纵的激将法还真是奏效了，小伙子一听简直有点生气了："君子一言，驷马难追，我郭平从来就是说一不二的！"

任正非随即就任命郭平为HJD48小型模拟空分式用户交换机的项目经理，还授权他自己去组建项目团队。郭平第一个就想到了师出同门的学兄郑宝用。郑宝用比郭平大两岁，1964年5月出生于福建莆田地区长乐县玉田镇玉田村，是一位苦读出来的穷学生，家里兄弟五人仅靠他父亲一人在玉田卫生院当炊事员维持生计。郑宝用有多苦？郭平还给任正非讲过几个故事。郑宝用在长乐一中上高中时，连饭也吃不上，吃的是番薯米。他每隔两周回家里一趟，背番薯米来回一趟要走上半天，他没有鞋穿，踢踏着一双拖鞋翻山越岭，脚上打满了血泡。他父亲看见了，先不是心疼儿子，反倒是心疼鞋子："唉，走这么长的路，拖鞋拖坏了怎么办？"郑宝用回来时，就把拖鞋背在背上，打着赤脚走在那坑坑洼洼的砂石路上。这一双赤脚一直走到了高中毕业。当他以高分考上大学时，有人问他，你的脑袋为什么这么好用啊？他风趣地回答："每两个星期来回两趟四个多小时啊，我都是打着赤脚走过来的，脚底连心，摩顶放踵，这几年的脚底按摩足以让我醍醐灌顶了啊！"

谁都觉得郑宝用的脑子绝顶聪明，他也极为刻苦。当时厕所就在寝室边上，男女厕所中间有一盏灯，晚上十点钟宿舍熄灯之后，只有这盏灯还亮着，夏天时蚊子在昏黄的灯光下纷飞。郑宝用每晚就在这盏灯下读书到半夜三更，浑身被叮满了红疙瘩，在那漫长而闷热的夏天，他一身红疙瘩从来没有消退过。有人说他的成绩就是用这一身红疙瘩换来的。当年在高考之前先要进行统考，他是莆田地区的统考状元，还得了一百元奖学金。他给了父亲四十元钱，这差不多是父亲一个月的工资。他上大学没有花家里一分钱，就是靠那剩下的六十元奖金读完四年的大学。"六十元读完大学"也是郑宝用的传奇故事之一，其实在大学期间他一直坚持勤工俭学，靠帮师生修自行车、修球拍挣了一些钱。

1980年，十六岁的郑宝用以数学和物理都是99分的成绩考上华中工学院，这是中国当时的四大工学院之一，也是直属教育部的重点大学，1988年更名为华中理工大学，2000年并入华中科技大学。郑宝用在大学本科读的是激光专业。在高考之前，他看过一部名为《珊瑚岛上的死光》的电影，这让他觉得激光特别神秘，第一志愿就填报了激光专业。上大学后，他才发现激光不是很实用的技术，于是又选修了计算机专业、自动化专业、无线电专业、固体物理专业等，这让他的专业领域很宽。而事实上，他选择的激光专业，让他一直处在光电领域的最前沿，后来为华为的光电产业打下了坚实的基础。本科毕业后，郑宝用直接考上了本校的研究生，1987年2月获理学硕士学位，留校带研究生，随后又考上清华大学的博士研究生。此时，他还在攻读博士学位，然而，他学弟郭平的一个电话，却让他的人生与命运从此改变了方向。

郭平正急于组建项目团队，一心想把郑宝用"拉下水"。任正非听了郑宝用的故事，感觉这小子就是另一个自己，恨不得赶紧将郑宝用纳入彀中。又岂止是一个郑宝用，雄心勃勃又求贤若渴的任正非，恨不得"天下英雄，尽入吾彀中"！郭平后来成为一位足智多谋的"猎头"高手，而郑宝用就是他为华为"猎头"而立下的首功。他一开始没有直说，只是打电话让郑宝用来华为实习，给他报销差旅费，实习期间还可以开工资，这工资可不低啊！郑宝用正想找个地方勤工俭学赚点生活费，这个电话简直是雪中送炭，他放下电话就买了南下深圳的火车票，拎着行李一阵风似的出发了。

这趟火车要坐十几个小时，第二天晌午抵达深圳罗湖火车站。郭平恰好有事走不开，不能去接站，他让郑宝用自己找过来。任正非说："那怎么行，我去接吧！"那时候华为买了一辆桑塔纳轿车，但任正非下了命令，这车子专门用来接送客户，公司上下外出办事只能搭公交车、踩自行车或开摩托车，连任正非这个老总出行也是坐公交。那是1991年的初夏，任正非赶到了罗湖火车站，站在出站口的铁栏杆边上，手里举着一个接站的硬纸牌。此时，南海边热气蒸腾，那拥挤的火车站出口更是闷热无比，任正非和接站的人们挤在一起，就像煮饺子一样黏在一起了，都分不清哪是自己身上的汗水哪是对方身上的汗水了。

郑宝用从汹涌的出站通道走出来，出站口竖着密密匝匝的纸牌。他虽说戴着一副近视眼镜，但眼还挺尖，一眼就找到了自己的名字，"郑宝用，华为欢迎您!"这让他心里陡然一热,第一次来到这座陌生的城市,就感觉到了一股浓浓的人情味儿。然后,他又看见了那个举着牌子的中年人,穿着一件洗得发白的旧衬衫,那胸脯和裤腰都汗湿了,汗水正从他的脸上的皱纹里往下滴。

郑宝用心里又是一热,他赶紧走上前,隔着铁栏杆说:"您好,我是郑宝用!"

任正非抹了一把额头上的汗水,才把眼前的这个小伙子看清楚。这张脸只要看一眼你就不会忘记了,那脸庞长得饱满而敦厚,一副典型的福字脸。那提着行李的胳膊露出鼓鼓的三角肌,健壮得就像一头小牛犊子。任正非把手伸过栏杆握了一下小伙子的手,还抢着要帮郑宝用提行李。郑宝用连忙挡住了,他一个大小伙子怎么能让一个长辈提行李呢。而他一接触任正非的手,就感到这人骨子里有一股很特别的劲儿。此时,他还不知道这人就是华为的老总,还以为是一位凭力气干活的勤杂工。到了南油新村,郑宝用跟着任正非上了楼,见到了郭平,他才知道这个接他的人竟然是华为的老总任正非。这可把郑宝用惊住了。他只是一个想赚点学费的实习生,没想到人家老板不但给他掏了路费,竟然还亲自到车站来接他。人心都是肉长的啊,郑宝用感动得不知说什么才好。那绝不是受宠若惊,那是一种备受尊重的感觉。他心里忽然一动,难怪郭平连留校任教都放弃了,心甘情愿跟着这样一个老板干。换了他郑宝用,也心甘情愿啊!

郑宝用还真像郭平一样,这一来就没走了,连多少人梦寐以求的清华大学的博士研究生都放弃了。这样一家民营小公司,怎么就有那么大的吸引力?这其实不是公司的吸引力,而是任正非身上那股说不出的吸引力和魅力。后来很多人都在下意识地问,任正非的魅力为什么那么大,几乎一见面就让你的人生改变了方向?

就在郭平、郑宝用加盟华为后不久,华为从南油新村那两室一厅的居民楼搬到了南山深意工业大厦,把五楼全都租下来了。这是一家民营公司在创业四年后发生的惊人变化,从六十多平方米一下扩张到了上千平方米。这是华为的总部，也是研发中心，划分为单板、电源、总测和准备四个区域。这段时间，华为员工的编号已增长到了五十多号，华为为总部员工和研发人员租了宿舍。但这些研发人员每天都是不分白天黑夜地干，谁都想早一点干出成果。郑宝用仿佛又进入了高考前的临战状态，极少回宿舍休息，累了就趴在桌子上眯一会儿，醒了再接着干。这正是任正非特别需要的干才啊。在任正非看来，在科技创新领域，人才是由多种因素造就的，一是天赋，二是勤奋。若有天赋而不勤奋，最多也是二流人才。若勤奋而天赋先天不足，也难以成为一流的创新人才。像郑宝用这种既有天赋又特别勤奋，还有对目标的执着、冲动甚至狂热以及坚韧不拔的毅力，才能成为一流人才中的拔尖人才。反之，那些既没有天赋又不勤奋的人，就是上苍赐予他最好的运气也不可能真正成功。

深圳是一个没有冬天的城市，从仲夏到深秋，一年八九个月都如内地的夏天一样闷热。大伙儿都是光着膀子、穿着大裤衩和拖鞋不停地干活。这研发室不大，一大帮年轻人热烘烘地挤在一起，一条小小的过道，两边就是背靠背的工作台。年轻人火气重，元气足，正处于分泌的旺盛时期，整个办公室都是一股臭男人的味道，几乎每个人背上都有湿疹和蚊子叮咬的红疙瘩。

任正非看似大大咧咧，却特别注重细节。研发人员饿了，有人送来热饭热菜，累了，就放下床垫往上一躺，眯一会儿，醒了再接着干。这些床垫，是任正非特意买来的，他还先躺下去试了试，又眯着眼对郑宝用说："阿宝，咱们华为眼下就这条件啊，真是委屈你了。"郑宝用哪还有什么委屈，心里满满的都是感动，这任老板的每一句话、每一个细节，总是让他特别感动。他还说起自己上高中时，睡的是通铺，每个人睡的地方还不到四十厘米，他高中三年从未躺直身子睡过觉，一直都是侧着身子睡，如今早已习惯成自然了。任正非笑道："我小时候几兄弟挤在一张床上，也是侧着身子睡，不过，这是好习惯啊！我听中医说，侧睡使颈部和脖子之间血液运行更顺畅，可以养气血，还能补养肝气，第二天起来，不会因为落枕而引起脖子痛。"郑宝用也连连点头:"是啊,是啊。"

说来好笑,大楼里的保安每天都会到楼层上巡查,他们不是华为的员工,每天看到这帮人总是光着膀子睡在地上,忍不住嘀咕:"这是家什么公司,怎么老有一群民工在地上睡觉呢,莫不是搞传销的吧。"

这些床垫承载了老一代华为人拼搏和奋斗的精神,形成了华为独特的"床垫文化",成为一代代华为人传承的精神财富。大凡优秀的企业都会形成自己卓越而独特的企业文化,如杜邦的"安全文化",诺基亚的"人本文化",而华为最具有震撼力的还不是"床垫文化",而是"土狼文化"。由于华为是从一个山寨公司脱胎而来,若同诺基亚、三星、摩托罗拉等处于世界领先水平、横扫中国电信市场的国外高科技企业相比,人家如同八面威风的狮子,而华为则像是一条在郊野觅食的土狼。任正非说:"土狼好啊,我老任就是一条从云贵高原钻出来的土狼啊。"他还真是想把华为打造成一匹土狼。土狼看上去土气十足,却有三大优点:一是有敏锐的嗅觉;二是有屡败屡战、愈挫愈勇、不屈不挠、奋不顾身的战斗精神,既执着又忍耐,对恶劣的环境有着顽强的适应能力和强烈的求生渴望;三是土狼那种集体作战的群狼战术,连兽中之王狮子也望而却步。——这就是华为"土狼文化"之精魂。

华为除了蛇口总部,1991年9月还在深圳宝安蚝业村工业大厦三楼租了一整层楼,也有上千平方米,作为生产车间。宝安当时被划在深圳经济特区之外,属于关外,厂房租金比关内便宜得多,这就大大降低了生产成本。那时候华为的资金还非常紧张,凡是订货合同的预付款,刚一到账就要全部投入到生产和开发。为了节约资金,任正非还精心规划,利用仓库的边角或走道摆下一张张床铺,给生产车间的员工休息。据一位华为的老员工回忆:"这一层楼分隔为单板、电源、总测、准备四个工段,库房、厨房也设在同一层楼。十几张床挨着墙边一溜排开,床不够,用泡沫板上加床垫代替。在工段上班,包括开发人员,累了就趴在桌上,或在地上找张泡沫板、纸板,席地而卧,睡一下,醒来接着干,包括公司领导来也是这样。整层楼没有空调,只有吊扇,高温下作业,经常是汗流浃背。每天加班到很晚,熄灯就睡。四周老化的测试机架,设备上一闪一闪的信号灯,高频电流的振荡声,伴随着枕戈待旦的华为人进入梦乡。有时睡到半夜,突然来车到货,不论是很重的蓄电池,还是机柜,大家都立即起来,卸完再睡。大多数人,以此为家,领料、焊接、组装、调试、质检、包装、吃饭、上厕所,一直到睡觉都在这一层楼上。除了到外协厂及公司总部,不少人一连几天都没下过楼,有时候连外面天晴天阴,有没有下雨都不知道。没有包装工段,也没有搬运及包装临时工。设备测好后,临时叫上在场的几个人,不分工人、工段长或是经理,也不分大专、本科还是硕士、博士,一起包纸箱,装入木箱再钉上边角铁,然后四五个人一起抬起机柜箱,装车发货。大家开玩笑,都自称为乡民,经理就叫乡长。……记得一名新来的硕士生,第一天上班就打包,不会干,一上来就被铁皮把手指划破,血竟喷到了旁边的墙上,幸好早准备有止血胶布,包上后再接着干。"

从蛇口总部到宝安的工厂,那一代华为人"吃喝拉撒都在一层楼"。这样的日子虽说艰苦,却也充满了人间温暖。无论是研发人员,还是车间工人,谁都觉得任老板和别的老板不同,华为和别的企业不同,最大的不同就是把员工当人看,每一个细节都替员工想到了。而那时很多工厂,都有着严厉苛刻的管理制度,只想着怎么榨取工人的血汗。尤其对那些农民工,在流水线上连轴转,除了用血汗挣来的微薄工资,别的什么老板几乎都不管。那一代农民工几乎都经历过这样的场景,汗水从严丝合缝的工装里流出,泪水从受伤的眼神里流出,产品从流水线上夜以继日地流出,甚至还有受伤流血的惨痛经历。这样的工厂又被称为"血汗工厂"。而任正非不光是对莫军、郭平、郑宝用这样的研发人才特别尊重,他对华为的每一个员工都很尊重,所有的员工都是人才,华为的每一分钱都是他们赚来的。"来了就是华为人,华为就是你的家!"任正非率先说出的这句话,后来扩展到了整个深圳,成了深圳一句充满了人情味的流行语:"来了就是深圳人,此心安处是吾乡。"

任正非在别的方面很抠门，恨不得将一分钱掰成两半用，但他宁可亏待自己也不亏待华为的员工。华为员工的工资福利在深圳的民营企业中一直处于上游，这是有口皆碑的。任正非在科研投入上更是大手笔，只要郭平和郑宝用开口需要什么仪器设备，把计划报上来，他连眼都不眨一下就批了。华为再也不用像莫军研发第一代交换机那样，用放大镜和万用表之类的仪器去测试了。任正非看着一台台崭新的仪器设备，踌躇满志地说："小郭、小郑，接下来就看你们的了，你们不要有压力，我知道高科技的成功率只有百分之五，但我向你们保证，华为每年无论收入多少钱，都必须拿出百分之十以上投入研发！"

华为一边研发，一边到处招兵买马。这年，有一名叫曹贻安的技术人才自己找上门来了。

曹贻安是湖南长沙人，中专毕业后被分配在株洲市邮电局承包的一家小型交换机制造厂担任技术员，一边工作一边上函授大学进修，技艺日益精进，成了厂里的技术骨干。那时内地国有企业的员工每月只有一百来块钱的工资，而深圳经济特区的工资是内地的好几倍。当时有不少流行语，如"东南西北中，发财到广东""深圳打工，遍地黄金"，尤其是技术员的工资高，在内地引起一阵阵惊呼，很多内地的国企员工在惊呼中纷纷下海，这也是曹贻安选择的一条路。他和一位同学结伴南下深圳，一开始还是按照内地的习惯思维，到处找专业对口的国有企业，却是到处碰壁。原来，深圳的国有企业和内地差不多，进人也是有编制的，不是想招人就招的。看着他一脸沮丧的神情，一位国企的人事主管好心地提醒他："你不一定要找国企啊，蛇口有一家叫华为的民营公司，他们的交换机卖得挺好，听说工资比我们国企还高呢，你可以去那里试试看。"

曹贻安和同学的运气相当不错，他们找上门时，任正非正好在公司。曹贻安和同学一见面就将学历证书和身份证掏出来，等着这位老板"验明正身"。任正非眯缝着眼睛，对曹贻安那宝贝似的证件连看也不看，只看了看这两个小伙子。那时曹贻安才二十岁出头，长得清瘦秀气，脸上透出一种涉世未深的朴实与厚道。

任正非问："你们俩以前做过交换机吗？"

曹贻安赶紧如实道来。任正非听了，眼睛笑得眯成了一条线："那你们就找对了门路啊，我们就是你们要找的公司，你们就是我们要找的人嘛！"

任正非把两位小伙子带到了研发部，那些研发人员正一个个低头忙碌着，郑宝用正在检测电路板，任正非说："阿宝，来了两个懂行的小伙子，你面试一下。"

郑宝用随便问了几句，对任正非点了点头："行！"

曹贻安和同学没想到这么简单就上班了，这深圳的办事效率真高啊。而他们的工资也很高，每月三百五十元，一下就比内地翻了两倍多。

第二天一大早，曹贻安和同学吃过免费的早餐，正准备钻到有空调冷气的研发部，大干一场，郑宝用却让他们两个先回宿舍收拾行李。曹贻安一下子懵了，难道还没有上班就被提前干掉了？郑宝用跟他们一说，他们才知道，这是华为的规矩，凡新来的技术人员都要先去生产一线试工，时间很短，一周的试用期。

郑宝用把两人带到宝安的生产部，交给生产主管就走了。

那生产主管又把曹贻安和同学带到维修的工作台，伸手一指："这些电路板都是需要返修的，你们把它们修好吧。"

曹贻安和同学只用了一个上午，就把几箱电路板修好了。

第二天郑宝用又来了，他检查了一下几箱修好的电路板，又让两人各自做一个如何维修小型交换机的优化方案，然后拿着方案回总部。一周后，两人都完成了方案，回到总部向郑宝用汇报他们的方案，郑宝用又说了一个字："行！"

他们俩被分配到小型交换机项目部，项目经理就是莫军，莫军安排他们负责检测产品和优化产品的性能。这让曹贻安有些失望，感觉有些大材小用了。湖南人就这性格，一个个都特别自信，曹贻安年纪不大野心不小，初来乍到就恨不得打下一片江山。不过，他也不是盲目自信，没过多久，他就露了一手真功夫。一天，郭平走进莫军这个项目部，一脸沮丧地说："莫工啊，咱们HJD48交换机又遇到了老毛病，打着电话时突然就断线，怎么也找不到原因，你过来帮我看看，到底是哪里的问题。"莫军去那边折腾了半天，也没找出原因，又一脸沮丧地回来了。对于HJD48交换机的研发，他们还真是遇到了一个大问题，无论是郭平、郑宝用这样的高才生，还是莫军这样经验丰富的技术人员，都找不出毛病在哪里，更别说对症下药了。曹贻安没有袖手旁观，他试探着问："莫工，我能看看HJD48交换机的设计图吗？"

莫军抽出一个文件夹递给曹贻安，连头也没抬："随便看。"

曹贻安看了一会儿，发现问题出现在线路板的设计上，这个问题不难解决，只要加个钳位二极管就行了。莫军半信半疑地看了曹贻安一眼，他按照曹贻安的建议一试，果然就不再断线了。莫军对曹贻安竖起了大拇指："这个问题卡了我们好久了，没想到你一来就解决了，小子，厉害啊！"

一个月后，曹贻安突然发现自己的工资发错了，不是说好的三百五十元嘛，工资表上却是八百元。他赶紧去找财务人员，财务人员却说："你的工资是任总批下来的，怎么会错呢？难道你还嫌工资高了？"

过了几天，任正非特意召集几个新到公司的研发人员聊天。他笑眯眯地问："你们到公司有一段时间了，有什么问题你们尽管提出来，华为不是我一个人的，是大家的，大家随便说，说得好的，我就给你们加工资。"这些新来的员工都不敢第一个发言，任正非把头转过来看着曹贻安："小曹你先说，听说你一来就立了功，把一个技术难题解决了，了不起！"曹贻安对那八百元的工资一直有些忐忑不安，这也是湖南人的性格，生怕占了谁的便宜。他老老实实说："公司挺好的，不过，我还什么都没有干，就解决了一个小问题，工资一下就涨到了八百块，感觉很过意不去啊。"任正非那脸上的笑意一下就没了，他板着脸说："小曹啊，往后你少来这一套，以后就是给你八千块钱一个月，你都会嫌少！"

曹贻安一下子愣住了。任正非看看他，又露出笑眯眯的神色："只要你们好好干，钱只会越拿越多。这不是我老任的钱，这是华为的钱，你们都是华为的主人。"

曹贻安和几个新来的人员听了这话，又被感动得一塌糊涂了。

任正非看了看几张年轻的面孔，又说："你们进公司一个多月了，还不见长胖，看来是伙食还不够好嘛，过会儿我去找饭堂厨师讲一下，今晚给你们加餐，做红烧肉给你们吃！毛主席每次打了胜仗，都要吃红烧肉，我们也要保持优良传统嘛！"

经历过饥荒的任正非，一直把吃饭摆在第一位，民以食为天，只有吃好喝好，才能干好。任正非一直在跟华为的邻居三洋电器比，他说："咱们在别的方面暂时还比不上人家，但要比他们吃得更好，喝得更香！"一直以来，华为除了让人无法拒绝的高薪外，还有令人垂涎的伙食。尤其是那些新来的员工，第一感觉就是华为的伙食比他们原来的单位不知要好多少倍。在20世纪90年代，华为的员工不仅顿顿有肉吃有汤喝，还餐餐有海鲜，进饭堂简直就像下馆子一样。随着华为越做越大，伙食也越来越好。一位华为的员工在网上晒出华为的伙食："从中餐到西餐再到面食，什么东西都有。不仅午餐丰富，就连早餐的搭配都很有营养，而且荤素搭配得也很全面。面食有面条还有饺子，很多都是自助的，吃多少拿多少，吃不饱还可以再去拿……"这让其他企业的员工看得口水直流。有的说"华为竟然把员工这样养，看完我就沉默了"，有的说"华为饭堂曝光，看得我泪流满面"。据说连来采访的央视记者都羡慕华为的伙食。说来你可能不相信，在华为搬离蛇口之前，厨房的管理员就是任正非，一位总经理亲自担任饭堂管理员，这也算是华为的一大特色吧。

任正非还时不时去宝安那边的工厂，他和那些流水线上的工人在一口锅里吃饭，一个大澡堂里洗澡，然后穿上背心和大裤衩，手里端着一个玻璃茶杯，趿着拖鞋吧嗒吧嗒地走到下班乘凉的工人之间。那模样哪像是一个老总啊，就跟乡下出来串门聊天的农民一样。看到任正非过来了，大伙儿一下子打起精神，搬着凳子围坐在他身边，听老板摆龙门阵。任正非一边喝着浓茶，一边给他们讲故事。这位从未打过仗的转业军人，最喜欢讲战争年代的故事，红军二万五千里长征是怎么走过来的，毛主席是怎么用农村包围城市的，上甘岭是怎么守住的。他讲得眉飞色舞，活灵活现，仿佛他亲身经历过那些战争一样。每次讲完故事，任正非还会做一番总结："毛主席说过一句话，我是靠总结经验吃饭的。从战争中学习战争，从实践中学习知识，从经历中总结经验，这样才能发扬优点，克服缺点，然后轻装上阵，乘胜前进，从胜利走向胜利，终于建立了中华人民共和国。这在当初谁能想到啊！咱们华为也是一边干一边总结经验啊，刚开始是做代理的，后来做散件组装，再后来自己搞研发，现在不也做得风生水起了。所以，干任何事情都要学会总结经验和教训啊！"

任正非对美国西点军校也很推崇，而宝安蚝业村一带位于深圳西边，当时还是乡下，又称西乡。华为宝安工厂的员工都自豪地说这是华为的"西乡军校"。任正非连声说，好哇，好哇，咱们这西乡军校也要向西点军校看齐啊！他还多次向华为的管理人员推荐《西点军校领导魂》这本书。这是西点军校领导力首席教授赖瑞·杜尼嵩博士的名著，书中主要介绍西点军校如何培养军队的领导者。而西点军校不光培养了很多名将，还培养出很多商界领袖，如可口可乐、通用电气等数十家大型企业的总裁，都是从西点军校毕业的。他还特别提到，西点军校也以雷锋为楷模，把雷锋画像张贴在墙上。这让员工们很好奇，那资本主义国家也学雷锋？任正非笑道："不管你们信不信，雷锋精神是超越了国界的，奉献精神是全人类的精神。当然，我并不要你们无私奉献，我们决不让'雷锋'吃亏，奉献者定当得到合理的回报！"

任正非长达十六年的从军经历，也造就了他强硬的军队式领导风格。而他一旦讲到军事，仿佛又成为一位严肃的军人，大伙儿听得一个个肃然起敬。任正非看见大伙儿这神情，又会活跃一下气氛，跟员工们打趣寻开心。他指着一位正为找对象犯愁的小伙子说："你放心啊，只要在华为上班，我包管你们都能娶上漂亮的媳妇儿，但你们谁也不准花心，只能娶一个老婆，谁娶两个我就干掉谁！"

这话把员工们逗乐了，哄的一下笑起来："老板，咱们华为的产品搞三包,你还包找老婆啊?"

任正非一本正经道:"只要你们好好干活,跟着华为一起打天下,我不光包你们找上老婆,还包管你们能买上房子,买上车子。哈,这不就是三包嘛!不过啊,你们以后买房子,一定要买带大阳台的。"

一个员工好奇地问:"为什么要买带大阳台的?"

任正非风趣地说:"咱们华为肯定能做到全国第一的,到时候你们个个都是百万富翁,钱多得要用麻袋装。唉,深圳这地方什么都好,就是有一点不好,挨着海边,一到回南天,又潮又闷。这钱多了就要发霉,要拿到阳台上去晒啊。"

大伙儿一听笑得更响了,大伙儿也只当是笑话听听,这任大炮吹牛皮真是不打草稿。这个晒钱的故事后来越传越广,从一个笑话变成了华为创业史上的一个传说。

1991年是那一代华为人最难忘的一年,是他们背水一战的一年。随着HJD48交换机研发成功,任正非又朝他的梦想迈进了一步,这也是华为创业史上迈出的关键一步。HJD48交换机是华为第一款自主研发的产品,也是郑宝用的开山之作。在这年的最后一个晚上,任正非与全公司的员工在蚝业村工业大楼三楼开了一个庆功会,以自助餐加啤酒,庆祝第一个拥有华为知识产权和品牌的产品出厂,而过了今晚就是明年了。大伙儿过后才知道,公司在1991年收到的订货预付款已经全部用完了,若HJD48交换机还没有研发成功,华为已经拖不到明年就要倒闭了,大伙儿连散伙饭都吃不上了。

华为凭着第一款自主研发的产品,创造了一年营收过亿元、利润超千万元的效益。而特别值得一提的是,这一年还是华为半导体元件——芯片研发的起步之年。华为创立了海思集成电路设计中心(华为ASIC设计中心)。对于华为的未来,这是极具战略眼光的。

郑宝用不仅具有很强的科研开发能力,还有严谨的组织管理能力和富于合作的协作精神,这都是任正非特别欣赏的。任正非亲昵地叫他"宝宝",在华为内部都叫他"阿宝",他也确实是"华为一宝"。任正非甚至称赞郑宝用是"一千年才出一个的人才"。从郑宝用开始,任正非率先打破了在用人上论资排辈的潜规则,将郑宝用一下超升为华为副总经理兼总工程师。郑宝用作为后来者,一下就超越了莫军、郭平等先来者,也超越了华为创业之初的几位股东,跃升为华为仅次于任正非的二号人物,任正非的工号是0001,郑宝用的工号是0002,全权负责华为产品的战略规划和新产品研发。任正非在华为员工大会上宣布:"凡是没有做出来的产品,都归郑总负责!"

对于郑宝用的超升,也有几位高管不服气,据说,有一次任正非在办公室对着几个高管劈头盖脸地大骂:"郑宝用,一个人能顶一万个!"他还指着一位副总裁说:"你,一万个才能顶一个!"

郑宝用不负众望,随后又相继开发出HDJ-04系列产品,研发出五百门的准局用级交换机。当时只要开通五百门的交换机,在内地很多省市就是了不起的大事了,要举行开通仪式,连省市领导都会到场剪彩。而HDJ-04系列产品采用高集成器件,尤其是第一次采用光电电路,这一技术是郑宝用的强项,在当时也是国内处于领先地位的高科技,后来成为华为光电产品的基石。而这款交换机被邮电部评为国产同类产品质量可靠用户交换机,为华为进一步打开了市场。1992年,华为产值首次超亿元,利润超千万元,而当时华为的员工只有一百来人而已,从人均产值和利润上看,华为在深圳民营科技企业中已名列前茅。在年终的庆功会上,任正非给郑宝用敬酒:"阿宝,我相信你现在不会遗憾了,你创造的价值远远超过了一个清华博士的价值!"

任正非这个从贵州大山里走出来的汉子,是典型的这山望着那山高,只要登上了一座山头,马上又盯着另一座山头了,却没想到还有人比他看到的山头更高。当他向研发人员宣布马上就要立项研发一千门模拟交换机时,掌声雷动,却有一个人没有鼓掌。这人就是曹贻安。他等掌声落下之后,就站起来对任正非说:"任总,我觉得咱们公司不应该再做一千门的模拟交换机,你就是再研发两千门、五千门的模拟机,也赶不上时代了。因为模拟机的整体技术已经落后，如今很多高科技企业都在研发数字交换机，西方发达国家已进入数字化时代了。咱们也要赶紧转型，研发数字交换机啊！"

别看曹贻安在华为的研发人员中是学历较低的，同郭平、郑宝用等重点大学的高才生没法比，但他一直盯着最前沿的科技在勤奋钻研。交换机分为模拟程控交换机和数字程控交换机。模拟程控交换机又被称为空分机，采用空分电路，有绳路线限制，交换机容量越小时它的通话绳路就越少，通话量大时有可能会造成死机。又加之其控制部分是单片机芯片，存在线路简单、材质差、寿命短的缺点。而数字程控交换机采用的是时分电路，有强大的CPU控制功能，材质和线路均采用高科技设计，运行稳定，寿命长，有多少对电话就可以同时容纳多少对电话通话，具有通话间隔远、传输速度快、通话音质清楚、误码少等优点，在通话质量上比模拟交换机高了好几倍。任正非也知道哪些国外企业在研发数字交换机，但他觉得模拟交换机在中国最少还有几年的市场，华为必须以最快的速度研发出一千门以上的局用模拟交换机。任正非这么着急要投入研发一千门模拟交换机还有一个原因。当时，交换机研发出来后，先要拿到邮电部门的入网许可证才能上市场销售。在当时的国内交换机市场，五百门的准局用型交换机牌照已经发完，而中兴、长虹、联想等国内厂商都已经生产出一千门的交换机，如果华为再不跟上，等到一千门以上的交换机牌照指标发完，华为将会失去大型交换机的生产资格。时不我待啊，华为必须以最快的速度研发出一千门以上的交换机，如此才能进一步扩大市场，积累研发资金，然后投入数字交换机研发。曹贻安却不以为然地说："即便现在没有钱投入研发数字交换机，我们也可以先组建研发团队，不搞数字交换机，就无法站在市场前端，华为迟早会被竞争对手淘汰的！"

这个湖南人高昂而尖锐的声调，谁听了都觉得刺耳。任正非倒是不觉得刺耳，他对这位愣头青的眼光很赞赏，一再耐心地给他解释说，中国人刚研发出成熟的模拟交换机，想一下子转换成数字交换机还需假以时日，市场更新换代是大势所趋，但也要有一个过渡期。眼下，华为在研发模拟交换机上已积累了一定技术和经验，而数字交换机是一个新的技术领域，华为不可能一下子转向新技术。随后，他让郑宝用组建项目部，研发一千门的模拟交换机，型号为JK1000，以此来巩固华为的品牌地位和市场占有率。

曹贻安还真是一位愣头青，又多次找任正非进言，提出数字交换机也要同时立项研发。任正非一再表示，等JK1000研发出来后，再让郑宝用和郭平转入数字交换机的研发。毕竟，华为当时的研发部人员数量有限，不可能同时分出两条战线来。这让曹贻安很生气，他觉得任老板张嘴闭嘴就是战略啊战术啊，口口声声喊着华为要做到"全国第一"，这样的眼光怎么能做"全国第一"？做梦吧，过不了多久就是"全国倒数第一"！

这家伙拿着华为的高薪，却觉得跟着华为没什么出息，竟然向任正非提交了离职申请。任正非眯缝着眼睛问："你为什么突然离职？"

曹贻安说："我本来也不想走的，可我多次提出要研发数字交换机，你都不给我机会，我只好另谋他家了。"

任正非冷笑道："好啊，人往高处走，你既然另谋高就，我也不强留你！"

他挥着笔，刷刷地在那离职报告上签了字。

曹贻安将离职报告交到了人事部，准备下午正式办理离职手续。这天中午，他享受着在华为最后一顿免费的午餐，心中还有几分依依不舍。吃罢饭，他正在饭堂喝茶，任正非一脸肃杀地走进了饭堂，曹贻安莫名其妙地紧张起来。任正非一声不吭地盯着曹贻安看了一阵，看得这愣头青低下了脑袋。他越想越觉得对不起任老板，对不起华为，人家对他这么好，他实在是有些忘恩负义了。他硬着头皮，已经准备挨一顿臭骂了。任正非忽然慢腾腾地开口了："公司刚拿到一个深圳户口指标，这是早就预定给你的，你去找人事部把户口办了再走吧。"说罢，任正非就转身走了。

曹贻安愣了一会儿才回过神来，那时候办一个深圳户口有多难啊。像华为这样的民企，一年也就只能分到一两个户口指标，华为很多元老都在漫漫无期的等待中。他曹贻安何德何能啊，一个低学历的普通技术员，竟然拿到了这千金难买的正式户口指标，而在自己递交了辞呈后，任老板还是要把这个户口指标给他。下午，他赶紧把辞呈收了回来，想去感谢一下任老板，走到了老板的办公室，又犹豫着不好意思进去。

"进来吧！"任正非冲门口喊了一声，又是一副笑眯眯的样子。他还泡了一杯红茶递到了曹贻安的手上，又问："如果让你搞数字交换机，你打算申请多少研发资金？"

曹贻安听了又是一愣，任老板让他搞数字交换机，这简直比给他深圳户口还要惊喜，他思忖了一会儿，然后伸出一只巴掌："五十万元！"

任正非大大咧咧地一摆手："给你添个零吧，五百万元。"

曹贻安尖叫一声，华为当年的利润才一千多万元，任正非竟然拿出一半来搞数字交换机，这简直是一场豪赌啊。这任老板要么不干，要么就是豁出去了干。"老板啊，有了五百万元，我一定给你把数字交换机搞出来！"他兴奋得连连拍着胸口，拍得眼泪都要掉下来了。

任正非微微一笑说："实话说，我这真是孤注一掷啊！我知道风险有多大，但我赌的不是运气，而是你的眼光！你若能把数字交换机搞出来，别说五百万元，再加几个零也值啊！记住，你这不是给我搞研发，是给华为搞研发，也是给自己搞研发，别忘了你也是华为人。"

神奇的米格-25效应

当华为瞄准数字程控交换机研发时,深圳市政府也认识到依靠贸易和来料加工这种模式难以承接产业转移和升级,提出抓住国际电子信息技术产业兴起的战略机遇、大力发展高新技术产业的战略,这也是任正非看好的势头。对于华为,接下来又是两条腿走路,华为技术开发部在郑宝用这位总工程师的统领之下,分为三个部门:一个是模拟交换业务部,一个是数字交换业务部,还有一个是通信电源业务部。曹贻安原本只是一名低学历的技术员,一下超升为开发部副总工程师,这又是任正非和华为不拘一格用人才的一个典型案例。

华为立项研发的第一款数字交换机型号为C&C08。这个由一串字母符号和数字组成的命名,如今看来很陌生很奇怪,但对于20世纪90年代的通信人来说,几乎是众所皆知。这个名字是从华为公司内部征名得来的。C&C有两个含义:一是沿用任正非"农村包围城市"的战略,"Country & City"即农村&城市;二是计算机加通信设备的英文缩写,数字程控交换机就是计算机和通信的组合(Computer & Communication)。C&C的格式模仿了AT&T,这是成立于1877年的世界电信巨头,总部在美国。当时AT&T在世界上一百多个国家和地区的雇员总数达三十一万人,全球闻名的贝尔实验室就是该公司旗下的。华为的这一机型又因其尾数而简称"08"机,其实数字

"08"并没什么具体的含义,只是吉祥数字,"08,一定发!"当时,在国内自主研发的数字交换机中最牛的是巨龙集团的交换机,简称"04"机,有人说这个数字不吉利,结果几年后"04"就死掉了。这是一段趣闻,自然不足为信,但广东人大多迷信数字。

在当时,连五百门以上的模拟交换机都是高科技,而数字交换机更是高科技中的高科技。华为的两个项目于1992年夏天同时立项,到了1993年年初,JK1000模拟交换机就研发成功了。但如曹贻安所料,这一千门的模拟交换机面临的不是火爆市场,而是"没有市场"的尴尬局面。而此时,那些国外的电信大鳄在模拟交换机上已赚得盆满钵满,眼看中国国内的厂商都在研发模拟交换机,他们又开始在中国推广数字交换机以取代模拟交换机。而无论是邮电部门还是消费者,谁都想采用先进的技术设备,即便想要照顾民族工业,那也只能在平等的技术基准上照顾。世界是公平的,谁也不能牺牲消费者的利益而照顾落后的民族企业。

而华为在C&C08数字交换机项目上投入大笔资金,搞了大半年连影子也还不见一个。两条腿走路的华为,从一路走高又开始走下坡路。同门庭冷落的华为相比,深圳的股票市场和房地产市场就像南海边的天气一样热浪滚滚,大大小小的证券营业部,每天都挤满了热汗淋漓的股民。那时的股票市场被称为"疯狂的股市",在通往证券营业部的路上,如果走三步还没有人撞着你的肩膀,那是人最少的时候。证券营业部门口一天到晚排着长队,有的人从半夜开始排队也不一定是第一个。莫道君行早,更有早行人。无利不起早,股市好淘金。在这股市里,几乎每天都在传播一夜暴富的炒股传奇。人最多的时候,那些排队的人为了不让自己被挤出来,后边的一个人会紧紧搂着前面那个人的腰,一个老汉搂着一个大姑娘的腰,或一个老太婆搂着一个小伙子的腰,你千万不要瞎想,这是证券营业部门口最常见的一种秩序。一些年轻夫妇,丈夫搂着前边的一个女孩子,他妻子还在一旁给他扇风,一边扇一边不停地叮嘱自己的丈夫:"搂紧点啊!"被陌生男人搂住的姑娘也绝不会有什么反感,她也得同样搂住自己前边那个人。如今这一切都是笑话了，而在当时绝对不是笑话。华为总部楼下就是一家证券营业部，有时过了上班时间，有的员工还没有上班。一开始任正非还大发雷霆，但很快他就发现还真是错怪了这些员工。他们并非跑去买股票了，而是证券营业部被挤得水泄不通，把华为的员工堵在门外了。任你怎么央求，也没有股民给他们让路，一个个反而挤得更紧了。

当时，深圳房地产市场的火爆也不亚于股票市场。炒地皮炒房子既能赚大钱也要大本钱，一般市民炒不起；但可以排队炒楼花，也能大把大把赚钞票。这钱比踏踏实实干实业、呕心沥血搞研发来得快多了。

眼看着这么火爆的股票市场和房地产市场，也有人劝任正非干一把。华为虽说开始走下坡路，但这么多年打拼还是积累了不少资本，只要投入股市或房地产就能迅速赚钱，把正走下坡路的华为往上拉一把。有一位挺精明的部下给任正非建议："老板啊，咱们只要找块地皮盖房子，就能轻轻松松赚上一大笔啊！"但任正非却是一根筋，他用手指戳着公司的牌子说："你看看咱们公司是干什么的？咱们是华为技术有限公司，不是房地产公司。我可以在研发上继续赌下去，决不会把一分钱拿到股票、房地产上去赌。咱们磨豆腐的就是要把豆腐磨好！你要不想干了你可以去股票公司、房地产公司干，往后谁再跟我提这事，我就干掉谁！"

曹贻安一直在兢兢业业"磨豆腐"，但数字交换机还真不是那么容易磨出来的。他带着研发团队每天吃住都在开发部，连春节也没有回家，没日没夜地干，简直是在磨命啊。任正非每次走进数字交换业务部，看见曹贻安那一双布满血丝的眼睛，他也心疼不已。任正非知道曹贻安已经竭尽全力了。春节过后，任正非便重新调整了数字交换业务部的人事，将曹贻安调到市场部，又将模拟交换业务部的精兵强将全部集中到数字交换机研发上。看着曹贻安那沮丧而心有不甘的表情，任正非没有一点责怪他的意思，还安慰道："我相信咱们一定能把数字交换机搞成功，不管最后是谁搞成功的，咱们都得感谢。你是第一个提出来的，没有你的激将法，我也不会这么快就被你推上马啊！"

任正非决定临阵换将，与华为另一个即将登场的神奇人物有关，李一男。这小伙子1970年出生，湖南长沙人。1985年，他才十五岁就考入了华中理工大学少年班，本科毕业后又考上了华中理工大学硕士研究生。1992年，他在读研究生第二年来华为实习。任正非第一次看见这小子，瘦瘦小小的，长着一张稚气未脱的娃娃脸，穿着一件红色的T恤衫，走路时低着头，那鼻梁上架着一副大眼镜，感觉是那大眼镜把他的头压下来了。任正非一看这小子，就打心眼里喜欢上他了，亲切地将他昵称为红孩儿。他和李一男随便聊了几句，发现这小子对电子信息技术的发展趋势具有惊人的敏感度和准确的把握力。他笑着说："红孩儿，我看你就是个炼成三昧真火的红孩儿啊，一旦修成正果就是善财童子。你毕业了就来华为吧，华为和华中理工都姓华啊！说实话我真感谢你们华中理工，为华为贡献了郑宝用和郭平两位大将，你来了就是第三位大将了！"

1993年6月，李一男刚刚拿到硕士研究生毕业证和学位证，就南下深圳，直奔华为而来。他刚来两天，就被任命为开发部的工程师；半个月后升任主任工程师；半年后，升任华为中央研究部副总经理；两年后被提拔为华为公司总工程师/中央研究部总裁；二十七岁就当上了华为的副总裁。他也是继郑宝用之后任正非最为倚重的股肱大将。

华为将原技术开发部扩展升级为中央研究部，这一机构也可谓是在数字交换机的研发过程中催生的，后来又升级为华为中央研究院。中央研究部成立之初，华为的研发人员还不到一百人，在当时很多人看来，这个"中央研究部"有些虚张声势，然而后来的事实证明这不是虚张声势而是先声夺人。尽管一切还处于未雨绸缪的状态，但任正非已经开始为大规模生产和销售数字交换机做准备了。他心中甚至已经有了未来研发的蓝图，正酝酿在全国乃至全球设立华为的研发基地，而深圳总部就成了华为的中央。若狭义地从科技研发上看，又与数字交换机系统直接有关。数字交换机必须拥有大容量综合网络集成系统，由中央交换网（CNET）、中央处理模块（CPM）、同步定时系统（CKS）、通信控制模块（CCM）、业务处模块（SPM）、共享资源模块（SRM）、线路接口模块（LIM）、后管理模块（BAM）和综合告警箱（ALM）九大部分组成，一切围绕中央交换网和中央处理模块运行。这是研发人员必须攻克的核心技术问题。从这个意义上看，"中央研究部"也是名副其实。换言之，就是核心技术的研发机构。这整个系统，必须提供足够多的标准物理接口和大型网络连接矩阵，通过软件加载指配网络资源和信令协议，从而构成各种大容量交换系统。

数字程控交换机必须以现代计算机技术作支撑，成千上万的用户要实现双方通话，需要大量的"门"来进行逻辑运算。而世界上第一代模拟交换机刚推出来的时候，需要几十个两米多高的机柜来布置这些电路板，一个万门交换机占机房面积能达到四五百平方米。这和早期的大型计算机是一样的，一台计算机几乎就是一幢大楼。随着半导体元器件和计算机技术的迅速发展，交换机从机电时代跃入电子时代，交换机的原理和网络拓扑结构可以采用最新的芯片技术来实现。模拟交换机采用的是电子线路板，而数字交换机采用的是芯片，设计师将逻辑关系输入计算机里，就能设计出芯片，几十个机柜的电路板就被几十个比指甲还小的芯片所置换。在20世纪90年代初，芯片与软件设计还属于最尖端的电子科技。正因为研发难度极大，那时的国际电信大鳄对自己在中国电信市场的垄断地位没有什么危机感，甚至公开扬言，哪怕给中国半个世纪的时间，中国人也不可能研发生产出数字交换机的。这是妄言也是实话，这种高端技术至少也曾经过半个世纪的技术积累，当时全部掌握在西方发达国家的手中。

郑宝用作为华为第一任总工程师，在他加入华为之前，华为研发团队还只是一个山寨企业的"草台班子"。郑宝用最具开创性的贡献还不是研发出了华为第一台具有自主知识产权的模拟交换机，而是为华为搭建起了第一代研发体系，华为中央研究部就是这一体系的标志。直到今天，这一体系还影响着华为的所有研发进程。郑宝用也是华为中央研究部的第一任总裁及其后中央研究院的第一任院长。对于C&C08数字程控交换机的研发，他按照"多网并存、互联互通、保护投资、平滑过渡"的大思路，以支持电信网向综合化、智能化、移动化方向发展。如今有人如是评价:"郑宝用作为华为早期研发的绝对领军人物,是华为研发系统化、规模化的体系设计人和核心组成部分。可以说,没有郑宝用的加入,就没有华为研发体系的建立。"

华为中央研究部成立之初,下设交换机业务部、智能业务部、新业务部和基础部。仅仅从组织结构上就可以看得出,这不仅仅是为了一款数字交换机的研发,无论是任正非的宏观战略,还是郑宝用的科学思维,都在为华为开发其他高新科技产品提前布局。而任正非的宏观战略和郑宝用的科学思维加在一起,产生的不是加法效应而是乘法效应,将为华为接下来向芯片、传输、无线、光电等高科技领域进军奠定坚实的基础。这种乘法效应,也正是推动华为在转型升级中不断扩张其科技产业版图的强有力的引擎。

任正非还真是不干就不干,要干就大干。此时,他已招来了近百位研发数字交换机的工程师。他和郑宝用商量,既然都是局用数字交换机,两千门可以做,万门也同样可以做,随即便决定在研发两千门数字交换机的同时研发万门机,双管齐下,大小通吃。

随后,郑宝用对研发人员进行了调整部署,将C&C08交换机研发分为两个项目组:一个是两千门机项目组,一个是万门机项目组。李一男加入华为的第一个重任,就是主攻万门数字交换机。但此时,整个研发团队还没有一个人见过万门机是什么模样。有一天,任正非正在陪邮电部的一位领导考察华为,那领导听说华为准备研发万门机,就告诉他,吉林某电信局前不久刚装了一台万门机。任正非一下子来了精神,他立马就带着郑宝用、郭平和李一男飞往吉林。但那位电信局局长听说他们是特意来看万门机的,连连摇头说:"不成,不成,机房重地,闲人免入!"

任正非诚恳地说:"您就打开机房的门,让我们看一眼。您给我们打开一扇门,说不定就是给中国民族科技打开一扇大门啊!我们只是想看看这玩意儿长得啥样,回去了搞研发。咱们中国人自己造的交换机出来了,才能把外国佬垄断的价格拉下来。到时候咱们中国人都能买到自己制造的价廉物美的交换机。这是为国家做贡献,也是为咱们中国人争一口气啊!"

这一番话，还真是把局长给打动了，他终于点头了，又再三叮嘱："好吧，我就为你们破例打开一扇门吧，你们就站在门口瞅一眼，瞅了立马就走，千万不要给我添麻烦！"

任正非和几个研发人员终于看到了那传说中的"万门机"，装在一个两米多高的铁柜子里，但谁也看不清那柜子里面的内容。由于西方国家对中国实行严密的技术封锁，中国人想要窥探这大型数字交换机的奥秘几乎不可能。这一次"取经"，也让任正非等人明白了一个冷酷的现实，高科技也是高墙，人家把墙壁筑得高高的，没本事你怎么才能翻过去？

任正非也想过买一台回来借鉴。而当时一台就要数百万美元，就是你舍得花这个血本，在预付订金后还要排队等待半年才能提货。时间就是金钱啊！这个时间任正非不想耗，也耗不起。那就只能靠华为人来"闭门造车"了。这也注定了华为连一个参照产品都没有，全凭摸着石头过河的命运。

任正非深知高科技不仅有高难度，更有高风险。若每一个问题只有两种选择：yes或no，无论你做出哪种选择，随即就会冒出一个why。这一个为什么紧接着一个为什么，在貌似简单的选择背后，暗藏着无尽玄机。任正非也不管那么多玄机了，他很干脆很直接地问李一男："你有多大的把握？"

李一男下意识地摸了摸脑袋说："成功的概率只有百分之五，但一旦立项研发就必须百分之百地投入，要么干到成功为止，要么干到失败为止！"

任正非还是一个字："干！"

百分之五的概率，只代表理论上的一种可能性，真正转化成产品，实现量产，希望极其渺茫。李一男不愧为一位天才少年，他在反复琢磨后提出了万门机的方案，就是将多个两千门交换机连接在一起，但联组机器必须要由一个中央模块来控制，否则每台机器还是各行其是。

这个道理任正非一听就明白了。这就像一个单位一样，无论你哪个部门有多强，哪个人有多厉害，若是没有一个统一指挥的核心，那就是一盘散沙了。这机器就跟人一样啊，一台万门机就是一个团队啊。这位早已脱掉了军装的军人，三句不离本行，又讲起了那神奇的米格–25效应。米格–25是苏联于20世纪60年代研发的一种喷气式战斗机，也是在冷战时期创造过神话的一代战机，为当时世界上速度最快的战斗机，曾造成西方世界的恐慌。美国一直想破解米格-25的核心技术。后来，苏联一个飞行员驾机叛逃到日本，米格-25被肢解，结果让美日专家极为震惊。米格-25除了速度快，许多零部件与美国的相比都要落后很多，但是因为设计者考虑到了整体性能的协调，因此能在升降、速度、应急反应等方面成为当时世界一流的战斗机，这便是米格-25效应。一流的整体协调效应，往往要超越零部件上的优势。——这和华为的"土狼文化"是高度一致的。对于一个团队而言，整体效应往往要超越个体的效应，哪怕这个团队里个个都是顶尖的人才，若没有一流的整体协调效应，也不会产生最佳效果。反之，哪怕这个团队的个体都有这样那样的弱点，只要有一流的整体协调效应，也能发挥出一流的群体战斗力。

任正非越讲越兴奋，"我们的研发人员，只有靠这种团队精神，才能研发出具有整体协调效应的机器！"

众人一听，思路更清晰了，一位研发人员提议，既然万门交换机是在两千门交换机的基础上衍生出来的产品，我们要用聚焦战术，首先把力量集中起来研发两千门，再集中力量研发万门机。

任正非一听有道理，"好，当务之急，咱们先要把两千门交换机早日研发出来，万门机的研发团队先到两千门机团队中协助研发，加强研发战斗力。等两千门机研发出来了，整个团队再一起攻克万门机。我老任对这些高新科技不懂，具体分工就由阿宝来安排吧。"说罢，他又把目光转向一直在沉思的李一男，"红孩儿，你觉得呢？"

李一男说："我也赞成先集中人力研发出两千门机，再研发万门机。要不这样，咱们先把中央控制系统和模块设计图做出来。做中央控制系统，第一要考虑处理器的负荷问题，万门机的线路是两千门机的五倍，内部的处理器如果只安装一台，只怕超负荷，会导致信息损耗，这是一个必须攻克的难题。"

任正非笑道:"红孩儿,你可是攻克这一难关的主攻手啊!"

那时华为对研发人员特殊对待,只要有研发任务,就不规定上下班时间。大伙儿都是干累了就在卫生间里冲个凉,在床垫上躺一会儿,躺一会儿又起来用冷水洗把脸,再接着干。

根据初步设计,两千门的交换机是由125块单板模块组成的,这些模块由一个主控板连接,既有软件又有硬件。张云飞是负责主控板软件开发的主将,任正非给他封了一个绰号"猛张飞"。其实他并非一个五大三粗的猛汉,更没有张飞那样威猛的大胡子,而是一副书生相,是南京大学计算机专业的硕士研究生,也是华为的软件高手。别看他总是睡眼惺忪,像是从来没有睡醒过,但这是一个干起活来不要命的家伙,一干就是一个通宵。有人说他是一个活在夜晚的人,他说越是夜深越是清醒。这也是一个靠咖啡续命的人,每熬一个通宵,就要喝一肚子咖啡,但他白天还能呼呼大睡。他还灌自己的搭档刘启武喝。刘启武对咖啡因过敏,熬夜时又不得不喝咖啡提神。每每熬了一个通宵,白天更受煎熬,想睡也睡不着。他看见张云飞就烦躁:"你这个猛张飞,不用飞刀杀人,却是杀人不见血啊!你这咖啡迟早会要我的命呢!我要找老板申请,再也不跟你搭档了。"

张云飞哈哈一笑:"我看你早就上瘾了,比我的咖啡瘾还大呢!要不,你今晚就不喝一口咖啡试试看!"

刘启武是负责主控板硬件研发的主将。他才二十来岁,一张清瘦而略显苍白的脸,戴着一副高度近视眼镜,顶着一头茂密的黑发,一看就是那种长期待在实验室里面的科研人员。别看他年纪不大,却是华为研发团队中的老资格,大伙儿都戏称他为"刘姥姥"。他和张云飞是老搭档,硬件与软件要一起运行测试,有人戏称他们是"软硬兼施",也有人说他们俩是绑在同一条绳子上的蚂蚱。由于张云飞习惯上夜班,老是拉着刘启武一起熬夜,刘启武只要一照镜子就唉声叹气:"这样天天熬夜,我在一天天变老,这样下去我还真成刘姥姥了!"

一天晚上,张云飞和刘启武在测试中央控制主板的通信模块,先进行管理模块与交换模块之间的连接与通信，然后进行功能分配。张云飞在做测试时，脑子突然灵光一闪，提出一个新的设想：在模块数据连接与通信时，一并完成管理模块与交换模块之间的呼叫处理和管理信息的传送，并同时完成各交换模块之间的功能语音时隙交换。这样可以将系统简化和优化，大道至简啊！两人测试着电路板，张云飞在电脑里看软件的运行情况，分析相关数据。测试要和正式运行一样，呼叫器不停地响起电铃声，丁零零，丁零……

铃声在实验室不断地响起，在夜深人静时又特别响亮，像火警的警报一样。那些在隔壁研发室的床垫上睡觉的研发人员都被惊醒了，一个个瞪大了眼睛，不知道发生了什么事。郑宝用顺着铃声摸到开发室，闻到一股浓浓的咖啡味道，他打了一个长长的哈欠说："你们俩这是在干啥呢，我看你不是张飞是哪吒啊，这是大闹天宫啊！"

郑宝用刚把一个哈欠打完，后边又有一个人打了个哈欠，几个人一看，是任老板。他每晚也在这里和研发人员一样睡床垫。任正非说："你们两个这么晚了还闹出这么大动静，是怕我们尿床，故意要把我们叫醒吧！"

张云飞和刘启武赶紧笑着向两位老总报告，他们俩正在测试主控板。

任正非说："你们拼命干活是好事，明天我叫财务给你们加工资，但你们也不要影响到其他人睡觉，你们把呼叫机的铃声给我消掉，到时若是大伙儿一个个没精打采的，看我怎么收拾你们！"

张云飞和刘启武赶紧找来封口胶，把模拟呼叫器的发声口给封住了，又把实验室的门关紧了，重新开始做试验。而这还真是一个难忘的夜晚，通过反复测试，证明系统简化和优化方案是行之有效的，一道难关被攻克了。

无论你攻下了一道难关，还是没有攻下，任正非都会给大伙儿鼓劲打气："你们研发的不仅是数字交换机那么简单，你们创造的是一个时代，中国的通信时代。想要创造一个时代，前期肯定充满艰苦，但只要坚持下去，就一定能成功。就像当年共产党在延安，条件那么艰苦，最后还是打下了江山。你们现在都发扬革命精神，我相信你们肯定能做到。"

那段时间，任正非还扮演了生活保姆的角色。很多人在埋头研发时连吃饭都顾不上，甚至给忘了。任正非经常带着厨师，推着四轮板车，给员工们送饭送菜，打水端汤。一些新来的员工还以为任正非是厨师。熬夜的人，吃饭没胃口，他还让厨房变着花样给大伙儿改善伙食，早餐有面包牛奶，炒粉汤面，鱼汤配炒饭。每天晚上八点钟左右，任正非就会到研究部来点人头，看有哪些人加班，然后带着司机一起去买消夜。吃完消夜之后，任正非还会摆龙门阵，让大伙儿放松一下。他挥着手说："我相信你们的技术，一定会把华为的数字交换机搞出来！到时候让那些垄断了中国市场的外国佬看看吧，咱们华为要把自己的红旗，插在他们攻占的山头上！"

任正非说得最多的就是要当全国第一，要攻占被外商在中国市场上占领的山头。只要说到这些，他的嗓门儿就特别大，特别响亮，很多人在背后都叫他任大炮。任正非听见了也不恼，还说："孙中山也叫孙大炮呢，他最后还不是把大清皇帝给掀下了龙椅！"

任正非不仅是在给员工打气，其实也是在给自己打气。从营收业绩看，那也确实是华为走下坡路的一段时间。由于JK1000模拟交换机在市场上失利，连成本也收不回来，小型模拟交换机销量也开始锐减；而为了研发C&C08数字交换机，必须不断投钱进去，有一段时间华为甚至要借高利贷才能维持公司运转。在这样入不敷出的困境中，任正非不但没有降低或拖欠员工的工资，还在给员工加工资，改善员工的伙食和福利。任正非和员工们摆龙门阵时说："你们工资这么高，拿了高工资就要有高人格，更要体现出你们的孝心。每个月发了工资一定要孝敬父母啊，父母生你们养你们不容易，还送你们进大学，把你们培养成这么好的人才，而最好的人才第一就是要懂得感恩！"

在很多人眼里，任正非就是一个硬汉形象，但每个人其实都有脆弱的一面。一天晚上，大伙儿吃过消夜后，任正非不像往常那样谈笑风生了。他一声不吭地倚在海风吹拂的窗边，看着夜空里的月亮长久地出神，那眼睛里闪烁着莫名的光亮，不像月光，像是泪光。有个小伙子平时和任正非打趣惯了，看见老板一副黯然神伤的样子，禁不住笑道："看，咱们任老板也会临风落泪、对月伤心呢。"任正非突然回过头来看着众人，那脸色像月亮一样苍白，他一脸悲怆地说："我刚才一直在想呢，如果咱们数字交换机研发失败了，我就只能从这楼上跳下去了，你们都各奔东西吧！"大伙儿听了这话，也是一个个满脸的悲怆。他们也知道，任老板背着两百万元巨债出来创业，如今又几乎押上了全部身家性命，还借了高利贷来搞数字交换机，利息高达百分之二十至三十。华为在高科技投入上已进入前所未有的高风险时期，资金链随时都可能断裂，今天大伙儿还在一起吃消夜，第二天早上公司就有可能倒闭。同研发人员承受的压力相比，任正非承受的还真是生存与死亡的压力。一旦研发失败，他背上的不是两百万元而是两千万元的巨债。想想，这样一个年近半百的人，还有东山再起的资本吗？

这是大伙儿最不愿意想的，一想就感到压力大啊。

为了求证此事，我采访了华为一位老员工，当时他也在任正非身边，而今已是华为的高管了。他先是点了点头，随即又沉重地摇了摇头说："是真的。别看任总见了谁都笑容满面，显得那么睿智和乐观，可他的压力实在太大了，尤其是在数字交换机的研发上，他确实赌上了全部身家，不成功就跳楼！当初和任总一起投资的几个合伙人都不愿意冒着这样大的风险，一个个闹着要分钱，一直闹到上法庭打官司，他们要了一大笔钱后才了结这个事。一波一波的压力，比他创业之初还要大得多，但任总还是咬着牙挺过来了，若不挺过来，又哪有现在的任正非？又哪有现在的华为？"

那段时间，谁都在只争朝夕却又是度日如年啊。熬到1993年国庆后，第一台C&C08/2000数字交换机终于粗具雏形，进入了测试阶段，但性能一直不稳定，主要存在三个难解的症结：呼损大，断线，卡机。二十多个研发人员分两班倒，白天一班，晚上一班，困的时候就地打瞌睡，机子出现什么问题，马上就要爬起来进行分析，一个问题接一个问题来解决。由于线路极为庞杂，往往一个毛病就要排查一整天，一个个从弯着腰到累得跪下来，但哪怕跪在机器面前，也没有谁趴下。

　　郑宝用经多次测试后分析,卡机的原因应该是内部的处理器超负荷。这个问题,李一男在提出万门机方案时就提出来了,"内部的处理器如果只安装一台,只怕会超负荷,导致信息损耗",没想到在测试两千门机时就提前遭遇了这一问题。若要解决这一症结,就必须在内部多增加一台处理器。郑宝用刚把自己的设想提出来,大伙儿就一个个面面相觑,谁都知道这意味着什么。一个研发人员急得跳了起来,连椅子都"啪嗒"一声撞倒了。他大叫道:"郑总,你开什么玩笑啊,若要增加一台处理机,整个线路和软件都要重来,相当于重新研发一套系统。咱们的控制系统好不容易才研发出来,你要让我们重新去搞一套新的系统,这怎么可能?你这简直是逼着我跳楼啊!"

　　郑宝用竟然把袖子一撸:"让你跳楼,总比让老板跳楼要好吧!"

　　此话一出,所有人都不吭声了,那位急得跳起来的研发人员又默默地把撞倒的椅子扶起来,默默地坐下了。谁都知道郑宝用的性格,这家伙虽是一个绝顶聪明的读书人,却又有一身草莽的江湖气,时常撸起袖子展示自己粗壮的胳膊,讲述自己和地痞流氓打架的故事。而一旦他认准了的思路或方案,谁也无法让他改变,连任老板也难以让他改变。为此,他还多次与任正非发生过冲突。在整个公司里,也只有他敢顶撞任正非。面对这样一个霸道总裁,你只能服从。不过,从最后的结果看,这一切又是值得的。若是按照原来的系统,交换机里面只有一台处理机,即便勉勉强强能够及格,拿到合格证,那也只是一台性能低下的产品。而郑宝用是一个完美主义者,既然已经耗费了这么多心血和精力,又知道症结出在哪里,为什么不竭尽所能做到更完美呢?也正因为有这样执着而完美的追求,华为的产品才能精益求精。这也是一种典型的工匠精神。

　　在重新设计系统的过程中又出现了一个难题,原来只有一台处理器,问题出在超负荷,而增加了一台处理器,不再出现因超负荷的卡机现象了,但两台处理器又出现了同抢一个呼叫器的互相干扰现象。为解决这一难题,郑宝用在会议室召集研发人员举行攻关研讨会,把李一男也叫来了。李一男没有参与两千门机的研发,一直在主攻万门机项目。这个李一男有多聪明,从解决这个难题可略见一斑。他从自己的项目部走到会议室，也就几分钟的距离。在上楼梯时，那个请他来的研发人员给他讲了一下遇到的难题。李一男说："这个问题很简单啊！"进了会议室，他没跟任何人打招呼，就旁若无人地走到讲台上，在黑板上飞快地画了一个草图，又像老师一样给大伙儿讲解："我们在电话外设的通信模块上面，在连接两台处理器通信电路中间，必须设置一个互斥电路，这样就不会出现两台处理器同抢一个呼叫器的现象。"他就这么简单的几句话，却把大伙儿都给镇住了。要知道，李一男事先也没有和两千门机的项目组进行技术沟通，更不知道这项技术的细节，却用几句话把问题的症结、解决方案讲得非常透彻。连他的学长郑宝用都难以置信，这小子对症结的把握、解决问题的思路竟然如此敏捷，他都自愧不如。如果说世间真有天才，李一男就是一个天才。

不过，在同事的心目中，他也是"一个集科学天才和处世弱智于一体的大男孩形象"，他几乎没有什么为人处世的概念，说话总是直来直去，书生气十足，讲完之后他竟然还问了一声："你们都听懂了吗，就这么简单！"

郑宝用带头鼓掌说："好，这个方案好，咱们就按一男的方案来操作。"

1993年下半年，华为第一台C&C08两千门数字交换机在浙江义乌开通，业界行话俗称开局，并在义乌通汇商厦举行了鉴定会，通过了邮电部门验收，华为终于拿到了两千门数字交换机的入网证和生产指标。不过，这款机型还有不少未尽如人意的地方。但邮电部门对这款中国自主研发的数字交换机给予了很大的容忍空间，既没有过分挑剔，还一再鼓励充满期望，提出了很多改进意见和建议。华为根据建议又对产品进行了改进，1994年全面通过广东省邮电科学研究院测试鉴定，并在当年北京国际通信展上首次展出。

随后，按任正非此前的部署，将两千门机项目组的研发人员调入万门机项目组，集中攻关。由于李一男已把万门机的中央控制系统和模块设计图做出来了，又加之在两千门机上积累的经验，华为在1994年国庆节又推出C&C08万门数字程控交换机，首先在江苏邳州开局。经邮电部验收鉴定，达到国际先进水平，1995年获国家科学技术进步二等奖。国家科学技术进步奖是国务院设立的国家科学技术奖五大奖项之一，主要授予在技术研究、技术开发、技术创新、推广应用先进科学技术成果、促进高新技术产业化，以及完成重大科学技术工程、计划等过程中做出创造性贡献的中国公民和组织。此时华为成立还只有六个年头，谁能想到，一家"山寨公司"在短短几年里就取得了国家级的重大科技成果啊！而这样的奇迹，又何尝不是神奇的米格−25效应？

华为万门机验收之日，正是任正非五十岁的生日（任正非出生于1944年10月25日），他在年过不惑后遭遇人生低谷，又在年届知天命时登上了有生以来的一个高峰。这兴许也是天命吧。这几年，对于华为，对于任正非，都是转型升级过程中最艰难的几年。作为华为的掌门人，任正非独自一人默默地承受着巨大的压力，那头发都白了一半，脸上的皱纹也多了许多，看上去一脸沧桑。在庆功会上，有一位参与验收的领导听说是任正非的生日，特意倒了满满一杯酒过来敬酒："任总啊，您看起来还很年轻，一点也不像六十岁的样子。来，我敬您老人家一杯！"

任正非一抬头把酒干了，他又说了一句："我们终于活过来了！"末了，他又一声叹息："为了搞出这数字交换机，我真是一下老了十岁啊！"

世界上最难的改革是革自己的命

如果说科学技术是撬动地球的杠杆，C&C08数字交换机就是撬动华为的杠杆。尤其是华为自主研发、拥有知识产权的C&C08万门数字程控交换机，经权威部门鉴定，在技术水平上已达到国际先进水平。它对华为的意义绝对可以用"巨大"乃至"伟大"来形容，对这一机型怎么评价都不为过。有人说："这是华为早期自主研发的核心成果，也是帮助华为咸鱼翻身的'爆款'产品，甚至可以说，C&C08是当今华为万亿帝国的奠基之石。不仅是华为，对于整个中国通信产业来说，C&C08也有非比寻常的意义。"

若站在当下的时空中追溯华为的创业史和创新史，从20世纪90年代到21世纪初的十年里，相继出现了两个历史机遇。

第一个机遇是1997年香港回归。深圳是内地唯一与香港接壤的城市，在香港回归后对于促进香港的繁荣稳定具有不可替代的作用。在香港回归之前，中央对深圳经济特区提出的定位和使命是"对外开放的窗口，经济体制改革的试验场，对内地的示范、辐射和带动作用"，而在香港回归后中央又赋予深圳一项国家使命："在恢复对香港行使主权和保持香港繁荣稳定方面的促进作用。"这两座城市是中国两个最为独特的城市，一个是特别行政区，一个是经济特区，各自经历了坎坷的发展历程，也形成了各自的鲜明特色。"香港+深圳"成为深港两地学者热衷于讨论的一个话题。此时，在深圳经济特区建立十七年后,深圳已发展成为一座拥有五百多万人口的都市,而香港约有七百万人口。从经济上看,双方互有优势和差距,香港当时的生产总值为1.37万亿港元,而深圳约1130亿元人民币,不足香港的一成。而从两城的优势和特色看,更多的不是竞争关系,而是合作互补的关系。有人将深港合作形容为"前店后厂",香港是"店",深圳是"厂",深圳研发和制造的产品,若要走向世界,香港这个国际自由港就是最便捷的出发地。若按照"香港+深圳"的模式打造,这深港姐妹城将成为足以与纽约、伦敦分庭抗礼的世界级经济区块,也将成为中国最重要的经济中心和全球投资者在中国的最佳选择。对此,香港方面也给予了积极的回应和推进。深港经济合作的全方位对接和进一步深化,既是保持香港繁荣稳定的客观需要,也是深圳实现第二次创业的必然选择。

这也给华为带来了第二次创业的机遇。华为C&C08交换机首次打入海外市场,便是在香港和记电讯投入商用。和记电讯是香港首屈一指的电讯服务提供商及领先的固网、宽带及移动通信服务运营商。和记电讯的董事长兼CEO霍先生是一位很有绅士风度的中年人,在同任正非第一次见面时,他不是在办公室里等候,而是提前几分钟就站在大门口迎接。对任正非和华为的创业史他也早有耳闻,想来这个任老板真不容易啊,从一个小代理商研发出大型数字程控交换机,在性价比上还超过了欧美的同类产品。这也是和记选择华为的唯一原因,商界从来只认商品不认人。不过,霍先生还是想见识一下任正非这个人。

任正非几乎是踩着钟点准时赴约,那一身西装也掩饰不住满脸沧桑。

霍先生一见他便迎上前去,主动伸出手,还笑着说了一句:"任先生,你和香港挺有缘分啊!"任正非一听这话里有话,马上反应过来了,笑道:"是啊,这缘分只会越来越深!"

而华为和香港和记的缘分还真是越来越深,从3G时代一直到而今的5G时代,华为和香港和记电讯一直都是双方首选的合作伙伴,而在商界,缘分也是要靠实力的。

　　第二个机遇是中国2001年加入了世贸组织。随着世界的大门向中国打开，地处中国改革开放的最前沿的深圳，在全球化背景下开始第二次转型，从综合政策、人才支撑、金融服务、法律法规、上下游产业链配套都与国际深度接轨。随着一大批海内外的电子元器件、零部件厂商在深圳和珠三角设厂，形成了以深圳为龙头的电子信息配套产业体系。这些软硬配套条件和良好的公共服务、营商环境，正是任正非和华为最看重深圳的原因，而企业与地方、产业与产业之间的相互融合，其最佳状态就是无缝对接。正是有了这样的配套支撑和全方位对接，任正非才瞄准了他心中真正的大产业——从系统工程角度出发规划华为大生产体系架构，否则也就没有今天的华为。而随着深圳的第二次转型，华为也因势利导，加速走向全球化，从一家深圳本土企业迅速成长为一家国际化的公司。

　　与此同时，数字程控交换机接入网产品也在中国得到了跨越式发展。在华为万门数字机开局后的1995年，中央提出了"村村通"计划，华为把C&C08作为"农村包围城市"战略的拳头产品，以比国外同类产品低三分之二的价格打破了国际电信巨头对中国市场的垄断，一举斩获了十三亿元的订单。而这种薄利多销的经营策略，也让中国消费者得到了实惠。自此开始，华为开始领跑国内通信技术行业，成为销售额最大、利润最高、技术最领先的国内通信厂商。任正非那梦寐以求的"全国第一"，从此不再是痴人说梦。1994年，华为销售额实现了八亿元，1995年几乎翻一番，突破了十五亿元。

　　除了国内市场，华为C&C08在技术上已经达到了当时的国际先进水平，这是华为开拓市场的明星产品和重型武器，不但以其过硬的质量和价廉物美的优势打破了国外电信设备大鳄对中国市场的垄断，它还为华为撬开了国内电信企业不敢觊觎的海外市场，成为中国通信制造业的国际化公司。1996年3月，C&C08交换机首次打入香港市场，在香港和记电讯投入商用。当月，任正非率领一个十多人的团队赴南斯拉夫洽谈合资项目，入住贝尔格莱德的香格里拉酒店。任正非一咬牙订了一间总统套房，每天房费高达两千美元。这让手下人一个个惊讶得瞪直了眼睛，他们还从未见任老板如此慷慨地享受过啊。可他们马上就傻了眼，这房间并非任老板独享，十多人都住进了总统套房，任正非和大家挤在一起，总统套房变成了大通铺。这比十几个人分别开房还要便宜。而到了白天，南斯拉夫客商来总统套房洽谈，这总统套房又恢复了其堂皇的气派。看来，这家中国公司还真是有实力啊。而那些手下都在背后窃笑，这任老板真是第一等的算计高手。1997年，C&C08交换机进入俄罗斯。此后，C&C08一度畅销全球五十多个国家，服务上亿用户，为华为创造了巨大的商业价值和国际声誉，这也是中国国产通信设备的荣誉。

只要说到华为对市场的拓展，第一位干将就是被《福布斯》称为"市场杀手"的巾帼英雄孙亚芳。在华为的所有部门中，市场、研发和人力资源三个部门是对华为贡献最大的。这三大部门除了研发外，有两大部门长期由常务副总裁孙亚芳执掌。她1955年出生，1977年考入成都电讯工程学院（后更名为电子科技大学）无线电技术系通信专业，是恢复高考后的首届大学生。由于特殊的历史，1978年年初才入学，1982年毕业。上大学时，孙亚芳就是一个很活跃的姑娘，经常牵头组织班级集体活动，成绩在全班名列前茅，还是学习委员。大学毕业后，孙亚芳被分配到河南新乡国营燎原无线电厂当技术员，那是当时的电子工业部下面的一家国企。后又担任中国电波传播研究所教师、北京信息技术应用研究所工程师。1992年孙亚芳加入华为，主管过市场营销、人力资源、海外开拓、高层培训等工作，在工作之余还读过哈佛EMBA。她从市场部工程师逐级被提升为市场部总裁、人力资源委员会主任、变革管理委员会主任、战略与客户委员会主任、常务副总裁，成为华为的二当家。

任正非说，孙亚芳的最大功绩是建立了华为的市场营销体系。而华为的市场营销体系对企业发展起到的支撑作用，较其他通信设备制造企业更为明显。尽管华为的研发能力在民营科技企业中令无数英雄竞折腰，但不少业内人士称，华为最让竞争对手胆寒的不完全是技术优势，而是它严密的市场营销体系，尤其是华为与对手在技术上差不多的情况下，华为总能通过市场营销获得更大的优势。

孙亚芳既是令竞争对手敬畏的"市场杀手"，又是一位文静秀气、举止优雅、口才和风度俱佳的"智色舵手"。华为有"左非右芳"之称，在华为的公司级文件里，抄报的一栏只有两个人以"任总""孙总"相称，其他副总裁都要出现姓名。任正非对其他的高管都是叫名字或昵称，甚至是绰号，但对比自己小了十一岁的孙亚芳，在公开场合一直以"孙总"相称。任正非作为华为的大当家，其性情与气质说来既独特又复杂。他身上有一种挥之不去的书生意气，又有直率而强悍的军人气质，还有一种原生态的乡土山野之气。这也让他往往以多种面目示人，你有时候觉得他是一个指点江山、挥斥方遒的狂士，有时候觉得他是一个说一不二、雷厉风行甚至有些粗暴的霸道总裁，有时候又感觉他特别谦卑和低调。这几个角色竟然是同一个人！若要与他这个大当家打交道其实殊为不易。孙亚芳与大大咧咧、雷厉风行的任正非不同，她为人行事低调，管理风格是和风细雨，追求和谐平衡的境界。然而，她却在低调中以不折不扣的执行力奠定了华为高效率的执行文化。女人天性的细腻，往往更注重细节，这让华为的内部管理从初创时期的粗放型变得越来越细致缜密。很多华为的员工对大当家倒是不太害怕，任正非偶尔会发一通暴风骤雨般的脾气，但暴风骤雨来得急走得快，很快就过去了。相比之下，他们对和风细雨的孙总反而更加敬畏。尤其是市场部的员工，是与客户直接打交道的，孙总特别注意形象，她认为那不是你的形象，那是华为的形象。如果你没打领带，在展览会上被孙总看见了，那就惨了。她会慢慢修理你，直到把你修理成另一副模样。对于大当家，偶尔还有人敢顶嘴；但对于和风细雨的二当家，从来没有谁敢当面顶撞；在她那和风细雨的外表之下，你能感觉到一种内在的、无法挑战的决断力。

这大当家和二当家的配合，在很多华为员工看来简直是绝配：他们从性格到眼光乃至思维方式都是互补的，又是高度默契；对于任正非思想的理解，华为高层中首推孙亚芳，而孙亚芳的办事风格和能力也深得任正非的认同。

孙亚芳在华为的另一大成就是人力资源体系的建立。有人说："像华为这样的高科技企业，如果没有了人才，它就和一个仓库没什么区别。"华为不只是广为招揽人才，并且一直在打造"选、育、用、留"的人力资源体系，这让华为在人才队伍的建设上取得了相对于竞争对手的明显优势。按任正非的战略，就是一边制造机器，一边制造人才，科技工程就是人才工程。而这些都是由孙亚芳主管的人力资源部来实施的。尤其是C&C08项目研发团队，堪称华为的黄埔军校。大批的华为技术人才和管理人才就是从这个项目组走出来的，很多都成为华为的骨干，更有一些骨干中的骨干晋升为高层管理人员，担任公司副总裁、副董事长、总工程师。最典型的例子第一个是郑宝用，第二个是李一男，他们俩被誉为华为的"绝代双骄"。

郑宝用作为华为科研体系的奠基者，依托华为中央研究部这一平台，接下来便向C&C08一体化网络平台、用户光纤接入网、TW宽带交换机、SDH传输设备、数字微蜂窝和移动通信等新的技术领域进军。他不仅仅是华为的人才，也是国家的人才，先后入选国家"S-863"计划专家组成员、国家光电子专家组副组长、国家"306"（通信）项目专家组成员。

李一男为华为万门数字交换机立下了首功，在加入华为两年后就被提拔为总工程师兼中央研究部总裁，二十七岁就当上了华为的常务副总裁。

任正非风趣而又意味深长地说："你们一个是比尔，一个是盖茨，加在一起就是比尔·盖茨，拆开了什么也不是！"

试问今日之域中，竟是谁人之天下？任正非眼看华为资本雄厚，人才济济，又调高了他的眼光和嗓门，他豪气干云地说："现在，我们的目标不只是全国第一，十年之后，华为要和AT&T、阿尔卡特三足鼎立，三分天下！"

任正非虽然大大咧咧，却从不说大话，总是用时间来验证自己。

先不妨看看华为的竞争对手，AT&T有多牛这里就不再重复了，阿尔卡特创建于1898年，总部设在法国巴黎，是电信系统和设备以及相关的电缆和部件领域的世界领导者，拥有十二万名员工，业务遍及全球一百三十多个国家。除此之外，还有北电、爱立信、西门子、NEC、富士通等国际电信巨头在中国市场叱咤风云，而上海贝尔这样的合资企业也是华为难以跨越的一座大山。而此时的华为还只是一头初生牛犊，全部员工加起来也只有一千多人，全部资本加起来也不过二十多亿元。从创立公司时的注册资金两万多元在七八年里就拥有了二十多亿元的资本，从公司初创时几个人发展到了一千多号人，华为确实创造了民营科技企业的神话。然而这是自己跟自己比，若同那些创立上百年的国际电信大鳄相比，华为真的还处于蹒跚学步的阶段。而接下来的历史必将验证，任正非和华为注定是一个更大神话的创造者，只是此时还说得太早了。但他已经开始下一盘更大的棋了，那就是把华为团队打造为一支阵容严整的正规军。

　　任正非既然已选择在全球化的背景下博弈，就不能不直面全球化背景下越来越激烈的市场竞争。这让他充满了危机感。危机感不是在危机出现之后才有，而是在危机尚未出现之前就有强烈的感觉。任正非就是这种危机感超前的人。而对于危机，靠华为的现有机制是难以应对的，必须破釜沉舟，创新体制，建立进一步与世界接轨的现代企业管理制度。1995年春天，任正非召开了一次非同寻常的总裁办公会议，这次他不是提出要研发什么机器，而是把华为作为一台机器来研究。尽管华为只是一家民营公司，但任正非还是老习惯，一开口就是一声"同志们"。"同志们啊，莫看华为眼下正在势头上，但激流之下必有深潭，伏波之下必有暗礁。咱们已进入深水区，一不小心就有可能触礁石翻船啊！在研发上，这些年咱们是摸着石头过河，凭着一股子豁出命来了的劲头，敢闯敢试，闯过了一关又一关，接下来还要过五关斩六将。在这方面，咱们很厉害，但我感觉在管理上还有问题。你们也知道李闯王打仗很厉害，一直攻进了金銮殿，把龙椅掀了个底朝天，可他打下了江山却没有坐稳江山，那手下的大将一个个争权夺利，一下子就乱了套。为什么？就是没有强有力的制度保障，也没有解决权力如何分配的问题，各自为政，没有打成外伤先就打成了内伤，最后只能自取灭亡！"他几乎是在疾呼了，你甚至能听见他震撼的声音发出的回声。破釜沉舟很悲壮，创新体制又让人多少感到有些迷惘。而任正非话锋一转，直接切入了会议的主题："华为必须要搞一个属于自己的法则，保障公司的正常运行。咱们华为不能重蹈李闯王的覆辙，我可不想做李闯王。咱们今天会议的主题，就是商讨如何建立华为的管理体系。我希望大伙儿都畅所欲言，想说什么就说什么，说错了话在华为从来不是错误，袖手旁观才是不能饶恕的错误！"

郑宝用习惯性地撸了一下袖子，开口了："对研发我没有太多的担心，咱们的研发平台已经搭建起来了，无论是硬件还是软件，咱们已经从模拟时代迈进了数字时代，接下来还将依托平台建立华为的数字研发体系。我琢磨着，一个公司和一台机器是一样的，若要高质量高效率运转，一个是靠硬件，一个是软件。眼下，华为的公司管理就像咱们最初搞出来的第一代小型模拟一样，全是靠借鉴人家的管理方式，东拼西凑，漏洞百出。现在咱们的硬件还不错，无论是资本积累、研发体系、人力资源体系、市场营销体系，基本上都搭建起来了，但你硬件不断加大，软件不及时升级与优化，最终会匹配不上，运行迟钝，就会卡机，甚至死机。只有建立起现代公司的管理体系，才算是华为的软件啊，才能提升公司的软实力。"

任正非一边听一边点头："阿宝说到点子上了，咱们既要把蛋糕做大，也要把蛋糕分好。怎么分？这些事，一直以来基本上是我一个人说了就算数，这是典型的人管人。现在公司越做越大了，人也越来越多了，不能再由我一个人说了算数，我一个人也管不过来了，这就必须建立一系列严格的规章制度，从人管人变成用规章制度管人。而所有制度里最关键的就是分配制度，这关乎每一个人的切身利益。基本工资标准如何定？加工资和发奖金的依据是什么？是根据个人绩效，还是职位、能力、资历？如何评价和考核每一个人给公司带来的价值与贡献？"

孙亚芳说："这还真是一个系统工程啊，我觉得要从这几个方面着手：一是从公司的可持续发展上考虑，从总体出发构建公司的管理体系；二是尽快建立公正合理的薪酬制度，工资与能力挂钩，而奖金与股份的分配则与绩效挂钩。当务之急，是要建立绩效考核体系，作为工资、奖金和股份分配的依据。"

任正非说："孙总说得好，咱们在权力分配上要像搞研发一样创新，譬如说咱们公司的创业元老功不可没，但不能搞元老制，更不能倚老卖老，这不符合现代企业发展规律。咱们要的是能力和业绩，在职权上决不搞论资排辈，能者上，庸者下；在利益分配上第一看业绩！"

华为在管理体制上的创新就是从这个春天开始启航的。一个大方向和大框架在这次总裁办公会议上确定了，具体操作就落在了总裁办公室主任陈小东身上。

华为当时虽说没有建立自己的管理体系，但也不是没有规章制度，而任正非一直对标国际一流公司，他曾出国考察过IBM、松下等国际公司，在公司内部大规模推行ISO-9001标准，制定了管理制度、薪金制度和厂规等文件，但这些规章制度都是东拼西凑的。陈小东用了两个月时间，将公司的主要文件加以整理、归纳、删节，进行了一次华为制度体系的整合，在反复校订后呈报给任正非。任正非看得很仔细，连一个标点符号都没有漏过，那眉头越拧越紧，陈小东的神经也绷得越来越紧了。当任正非看完最后一个句号，他把那一沓稿子往地上一摔，还猛地踢了几脚，那火暴脾气一下就发作了："你这是什么鬼东西？还不是老一套！我要的不是总结材料，而是创新，创新，创新！"

那一顿暴风骤雨，还真是难以抵挡，陈小东只能硬着头皮挺过去。他的眼睛都红了，这倒不是因为委屈或悲伤，是两个多月熬夜熬红的。直到任正非的火气过去了，他才睁着一双红肿的眼小心翼翼地问："老板，我真的还没有吃透，您想要怎样的管理体系？"

任正非气呼呼地说："我要是知道，还要你来干吗？去，赶紧给我把张建国叫过来。"

张建国时任华为营销副总裁，主管营销系统的人力资源与业绩考评。

任正非对张建国说："咱们公司考核体系，是一件很重要也很复杂的事情。这样吧，咱们先建立工资改革小组，重新设计薪酬方案，由你担任组长，小东当副组长。记住，我要的是一套既可以保障公司运行又可以保障公司发展的新方案,确保能力强、绩效高的人拿到更多的钱,那些没有能力的人,混日子的人,通通给我滚蛋。哪怕是老资格,我也不会给情面,一切按规章制度办事,在规章制度面前一律平等,但这规章制度必须合理!"

两人从任总的办公室走出来,张建国还有些摸不着头脑,他好端端地在市场部当副总裁,任老板一句话就把他搞到考评组来当组长了。他摸了摸脑袋问:"陈主任,你觉得要怎么搞才好?"

陈小东无奈地把双手一摊,又揉了揉红肿的眼睛叹道:"唉,我也不知道要怎么搞才好啊!为了整理这套方案,我趴在电脑前干了两个多月啊!我觉得已经相当完善了,还以为老板要给我发点奖金补助呢,却招来了一阵唾沫星子。我真是搞不懂老板到底想要什么样的方案。"

张建国也叹了一口气:"我看哪,咱俩肯定是搞不定这个方案的。要不,咱们就借助一下外脑,请外面的专业团队来帮我们搞?"

陈小东兴奋得一拍大腿说:"嗨,我怎么就没有想过呢!组长,还是你高明啊。"

对于借助外脑,任正非一直是很支持的。此前,华为邀请过不少专业培训机构为华为培训新员工,任正非对此十分赞赏,还经常对手下的人说:"大家不能坐井观天,只要有好的培训机构,都可以请过来给华为员工上上课,不要在乎那几个钱。很多事都是当局者迷,旁观者清啊。人家有时候比咱们更清醒,可以改变咱们的习惯思维,激发出新思维嘛。"

深圳当时有一家专门做咨询和培训的公司,其创始人和老板是中国人民大学商学院毕业的一名硕士研究生,因此将公司命名为"仁大"。张建国和陈小东很快就找上门来了,把情况一五一十地说了。华为的慷慨大方是有名的,那老板也是实诚人,这送上门来的钱他也不敢赚,因为这样的方案他们还从来没有做过,但他推荐中国人民大学的几位老同学:包政、彭剑锋和吴春波。包政当时是中国人民大学商学院组织与人力资源系的副教授,如今早已晋升为教授和博士生导师了,还是清华大学EMBA兼职教授;彭剑锋在人大硕士研究生毕业后留校任教,1992年被评为人大副教授,1996年被评为教授，研究方向为人力资源开发与管理、企业战略管理、市场营销、企业文化的建设与管理等；吴春波是人大国民经济管理系毕业的经济学博士，当时也是副教授。这三位副教授一听老同学的召唤，又正值暑假，便结伴南下深圳。他们后来在中国企业管理咨询界成就了许多著名的案例，而最经典的一个案例就是制定《华为基本法》，这也是他们共同的代表作。

他们到了华为，见了任正非，尽管三人此前都没有做过任正非想要的方案，但三人和任老板一交流就心领神会，当场答应了。至于报酬，张建国和陈小东基本上跟他们谈好了，这套系统搞三个月，华为包吃包住，每人每月一万块钱的酬劳，共计九万元。那时这几位副教授每月才几百元的工资，华为给他们一万元的月薪，这可真是出手大方啊。谁知任正非大手一挥："三个月，每人给五万的月薪，一个方案总计四十五万元！"

江湖上传说任正非是个土豪，三位副教授这次可是开了眼界了。而这位土豪要的却是国际一流的管理体系。除此之外，任正非还给他们提供了最好的房间、最好的伙食。张建国天天跟他们在一起吃住，带他们到公司了解情况。其实他还有一个心照不宣又心领神会的使命，那就是跟着三位副教授学管理。但在别人看来，他堂堂一个营销副总裁，这样陪上陪下，跟一个马仔似的，很多人都觉得委屈了他。连包政都感到很过意不去，对他说："张总啊，你不用像影子一样天天跟着我们转，你该干吗还是干吗吧。我们一定会把方案搞出来，直到你们满意为止。"

张建国说："把你们陪好就是我这三个月的头等大事。你不知道我们老板的性格，他交代的事情一点也不能马虎。他就是让我每天给你们打洗脸水洗脚水，我都要打啊。"

三位副教授一听，愈加感动和用心了。他们由己及人，忽然想到，所谓业绩，最关键的还不是能力，第一就是敬业，态度决定一切。这也成为他们制定方案的第一切入点，提出"以责任意识、创新精神、敬业精神与团结合作精神作为企业文化的精髓，主张在顾客、员工与合作者之间结成利益共同体。努力探索按生产要素分配的内部动力机制"。这一理念后来写入了《华为基本法》。而华为的工资原来基本上是老板确定，一个人的眼光是有限的，也是片面的，起决定作用的是老板个人的主观意志。这个必须从根本上转变，转化为由各级管理者来评价确定工资。尤其是市场销售管理，分布在全国各地，这不是一个人能够掌控的。如何把工资和奖金合理有效地分配给每一位员工，这对于很多企业都是一个难解的症结。彭剑锋提出来，先从市场部的改革开始，把分布在全国各地的办事处（代表处）主任变成现场管理者。这些管理者的主要职责就是带着自己的团队以单一的公关型思维打市场，他们又往往是凭江湖义气、热情和冲动做事。这种模式在开辟市场之初效果不错，但决策以个人因素占主导，随意性很强。若要以制度管理市场，就必须采取公关、策划与管理并重的新模式，明确团队每一个人扮演的角色和担负的职责。而作为办事处主任，第一职责不是自己如何创造营销业绩，而是指导团队成员如何公关、策划和营销，从而提升整个团队的整体形象和营销业绩。具体看，每个业务员出去推销产品，见什么人，办什么事，说什么话，达到的预期目标是什么，事前都要经过各地营销团队研讨，把所有能预见的问题和解决的方法都一一列举出来，形成一个详细的营销方案，并进行推演或预演。事后，每个业务员还要将各自的营销过程记录下来，进行集体研讨考评。如此一周一个工作循环，通过这种方式，既可以总结成败得失，又可以全程掌控每个人的业务绩效。这就能从人管人转变为用制度管人了。按照这样的思路，三位副教授设计了市场营销部的管理考核制度和工资奖金分配制度。在管理考核上做到"能者上，庸者下"，在绩效考核上以业绩为标准。而改革的核心意图就是通过管理考核从制度上重塑员工的敬业精神、提升团队的整体形象，通过利益分配激发和提升员工的绩效。

任正非看了三位副教授制定的初步方案，觉得还真是颇有新意，尤其是"重塑员工的敬业精神"，让他眼睛豁然一亮。他想到了一个萌生已久又不太清晰的点子，这是一个对于华为的体制改革至关重要的点子，突然一下变得格外清晰了。他随即又召开了总裁办公会议，提出从市场部开始，实行全员重新竞聘上岗和末位淘汰制。这倒不是任正非突发奇想，他是从计划经济体制下走过来的，华为的第一代员工也大多是从计划经济体制下走过来的，有的人早已形成了端着铁饭碗、吃着大锅饭的习惯。任正非深知，若要让华为走得更远，就必须采用现代企业管理制度，提前清理四种拖累公司的人：一是以前为华为立下了汗马功劳而今躺在功劳簿上不思进取的人；二是没有在工作中使出全力的人；三是混日子的人；四是与公司价值观不符合的人。任正非先拿市场部开刀，如果市场部搞成功了，再把改革方案推向全公司。这个方案就由孙亚芳来制定与执行。孙亚芳对大当家一向是言听计从，但也直爽地说出了她的担心："我们在全国有二十六个代表处，他们都在一线打拼，现在突然要重新竞聘上岗，难免会动摇军心啊！"

任正非说："这也是我的担心啊！改革为什么这样难？世界上最难的改革是革自己的命，而别人革自己的命，比自己革自己的命还要困难！孙总，我看这样吧，你先把方案做出来，等时机成熟了再发布。这段时间我们先进行一下预热和造势，先把大伙儿的改革热情掀起来。"

随后，在任正非的推动下，公司上上下下围绕"华为兴亡，我的责任"展开企业文化辩论会，以此唤醒每个人的危机感和使命感。华为企业文化的精髓到底是什么？有的人说是艰苦奋斗的"床垫文化"；有的人说是集体作战的"土狼文化"；还有一位老员工说，华为的企业文化就是"有福同享，有难同当"，充满了人性的温暖，让我们感受到家庭的温暖！这话激起了一片热烈的掌声，任正非却给他浇了一瓢冷水："我说过，要把华为打造成所有华为人的共享家园，这没错。但这不是什么'有福同享，有难同当'，这是梁山好汉的山头主义，不是现代企业的管理观念。咱们华为现在可不是一个山寨公司了，首先就要破除这种山头主义！大伙儿要围绕'华为兴亡，我的责任'来想问题，提问题，华为如何才能兴？怎么才不会亡？"

随着讨论的不断深入，员工们列出一个个问题，有的还具体到了人和事，也提出了一个个切实可行的解决方案。1995年年底，公司在广泛讨论的基础上，制定了《华为人行为准则（暂行稿）》，一共十四条。1996年1月，在每年一度的市场负责人整训活动中，任正非作了动员报告。他讲得很干脆，语气也很强硬："现在有了《华为人行为准则（暂行稿）》了，你们现在都是华为人，以后是不是我也不知道。这次集训，你们就对照准则好好照照镜子吧，然后向总部提交两份报告，一份是述职报告，一份是辞职报告。我只会在一份报告上签字！"

他还发下狠话："对管理岗位每年实行百分之十的末位淘汰，淘汰不是辞退，可以进入战略预备队竞争其他岗位。如果竞争不上，那对不起，就只能走人！"

孙亚芳作为公司常务副总裁和市场部总裁，带领每个人对照《华为人行为准则（暂行稿）》一条一条地"照镜子"。这真是不照不知道，一照吓一跳，每个人都发现自己的问题还不少。随后，每个人都按任正非的要求提交了两份报告，孙亚芳带领市场部所有正职干部包括全国二十六个代表处主任集体辞职，然后以竞聘的方式进行答辩，公司根据其表现、业绩、发展潜力和需要进行选用。在华为这场"能上能下"的大改革中，无论是重新竞聘上岗还是末位淘汰制，即便是在改革开放最前沿的深圳经济特区，华为也是率先而为之。华为市场部集体大辞职，这不是一件小事，而是一个震惊业界的事件，堪称华为在人事改革的第一场地震。有人震惊，也有人讥笑："那任大炮又在作秀呢！"在华为内部也是这样，有人感到了暴风雨降临的压力，也有人觉得雷声大雨点小。尤其是一些跟着任正非一起为华为开毛荒的老资格，也觉得大当家只是说说而已。在他们心中，任老板从来都是特仗义特有人情味的，绝不会干那种卸磨杀驴的事情。没想到，任正非简直是铁面判官，他一下就将六名不称职的办事处主任换了下来，还有近三分之一的中层管理人员被替换掉。

最让人大跌眼镜的是，连刚刚当上市场部代理总裁的毛江生，还没干满一个月，一下就从总裁降为山东办事处经理。这个地位落差和心理落差实在太大了，他在华为八九年的打拼几乎一下子就化为乌有。更让他难堪的是，一个统管整个市场部的代理总裁，接下来还要接受自己部下的领导。从地位上的一落千丈到身份倒置，没有几个人能经受得住这样的"能上能下"，何况"能上能下"就是"能者上，庸者下"，谁甘心承认自己是个庸者？若是一般的人肯定要大闹天宫、愤然辞职。但毛江生还真不是一般的人，无论他内心经受了怎样的悲愤、屈辱和挣扎，但他却毫无怨言并带头发表了去职宣言："在关键时刻，如果我们这些老华为人不能舍小我，求大我，不能勇敢地摒弃杂念和一己功名，又怎么会有新人的辈出和老战友的焕然生气？"随后他便向任正非辞行，背上行囊奔赴山东。那绝对不是一个沮丧而失落的形象，那执意前行的姿态充满了不甘沉沦的斗志和豪情。任正非站在窗口目送着那远去的背影，眼眶一阵发热，这才是条汉子啊！

毛江生还真是一条愈挫愈勇的汉子，经过短暂的阵痛后，他很快就调整了自己的心态，而此时最重要的心态就是"空杯心态"，把自己以前为华为做出的贡献和遭受的挫折全部排空，如此才能彻底放下包袱，从零开始重新审视自己，如此才能在逆境中重生。毛江生就是这方面的一个典型，他在反思中认识到自己过去存在的不足，又着眼未来分析了公司的发展形势，对华为山东办事处进行了一次重新洗牌式的改革，团队形象焕然一新。一年下来，山东办事处销售额同比增长了百分之五十，回款率接近百分之九十。在其后的几年里，山东的营销业绩节节攀升。到2000年，毛江生在历经四年历练后被任命为华为执行副总裁。任正非还给毛江生取了绰号"毛凤凰"——"烧不死的鸟才叫凤凰！"

诚然，也有不少经受不住挫折、放不下包袱的人。尤其是那些与任正非一起打拼过来的老资格，来找老板求情，说自己"没有功劳也有苦劳"，还有人骂任正非"卸磨杀驴"。任正非拍着桌子猛喝："屁话，什么叫苦劳？苦劳就是无效劳动，无效劳动就是浪费，我没有让你赔钱就不错了，还胡说什么功劳？"他还指着一个年岁不大、资格挺老的员工说："你才三十出头，年轻力壮却不思进取，光想躺在床上数钱，你好意思吗？像你这样的驴我就是要杀一儆百，华为不需要蒙着眼睛瞎转悠的驴子，我倒希望你变成一条狼！"

为了把这次改革进行到底，任正非简直像个暴君，在他面前你休想让他讲情面。事实证明，这次改革让华为从"山寨企业"的粗放型、随意型、人管人的管理方式发生凤凰涅槃般的变化。如今几乎所有人都公认，若没有这次改革，就没有今天的华为。而孙亚芳具体实施的市场部的改革获得了华为的最高奖励，获得了一枚纯金大奖牌，还把名字刻在了金牌上。任正非还特意写了一篇《天道酬勤》的文章，道出了这一轮改革的初衷："一个没有艰苦奋斗精神做支撑的企业，是难以长久生存的。我们现在有些干部、员工，沾染了娇骄二气，开始乐道于享受生活，放松了自我要求，怕苦怕累，对工作不再兢兢业业，对待遇斤斤计较，这些现象大家必须防微杜渐。不能改正的干部，可以开个欢送会。全体员工都可以监督我们队伍中是否有人（尤其是干部）懈怠了，放弃了艰苦奋斗的优良传统，特别是对我们高层管理者。我们要更多地寻找那些志同道合、愿意与我们一起艰苦奋斗的员工加入我们的队伍。我们要唤醒更多的干部员工认识到艰苦奋斗的重要意义，以艰苦奋斗为荣。"

但任正非感觉这次改革还远远不够，还必须制定一个纲领性的文件，这就是在中国民营企业内部自主产生的第一部基本法——《华为基本法》。那时，香港尚未回归，但在回归之前已制定了《中华人民共和国香港特别行政区基本法》，这是一部关乎香港前途和命运的法律。任正非深受启迪，华为虽说只是一家民营企业，但从前途和命运考虑，也必须制定一部《华为基本法》。任正非和孙亚芳去北京出差时，拜访了包政、彭剑锋和吴春波，把自己的想法告诉了他们。他们一听就觉得这是一件大事，这不仅仅是华为一家公司的大事，对于中国企业的体制改革和管理创新，也具有开创性的意义。但他们觉得三个人太少了，又请来另外三位人大教授杨杜、黄卫伟和孙健敏。任正非笑道："好哇，戊戌变法有六君子，你们就是华为变法六君子。不过，戊戌变法失败了，华为变法只能成功，不能失败！"

由于此前还没有任何一个企业搞过这样的基本法，国内外都没有任何参照，"六君子"围绕一家民营企业的使命与价值观、管理体系和经营理念反复商讨，好几次发生了激烈争吵，还差点打起架来。说来有趣，这"六君子"一个个文武双全，都是校武术队的，还有两位是人大的武术冠军。但无论怎样争吵，都是为了达成一致的目标。经过几天的讨论，"六君子"从宝洁公司的一个案例中受到启发，提炼出三个问题，为《华为基本法》定下了基调：华为为什么成功？支撑华为成功的关键要素有哪些？华为要取得更大的成功还需要哪些要素？六人根据这三个问题写了一个草案梗概，传真给任正非，任正非看了之后，又将"六君子"请到深圳详谈。

见了面，任正非开门见山："我给你们一百万，订购一部《华为基本法》。你们也不要着急，心急吃不成热豆腐，给你们三年时间吧，搞好了再奖励。但我有一个条件，你们必须钻进华为内部，摸清华为的血脉，无论你们借鉴谁，参照谁，这部《基本法》一字一句都要从华为的实际出发，为华为的未来着想，每一个字都要和华为的命运与前途息息相关。"

这是中国企业第一部完整、系统的管理大纲，从1996年春天开始起草到1998年3月定稿。在这两年左右的时间里，六位教授反复修改提炼，用他们的话说，就像炼金一般，从一大堆的矿石里面将金子一点一点地提炼出来。它总结、提升了公司成功的管理经验，确定华为二次创业的观念、战略、方针和基本政策，构筑公司未来发展的宏伟架构。全文共六章一百零三条。由于篇幅超过一万余言，这里只做提纲挈领的解读。

第一章为公司的宗旨，包括核心价值观、基本目标、公司的成长、价值的分配。第一条为公司的核心价值观："华为的追求是在电子信息领域实现顾客的梦想，并依靠点点滴滴、锲而不舍的艰苦追求，使我们成为世界级领先企业。为了使华为成为世界一流的设备供应商，我们将永不进入信息服务业。通过无依赖的市场压力传递，使内部机制永远处于激活状态。"第二条则确立了尊重人才的价值观："认真负责和管理有效的员工是华为最大的财富。尊重知识、尊重个性、集体奋斗和不迁就有功的员工，是我们事业可持续成长的内在要求。"第三条指向在全球化的背景下确立的对外开放合作的价值观："广泛吸收世界电子信息领域的最新研究成果，虚心向国内外优秀企业学习，在独立自主的基础上，开放合作地发展领先的核心技术体系，用我们卓越的产品自立于世界通信列强之林。"

第二章为基本经营政策，包括经营重心、研究与开发、市场营销、生产方式、理财与投资。其第二十二条突出强调："我们的经营模式是，抓住机遇，靠研究开发的高投入获得产品技术和性能价格比的领先优势，通过大规模的席卷式的市场营销，在最短的时间里形成正反馈的良性循环，充分获取'机会窗'的超额利润。不断优化成熟产品，驾驭市场上的价格竞争，扩大和巩固在战略市场上的主导地位。我们将按照这一经营模式的要求建立我们的组织结构和人才队伍，不断提高公司的整体运作能力。在设计中构建技术、质量、成本和服务优势，是我们竞争力的基础。日本产品的低成本，德国产品的稳定性，美国产品的先进性，是我们赶超的基准。"

第三章为基本组织政策，包括基本原则、组织结构、高层管理组织。其第四十条强调："华为将始终是一个整体。这要求我们在任何涉及华为标识的合作形式中保持控制权。……组织结构在一定时期内的相对稳定，是稳定政策、稳定干部队伍和提高管理水平的条件，是提高效率和效果的保证。"

第四章为基本人力资源政策，包括人力资源管理准则、员工的义务和权利、考核与评价、人力资源管理的主要规范。第五十五条规定："华为的可持续成长，从根本上靠的是组织建设和文化建设。因此，人力资源管理的基本目的，是建立一支宏大的高素质、高境界和高度团结的队伍，以及创造一种自我激励、自我约束和促进优秀人才脱颖而出的机制，为公司的快速成长和高效运作提供保障。"第五十六条规定："华为全体员工无论职位高低，在人格上都是平等的。人力资源管理的基本准则是公正、公平和公开。"

第五章为基本控制政策，包括管理控制方针、质量管理和质量保证体系、全面预算控制、成本控制、业务流程重整、项目管理、审计制度、事业部的控制、危机管理。第七十四条规定："通过建立健全管理控制系统和必要的制度，确保公司战略、政策和文化的统一性。在此基础上对各级主管充分授权，造成一种既有目标牵引和利益驱动，又有程序可依和制度保证的活跃、高效和稳定的局面。"

第六章为接班人与基本法修改。华为作为一家民营企业，对于接班人的选拔一直以来都是大众所关注的焦点，对此，第一百零二条明确规定："华为公司的接班人是在集体奋斗中从员工和各级干部中自然产生的领袖。公司高速成长中的挑战性机会，以及公司的民主决策制度和集体奋斗文化，为领袖人才的脱颖而出创造了条件；各级委员会和各级部门首长办公会议，既是公司高层民主生活制度的具体形式，也是培养接班人的温床。要在实践中培养人、选拔人和检验人。要警惕不会做事却会处世的人受到重用。……走向世界，实现我们的使命，是华为一代一代接班人矢志不渝的任务。"

本章第一百零三条规定："每十年基本法进行一次修订。修订的过程贯彻从贤不从众的原则。首先在管理者、技术骨干、业务骨干、基层干部中推选出百分之十的员工，进行修改的论证，拟出清晰的提案。其次从这百分之十的员工中，再推选百分之二十的员工，与董事会、执行委员会一同审议修改部分的提案。并将最终的提案公布，征求广大员工意见。最后，由董事会、执行委员会、优秀员工组成三方等额的代表进行最终审批《基本法》。"

特别值得一提的是，中国加入世界贸易组织后，华为不只获得了"一个更为开放、更为广阔的国际市场空间"，更在现代企业管理制度上主动与世界深度接轨，比如《华为基本法》就吸收了国际巨头IBM的智慧。任正非于1997年访问了美国IBM公司。这次访问让他深受震撼，感到华为自身的局限和改革的迫切，他当即决定交巨额学费向国际巨头IBM学习管理，满怀敬意地邀请IBM团队到华为考察。

随后，IBM大中华区董事长及首席执行官周伟焜便带队来华为考察，他们确实发现了华为在管理上的很多问题，若要把华为打造成一个国际化企业，就必须拿出系统的管理变革方案，根据IBM方面的推算，预计参与方案设计的有七十位专家，按级别分为三类，每小时收取的费用分别为三百美元、五百美元和六百八十美元，为期五年。——这就是他们给出的报价，要完成这次管理变革，华为至少要投入二十亿元人民币。当IBM的报价一出来，华为上上下下响起一片惊呼。想想吧，1997年，华为的销售额才四十一亿元，五年拿出二十亿元真金白银，这是公司的钱，牵涉到每一个人的利益，意味着高层的分红与收入会大大降低。一位副总裁痛心疾首地对任正非说："老板啊，这些大鼻子真是狮子大开口啊，一张口就要拿走华为一年多的纯利润了，咱们砍砍价吧！"

任正非眯缝着眼问他："好哇，我也想砍价啊，但你砍了价，能对项目的风险负责吗？"

这位副总裁只好闭嘴了。任正非当然知道，这不只是他一个人的想法，他在员工大会上说："华为必须虔诚地拜IBM为师，不惜一切代价将其管理精髓移植到华为身上。这是华为成为世界一流企业的必经之路，也唯有如此，华为才能逐步走向规范化、职业化和国际化。"

对于周伟焜的报价，任正非没有讨价还价，只问了一句："你们有信心把项目做好吗？"

周伟焜的回答只有一个字："能！"

而任正非也只有一个字："干！"

当IBM拿出的方案确定后，任正非召集了由上百位副总裁和总监级干部参加的管理会议，宣布华为与IBM合作的"IT策略与规划"项目正式启动，内容包括华为未来三年至五年向世界级企业转型所需开展的IPD（集成产品开发）、ISC（集成供应链）、IT系统重整、财务四统一等八个管理变革项目。会上，任正非宣布了以孙亚芳为总指挥、郭平任副组长的变革领导小组的成员名单，同时宣布了由研发、市场、生产、财务等富有经验的三百多名业务骨干所组成的管理工程部的干部任命，全力以赴配合IBM顾问的各项工作。会后，任正非又在原本已非常拥挤的华为总部腾出很多临海的房间，按照IBM风格进行布置，并购买了新的办公家具，让顾问来到华为后感觉仍然在IBM，可谓宾至如归。

1998年8月，随着第一期五十多位金发碧眼的IBM顾问进驻华为，一场旷日持久的全面学习IBM的管理变革运动，徐徐拉开大幕。一切都在任正非的意料中，那些洋大爷一个个颐指气使，鼻子冲天，让很多华为人心里不爽，他们何曾这样仰人鼻息？尤其是那些高学历的高管，依然我行我素，没把这些高鼻子放在眼里。任正非对此火冒三丈，他在会上大发雷霆："我最痛恨那些自以为聪明的人，以为自己多读了两本书就了不起。不愿学习的人，就种地去，靠边站。学不好的人，滚回去做工程师。不适应的人就下岗，抵触的人就撤职。我要你们一切听顾问的，不服从、不听话、耍小聪明的，开除出项目组，降职降薪处理！"

华为的这一轮大规模改造，一直是按照任正非的大思路和大方向推进的，即"先僵化，后固化，再优化"。僵化是为了更深刻地理解公司运作的整个流程，固化是为了让流程成为习惯，而优化是为了持续改进。有人说他这是削足适履"穿美国鞋"，任正非并不否认，还说了这样一番强硬而又霸道的话："IBM的管理也许不是全世界最好的，我们员工也有可能冒出来一些超过IBM的人物，但是，我只要IBM，高于IBM的把头砍掉，低于IBM的把脚砍掉。只有谦虚、认真、扎实、开放地向IBM学习，这个变革才能成功。我们只有认真，才会使自己少走弯路，少交学费。IBM的经验是付出数十亿美元的代价总结出来的，他们经历的痛苦是人类的宝贵财富。"

孙亚芳是改造华为的具体实施者，她在1998年给任正非的一份报告中提出了三个观点：一是知识经济时代，社会财富的创造方式发生了变化，主要由知识、管理创造，因此要体制创新；二是让有欲望者成为英雄，让有社会责任的人成为管理者；三是一个企业长治久安的基础是接班人承认公司的核心价值观，并具有自我批判能力。这三个观点都被采纳并写入《华为基本法》。

尽管任正非在改造华为时非常强硬和霸道，却也是按章法有板有眼地推进。《华为基本法》改定后，任正非还不放心，又特意呈报中央有关部门去审批，时任中共中央政治局常委、国务院副总理李岚清还特意为《华为基本法》题词："随心所欲不逾矩。"1998年《华为基本法》正式发布后，华为作为一个企业自主改革的典范而声名鹊起，很多企业纷纷来华为参观考察，各级党政领导也来华为调研。在短短的两年时间里，中央政治局当时的七名常委都视察过华为。

任正非曾经说过："如果没有《华为基本法》，华为会崩溃；如果没有IBM，就没有华为的国际化。"这绝非危言耸听，而是实事求是。这部基本法总结、提升了华为成功的管理经验，确定华为二次创业的观念、战略、方针和基本政策，构筑公司未来发展的宏伟架构，被定位为华为的"管理大纲"。如今，华为公司的员工将近二十万人，华为的办事处和研发基地遍布世界各地。如果没有一部强大的管理总纲作为软驱，这庞大的系统就会瘫痪以致崩溃。如果没有提前植入IBM国际化的管理精髓，华为即便走向世界也难以成为一家跻身于世界五百强的国际化大型跨国企业集团。这一切都已被事实验证，而实践就是检验真理的唯一标准。

追溯华为的创业史和创新史，1998年是华为转型的一个关键之年，华为从游击队转型为正规军，从"野蛮生长"走向均衡的、可持续发展之路，从而奠定了华为在中国通信制造业龙头老大的地位。这一年，任正非对华为高层人事做了一次重要调整，为了让自己专心做内部管理，提议孙亚芳担任华为的董事长兼常务副总裁，主要负责对外协调。孙亚芳加入华为后从做销售开始，在对外协调上不仅有出色的能力，也有超前的见识。她早早就提出通信设备制造商、供应商不仅要同运营商合作，而且要在竞争的同时彼此加强合作。"只有先让运营商赢得利润赢得生存能力，华为作为设备供应商才能生存。因此，昔日的竞争对手可以成为合作伙伴。"正是基于这种理念，华为在不可避免的竞争中也一直不断与包括外商在内的业界同行加大了合作的力度，如华为同3Com、西门子、NEC、松下、摩托罗拉等业界巨头，既是竞争对手，又是合作伙伴，而华为正是在竞争与合作中迅速跃升为全球第二大移动设备供应商。华为的崛起，堪称典型的从独树一帜到异军突起。

华为正在改变世界

任正非看到了美国摄影家亨利·路特威勒（Henry Leutwyler）的一幅摄影作品，芭蕾舞演员露出了一双"芭蕾脚"：一只脚穿着优雅的芭蕾舞鞋，另一只脚却赤裸着，伤痕累累，贴着药膏。这张照片以对比鲜明的构图形成强烈的视觉冲击，深深触动了任正非的心。他当即决定买断这张照片的广告播放权，随后便启动了一项华为在全球的宣传活动，用"芭蕾脚"的特写镜头代表华为的形象，在全球许多机场及媒体投放，并配上文字："我们的人生，痛，并快乐着。"任正非还阐述了他对"芭蕾脚"的理解："我们除了比别人少喝咖啡，多干活，其实不比别人有什么长处。就是因为我们起步太晚，成长的年限太短，积累的东西太少，我们得比别人多吃点苦。所以我们有一只芭蕾脚，一只很烂的脚，我觉得就是华为的人，痛并快乐着。华为就是那么一只烂脚，它解释了我们如何走向世界……"

华为总部一楼设有一个多媒体的立体展示中心，每次往这里一走，我就感觉进入了一个环形的时空隧道。那一幅幅图片，一件件实物，加上声光影像，还原了一家从草根和山寨起步的中国民营科技公司，如何用三十余年时间创造了一个"蚂蚁变大象"的企业神话。华为现已是跻身世界500强的国际化大型企业集团，华为的产品和解决方案已经应用于全球一百七十多个国家，覆盖全球三分之一的人口。其三大业务板块皆已位列世界前三位，在智能手机市场更是唯一一家能与苹果、三星抗衡的中国企业。

曾记否，当苹果智能手机刚刚推上中国市场时，多少人像从前被疯狂股市所席卷一样，为了抢购一个"被上帝咬了一口的苹果"而日夜排队，甚至还出现了更疯狂、更悲惨的事。一名十八岁的高中生为了买一部刚上市的iPhone4s，竟然在人体器官的黑市交易中以两万多元的价格卖掉自己一个肾，在腹部留下了一道如蜈蚣一样的伤疤。苹果手机因此又被称为"肾机"。每次苹果推出新款，苹果发烧友便嚷嚷着"又到了卖肾的季节"。这也让任正非和华为痛下决心要推出中国人自己研发的智能手机。作为中国的民族企业，他们不想让中国的小伙子再为了一部"被上帝咬了一口的苹果"而卖肾。如今，华为手机已超越苹果跃居全球市场份额第二、国内第一，而华为平板电脑的出货量也超越了苹果iPad，在中国市场份额排名第一。有人戏称华为的商标就是把苹果切成了八瓣。其实华为还没有这种阴损心理，华为一直很阳光，那商标是八瓣葵花组成的图案标志，葵花又称向日葵或太阳花，这是一种充满阳光、欣欣向荣的精神姿态。这样一朵中国太阳花要在国际上被人认可，可以借用王安石的一句诗来形容："看似寻常最奇崛，成如容易却艰辛。"

在华为走向世界的进程中，世界一直在改变华为，华为也正在改变世界。当华为在美国硅谷设立以射频操作系统和芯片为主要研究方向的联合创新研究中心时，美国谷歌（Google）公司董事长及首席执行官、硅谷神话的缔造者埃里克·施密特（Eric Emerson Schmidt）几乎一眼就洞察了华为的雄心。他发出了惊人的预言："华为正在改变世界，任正非是一位伟大的魔术师！"

其实任正非没有魔法，华为能够一步一步走过来，每一步都是依靠人才的支撑。华为对于引进人才从来不惜血本，一次次开出了"天价年薪"以吸引国内外的拔尖人才。2019年7月，任正非签发了一份总裁办的电子邮件，宣布2019年入职华为的八位博士研究生实行年薪制管理，在对其专业水平和价值综合考评后，排前两名的员工年薪为182万元和201万元；居中的两名员工的年薪为140.5万元和156.5万元；另外四名员工的年薪为89.6万元至100.8万元。这些尚未为华为做出一分钱贡献的新员工，刚刚入职就得到了这样的"天价年薪"，有人又要问任正非凭什么了。

任正非却给出了莫名其妙的回答："钱给多了，不是人才也变成人才了。"

这句话我琢磨了很久，还是莫名其妙，而答案，也许只有任正非自己才能回答。在此之前，他在一封华为的内部函件中提道："华为公司要打赢未来的技术与商业竞争，技术创新与商业创新双轮驱动是核心动力。创新就必须要有世界顶尖人才，华为要用顶级的挑战和顶级的薪酬吸引顶尖人才。"他还在一次公司高管会上提出："今年，我们将从全世界招二十名至三十名天才少年，明年我们还想从世界范围招进两百名至三百名。这些天才少年就像泥鳅一样，钻活我们的组织，激活我们的队伍。"

任正非说的是泥鳅，却在华为内部激发出了典型的"鲶鱼效应"。所谓鲶鱼效应，是一种优胜劣汰的本能。其由来之一，据说是挪威人喜欢吃鲜活的沙丁鱼，渔民在捕获沙丁鱼后总是想方设法地让沙丁鱼活着回到渔港，可绝大部分沙丁鱼还是在中途因窒息而死亡。但有一条渔船总能让大部分沙丁鱼活着回到渔港，而船长一直严格保守着秘密。直到船长去世，谜底才最终揭开，原来是船长在装满沙丁鱼的鱼槽里放进了一条吃鱼的鲶鱼，沙丁鱼见了鲶鱼十分紧张，左冲右突，四处躲避，加速游动，在这种激活的状态下，沙丁鱼也就不会窒息而死了。这种效应，其实质是一种激活员工活力的负激励或倒逼机制。

任正非深谙人才之道，树立了一种从人性出发的人才观，时常又充满了逆向思维。如"筑巢引凤"已是一种普遍推行的人才战略，任正非却不以为然，他还以南橘北枳为例："一个橘子生长在南方叫橘，到了北方就变成枳，看起来相似，但味道全然变了。人才的产生是需要环境的，一个人的创造能力跟他在哪个环境关系很大。而一旦让人才离开了人才生长的环境，凤凰就变成了鸡，不再是凤凰。"华为的人才战略是在有凤凰的地方筑巢，先后在北京、上海、南京、西安、成都、武汉、苏州、杭州等高科技人才荟萃之地建立了研发基地，每个基地都有各自的研究领域和方向，但都指向高科技的前沿。华为既立足于自主研发，也借助驱动企业进化的最强外脑。在大举进军全球市场的同时，华为也在全球布局其研究所或研发基地。越是强手如林之地，越是华为战略布局的重点。对于华为，这并非全然为了竞争，而是为了更好地合作，一如任正非所言："你要想成为世界上最优秀的企业，就要和世界上最好的公司合作，和世界上最优秀的人在一起。"

目前，华为在国内外拥有员工近二十万名，其中研发人员占了一半左右，公司目前至少拥有七百多位数学家，八百多位物理学家，一百二十多位化学家，还有六千多位专门进行基础研究的专家，再加上六万多位工程师，构建起了一个庞大的研发系统，这也是一个崛起的科技王国。华为还和许多国际通信运营商结为战略合作伙伴，一起合作成立研究室，共同研发新产品，这也让华为一次又一次地抢占了高科技的制高点。用任正非的话说："科技使我们快速赶上人类时代的进步，而我们还要抢占更重要的制高点。华为未来是要拖着这个世界往前走，自己创造标准，自己要做世界最优，让别人向自己靠拢！"

美国是世界高科技研发的第一高地，也是华为布局的重点。华为在美国得克萨斯州普莱诺市设有驻美国的总部，在硅谷、布里奇沃特、新泽西、芝加哥、圣地亚哥等地设有十三个区域性办事处和五十七家工厂，雇用了大量的美国员工。华为在美国拥有成千上万家客户，从地区运营商到小型企业，业务包括生产华为智能手机、平板电脑、笔记本电脑和可穿戴设备。这些美国制造的华为产品，在美国市场上因价廉物美而颇受欢迎，华为也为其提供了大量的网络服务。如果，"如果没有如果"，华为是可以在美国一展身手的。

法国也是华为布局的重点。华为在法国设立了第一个驻外美学研究所。法国巴黎是浪漫时尚之都，更是世界美术的圣殿。任正非想要借助法国在美学或色彩学上的积淀改造华为的产品形象，给华为的产品创造更具国际化的美好形象。美学研究所统一优化设计语言，不仅要为终端产品提供服务，还要能覆盖工业品。任正非认为工业品也有美的需求："我希望华为的产品不仅仅是工业品，而能被设计成一个赏心悦目的工艺品。希望美学展开自己的翅膀，统一优化华为全部产品的设计语言，这样整个系列化产品都将被美化，体现美学的价值。"华为派到法国巴黎美学研究所的中方人员，第一是要有艺术鉴赏水平，至少要热爱艺术，法语要流利。任正非还同法国的设计艺术家们开起了国际玩笑："艺术家多是奇葩的，交流的幽默诙谐也会激发灵感。法语的浪漫，语言的流利容易擦碰出火花。"

与此同时，华为还在法国设立了第二个驻外数学研究所。任正非深知，未来的数字世界大得不可想象，而数学是开启一切的工具，大数据流量疏导的基础是数理逻辑算法。任正非把信息传输比喻为管道传输，信息管道和水管一样，如果信息量太大了，塞纳河不够容纳，地中海也不够容纳，那就需要有太平洋这么大的管道来传输信息。任正非风趣地说："上个世纪最重要的发明是抽水马桶，下个世纪最伟大的发明是能够把太平洋这么粗的管道做出来。华为现在全球网络中有近万亿美元存量规模，这么大的网络天天都可能会发生故障，一个故障的闭环时间接近四周。我们研究人工智能用于网络及管道，要搞定故障自动定位、网络状态预测，成为世界第一。"

任正非在法国的数学专家会上打了一个形象的比喻，用两个咖啡杯拥抱世界，倒扣的杯子上再放一个杯子，上面的杯子口对准"红衣主教"，即世界范围内的科学家；下面的杯子口对准优秀学生，中间是我们的法国数学研究所。任正非说："我们要加强与世界级科学家的合作，支持他们的研究，而不需要他们的论文、不需要专利、不占有成果。对法国高等师范学校的数学天才们，甩点世界难题给他们，每年拨几十万欧元的红包让他们抢，研究可能不成功，但我们发现了人才。想想你们Polar码（极化码）是怎么搞出来的？土耳其教授埃尔达尔·阿里坎（Erdal Arikan）发表的论文就像灯塔一样，它没有只照亮我们，也照亮了别人，但我们那么快就把它变成了一个方法,我们只是比别人早了几年,先进了一点点。……我们未来的战略就像拿破仑一样,要拥抱世界、领导世界,但不要有滑铁卢!"

任正非提到的土耳其教授埃尔达尔·阿里坎,1958年出生于土耳其首都安卡拉。1985年在麻省理工学院获得电子信息工程专业的博士学位,而他的博士生导师就是大名鼎鼎的信息论鼻祖香农的弟子罗伯特·加拉格(Robert Gallager)教授。阿里坎博士毕业后回国,在毕尔肯大学从事教学和研究,在2008年研究出了可用于5G通信编码的极化码技术方案。这一年,在国际信息论会议(ISIT)上,阿里坎首次提出信道极化的概念,基于该理论,他给出了人类已知的第一种能够被严格证明达到信道容量的信道编码方法,并命名为极化码,这是一种前向错误更正编码方式,可用于信号传输。随后,阿里坎关于极化码的论文发表在IEEE期刊上。IEEE是美国的一个国际电子技术与信息科学工程师的协会,也是世界上最大的非营利性专业技术学会。阿里坎博士的这篇文章发表后,在两个月后被华为的研发人员看到了。他们以敏锐的科学嗅觉感觉到了极化码编程有着巨大应用前景,随即写了一个方案给任正非。任正非看了之后,眼里又开始闪烁出兴奋的、奇异的光芒,便立即带着研发人员拜访了埃尔达尔·阿里坎教授,提出共同研发极化码,要将极化码做成5G标准,并抢先购买了其知识产权。

这也是华为抓住的又一个战略机遇,一举掌握了在5G研发上的先发优势。从无线通信技术的历史进程看,基本上是每十年更新一代,2000年3G开始成熟并投入商用,而在3G时代由诺基亚统治全球通信技术标准;2010年4G开始成熟并投入商用,由美国高通统治全球通信技术标准。标准是什么?标准就是产业链的最顶端。在业界有句流行语:"一流企业卖标准,二流企业卖品牌,三流企业卖产品。"谁能成为国际标准的制定者,谁就能站在世界的制高点。而标准不是靠霸权能够制定的,而要靠你的科研实力。随着4G技术越来越成熟,其技术拓展空间渐渐接近极限,预计2020年就该进入5G时代了。那么,谁将成为5G的标准制定者?一直在追赶世界脚步的中国通信企业,这一次能掌控全球通信技术标准的制定权吗?

华为抢先下手了。不过，要把极化码变成5G还要投入大量的人力和财力进行研发。2009年，华为投入六亿美元，作为5G研发的第一笔资金。从2009年到2018年，华为对5G的研发涵盖了核心网、承载网、接入网及终端等产品业务，投入的研发人数有一万多人，研发费用（包括相关技术产业）在十年里共投入了4800亿元人民币。这十年里，华为研发人员总共提交了18000多篇论文或提案，若用A4纸打印出来有两层楼高。在5G专利方面，华为排在全球5G厂商的榜首，有2570件基本专利，占比超过四分之一。华为是全球所有厂商里拿到5G专利最多的，也是中国厂商第一次在国际移动通信标准制定中掌握核心技术话语权。其次则是美国企业，而美国所有企业的5G核心专利加起来占比还不到百分之十五，虽然也相当厉害了，但也难以超越华为。

任正非对比自己小十四岁的阿里坎博士充满了由衷的崇敬和感激之情，这是一个企业家向科学家致敬，对科学的感恩。他说："华为在5G的成就，离不开土耳其数学家埃尔达尔·阿里坎的贡献。十年时间，我们就把土耳其教授的数学论文变成技术和标准。"他还一再表示，华为创立三十年，真正的突破是数学。国家若要强盛，数学是基础，数学的实力往往影响着国家实力，几乎所有的重大发现都与数学的发展与进步相关，正如著名的数学家华罗庚所言："宇宙之大，粒子之微，火箭之速，化工之巧，地球之变，生物之谜，日用之繁，无处不用数学。"随着人工智能时代的发展，其基础理论香农定理、摩尔定律也即将到达极限，科学界与工业界、商业界正大力投入研发适用于人工智能时代的理论，为科技的发展奠定基础。而抢占先机研发出来的理论和技术，将会为企业带来巨大的财富和创新的动力。

任正非还以少有的浪漫主义话语向华为聘请的国外数学家提议："数学算法内部也要开放，比如莫斯科天气好的时候，全球所有数学家（有工卡、无工卡）集中过去；薰衣草开放的时候，请他们坐在草地里喝酒、交流、冲突、争论。数学家们经常在一起发生思想碰撞，就可以产生新的对世界的认识。"他也知道欧洲诸国对华为在5G上的先发优势不无担心，他坦诚地说:"我们也许会在新的技术上,特别在5G上领先世界,但我们绝不会用这些优势来敲诈欧洲,更不会用来敲诈对手,我们仅是用来做防御的。我们必须通过服务好,来争取客户的合作。"

纵观中国通信行业的发展,从程控模拟交换机到数字交换机,再到GSM系统,都是欧美企业在引导,尤其是美国企业,一直是通信行业的标准制定者与领导者,拥有话语权。然而,华为竟然弯道超车,遥遥领先。尽管华为一直以海纳百川的开放姿态表达与全球合作开发5G的善意,然而一旦政治凌驾于科学技术之上,随之而来的便是甚嚣尘上的霸凌主义。美国政府对华为使出的第一招实在有失世界龙头老大的风范。

2018年12月1日,加拿大以应美方要求为由,将在温哥华转机的中国公民孟晚舟(Cathy Meng)拘押,引发了举世震惊的"孟晚舟事件"。孟晚舟,1972年出生,中国香港永久居民,拥有华中理工大学管理学硕士学位,被拘押前任华为集团副董事长、首席财务官(CFO)。而她还有一个最敏感的身份——任正非的大女儿。谁都知道,美方不是冲着她来的,而是冲着华为和任正非来的。中方随即分别向加方、美方提出严正交涉和强烈抗议,此举"严重侵犯中国公民的合法、正当权益,于法不顾,于理不合,于情不容,性质极其恶劣。中方强烈敦促加方立即释放被拘押人员,切实保障当事人的合法、正当权益。否则必将造成严重后果,加方要为此承担全部责任",同时就美方无理要求加方拘押在加拿大温哥华转机的华为公司负责人一事提出严正交涉和强烈抗议,强烈敦促美方务必高度重视中方严正立场,立即采取措施纠正错误做法,撤销对中国公民的逮捕令。2020年5月27日上午(当地时间),孟晚舟脚上戴着电子镣铐,再次出庭受审,她面带微笑,不卑不亢。随后,加拿大不列颠哥伦比亚省高等法院在温哥华公布了"孟晚舟引渡案"的第一个判决结果,认定华为副董事长、首席财务官孟晚舟符合"双重犯罪"的标准。中国外交部发言人随即在新闻发布会上表示抗议:"美加两国滥用其双边引渡条约,对中国公民任意采取强制措施,严重侵犯中国公民的合法权益,这是一起严重的政治事件!"

任正非已是一个七十六岁的老人，对于女儿的处境，他的心情复杂，有一种难以名状的悲伤、愤怒，还有爱莫能助的无奈。这一切交织在一起，又让他非常冷静和理性。他公开表示，尽管很长时间没见到女儿，但对她不会太担心。他还时常跟女儿打电话，说说笑话。他说："儿女最重要的是翅膀要硬，他们要自由去飞翔。"而这件事还是要通过法律来解决，"我们能做的还是要靠法律的力量。"

2019年4月12日，美国总统特朗普就5G部署发表讲话："5G关乎美国的繁荣和未来，美国必须赢下5G竞赛这一仗，确保5G网络不被敌人控制！"这意味着，对于5G的部署，乃是美国的国家部署。当天，美国联邦通信委员会（FCC）就正式宣布多项加速5G在美部署的计划。

那么，谁是美国的敌人？说出来真是令人啼笑皆非，一个世界上最发达的超级大国竟然把中国的一家民营公司视为当前大敌。而网上还流传这样一个段子："这是一个超级大国与深圳市南山区一个街道办的较量，美国制裁来制裁去，始终没搞出深圳市南山区粤海街道办的范围。"但从美国的国家战略上看，对华为这个"街道办"的企业还真是如临大敌。华为不仅是中国最大、世界第二大信息通信基础设施和智能终端提供商，更是当今世界5G技术的领跑者。

有人说美国打压华为，是因为争强好胜，这未免有些狭隘了。美国除了5G技术稍逊风骚，在通信技术的综合实力上依然是雄踞第一的霸主。在最上游的电信设备研发和制造领域，美国高通、英特尔等公司依然稳居上游；在最下游的互联网公司中，谷歌和脸书（Facebook）依然独占鳌头；在电信运营商领域，AT&T和威瑞森（Verizon）依然名列前茅。而华为的优势在网络设备和移动设备领域，美国的苹果公司也正在被华为超越。这是现实，而美国必须争夺的是未来的全球5G主导权。这个未来已经迫在眉睫了，美国还真是有一种火烧眉毛般的危机感和紧迫感。

美国又为何如此急迫地想要拿到5G的主导权呢？若从单纯的通信意义看，5G作为第五代移动通信系统，有更快的网速，能承载更大的传输流量，平均网速超过了4G网络的一百倍。有经济学家分析，未来5G将打开数万亿元的市场空间与投资机会，到2035年，5G将在全球创造约十二万亿美元的产值，其中百分之八十的电信收入将与5G相关。但若仅从网速、流量和产值的角度去考量，还大大低估了5G将要释放出的巨大能量，也小看了特朗普先生的眼光。5G超越了单纯的通信意义，可以实现移动互联网和有线互联网的彻底融合。在eMBB（增强移动宽带场景）、mMTC（大规模物联网场景）、URLLC（高可靠低时延场景）等场景中具有巨大的使用空间。这将是一种"改变社会"的通用技术，用业界的一句流行语说："4G改变生活，5G改变社会。"

联合国下属的国际电信联盟（ITU）将5G应用场景划分为移动互联网和物联网等，5G时代最大的特征就是"万物互联"。早在明代，王阳明在心学上就提出了"万物一体"的世界观，"盖天地万物，与人原是一体"——当我们把天地万物都当成自己身体和心灵的一部分，我们和天地万物就是一体的。这是通过心灵联为一体，并通过心灵的力量化作现实的行动，即知行合一，从而在现实世界付诸实施。从精神世界的"万物一体"到科学世界的"万物互联"，颇有异曲同工之妙。万物互联则通过5G将人、流程、数据和事物紧密联系在一起，而这一切都要通过芯片承载或呈现，才能将信息转化为行动，给企业、个人和国家创造新的功能，并带来更加丰富的体验和前所未有的经济发展机遇。从经济上看，5G被誉为"数字经济新引擎"，既是人工智能、物联网、云计算、区块链、视频社交等新技术新产业的基础，也是智慧医疗健康、智能家居、电子商务与电子支付、工业与物流业变革、农业革命的引导者。甚至有专家指出，第七次信息革命是智能互联网，5G是第七次信息革命的基础。从本质上来说，这种互联不是算术级的，而是几何级的，实现的价值是与网络效应的力度相乘后呈指数级增长的。网络创造了前所未有的商机，静默的物品被赋予声音，唤醒你能想到的几乎一切事物。万物互联将给我们提供更清晰的画面、更广阔的前景，让我们能够基于更准确的现实做出决策。对此，国际电信科技先驱、3Com公司的创始人罗伯特·梅特卡夫早已提出了一个"梅特卡夫定律"："网络的价值与联网的用户数的平方呈正比。从本质上讲,网络的力量大于部分之和,使得万物互联,令人难以置信的强大。"

或许,正是5G这种"令人难以置信的强大",才让美国总统特朗普担心一个东方大国因为5G的先发优势会变得"令人难以置信的强大",这对于作为世界龙头老大的美国,将是巨大的灾难。这位美国总统想成为"万物互联"的老大,却又没有"万物互联"的思维,说穿了这就是单边主义。又何止是美国,英国《经济学人》早就发出了灾难性的危言："华为的崛起,是外国跨国公司的灾难!"于此可见,无论是从美国想要长期称霸世界的野心,还是西方国家这种基于冷战思维的危机感,都是把中国作为竞争对手甚至是可怕的敌人,而非战略合作伙伴。华为在5G上的先发优势,也就成了美国向中国挑起贸易战的一根导火索。

对于来自美国的挑战,华为也做好了几手准备。一是商战,华为对此并不畏惧,几十年来,华为几乎是以肉搏的方式从国际电信大鳄的围追堵截之下打拼出来的,而且是愈战愈勇,愈是遭遇强敌愈是让自己变得强大;二是法律上的较量,华为虽已多次在国际法庭上与对手过招,但这一次,打压华为的不是商业竞争对手,也不是法庭上偏袒一方的判官,而是美国式的强权和霸凌主义。这注定是一场商业与政治的博弈,一个是为了捍卫自己的商业利益,一个是为了达到自己的政治目的。

美国政府使出的第一招是以"国家安全"的名义对华为等中国公司实施"科技禁运",发出限制交易令。然而,美国政府又拿不出任何确凿的证据来证明华为的通信设备存在信息泄露等不安全因素,倒是美国自己的通信设备泄露了海量的用户数据信息,并且已经被证实了,霸凌主义是没有道理和法理可讲的。有分析家说："这是因为在目前高科技的竞争中,美国受到华为的强烈挑战,为了打击华为而打击华为,已经超出了正常的贸易和技术斗争的维度,目的是置华为于死地。"美国对华为的"科技禁运",主要是针对华为的全球芯片供应采取限制措施,禁止美国公司的5G芯片及含有5G芯片的基站和智能手机、各种智能终端在中国使用。而这个限制措施可谓达到了荒诞的极致：即使华为采购的芯片不是美国开发设计，只要外国生产线的某个环节哪怕仅仅使用了一台美国设备，其生产芯片也要先经过美国政府批准。这就好比某国有一条汽车生产线，只要其使用的一把螺丝刀来自美国，整条生产线都不能继续为华为这样的特定客户生产任何产品。如此推演下去，这种破坏性的连锁效应又岂止是封杀华为，全球产业链的任何一个环节都会因切断而瘫痪。

美国给世人的印象，历来就是"一手大棒，一手《圣经》，雄踞世界之巅"，而那位商人出身的美国总统，手里就像抓着了王炸，见谁露头就炸谁。而他的王牌就是芯片，他以为这是一个撒手锏，可以从源头上一刀斩断华为的供应链。

中国人何时才能造出自己的中国"芯"呢？这样的追问，往往就是开端。

对此，笔者在前文提及，早在1991年，华为还只是一家才成立四年、仅有五十多号人的小公司，任正非就以其面向未来的战略眼光创立了海思集成电路设计中心（华为ASIC设计中心）。而研发属于自己的芯片，一直是华为二十多年来最执着的信念，如华为的一位高端研发人员所说："华为坚信芯片是ICT行业皇冠上的明珠，我们从一开始就选择了最艰难的一条路去攀登，通过持续投入核心终端芯片的研发，掌握核心技术，构建长期的、持久的竞争力，从而为用户提供最佳的使用体验。"

如今只要提到中国"芯"和华为"芯"，谁都绕不开那位被业界称为"中国最厉害的芯片女掌门"何庭波。华为人大多有任正非一样的性格，做事高调，而为人处世相当低调。在美国挑起芯片大战之前，外界对于何庭波还鲜有所知。据华为管理层信息透露，何庭波，湖南长沙人，1969年出生，北京邮电大学通信和半导体物理专业硕士研究生毕业，1996年加入华为，历任芯片业务总工程师、海思研发管理部部长、2012实验室副总裁等，现任海思总裁、2012实验室总裁、华为董事会成员。

2004年10月，任正非和华为高层决定，在华为ASIC设计中心的基础上成立了深圳市海思半导体有限公司，为华为集团全资子公司，总部位于深圳，随后又在北京、上海、美国硅谷和瑞典设有设计分部。这里还要说到何庭波担任的一个极其重要的职务——2012实验室总裁。2012实验室是一个让外界备感神秘的实验室，其名字来自任正非观看电影《2012》后的灵感和畅想，未来信息爆炸会像数字洪水一样，华为要想在未来生存发展，就得提前构造自己的挪亚方舟。这个实验室就是华为的挪亚方舟，主要面向的是未来五年至十年的发展方向，研究的方向为新一代通信、云计算、音频视频分析、数据挖掘、机器学习等。有人说这是"中国黑科技最多的地方，代表着国内顶级的科研水平"，它也确实在华为的高科技研发中发挥了核心作用，其代表性成果就是居全球第一的华为5G技术。

华为海思的产品覆盖无线网络、固定网络、数字媒体等领域的芯片及解决方案。而在公司宣告成立的同时，其320G交换网套片和10G协议处理芯片也宣告开发成功，标志着海思半导体已掌握高端路由器的核心芯片技术。从这年开始，华为开始研发麒麟芯片。2009年，华为又推出了一款K3处理器试水智能手机，这也是国内第一款智能手机处理器。2012年华为发布了Ascend D1四核XL版智能手机，采用了华为海思自主研发的四核芯片。2013年，一直在烧钱的海思第一次实现盈利，营收达到了九十多亿元，而这时华为的手机和海思的芯片已步入快速发展的阶段。在全球手机市场向4G时代迈进的过程中，华为于2014年6月推出全球首个Cat6芯片——海思麒麟920，并推出首款八核处理器Kirin920，不仅参数非常强悍，还实现了异构八核big.LITTLE架构，整体性能已与同期的高通骁龙805不相上下，并且其直接整合了BalongV7R2基带芯片，可支持LTE Cat6，是全球首款支持该技术的手机芯片，而且领先手机芯片霸主高通一个月发布。高通是全球领先的无线科技创新者，它不但拥有大量4G标准的必要技术专利，更是一家世界顶尖的移动芯片设计公司，其研发制造的"骁龙"系列芯片广泛应用于全球安卓手机制造商，如华为、中兴、OPPO、vivo、魅族、联想等公司，都是高通芯片的核心客户。4G时代，众多终端手机厂商，尤其是走高端路线的厂商，为了在4G大趋势面前积极把握主动权，都在大力自主研发芯片。华为作为高端市场发展迅猛的手机厂商，从2014年的高端旗舰产品Mate7到2015年的全新旗舰产品P8，均采用了华为自主研发的华为麒麟芯片，而华为Mate7和华为P8在市场上的不俗表现，从屏幕、像素分辨率、处理器、内存、电池续航力、立体声效等多媒体功能综合测评看，足以跻身当时世界上的顶级智能手机行列，让业界为之惊叹。尤其是在图像处理能力方面表现异常强悍，几乎超越所有的竞争对手，也证明了所用的这颗中国"芯"的成功。

在同等的功率或功能上，芯片越小越好。华为海思的芯片从0.5微米做到了0.25微米，现在已经做到了7纳米，如今何庭波正率领团队向5纳米的芯片迈进。到2017年，海思的芯片营收达到了387亿元，这也让业界惊呼："中国最厉害的芯片女掌门，打造了387亿的商业帝国！"这样一位奇女子，又何止是"中国最厉害的芯片女掌门人"，她也是中国芯片研发领域最厉害的女科学家之一。但何庭波却不认为自己是一名科学家，她一直把自己定位为一名工程师，她说："科学家是发现自然界中已经存在的一些规律，而工程师要发现自然界中不存在的一些规律，这些发现会给人们带来便利，丰富人们的生活。"

如今，何庭波在华为的芯片研究领域奋斗了二十多年。尽管华为一直在自主研发芯片，但在全球化的时代，华为和国外的许多企业都处在一个巨大的产业链中。几十年以来，全球半导体产业链紧密分工协作，早已形成芯片设计、代工制造、设备供应垂直分工的专业合作模式。目前在手机芯片行业，尤其是高性能芯片领域，依旧处于高通、联发科、海思、三星以及苹果五家争霸的局面。同时具有手机终端制造能力和芯片研发能力的有华为、苹果和三星，而高通和联发科则只提供解决方案，没有终端。比较特殊的是苹果，其芯片自主设计但委托生产，而且只用自己的CPU。其中三星的Exynos芯片除用于自家高端手机外，只有魅族采用。多年来，海思处理器一般都应用在华为的明星机型上面。这其实是一种既有自主研发又相互依存、高度依赖的大格局，全球各个芯片代工厂广泛使用来自不同国家的芯片制造设备，其中部分设备需要依赖美国。在原有模式下，各国对美国有产品和技术依赖，这就导致美国的产品话语权在上升，从而滋生了美国的技术霸凌。美国表面上是拿华为等中国企业开刀，实际上是打开"潘多拉的盒子"，让全球产业链一损俱损，而且是损人而不利己。

当美国商务部工业和安全局（BIS）将华为列入制裁的实体名单正式对外公布后，何庭波于2019年5月17日凌晨这个"这个极限而黑暗的时刻"，发表了一封致海思全体同事的电子信件：

尊敬的海思全体同事：

此刻，估计您已得知华为被列入美国商务部工业和安全局（BIS）的实体名单（entity list）。多年前，还是云淡风轻的季节，公司做出了极限生存的假设，预计有一天，所有美国的先进芯片和技术将不可获得，而华为仍将持续为客户服务。为了这个以为永远不会发生的假设，数千海思儿女，走上了科技史上最为悲壮的长征，为公司的生存打造"备胎"。数千个日夜中，我们星夜兼程，艰苦前行。华为的产品领域是如此广阔，所用技术与器件是如此多元，面对数以千计的科技难题，我们无数次失败过，困惑过，但是从来没有放弃过。后来的年头里，当我们逐步走出迷茫，看到希望，又难免有一丝丝失落和不甘，担心许多芯片永远不会被启用，成为一直压在保密柜里面的备胎。

今天，命运的年轮转到这个极限而黑暗的时刻，超级大国毫不留情地中断全球合作的技术与产业体系，做出了最疯狂的决定，在毫无依据的条件下，把华为公司放入了实体名单。

今天，是历史的选择，所有我们曾经打造的备胎，一夜之间全部转"正"！多年心血，在一夜之间兑现为公司对于客户持续服务的承诺。是的，这些努力，已经连成一片，挽狂澜于既倒，确保了公司大部分产品的战略安全，大部分产品的连续供应！今天，这个至暗的日子，是每一位海思的平凡儿女成为时代英雄的日子！

华为立志，将数字世界带给每个人、每个家庭、每个组织，构建万物互联的智能世界，我们仍将如此。今后，为实现这一理想，我们不仅要保持开放创新，更要实现科技自立！今后的路，不会再有另一个十年来打造备胎然后再换胎了，缓冲区已经消失，每一个新产品一出生，将必须同步"科技自立"的方案。

前路更为艰辛，我们将以勇气、智慧和毅力，在极限施压下挺直脊梁，奋力前行！滔天巨浪方显英雄本色，艰难困苦铸造挪亚方舟。

何庭波

2019年5月17日凌晨

华为作为一家国际化的企业，创业之初，也从美国和其他国家大量采购芯片，但美国政府对华为的制裁，还真不是什么夺命的撒手锏，特朗普这一刀，首先被砍伤流血的不是华为，而是美国的芯片供应商。在美国的禁令之下，华为还有很多的反制措施，也有很多的选项。你美国不卖芯片了，咱们还可以从韩国三星、中国台湾MTK和中国展讯采购芯片。即便华为不能从境外采购芯片，华为也一直致力于研发芯片，而且是研发一代储备一代。这些芯片，正如何庭波在信中所说，一开始就是从一种假设的危机感开始，"公司做出了极限生存的假设，预计有一天，所有美国的先进芯片和技术将不可获得"，这是华为为公司的生存打造"备胎"，许多芯片在呕心沥血研发出来后甚至"永远不会被启用，成为一直压在保密柜里面的备胎"。随着美国对华为等中国企业使出撒手锏，这些"备胎"在一夜之间全部转"正"！

2019年8月9日，华为在东莞松山湖基地举行了公司成立以来规模最大的一次开发者大会，正式发布其自主研发的鸿蒙OS操作系统，这是华为在遭遇美国制裁后打出的第一张大牌。仅从命名看，这就是一个具有中国特色的系统。鸿蒙，元气也。《庄子·在宥》："云将东游，过扶摇之枝，而适遭鸿蒙。"鸿蒙时代，是中国神话传说的远古时代，传说盘古在昆仑山开天辟地之前，世界是一团混沌的元气，这种自然的元气叫作鸿蒙。华为开创鸿蒙系统，如《淮南子·道应训》所云："西穷窅冥之党，东开鸿蒙之先。"鸿蒙乃"东方之野，日出之处"，寄托了华为日出东方、照亮世界的雄心。华为的目标很大，不是仅限于一款手机操作系统的开发，而是要创造一个新的科技世界。

鸿蒙系统也是中国企业自主研发的第一款基于微内核、面向全场景的全新分布式操作系统。此前，全球移动终端设备（如智能手机和平板电脑）主要有三大操作系统，一个是苹果操作系统，一个是由谷歌公司和开放手机联盟领导及开发的安卓（Android）操作系统，都是由美国公司主导。还有一个是欧洲塞班公司为手机而设计的操作系统——塞班系统（Symbian），其前身是英国宝意昂公司的EP操作系统。2008年12月塞班公司被诺基亚收购，三年后诺基亚官方宣布放弃塞班品牌。由于缺乏新技术支持，塞班系统在运行十四年后宣告谢幕，而安卓系统则跃居全球第一，中国智能手机主要采用安卓系统。

操作系统分为两类。一类是宏内核，如谷歌、苹果和微软皆是采用宏内核，拥有一个核心的庞大系统，而在使用上是"分布式"，如谷歌安卓系统、苹果iOS系统只能用在手机上，微软系统只能用在电脑上。而宏内核还有一个缺陷，只要一个小应用出问题，整机就会瘫痪。还有一类是微内核，如华为鸿蒙是全世界第一个面向全场景微内核的分布式OS。微内核虽有中心，但各自为政，一个部件有问题，不影响全局和其他部件，而且部件可以随意装载。而华为鸿蒙不是"分布式"，而是全场景应用，这个技术的强大之处在于，鸿蒙不仅可应用在手机和电脑上，还可应用于电视、智慧屏、智能汽车、可穿戴设备等多种终端设备。随着技术的进一步完善，还可广泛应用于全部物联网和工业互联之上，这是美国所没有的。而华为也同时宣布，鸿蒙OS系统是一款"面向未来"的操作系统。华为预计，"下一个十年，智能终端应该进入全场景时代，围绕着个人工作、生活的全场景来展开。智能手机将成为中心，展开未来工作、生活的全连接场景。"

2019年8月15日，"华为云城市峰会2019广州站"在广州白云国际会议中心举行，华为对外宣布："5G、云和人工智能必将成为驱动数字经济发展的三个核心引擎,华为已经掌握了这三项科技的核心技术,并将借用5G的优势,获得人工智能的市场主导地位。"华为之所以能将人工智能产业做到主导全球市场,是因为其不仅在无线通信科技上有研发创新的变革能力,而且在芯片上也有研发的核心技术。不信,你就看看吧! 8月23日,华为又打出了一张大牌,推出当前全球算力最强的人工智能处理器昇腾910,主要应用在智慧城市、自动驾驶、新零售、机器人、工业制造、云计算、人工智能服务等各种场景中。基于昇腾处理器,华为已发布多款芯片产品,广泛应用于安防、金融、医疗、交通、电力、汽车等行业。随后,华为又在9月18日推出Atlas 900 人工智能训练集群,从芯片硬核上搭建起了全栈全场景的人工智能计算能力。在最典型的ResNet v1.5训练模型中,华为Atlas 900用59.8秒完成了训练,排名世界第一,将世界纪录提升了十秒。尤其是Atlas 900 AI训练集群的总算力相当于五十万台电脑,在全球属于"算力最强"的人工智能芯片。华为预计,五年之后人工智能计算所消耗的算力将占全社会算力消耗总量的百分之八十以上,全球计算产业将进入新的智能时代。

在全球5G全产业链的激烈竞争中,最核心的竞争力就是5G芯片。2019年9月6日,华为在北京和德国柏林同时发布新一代旗舰芯片——麒麟990系列,包括麒麟990和麒麟990 5G两款芯片。其中,麒麟990 5G是全球首款旗舰5G SoC芯片,在5G商用元年率先为广大消费者提供卓越的5G连接体验。同时,为满足5G时代用户对卓越体验的追求,麒麟990 5G在性能与能效、AI智慧算力及ISP拍摄能力等方面进行全方位升级,打造手机体验新标杆。麒麟990系列一经发布就让业界惊呼,这是"重构芯片想象"的创新,尤其是麒麟990 5G芯片首次将5G Modem集成到SoC上,方寸之地集成了约103亿个晶体管,如发丝作画,非奇迹而不为。承袭并进化麒麟优秀基因,融合巴龙卓越5G能力,以硬核技术与超前智慧,决胜千里。

华为打出的这一张张牌,无疑是以高科技的方式对美国式强权做出的最强硬的回答。从这一张张牌也可以看出,华为不仅在5G上具有领先全球的优势,在人工智能、芯片领域、数据通信、操作支持系统、云计算、终端产品等领域也是世界一流水平。华为进入一个领域，就要做这个领域的第一名。这是任正非的追求，也是任正非的性格："没有人能够记住世界第二，只能记住第一。"华为凭手中的一张张硬牌，一次次证明了一个硬核的国际公理，无论是怎样的全球化，你都必须把核心技术牢牢掌握在自己手里，否则特朗普先生的撒手锏就真的是一刀夺命的凶器。

在美国政府的高压之下，2019年确实是华为发展史上"极端困难"的一年，而华为这只土狼以愈挫愈勇的可怕执着和忍耐，在变幻复杂、险象环生的环境中表现出了顽强的适应能力和求生能力。据福布斯中国公布的华为2019年年报显示："华为2019年全年营收8588亿元，同比增长19.1%，净利润627亿元，经营活动现金流914亿元，同比增长22.4%。"而另一组数据显示：华为"智能手机发货量超过2.4亿台，实现销售收入4673亿元人民币，同比增长34%"。这一份枯燥的成绩单有多么华丽，可以比较一下。若同中国互联网三巨头BAT（百度、阿里巴巴、腾讯）相比，华为的营收业绩比BAT的总和还高。若同内地一些省份相比，华为可以说富可敌省；若同世界上一些国家相比，华为可以说富可敌国。这也是华为再次向"狮子"出示的证明，还可加上任正非的一句旁白："极端困难的外部条件，会把我们逼向世界第一。"

2019年3月25日，任正非在接受《华尔街日报》记者采访时，还以他特有的幽默跷起大拇指猛夸特朗普，特朗普挥起大棒打华为，却给华为打了一个大广告。"华为去年的销售收入增长接近百分之二十，利润大幅度增长，证明客户对我们的信任并没有因为美国对我们的打击而产生影响。2019年华为取得很大成功，首先感谢特朗普先生。他在全世界有那么高的威望，他那么重视华为，本来很多人不知道华为，或者将信将疑，特别是中国也有一部分人不相信华为，觉得华为是不是在忽悠人。特朗普举棒一打，别人就觉得华为原来还这么厉害，还不赶快买华为的设备，还等到什么时候？"他还笑着说，特朗普先生不但没有把华为打趴下，反而"救"了华为，"我们公司本来也是散趴趴的公司，因为几十万人很难凝聚得起来。但是特朗普对着咱们当头一棒，大伙儿一下紧张起来了，所有员工都知道死亡快来了，如果不努力，我们一定会死掉的，吓得每个人都很努力！基层太努力了，导致这个车子跑得太快了。我总是觉得要踩刹车，不能允许他们跑太快，否则会把这个公司拉断的。这样基层有很大的干劲，我们高层有很大的冷静，这就是我们胜利的基础。"

任正非凭那一身军人的血性和硬气，绝不会屈服于美国式制裁。但他也坦然承认，美国的制裁给华为带来了严重的负面影响，这不是开玩笑。据华为的一位高管说："如果不是外界因素，2019年我们就会成为全球第一大智能手机厂家了。"第一个直接影响就来自华为多年来的合作伙伴谷歌。在美国政府的禁令下，谷歌不得不暂停向华为手机提供GMS（谷歌移动服务），这等于在海外市场封锁了华为手机。在欧美市场，消费者严重依赖谷歌的搜索、地图和应用生态等服务，由于华为手机上不能搭载谷歌的GMS，过去一年，导致华为手机在海外的销量暴跌。而华为别无选择，若要突围，就必须自主研发自己的HMS（华为移动服务）。这也是华为早有准备的。2020年春天，华为全新的旗舰机P40系列搭载HMS面向全球发布。——这是华为正式搭载HMS的里程碑式产品，承载了华为重新开拓海外市场的重任。

随着HMS和鸿蒙系统正在逐步向前推进，华为必将一步一步打牢生态基础。而华为凭借现有的研发和制造能力，对美国元器件也可以做到完全替代。但很多人对此而踌躇满志时，任正非又开始泼冷水了。他对战略形势有冷静分析：安卓和苹果的操作系统在全世界的销售量是巨大的，全球消费者早已熟悉这两个操作系统，甚至是左手苹果、右手安卓。华为作为后来者，其系统虽是后研发的，科技起步高，在某些方面甚至有超越苹果和安卓系统的优点，但这些优点要经消费者体验以后才会得到认同，短时间内令他们认同刚刚推出的操作系统是很艰难的。

当有人问任正非大约需要多久才能超越苹果系统和安卓系统，他笑道："可能需要很长时间，但不会超过三百年！"

对于任正非这个人，很多人都觉得他本身就是个矛盾综合体，那性格里、话语里充满了自我冲突。而对于这个善于运用辩证思维的人，你还真只能辩证地看。一方面，他奉行"自主研发"，为预防有人在芯片、操作系统上对华为卡脖子，在多年前他就开始为华为准备"备胎"；另一方面，他考虑的全球化竞争是"你中有我，我中有你"，大家一边相互竞争，一边彼此依存，在他看来，商业竞争的逻辑从来不是你死我活，最理想的效果是在竞争中实现合作共赢，大伙儿都越做越强，把蛋糕越做越大。如果一个强手强大得打遍天下无敌手，它也就不思进取了。如果在业界没有竞争，那谁都不思进取了。只有通过这样的辩证思维，你才能完整地理解任正非的战略思维，他从来没有把美国或谷歌当作自己的敌人，更不是永远的敌人。

任正非对商界乃至对世界的认知绝不是非黑即白的，黑白看似分明却也偏执一端，在黑白之间还有一种灰度，任正非觉得这种灰度正是华为特别需要的平衡。这种思维，也促使他"以生存为底线"，优先解决海外生态问题。在华为遭受美国封杀的2019年，华为还大幅增加美国零部件采购量，给了美国上千亿元大订单。

任正非说："保持少量的器件，也是和美国企业保持合作关系，帮助他们创造价值。华为未来不会将手机中的美国零部件都替换掉，最好的生态就是你中有我，我中有你！"他还笑言："我不担心华为被人打垮，能够打垮华为的也许是华为自己。"

2020年全球遭遇黑天鹅事件——新冠疫情，全球所有行业和企业都遭受了前所未有的挑战。据中国信息通信研究院最新数据显示："2020年2月国内手机出货量为638.4万部，其中5G手机238万部，占比达到37.3%，已经接近四成。"数据还显示，"今年2月新上市机型十六款， 5G手机已经成为上市新机型的主力。"而华为又推出了第二款5G SoC芯片麒麟820（麒麟820是一代5G神U），荣耀30S成为首款搭载这款芯片的手机，这也是华为首次将旗舰级芯片首发权给予荣耀终端公司，这家华为注资三亿成立的旗下公司。有人说："伴随荣耀30S这款档位最强最美手机的发布，5G全产业链能力玩家荣耀，正式打响入局5G手机全面竞争开年第一枪，掀起一场5G普及风暴。"

有人形容，这是华为"打脸美方"，但这又确实不是华为打出去的耳光，而是美国政府在打美国的耳光。事实上，美国政府想要剪断华为凭借5G技术腾飞的翅膀是根本不可能的。华为在全球范围内已有五十多个5G商用合同，全球接近三分之二的5G基站都是由华为建设的。5G的主动权已经掌握在华为手里。华为5G在技术和商用上均处于业界领先水平，是目前行业内唯一能提供端到端5G全系统的厂商，并且凭借其在5G技术领域的专利技术已筑起了足够高的壁垒，美国运营商和技术厂商也无法绕开华为而单独行事。自美国政府对华为等中国企业发出禁令以来，美国三大芯片巨头因失去华为、中兴等中国大客户而亏惨了。

痛定思痛啊，特朗普先生哪怕是出于商人的思维也应该冷静地反思一下了，但他没有，反而是恼羞成怒，气急败坏，再次动用国家力量对华为予以变本加厉的打压。美国不仅限制华为在美国本土的发展，还在欧洲各国煽风点火，横加干涉，妄图截断华为与欧洲各国在5G上的合作关系。对此，中国外交部发言人表达了中国政府的严正立场："中国政府的立场是一贯的，我们坚决反对美国动用国家力量，以莫须有的罪名无端地去打压特定的中国的企业。那么对于美方的这种科技霸凌主义，中国政府绝不会坐视不理！"其实，中国也可以采取反制措施，譬如针对苹果公司进行同等的打击。这也是很多美国企业最担心的事，如果中国反制，会影响其在中国本土的生存发展和投资办厂。但中国人向来讲究分寸，无论是制裁与反制其实都是双刃剑，除了伤害双方还会伤及无辜。城门失火，殃及池鱼，连那些跟华为完全没有关系的企业也会遭殃。

在美国拿华为开刀挑起的全球贸易战中，没有谁是旁观者。芬兰阿尔托大学通信与网络系终身教授、诺基亚基金会董事会成员、威斯特网络公司联合创始人兼首席执行官尤卡·曼纳就做出了冷静的剖析："政客可能会出于自己的需要玩弄政治，但企业生产经营的主要目的是要取得利润。"曼纳认为欧盟不应该任由美国政客摆布，美国的政策也不会直接影响芬兰。芬兰拥有以诺基亚为代表的世界先进的通信技术和设备公司，而劳动力缺乏促使芬兰更重视发展物联网，因此物联世界的海量数据安全和使用规范至关重要。说来有趣，这位诺基亚基金会董事用的竟然不是诺基亚手机，他还时常从口袋里掏出手机给别人看："我用的就是华为手机P20，这是市场上最好的手机之一，摄像头很棒，我信任华为。我会继续使用华为手机，不会放弃！"

在中美贸易战中，任正非被推到了风口浪尖，许多人都将他视为民族英雄。但任正非说："我根本就不是什么英雄，狗熊差不多。我既不懂技术，也不懂管理，也不懂财务。我就提了一桶糨糊，把近二十万员工黏结在一起，让他们努力冲锋，这个功劳是近二十万员工建立的，不是我一个人建立的。我不可能享受像乔布斯那样的殊荣。有时候国家想给我荣誉，我就觉得很惭愧，事情不是我做的，怎么帽子要戴在我头上？"

罗曼·罗兰有一句关于英雄的名言："世界上只有一种真正的英雄主义，就是认清生活真相之后依然热爱生活。"任正非不是英雄，但他确实是一个"认清生活真相之后依然热爱生活"的人。从1987年背着两百万元巨债创业，到如今他缔造了一个不容小觑的企业。虽在三十多年的岁月里慢慢变老，然而任正非还是那个一如既往的任正非。他经常以"农民"自居，也确实像农民一样勤俭朴素，活得像农民一样质朴而真实。他出行没有保镖，也没有私人助理，有时下班也会挤地铁，出差时自己拉行李箱，即使深夜回来，他也会像普通人一样在路边排队打车，从不叫公司的车子来接送他。只要在公司里上班，他也和员工一样在饭堂里拿着饭盒排队。他说："我这一辈子晚上没有打过牌、跳过舞、唱过歌，但每天都要看书。如果是坐两个半小时到北京的飞机，我至少看两个小时的书。"这就是他热爱的生活。如果不认清生活真相，是不可能抵达如此本真的生命境界的。而抵达，往往是经历了无数苦难和挫折后的皈依，正如罗曼·罗兰所说："伟大的背后都是苦难。"

任正非和华为的背后是曾经的苦难，而深圳的背后也曾经是苦难。没有苦难,任正非不可能成为今天的任正非,华为不可能成为今天的华为,深圳也不可能成为今天的深圳。

随着任正非以"宏大心胸"不断拓展华为的边界,在国内外各地建立研发或生产基地,近年来也传出一股风声,"华为长大了,深圳已容不下华为,华为将要搬离深圳。"当任正非听到这样的风声,他眯缝着眼睛一笑,又倏地睁开眼睛问:"为什么? 华为为什么要离开深圳? "而答案,他自己回答了:"深圳有着良好的法治化、市场化环境,在城市硬件和软件两个方面都为华为的成长提供了良好的支撑,我觉得这都是好的基础。华为必须不断开拓发展空间,但我们的总部永远都不会离开这个环境、这个地方。"

华为选择了深圳,而深圳成全了华为。对深圳的过往,任正非充满了感激。华为总部位于龙岗区坂田街道,龙岗区政府对华为有一句承诺:"服务华为,马上就办! "当时,这一带属于深圳关外,城市配套建设一直滞后于关内。为解决华为片区居民的住房难、就医难、子女上学难和交通不便等诸多困难,龙岗区政府在华为片区建起了医院、学校、商场等生活配套设施,对华为片区的拥堵路段进行升级改造。龙岗区政府还划出二十余平方公里的范围,依托华为总部构建坂雪岗科技城。这是一个以高新技术产业为主导、城市服务功能完善、环境优美、交通便捷的复合型城区,也是深圳市高新技术产业带的重要组成部分,拥有华为、新天下、康冠、元征等十多家国内外知名高新技术企业。

华为是与深圳一起成长起来的企业,几乎贯穿了深圳经济特区的整个发展史。任正非既是深圳历史的创造者,也是亲历者和见证者。二十多年前,他将华为的生产车间搬到龙岗时,这里到处都是荒山秃岭和石棉瓦、塑料布搭起来的简易工棚,如今这里已崛起为一座现代化科技新城,在蔚蓝的天空下闪耀着璀璨的光芒。任正非是看着深圳一天一天长大的,他发出欣慰的感叹:"深圳在往前走,而且现在在经济大低潮的时候,更要坚定信心地往前走。世界在动荡之中,中国还有这么稳定的发展环境,这是很难得的。这个发展过程中,深圳又显得更活跃一点。"而在深圳不断往前走时,已经进入了改革开放的深水区。深圳正从经验式改革走向更理性的科学改革，从追赶世界潮头的开放走向勇立潮头的开放。诚如一位深圳人所说："以前深圳一直都是摸着石头过河，现在我们必须学会在改革的深水区游泳了。"

太平洋够大，足以容下中美两国，也足以让世界科技的弄潮儿在这蔚蓝的大洋里遨游。然而美国却怎么也容不下华为这个中国民营企业。从2018年到2020年，美国从一开始禁止华为进入美国市场部署5G，到后来全面封锁华为，甚至连华为手机、通信设备等都无法在美国地区流通。那个做惯了龙头老大的特朗普先生依然语气强硬："5G的竞争已经开始，美国必须赢得胜利！"

这话，任正非听见了，也回答了："我们一定要有宏大心胸，容纳天下人才，一起来进行战斗……我们要用灵活机动的作战方式，灵活机动地改变研发方式等，使得华为公司适应未来条件，能够生存下来。当然，今天大家喊的口号不是生存下来，而是'必胜'，我相信胜利一定是能属于华为的，也是属于中国的！"

第二章

一只企鹅在南海边诞生

当哈雷彗星穿过天空

如今距1986年4月11日那个奇异的夜晚已经过去了三十多年，但马化腾还能清晰地回忆起一个少年仰望星空的情景。那个少年就是他。时隔七十六年才回归一次的哈雷彗星划过他头顶的天空，在他心中泛起了无尽岁月的幽光。

那年他才十五岁，从小就对星空充满了探索欲而痴迷天文学，他渴望得到一台天文望远镜。父亲马陈术从来不会拒绝儿子的要求，像平常一样爽快地答应了。然而，当父母亲带着儿子到商店的柜台上一看，答应得很爽快的父亲猛地愣住了：一台最便宜的天文望远镜竟然要七百多块钱，一下就要花掉他半年的工资。父亲犹豫了一下，又与母亲商量，决定暂时不买了。这让马化腾很生气也很失望：若要等到哈雷彗星再次回归，将要等到2062年4月。马化腾屈指算了一下，到那年他都九十多岁了。马化腾在当天的日记中愤愤地记下了父母亲欠下自己的一笔账："我想买台天文望远镜，但是爸妈却不让，未来一代科学家就这样被无情地扼杀了！"

这也是他第一次发现自己做不了自己的主宰，此时他已懵懵懂懂地悟出一个真理，一个人想要成为自己的主宰是要有实力的，你必须自立！

1989年，十八岁的马化腾获得高出重点线一百多分的高考成绩，这个成绩超过了清华大学的录取分数线，但他的第一志愿就是天文系，原本想填报南京大学天文系，南京有被誉为"中国现代天文学的摇篮"的紫金山天文台。然而，从少年到青年他还是做不了自己的主，他的第一志愿又一次被父母亲的循循善诱改变了："搞天文上不着天，下不着地，还是报一个脚踏实地的专业好！"马化腾最终按照父母之意，填报了深圳大学电子工程系的计算机专业。这对于他，还真是脚踏实地，他的家在深圳，户口在深圳，从家门口到大学门口，几乎可以一步一步走过去。

马化腾并非土生土长的深圳人，祖籍广东汕头市潮南区成田镇。父母亲参加工作后被分配到海南岛的一个港务局上班，马化腾在海南岛出生，一直到1984年他十三岁时才随父母迁居深圳。那时深圳经济特区已建立四年，深圳大学于1983年经国务院批准创办，但建设速度却是创纪录的"深圳速度"，一年之后就在南山半岛后海湾的粤海门村建起了一座校园。这里原本是南海边的一片荔枝园，马化腾走进校园时，校园里还保存了大片的荔枝林，深圳大学也因此而被称为荔园。而那时候，马化腾还不知道，这一带还有一个叫任正非的人、一家叫华为的小公司正在到处推销小型程控交换机。人生的交集往往会在一片狭小的土地上发生，这种交集不一定是相逢，"相逢何必曾相识"。而在未来，任正非和马化腾，华为和腾讯，都在这一小片土地上崛起，成为深圳经济特区最具代表性的企业。

深圳大学计算机专业是国内高校最具实力的专业之一，尽管这个专业是父母亲的选择，但马化腾入学不久就展现出惊人的计算机天赋。计算机和天文有一个共同的特点，都包含对未知世界的探索。父亲还给他买了一台电脑，这在当时可不是一般人买得起的，连任正非当时也没见过电脑长什么模样。而马化腾的父亲当时已是深圳市盐田港集团有限公司副总经理，尽管还是工薪族，但他或许还记得欠下了少年马化腾一笔账，如今想加倍偿还吧，还没等儿子开口，就把一台高配置的电脑给他抱来了。

马化腾在大二时就对网络产生了莫大的兴趣，这其实是青少年的天性，而他在天性的驱使下认准了一个目标，他要成为一个UNIX操作系统的高手，当一个C语言方面的高级程序员。UNIX是20世纪70年代初出现的一个操作系统，C语言是美国的丹尼斯·里奇在1972年开发的计算机编程语言，也是世界上最流行、使用最广泛的程序设计语言之一。这为他日后创立腾讯、开发OICQ聊天软件打下了不可动摇的基础。但他此时还不可能想到自己有朝一日将靠C语言打天下，一个十八九岁的愣头青，这时候只想在"战场"上称霸，战场就是学校的公共计算机机房。对于学习编程的大学生而言，在机房出风头比考试考出好成绩还要牛。他们的竞技方法就是利用C语言的功能设计编写一个程序，将自己用过的电脑硬盘锁死，让别人无法打开，甚至连计算机都无法正常启动。水平越高的人，锁定计算机的本事就越高。这种程序相当于病毒，谁最牛谁就是"毒霸"。在很多同学的印象里，马化腾长得斯斯文文，还有些羞羞答答，但一上电脑他就成了活跃分子，还有一股子无艰不克的霸气。对别人下的套，无论你有多少圈套他都非解开不可；而他设计出的套路，连掌握着微机程序的机房电脑管理员都打不开。后来，只要机房一发现有电脑被锁死打不开，管理员连想都不用想，便派人四处"通缉"马化腾。这位管理员也算是高手了，却不得不拜马化腾为师。而马化腾不仅在自己的班级出了名，在整个深大也是"一个臭名昭著的毒霸"。在1990年代，毒霸与黑客往往扮演同一个角色，即既能制造病毒又能查杀病毒，正所谓"解铃还需系铃人"。黑客源自英文hacker，一度又称为骇客。这些水平高超的电脑高手，尤其是程序设计人员，可以侵入他人的电脑系统，控制和改变其电脑数据或软件，有的黑客甚至侵入了美国五角大楼和中情局的电脑系统。而互联网领域也将一些类似黑客的电脑安全高手称之为极客，美国战略司令部所组建的黑客部队中就有不少人是极客。那时候，马化腾也堪称深圳大学的黑客高手，好在他没有在这方面飞得太远，就回归了正途。

1993年上半学期，马化腾在大学毕业前到深圳黎明电脑网络有限公司应聘实习。

黎明公司于1990年创建，一上来就干出了几个大手笔，先后设计和建设了上海证券交易所、深圳证券交易所电脑自动撮合网络交易系统，使中国证券交易在全世界第一个实现了无纸化、网络化、全自动实时交易。那时的股市被称为"疯狂的股市"。马化腾在黎明公司如鱼得水，以他高超的计算机技术设计出一个"股票分析系统"，他利用自己最擅长的C语言和图形化界面，又加入了技术分析、函数算法和汉字输入法，可以形象地将股票行情的波动情况呈现出来，并且自动进行波段分析，能预测出股票未来的走向。一家股票公司注意到这个软件，找到了马化腾，提出要购买这套软件。马化腾在惊喜之余却又犯难了，他根本不知道软件行情的售价，便很聪明地让对方先出价。对方一开口就是五万元买断的价格，在那个年代这简直是一笔巨款！这也是马化腾第一次领略知识产权的价值，但他没有立马答应，也没有流露出什么激动与特别喜悦的神情，而是冷静地答复说他还要考虑考虑。这位二十二岁的实习生，已经初显商战的法术了。他越是如此冷静，那家公司越是担心马化腾反悔，让他赶紧到他们公司去，一签协议就拿钱。马化腾把这事告诉了父母亲，做父母的高兴坏了："哈，你看看，你看看，这计算机专业多好啊！你刚出来实习就能赚到这样一大笔钱，你现在不会后悔了吧？"父亲担心儿子没见过世面，怕煮熟的鸭子又飞了，还专门找了一位懂行的朋友，陪着马化腾去那家公司签合同。当马化腾签下自己的名字，收下了五万块钱现金，还愣愣地盯着自己的名字看了一会儿，这马化腾三个字还真值钱啊。

就凭着"股票分析系统"，马化腾以优异的成绩完成了实习。当他到深圳润迅通信集团公司应聘软件工程师时，人家一看他这个"股票分析系统"，二话不说，只有一句话："你明天就来上班吧！"

润迅集团是做寻呼机服务的，当时有一句红遍大江南北的广告词："一呼天下应。"

这句话让马化腾很激动，甚至有一种强烈的冲动。谁能一呼天下应？如何才能一呼天下应？他入职后担任寻呼系统的软件编程工程师，每天都在琢磨这个问题。他入职初期的月薪是一千多元，在当时已是高薪了。随后又转到业务部门，参与寻呼台建设，他的月薪一下涨到了八千多元。除了工资，马化腾还利用业余时间给别人组装电脑赚外快，这收入甚至比上班还高。

有了一定的资本后，他也开始炒股。1994年，他将自己所赚的十万元投入到股市中，一下就变成了七十万元。老天，难怪有这么多人炒股。而在炒股期间，马化腾看到市面上有一种安装在计算机上的板卡，能通过网络实时显示股票走势，这比他之前开发的"股票分析系统"还要实用，很多股民纷纷购买，安装到家里的电脑上。马化腾于是买了一个板卡仔细分析，决定研发"股票接收系统"。他是软件高手，他的一位同学则是硬件高手，两人一拍即合，合作开发出"股票接收系统"——股霸卡。这家伙在市场上一下卖火了，成本只有一千元，一套可以卖八千元。

马化腾在就业之初，凭着自己的技术赚到了不少钱，小日子过得挺滋润，而这种实用软件的价值也培养了马化腾敏锐的软件市场嗅觉，为他将来创业打下了一定的技术基础和经济基础。但这还只是小打小闹，马化腾注定不是一个小打小闹的人，他年纪不大，野心不小。

马化腾一直觉得现实与网络是两个平行的世界，中间的距离，却隔着时代汹涌的信息潮流。在深圳这座走在改革大潮最前沿的城市，深圳人也最早进入网络世界。深圳第一代的老网民们，还记得当初有个惠多网（Fido Net），这是由中国计算机网络通信爱好者自行创立并维持运作的业余网络系统，也是中国最早一批计算机精英抛头露面的地方。网民分别在各个城市建立自己的站点，这些站点连成了一张网，这就是中国互联网的开端，或者说是中国互联网的一个雏形。每个站点互相连接，站点之间每天都通过长途拨号互相交换信包，渐渐地形成了一个全国性的网络。

马化腾初次接触惠多网，立即就被它巨大的交流能力给吸引住了，如同他少年时总是仰望星空、痴迷于探索无穷奥妙一样。这个世界实在是太奇妙了！

他一头扎入了惠多网的浪潮中，如同一名游客进入了一个妙不可言的风景区，但他不想只当一名游客。1995年2月，马化腾申请开通了惠多网的深圳站。但开通站点可不是一般人想开就开的，就像一个车站，列车通过站点，需要中转旅客，必须要有疏通的场地和各项设施。不光要有专业的计算机技术，还要有时间与精力，当然，还必须要有资金投入。那还是用电话上网的时代，马化腾一开始只拉了四条电话线，配备了八台电脑。这些装备加起来一共花了五万多块钱。这也是马化腾在创业上的第一笔投入，差不多是他用技术换来的第一笔收入。惠多网刚刚进入中国的那几年，全国的惠多网站点总共不到十个，活跃用户总计只有一百多人，而当时惠多网的站长都是中国第一批互联网精英。

北京站站长雷军，后来成为小米科技创始人、董事长，是中国互联网代表人物及全球年度电子商务创新领袖人物，后来当选全国工商联副主席。

珠海站站长求伯君，后来成为金山软件股份有限公司创始人，有"中国第一程序员"之称，2000年当选CCTV中国十大经济年度人物。

福州站站长王峻涛，有"中国电子商务之父"的称号，1999年创办了8848电子商务网站，一度是中国电子商务企业的旗舰品牌，后来又创办6688网上商城，在2007年互联网创新领袖论坛被评为"影响中国互联网的100人"。

还有一位隐形站长丁磊，他利用自己在电信局工作之便建立了中转站，帮助惠多网的网友交换信包，1997年6月创立网易公司，现任网易公司董事局主席兼执行总裁，三十二岁便登上了全国首富的宝座。

马化腾创办的深圳站命名为ponysoft，中文翻译为小马驹，Pony是马化腾的英文名，因此也被称为"马站"。为了把"马站"打造成一流网站，马化腾没日没夜地泡在网上跟网友们聊天，忙得连股票都没有时间去炒了。那时他还在润迅公司业务部上班，经常出差去各地参与寻呼台建设，他担心外出后"马站"出现网络故障，还特意写了一张纸条，教他母亲按照纸条上的步骤排除故障，确保网络通畅。

马化腾在网络世界是一匹活跃的小马驹，但在现实生活中却不善言辞，也不善于与人打交道，性格内向而低调，见了人还有些腼腆木讷，看上去又有几分冷漠和孤傲。他后来创办腾讯后，由于还很年轻，员工们都亲热地叫他小马哥，但看了他这冷漠和孤傲的神情后，那亲热劲一下就没了，都称他为"高冷总裁"。马化腾在电梯里见到了自己的员工，听到有人跟他打招呼，他也只是跟对方"Hi"一下。若是在电梯里遇到了女生，他愈加羞涩脸红，打过招呼后就马上转身对着电梯门，或是掏出手机来看，其实是掩饰他的腼腆或羞涩。有一次腾讯搞文艺晚会，女主持人要求拥抱马化腾一下。马化腾虽然拥抱了女主持人，但在众目睽睽之下他满脸通红，一副很不好意思的样子。他既不擅交际，也不愿与外界打交道，这也让他成为一个比任正非更神秘的存在。

兴许，越是这种内向的人，越是能在虚拟空间找到属于自己的世界。

那时"马站"没有任何收入，但对于马化腾这绝不是一种无用功，他在对"马站"的不断完善中不仅形成了追求完美与极致的个性，更使一种重要的"体验因素"潜移默化地融入了生命中，流淌在血液里。这种"体验因素"就是对用户体验的理解。为什么腾讯公司后来推出的一系列产品都大受用户追捧，就是因为给了用户极好的体验感，而不只是一款没有温度的软件。

马化腾后来说："一开始接触网络，我就知道它哪些方面是有用的，哪些方面是没用的。我有目的地选择，并不只是光顾着玩。我很想知道，这个东西为什么好？用户为什么会喜欢它？"

就在马化腾无偿经营"马站"这个公益网站之际，1996年7月，美国人杰克·史密斯推出免费电子邮件系统Hotmail，一年后，比尔·盖茨开出了四亿美元的收购天价，一举震惊世界。马化腾觉得这是一个前景无限的商机。这么多年来马化腾一直在寻呼系统钻研，一直在琢磨如何才能一呼天下应。他根据自己多年来的思考做出了一个方案，建议开发寻呼机和互联网联系在一起的系统，能够在呼机中接收到来自互联网的呼叫信息，甚至可以接收新闻和电子邮件。他觉得凭这个系统，真是可以一呼天下应。他把这个"无线网络寻呼系统"方案递交给公司，感觉又像回到了少年时代。当哈雷彗星划过天空，你若不抓住机会捕捉它转瞬即逝的身影，一辈子就与它擦肩而过了。但公司高层觉得他这个想法太玄乎了，看过之后，便将方案放在了一边。马化腾在公司里又呼吁了几次，哪里是什么一呼天下应，几乎没有回应。

马化腾又一次发现自己做不了自己的主宰,还是他十五岁时懵懂地悟到的那个真理,一个人想要成为自己的主宰是要有实力的,你必须自立!

一只企鹅在南海边诞生

1998年春节过后，南海边的雨季如期而至。马化腾约了老同学兼好友张志东在润迅公司旁边的一家小咖啡馆喝咖啡。在那个雨水温润的早春季节，马化腾一边慢慢地啜饮着咖啡，一边默默地对着窗外烟雨迷蒙、人来人往的街头发呆。这一块透明的玻璃隔着的仿佛也是两个平行世界。这年马化腾已经二十七岁了，而这一场绵绵春雨很容易让人沉浸在回忆中。这么多年来，马化腾一直觉得自己活得很被动，从家庭、学校到公司，凡是他认准了的、想干的事情，他都作不了主，这让他多少有一些怀才不遇的郁闷和孤愤。而这一次，他打定主意了，他要采取一次自作主宰的行动，在行动中把握自己的命运。

马化腾用自己的杯子轻轻碰了一下张志东手里的杯子，就像在举行一个神秘的仪式，然后把最后一口咖啡慢慢饮尽，慢慢放下杯子说："老张，我们一起创业吧！"

张志东一开始还有些回不过神来，当马化腾把他提交给润迅公司却遭受冷落的"无线网络寻呼机"方案说出来时，张志东感觉自己的心一下就被这个方案拴住了。张志东是紧挨着深圳的东莞人，和马化腾是深圳大学的同班同学，两人都是以超过重点线一百多分的高分考入深圳大学，张志东的高考分数在班上排名第一，马化腾还只是排名第三。大学四年，马化腾和张志东一直在互相比拼,其实两人各有所长,马化腾的强项是产品设计构思,而张志东从小就是奥数班的尖子生,计算机技术算法是他的强项。大学毕业后,张志东又考上了华南理工大学计算机应用及系统架构方向的硕士研究生,1996年毕业。这两位天生就具有互补优势的人物,几乎就是天生注定的创业伙伴。

两人凑在一起还有什么说的呢,那就一起创业吧。但在深圳创办一家民营科技公司至少要五个合伙人,两个人还不够啊。他们又找来了老同学陈一丹和许晨晔,但这四人都是搞技术的,没有一个人擅长市场开发。几经物色,他们又找来了一位善于市场营销的人才,曾李青。曾李青1993年毕业于西安电子科技大学计算机通讯专业,毕业后进入深圳电信数据通信局工作,他和马化腾的姐姐是同事。这五位就是创立腾讯的五位股东,号称“腾讯五虎将”。

对于公司的名字,几个人想了好几个,网讯、捷讯、飞讯,但到工商局登记注册时,这几个名字都被人家捷足先登了。那就叫腾讯吧。但马化腾觉得这名字有个人色彩,担心其他股东有想法,但其他几个股东觉得这名字好,比什么网讯、捷讯、飞讯都要好,一听就有那么一股子神气。

1998年11月11日,这一天是腾讯的生日,深圳市腾讯计算机系统有限公司正式注册成立。

这在当时是微不足道的一件小事,而在未来,又是一件载入了“深圳大事记”和中国互联网发展史乃至世界互联网发展史的大事。这一年,微软公司推出了Windows98操作系统,将浏览器中的Web页面设计思路引入计算机操作系统中,以更简易、更快捷、更强大的功能而风靡全球,为互联网插上了腾飞的翅膀;被誉为硅谷筑梦人的拉里·佩奇和谢尔盖·布林创建了谷歌,谁能想到,这家未来全球最大的搜索引擎公司最初是在美国加州郊区的一间车库里诞生的;华裔青年杨致远将他在美国创立的雅虎的业务引入中国,在1998年《福布斯》杂志推出的高科技百名富翁中,杨致远以十亿美元的财富跃居世界高科技领域的华人首富。杨致远和雅虎的世界传奇,在很大程度上刺激了中国初代互联网企业的诞生。再看1998年的中国互联网，从美国麻省理工学院毕业回国的张朝阳正式成立了搜狐网；四通利方在并购华渊资讯网后成立了全球最大的华人网站新浪网；丁磊在广州创办了网易，将定位由软件销售公司转型为门户网站；当然，还有在深圳某个角落里悄然萌生的腾讯。

后来，有人用了这样一句话来形容："风起云涌的1998年，中国互联网的黄金年代由此开启。"这一年既是中国互联网黄金年代的开启之年，也是深圳市扶持和推进高新技术产业的发力之年。深圳市政府推出了《关于进一步扶持高新技术产业发展的若干规定》，这就是当时在全国产生轰动影响的高新技术产业发展"二十二条"，为科技创新提供土地、资金、税收、财政补贴等优惠政策，有效降低创新的门槛，推动创新成果的产业化，扩大创新的获利空间。这一决策，充分发挥了深圳改革开放先行一步形成的体制机制优势，再次吸引了国内外自主创新的资源。而这份"红头文件"对于马化腾和腾讯的意义，一如1987年深圳市政府"十八号文件"对于任正非和华为的意义，而且进一步深化和提升了。马化腾后来说："在（深圳）这座开放创新、充满机遇的城市里，我赶上了互联网快速发展的时代，萌发了通过互联网改变人们生活的梦想，从而踏上了创业的道路。"

马化腾决定自主创业并非一时心血来潮，他当时还很年轻，却是一个善于审时度势、很有规划意识的人。腾讯公司推出的第一个业务，就是马化腾设计的"网络寻呼系统"，这也是腾讯创立的初衷，在寻呼与网络中寻找发展空间。应该说，这个产品概念和系统构思在当时是相当先进的，这种针对企业或单位的软件开发工程是所有中小型网络服务公司的最佳选择。但随着手机的兴起，无线寻呼已经走向尾声，尽管他们也抓到了几笔订单，但把"网络寻呼系统"作为公司的主打产品已是穷途末路。这不怪他们的技术不行，而是他们对科技发展的大势还缺乏判断力。对于马化腾这个掌门人而言，他现在不只是要养活自己，还要养活公司。在找到新的主打产品之前，公司只能承接一些杂活来维持运转。马化腾和几个股东都知道，必须尽快推出一个顺应时代与科技发展的产品，才能让公司从根本上走出困境。

商机无处不在，就看你的眼光了。一天，马化腾看到了一个招标广告，广州电信想要购买一款类似ICQ的中文即时通信工具，公开向全社会招标。ICQ软件是以色列的维斯格、瓦迪和高德芬格这三位年轻人在1996年共同开发出的一款能在互联网上快速直接交流的IM软件。IM翻译成汉语就是"即时通信"，只要把网络软件打开，无论对方在世界的什么地方，都可以发信息即时聊天。ICQ软件推出后，没过多久就有了超过一千万的用户，随后被当时全球最大的网络公司美国在线以2.87亿美元的天价收购。马化腾当时也玩ICQ，这款软件是英文版，他一直也想开发一款汉语版ICQ。广州电信这次公开招标，说不定就是一个机遇啊！马化腾立马与张志东、曾李青一起商量，凭他们的技术要开发ICQ这样一款软件并没有什么难度，但招标会马上就要开始了，在短短的时间内他们无法做出产品，只能做一个技术方案去竞标。但曾李青通过人脉关系打听到一个内部消息，广州电信旗下有一家飞华公司，早就完成了该产品的开发，命名为PCICQ，这次招标只是走一下过场，腾讯去参与竞标只是陪跑而已。但马化腾不死心，有时候陪跑也不一定是白跑啊。他和张志东奋战了几个昼夜，拿出了一个产品的构思及竞标书。张志东忽然想起什么，下意识地"哦"了一声，这还是个概念的产品也得有个名字啊。马化腾一见那张开的嘴巴像一个"O"形，他一下就想到了英文单词open，这单词还真是挺有意思啊，开放的，敞开的，张开的，开启，展开，那就用这单词的第一个字母"O"命名吧。OICQ，这个概念就这样诞生了。

然而，马化腾和张志东费尽心思设计的OICQ方案和招标书还真是一个陪跑者，飞华公司毫无悬念地中了标。然而，对于他们来说这还真不是白跑，他们已经看到了这种"即时通信"聊天软件的巨大商机，便开始集中精力研发OICQ。

1999年2月10日，腾讯OICQ的第一个版本——OICQ 99 beta build 0210正式发布。

说来，我也是腾讯OICQ的第一批注册用户，除了与好友在线聊天，更多是用来传递文件,那还是用电话拨号上网的年代,时不时掉线,但比其他方式还是要便捷得多。而腾讯第一次发布的OICQ头像就是一只寻呼机,看上去很像摩托罗拉的造型,当时我还怀疑这是摩托罗拉开发的一款新业务。这次在腾讯采访,我才算搞清楚了来龙去脉。由于马化腾在润迅打拼了多年,有很深的寻呼机情结,而腾讯创立的初衷就是开发"中文网络寻呼机"系统,因而采用寻呼机作为OICQ头像。他觉得寻呼机这个头像很直观,用户一看就知道OICQ是做什么的。但这个形象实在太呆板了,张志东怎么看都不顺眼。是否应该设计一个更有趣的形象,让人过目不忘呢? 他虽说是个典型的理工男,却有对艺术的极致与唯美追求的情结,觉得OICQ作为聊天软件应该有一个可爱的形象——"人们彼此默默关注对方的发言,但是却不交谈,就像独自在风雪里前进,看到边上有另外一个人留下的足迹,因此而感到的温暖和默契。"那么又该采用怎样一个形象呢? 有人提出用鸿雁,鸿雁传书,多好啊。美工提出采用鸽子的形象更好,鸿雁传书只是传说,飞鸽传书却是真的,而且是经过训练的信鸽,培养出了对人类的服从性和强烈的归巢性。无论它飞得多远,都熟悉信号而且能够飞回来,一切都遵从指令。当鸽子的形象设计出来后,几个人一看都笑了起来:"哈,这哪像是一只鸽子,看起来就像一只企鹅。"这倒不是他们看走了眼,而是设计上出现了偏差。偏差也能激发灵感,有人建议,那就干脆用企鹅吧,企鹅的形象黑白分明,又有鹅黄的嘴巴和脚蹼互相点缀,看上去气度不凡,还显得有点高傲,而那种憨厚并带有几分傻劲的神态既惹人发笑也特别可爱。它能在极限环境下顽强地生存,对一切都充满了好奇,那鸣叫声也好听。

有人笑道:"这企鹅形象好是好啊,但企鹅飞不起来啊!"

几个人一听都愣住了,这企鹅还真是飞不起来啊。

马化腾看见几个人还在争论,忽然冒出了一个主意:"要不这样,我们把图标挂到网上去,让用户们投票,哪个得票最高,我们就用哪个。"

马化腾一句话,在不经意间开创了一个先例,这是中国互联网企业第一次把品牌的LOGO决定权交给用户。后来有人问马化腾为什么要把决定权交给用户，马化腾笑道："当时也没想那么多，不过我们一开始就是从用户体验出发，这比什么事情都大！"

后来，大部分用户将票投给了企鹅，腾讯将企鹅作为OICQ头像。马化腾也觉得这企鹅越看越顺眼，越看越喜欢："企鹅是一种可爱的动物，它身上集结了爱、勇气和冒险的精神，以后我们公司就拿它当LOGO啦！"

就这样，一只企鹅在南海边诞生了。

在OICQ第一次放号前，马化腾和张志东等几个股东计划，第一年发展一千个用户，第二年发展三千到四千个用户，第三年发展到一万个用户。另外，他们留了两百个号码在自己手上，除了自己用，还预留给未来进入公司工作的人或赠送给身边的朋友玩。马化腾的OICQ号是10001，张志东的是10002，曾李青是10003，许晨晔是10004，陈一丹是10005。马化腾的好友、中国首个工业互联网平台总设计师李宗桦的OICQ号是10101，这是马化腾送给他的。后来，马化腾觉得这个号码比较好，很对称，还想用10001和李宗桦对换，却被李宗桦无情地拒绝了。

如果说互联网是指尖上的中国，那时的互联网在中国才刚刚探出指尖。按照中国当时的网民量，腾讯团队的预估是比较实在的。那时互联网产业在中国还处在萌生的初期，全国网民才有三百万，主要集中在高校和城市网吧里。而腾讯这样一家小公司，若能在三年内达到一万个用户，对于他们已经是莫大欢喜了。张志东还算了一笔账，只要用户达到一万，公司维护OICQ的工作人员开支、带宽租金和服务器费用基本上是可以养得起的，若是被那些大网络公司看上了买走，也能赚个几十百来万。这就是他们当时小小的野心。但马化腾却力排众议，要把OICQ放到互联网上供用户免费使用，以吸引更多的用户。而结果却让他们一个个瞠目结舌，在OICQ推出三个月后，就超过了他们对三年的预期，用户突破一万。腾讯团队又不断汲取用户的意见，进一步融入"体验因素"，加入"中国风味"，对OICQ的性能不断改善、功能逐渐升级。

那时候互联网在中国还处于初创时期，网上许多东西还是一片空白，无论是网络产品还是网站和软件，都是先入为主，做出来再说，一般只考虑功能和排版内容，以实用为主，不太在乎用户的使用体验。这就像是做一件衣服，在一个刚刚解决温饱的时代，第一重要的就是穿在身上要结实和暖和，至于衣服的款式是否美观，合不合身，穿衣服的人有什么感受，当时的裁缝是不会过多考虑的。而马化腾在腾讯初创时，就在股东会上特别强调："只有你的产品足够了解用户、满足用户、尊重用户，他们才会成为你的使用者和支持者。我们一定不能辜负用户，要与用户做朋友。"在他看来，OICQ不只是一款呆板的聊天软件，而是一种生活方式，要让用户在聊天之余，感到是一种舒服、有趣味的享受。

　　无论怎样舒服、享受，第一就是要吸引人。马化腾提出："我们不仅在功能上要吸引用户，在外观上也要吸引用户，用户只要一打开OICQ，就能喜欢上它。而现在ICQ的用户图像单一，没有什么个性化，统一是一个用户名字和一个标准的花形，在线为绿色，离线为灰色。这样看上去没有吸引力，我们要做些丰富的头像，让用户有所选择，看上去有个性化。大家想一下，最好是大家都熟悉的头像，看上去很亲切。"于是，几个股东和设计师就在一起讨论，有些人提出用连环画《西游记》里面的图像，有人提出用《三国演义》的演员照片，这一个个都是性格鲜明又众所周知的人物，但张志东摇了摇头说："OICQ用户头像的版块很小，放这些人物头像上去几乎看不清眉目，最好是采用那种线条明朗、形象夸张的卡通形象，青少年最喜欢这个了。"大伙儿一听，都觉得这个建议不错，但还得看看用户的反应。结果这些卡通形象一经推出，便引来了用户的热烈追捧。

　　这也是腾讯OICQ超越ICQ的第一步，接下来他们又针对ICQ的缺陷实施了第二步超越。这又是马化腾发现和提出了一个问题，当时，无论是ICQ还是其他聊天软件，有消息进来时没有提示音，只是在电脑右下角无声地闪动，用户稍不留神就错过了消息。马化腾一下就想到了寻呼机的提示音，一有消息进来，就会发出声音，提示用户查看，这个寻呼机功能正好可以嫁接到OICQ上来啊。大伙儿一听，都说是个好点子。那用什么提示音最好呢，一定要是一个大家听上去很熟悉的、有亲切感的声音。有人建议用敲门声，一有消息进来，笃、笃、笃，就像有人在敲门；有人建议用吹口哨的声音，谁跟谁相约去上网，大家吹个口哨就行，就像接头暗号一样；有人建议用鸟鸣声，在网吧上网，满屋子的鸟鸣声，就像在林子里一样，回归大自然。还有人建议用汽车的喇叭声、自行车的铃铛声。大伙儿正七嘴八舌地说着，争论着，马化腾腰上别着的BP机忽然嘀嘀嘀地响了起来，大伙儿如条件反射一般，都闭了嘴，一起竖起耳朵来听。那时候这寻呼机的声音就是最敏感、最吸引人的声音。马化腾心头一动，说："怎么样，就用寻呼机的声音吧，现在上网的人都是年轻人，几乎每个人的腰间都别着一个BP机，一听就会产生条件反射。"

OICQ的提示音就这样定下来了。马化腾当场就把自己BP机的声音录下来，放到系统里。如今BP机早已成了文物了，不过，那滴滴滴的声音后来成了QQ经典的腾讯音，一听这声音，便勾起许多过来人对那段青春岁月的回忆。

解决了这些用户体验的小程序问题后，马化腾突然又问了一句："我们的用户会在什么地方上网？"这个问题一下子把这帮人问住了。这听起来像是一个与技术无关却又与产品息息相关的问题。马化腾又问："我们国内有多少台电脑，有多少网民？"这还真是问到点子上了。在2000年之前，全国电脑普及率还不到百分之一，这些电脑大多数是机关单位配备的办公电脑。当时电脑少，会用电脑的人更少，很多都是摆设，真正的网民全国大约只有两百多万，中国绝大多数人都还没有摸过电脑，许多人甚至还没见过电脑。即使是在深圳这样的特区城市，许多工厂的打工者也都没有摸过电脑，只有老板或白领才有资格享用这样的高端科技产品。当时大多数人都在网吧里上网，全国的网吧那时候也只有一万家左右，而且网民基本上是青年人。

马化腾说："我们要明确产品的定位，OICQ的主要应用场地是在网吧。但是在网吧上网，不可能固定在一台电脑。我看了一下ICQ软件的聊天消息和朋友列表，仅保存在客户端，不用寄存于服务器。因为ICQ针对美国市场，美国个人电脑和办公电脑已经基本普及,在自家的电脑或办公电脑上安装ICQ软件后,利用电脑的内存可以保存聊天消息和好友列表,但我们国内的网民大多在网吧上网,网吧会设定电脑自动清理,每换一台电脑上网,软件上的聊天内容和朋友列表就都没有了,又要重新添加,麻烦不说,有的网友再也找不回来了,就像失散的亲人一样。 我看了一下台湾资讯人的CICQ,还有网际精灵和飞华公司的PCICQ,都是直接拷贝ICQ模式,但也存在同样的严重缺陷,而这些公司竟然也没有意识到,由此可见他们并不是真心要做一款强大的软件,只是想做一个跟风者。我们一定要跳出这个思维,要么就不做,要做就做最好,让用户喜欢,绝不辜负用户对我们产品的期待。人家的缺陷,正好给了我们一个创新的机会,如果我们能解决这个问题,无论用户在哪里上网,都能看到之前的聊天记录和朋友列表,这将会成为OICQ的一大亮点,也是我们公司技术创新的一大卖点。"

张志东一边听着一边思索,马化腾一番话讲完了,他的思路也出来了,"如果我们将聊天消息和朋友列表都移到后台服务器,那么我们还可以突破一些技术,设计出离线消息功能。"

马化腾一听,拍掌叫好:"对,这个提议好。ICQ和其他聊天软件,只能与在线的好友聊天,而且只能按照用户提供的信息寻找好友。"他越说越激动,简直像买彩票中了头彩一样,激动得坐不住了,忽地站起来说:"我们利用后台服务器功能支撑聊天,还可允许用户直接添加当时在线的陌生网友为好友,进行留言聊天,这样就可以极大地扩展OICQ的社交功能。全国各地这么多网友,如果大家只能跟自己认识的人聊天,那多没意思,如果可以随便添加不同城市、不同性别、不同年龄层次的网友,这无疑是一个非常大的突破。一款聊天软件,也就可以成为一种生活方式了。"

大家也跟着激动起来,觉得这款聊天软件,似乎潜藏着无限的可能。

这也是OICQ对ICQ等聊天软件的一次功能性超越,堪称腾讯OICQ的第一次革命。当你从用户的体验出发,才能针对用户的潜在需求不断创新,那用户数就像牛气冲天的股票指数一样一路飘红,OICQ很快就在同类软件中脱颖而出。

这一只小企鹅，让很多人的生活从此变得不同，在方寸之间的对话框里，再没有时间和空间的距离，每个人都站在舞台的中心，成为自己故事的主人公。OICQ的用户大多是独生子女，由于在家庭生活中缺少可以一起成长、相互交流的兄弟姊妹，有的人从小就养成了孤僻、内向、我行我素的性情，在社会交际中腼腆而不善言辞。而有了OICQ这一社交工具，他们便可以找到另一种沟通方式，可以无拘无束、谈吐自如了。一开始是互相试探，合则谈下去，不合则拜拜。很多网友第一次交谈就有相见恨晚之感，也有人几经交谈才慢慢熟悉起来。而一旦视彼此为好友，就会渐渐敞开胸怀，围绕共同感兴趣的话题娓娓交谈，谈人生，谈爱情，谈梦想，或是诉说自己的心声与烦恼。而在这样的网聊中，往往也有戏剧性的故事发生。有一个网名"黑骏马"的小伙子是家里的独生子，他爱上了本单位一位姓白的姑娘，是一个独生女，却是又文静又活泼，就像古语里说的"静若处子，动若脱兔"。他还在心里给她取了个可爱的雅号——小白兔。但他太害羞，只要看见心仪的"小白兔"脸就唰地一下红了，说话也结结巴巴的，好几次他壮着胆子想对"小白兔"表白，可还没走到她身边腿就连连打战了。他在网上也结交了一位叫"小白兔"的姑娘，却能大胆地向她倾诉衷肠，还把自己不敢向心中的"小白兔"表白的苦恼也告诉了网上的"小白兔"。

她问："你真爱她？"

他说："真爱！"

她鼓励他："那你就要像一匹黑骏马一样大胆地去追你的小白兔！"

他说："唉，我、我就怕她拒绝啊，那可真是丢脸了。"

她说："如果她真是一个值得你去爱的小白兔，你就要爱得奋不顾身，还怕丢什么脸？哪怕拒绝，我想她也一定会珍惜你的爱，谢谢你的爱！何况你一个大男人，就算遭受了姑娘的拒绝也应该能够承受啊，如果你连这都承受不了，那也不值得小白兔去爱。"

这小伙子一听也是啊，第二天下晚班时，他看见"小白兔"挎上小坤包走出办公室，随即跟了上去。眼看就到了电梯门口，他冲着她飘逸的头发小声说："小白，今晚我们去看电影吧。"

姑娘回眸一笑，盯着他的眼睛说："你说什么，我没有听见。"

小伙子又壮起胆子加大了声音："今晚我们去看电影吧！"

姑娘莞尔一笑，"我等你这句话等了半年了，不过，我今晚要和男朋友约会呢。"

小伙子一听，脸一下红了，好在他提前有了心理准备，才努力控制住了自己的情绪，还挺有绅士风度地说："对不起，祝你幸福！"

姑娘盯着他的眼睛，一脸神秘地问："今晚你不上网了？你的小白兔还等着你呢。"

小伙子猛地一惊，结结巴巴地问："你、你怎么知道？"

姑娘忽然冲着他的耳朵说："我还要上网去见那匹胆小的黑骏马呢。"

小伙子"啊"了一声，这才恍然大悟，那网上的"小白兔"竟然就是他心仪的"小白兔"。

这只是在OICQ社交工具上发生的无数网恋故事之一，它还创造和演绎了众多更富传奇性的故事。有人说网络无所不在又无所不能，这兴许也是OICQ让无数网民趋之若鹜的原因之一。

据华军软件园创办人华军回忆："OICQ一上线，我们就把它挂在站点上，不到半年，它就成为所有软件里下载量最大的，下载速度也是超快，很快就在用户中建立了口碑。"当时的网民以大学生为主，OICQ软件很快就超越了ICQ而成为高校学生的宠儿，群体效应就像滚雪球，用的人多，口碑好，很快就会传开，就会带动越来越多的人。各路网友纷纷点赞，也献计献策。随后，OICQ又增加了断点传输、群聊、截图等新功能，更是让用户们惊喜不已。而最惊喜的还是腾讯团队，到1999年11月，OICQ用户数量就猛增到一百万，是他们预期三年达到的一万用户的一百倍。

嘀嘀叫唤的企鹅声音在大江南北此起彼伏，尤其是在深夜，网吧传出的声音，伴随着泡面的气味，让黑夜不再孤独而寂寞，成为一代人共同的生活回忆。然而，这个声音实在是过于响亮了，引来了许多天敌的虎视眈眈，一场针对企鹅的猎杀之战，悄然地拉开了帷幕。

当国内网民对这个突然爆红的小软件趋之若鹜时，大洋彼岸的美国在线很快也盯上了它。这个神秘的OICQ正在跟他们争夺网络世界！美国在线立即派人深入调查，看看这个OICQ是何来头。而调查的结果又让他们大吃一惊，这个软件竟然来自一个名不见经传的小公司。这让他们从震惊到愤怒，这样一家小公司竟敢挑战美国在线的霸主地位，凭什么？按他们的思维习惯，这些中国"小偷"肯定是偷窃了ICQ的知识产权。

1999年国庆节过后，马化腾突然收到两封来自美国的律师函。美国在线已向美国地方法庭起诉腾讯在1998年11月7日注册的www.oicq.net 和1999年1月26日注册的www.oicq.com两个域名都包含了ICQ，这对ICQ造成了严重的知识产权侵犯，腾讯必须立即停止使用这两个域名，并将OICQ无偿转让给美国在线作为赔偿。

马化腾看着这两封厚厚的美国律师函，先是默然地发了一阵呆。他看上去是在发呆，其实是在冷静地琢磨，OICQ到底在哪里侵犯了人家的知识产权？随后，他连夜将其他四位创始人召集到一起商量对策。他先冷静地说出了自己的分析："OICQ的所有功能都是我们自主研发的，而且在功能上都超越了ICQ，就算我们想要抄作业，一个优等生会抄差生的作业吗？简直是岂有此理！"

他很激愤，几个股东也很悲愤。然而，那时互联网在中国才刚刚兴起，国内对于互联网的许多法律法规都还没有出台，关于互联网的知识产权保护以及侵权案件几乎还没有，他们没有可借鉴的案例，这官司不知道该怎么打。几个人把目光投向了陈一丹，他读过法律专业，也有律师执照。陈一丹把两封律师函翻来覆去看过了，然后苦笑地摊开手问道："你们觉得，我们有钱打官司吗？"

这句话一下把几个人都问住了。人家美国在线财大气粗，以2.87亿美元直接收购了ICQ，腾讯这样一个小公司，若跟美国在线斗，哪里是对手？

陈一丹说："我们确实没有抄人家的作业，但我们也有一个软肋，ICQ是美国在线的注册商标，按照美国的知识产权法，凡是在名称中使用ICQ的同类型软件都涉嫌侵犯了美国在线的商标使用权。即使我们有钱去打这个官司，也是凶多吉少。我们只能做好最坏的准备。"

几个人商量之后，唯一的应对方式就是让陈一丹写一封答辩书寄给美方。不过他们还真是没有经验，这封答辩书提出的一个理由是，美国在线恶意注册了一个www.oicq.org的域名，这显然是为了达到其目的而采取的阴险招数。这封答辩书激怒了美国在线。2000年3月3日，美国在线正式向明尼苏达州的全美仲裁论坛递交了起诉书，并寄来新的律师函，上面附了一个相关的案例，美国在线曾经打过一个有关"smsicq"的案件，结果是让对方输得一塌糊涂。那意思再明白不过了，这就是你们的下场，你们也将输得一塌糊涂！

为了避免被对方抓住新证据，腾讯只得狠心将www.oicq.com这个域名暂时屏蔽了，而这是OICQ的一条热线，突然间的屏蔽，导致出现上万人同时掉线的事件。如果说OICQ用户此前是滚雪球似的，这一次则是大雪崩。很多网友不知道屏幕背后发生了什么，还以为是腾讯网站遭到黑客毁灭性的攻击。

不过，从这场国际官司的结局看，没过多久（3月21日），全美仲裁论坛仲裁员詹姆士·卡莫迪签署了仲裁判决书。经过仲裁，美国在线强行收回了腾讯公司的oicq.com和oicq.net这两个域名。而腾讯公司对此早有应对，在进入千禧年之后，公司启动了新的域名www.tencent.com。尽管美国在线把两个OICQ的域名收走了，但OICQ重新嵌入新的网站后依然能独立运行。

这个结果对腾讯还算是不幸中的万幸。马化腾和几个股东都长吁了一口气，没有官司缠身，他们终于可以将全部精力倾注在这只小企鹅身上了。

这只企鹅给腾讯公司带来了巨大的惊喜。那时，别的聊天软件都在为吸引用户而发愁，而OICQ的用户几乎像深圳湾的潮水一样汹涌而来，对于开发这款软件产品的人而言，谁都会充满了创造奇迹的成就感。但这只企鹅也给腾讯公司带来了巨大的烦恼。随着用户的急速增长，腾讯服务器的内存空间承受不了，那巨大的流量三番五次地把服务器给撑爆了。这让马化腾团队手忙脚乱，张志东作为腾讯的CTO（首席技术官，总工程师），更是被这只"嘀嘀嘀"叫唤的小企鹅搞得焦头烂额。多年后，只要一提及服务器，他一下就会产生条件反射，额头总是不由地冒出一头冷汗。OICQ的消息内容和朋友列表，包括离线文件和离线消息，都是储存到后台服务器的，按照正常做法，用户多了，只要按比例增加服务器就能解决了，但那时一台配置较好的服务器要五六万元。而按这样的用户增速，张志东预估在未来两个月就需要增加至少一百台服务器，投入五六百万元。此时腾讯还在起步阶段，OICQ上线时，没有钱配备公司的专用服务器，还是靠曾李青的关系租用了深圳市电信局的服务器，这样可以省下一笔钱。然而，由于用户数量的暴涨，租用的服务器如果不及时优化就会出现崩溃、卡死，导致用户无法上网，甚至数据丢失，将会影响到OICQ的口碑。

　　为了维护服务器的运转，张志东带着几个技术人员，几乎每天都要跑几趟深圳市电信局的机房，去做服务器优化，用精巧的算法去降低CPU的消耗，把一些运行放到更底层的数据库。这种优化技术，是张志东团队凭自己的知识和经验摸索出来的，在行业中很少有人这么做，因为大部分网络公司都不缺钱，不缺服务器，没必要搞一个团队守在机房搞优化。除了服务器出租，当时还有服务器托管业务，就是腾讯租了深圳市电信局的服务器，深圳市电信局会让专业的管理人员帮忙维护和完善服务器，使系统达到安全、可靠、稳定、高效运行，每个月只需一两千块钱的托管费。但腾讯穷得烂裤子一条，连补丁钱都出不起，只好派张志东这个二当家亲自带队出马去维护，履行了托管员的职责。后来，即使张志东使出浑身解数优化服务器，也无法在一台服务器上面容下越来越多的用户。毕竟，一台服务器的内存是固定的，再怎么优化，也不可能让其内存变大。

　　很多办法都是逼出来的。说来，这又多亏了深圳建立起了以华强北为代表的为高科技产业服务的产品配套市场体系。高科技企业的发展，既需要企业在研发、产品试验和规模生产等重要环节进行攻关，也需要外部环境提供系统的配套供应链作为支撑，任何一个高科技企业都不可能自己形成完整的产品生产体系。深圳在促进高科技企业发展的过程中，高度重视发展为高科技企业提供生产配套体系，形成区域性的比较完善的产业链。其中以赛格大厦为核心的华强北电子产品配套市场，就是最为典型和成功的高科技产业的配套市场。华强北电子市场有大小商户一万多户，从业人员十万多人，市场规模之大，品类之全，堪称世界第一。华强北电子产品配套市场的价格与国际接轨，是全国电子配套产品的"晴雨表"，并逐步辐射全世界。个别新的科技产品，依靠华强北电子配套市场，甚至可以做到"半天出小样，一天出大样"，无缝衔接生产，这为深圳高科技产业发展提供了很好的配套环境。

腾讯既然买不起服务器，张志东被逼出了一招，到华强北的电脑配件市场走摊过铺，像家庭主妇买菜一样，东挑西选，拎了一大堆配件回来，按照服务器的原理组装了一台服务器，以缓解燃眉之急。但这台组装的服务器因为配件不是原装，运行时间一长就会出现故障。为了及时排除故障，马化腾和几个技术人员有一段时间就住在了公司里面，"人在机在，机响人动"，网站一出问题，立马就在第一时间修复。

在2000年之前，马化腾团队就是在惊喜与苦恼叠加的起伏中挨过的。由于OICQ一直是免费提供给用户使用，只有投入没有收入，随着用户越来越多，必须租用或购买更多的服务器才能维持运转，这就像给企鹅喂食物一样，而这只可爱的小企鹅胃口惊人，你投入多少就能吃进去多少，却没有下一个他们渴望的金蛋蛋。马化腾苦笑着说："这大概是世界上胃口最大的企鹅了，真没想到，它的食量会这么大，怎么喂都喂不饱！"

马化腾和几个股东早已意识到这只企鹅的可怕，这样下去公司迟早要垮掉的。他们都特别喜爱这只小企鹅，将最好的技术都用在了它的身上，就像亲手养大的孩子，那么出色，谁都不舍得放弃。马化腾坚定地说："就算砸锅卖铁，我们也要养它！"

而此时，负责公司财务的陈一丹告诉马化腾，公司账上只剩一万元了，别说养活一只饥饿的企鹅，连人都养不活了。

马化腾随即召集几位股东开会，商量公司怎么办？还办不办？

这公司的境况谁都知道，就像陷入了一片开满鲜花的沼泽，而用户的增加带来的只是虚幻的惊喜，几个股东却感到越陷越深，难以自拔又欲罢不能。几个人也不知道怎么办，一个个都低着头一声不吭，跟默哀似的，仿佛在提前给一只即将在饥饿中倒毙的企鹅开追悼会。

马化腾点了一根烟，缓缓地抽着，每吸一口烟，眉头就皱一下。他以前是不抽烟的，自从研发出OICQ后，他就开始抽上烟了。他没有别的癖好，不泡酒吧不打牌，是一个十足的电脑虫，许多压力无法发泄，闷在体内是很痛苦的，只好抽烟排解压力。这公司在生死线上挣扎了大半年，马化腾整个人都瘦了一圈，那黑眼圈戴着眼镜也盖不住，看上去就像生了一场大病。

马化腾见几个股东都不吭声，将烟蒂戳在了烟灰缸上，如同叹气般，吹出了最后一口烟说："这段时间，我想了很多，想来想去就是怎么把这只企鹅养活。眼下没有别的法子，我们几个股东还得继续增加公司的股金，公司成立的时候股本是五十万，我建议增加到一百万。另外，将五个股东的工资拦腰减半。"

张志东皱着眉头说："我算了一笔账，预计这几个月，OICQ的用户肯定还会一直上涨，我们还要接着租用服务器，增加开销。即便股本增加到一百万，也不可能支撑太久，预计可以运营到明年的2月份左右。如果那时公司还入不敷出，我们就要利用这几个月的时间，要么将公司卖掉，要么将OICQ软件卖掉。否则的话，公司没钱再投入，只能宣布直接倒闭，而卖掉总比倒闭好，多少能收回一些成本。"

这其实也是腾讯创业者的初衷之一，二当家张志东在创业之初就提出过，腾讯若是能被那些大网络公司看上了买走，也能赚个几十百来万。然而，眼看一只小企鹅越来越逗人喜爱，马化腾对这只小企鹅产生了难以割舍的感情，卖掉它简直就像卖掉自己的孩子。可到了这个境地，马化腾也只能一咬牙，答应了，那就卖吧。几个股东又商定把公司定价为三百万元，如果单独售卖OICQ软件，则标价为一百万元，这等于刚刚把投入的股本收回来，而此前付出的心血和精力就白费了。

马化腾和几个股东随后便开始四处寻找接盘侠。除了深圳当地的企业，马化腾还跑到北京和广州等地找公司洽谈，谈了七八家大公司，也有两三家公司有收购的意愿，但开价比他们设想的要低多了。如深圳市电信数据局，他们派人到腾讯公司进行财产清算，从计算机、服务器到打印机，甚至包括了桌椅板凳都查了一遍，最终按市值给价六十万元。马化腾还想跟他们讨价还价，没门，对方把手一甩，不干了。

如今有人说深圳市电信数据局没眼光，这纯属事后诸葛亮了。在当时，就是掷资六十万元也是要冒很大风险的。尽管OICQ拥有大量用户，但是没人知道这个免费的软件怎么盈利，连美国在线豪掷2.87亿美元购买ICQ之后，也一直找不到赚钱的模式。马化腾只能向买家们说起公司的技术和软件的创新，这种无形资产，没有估算的价格，但买家觉得所谓无形资产只是虚拟的东西，就像画饼充饥。而那时候互联网刚刚兴起，又属于虚拟行业，还没有赢得资本市场的关注，许多大公司收购小公司，一般都是看中该公司的设备资产、主打产品，以及未来的发展情况。腾讯有什么？其资产就几张办公桌和几台电脑，还有一台组装的山寨服务器。产品呢，网络寻呼机没有市场了，只能帮人家做网站和优化服务器，这不叫产品，也不叫资产，只能说是技术服务，招几个计算机毕业生也可以做的。那么，只有OICQ可以说是公司的主打产品，可是这个免费聊天工具买回来有什么用？还不如买一套电子邮箱系统更划算。

若站在现在的时空中看，真险！若是腾讯公司就这样便宜地卖掉了，哪里会有今天的这个雄踞天下的企鹅帝国？然而，现在归现在，当时归当时，腾讯当时面临的已不仅仅是OICQ崩溃的问题，整个公司都濒临崩溃了。这几个创始人，从创业网民已沦为典型的网络难民。那是马化腾人生中苦不堪言的一段日子，但他从不叫苦。有一天早上，一位员工一大早拿了张单子去找马化腾签字,发现马化腾是在办公室过夜的。马化腾签完了字,抬起头跟员工叮嘱相关事宜。这位员工吓了一大跳,只见马化腾头发蓬乱,脸色焦黄,两眼无神,而且布满了血丝,神情极其憔悴,像是害了一场大病。他也确实是一个病人,由于长期趴在电脑前工作,年纪轻轻就腰椎间盘突出,血脉不通,浑身疼痛,连走路都步履维艰。

在公司走投无路的时刻,五个创始人就像狼牙山五壮士,几乎做好了跳崖的准备。

就在众人一筹莫展的时刻,马化腾的脑子突然灵光乍现,想到了风险投资,然而,谁又能甘愿冒着风险为你投资呢?

就在一家民营科技企业处于生死攸关之际,深圳为了推动高新技术产业而亮出了一个漂亮的大手笔。1999年10月,金秋季节,首届中国国际高新技术成果交易会在深圳举办。这是经国务院批准,由多个政府部门、科研单位和深圳市人民政府共同主办,深圳市中国国际高新技术成果交易中心承办的高新技术成果展示与交易的专业展会。这是继中国出口商品交易会(广交会)、中国投资贸易洽谈会(厦门)之后的又一个国家级交易盛会,也是中国规模最大、最具影响力的科技类展会,以"国家级、国际性、高水平、大规模、讲实效、专业化、不落幕"的特点,成为中国高新技术领域对外开放的重要窗口,在推动高新技术成果商品化、产业化、国际化以及促进国家、地区间的经济技术交流与合作中发挥着越来越重要的作用。这一切,可以提炼为一句话——"中国科技第一展"。在首届高交会上,时任国务院总理朱镕基向世界宣布:"为了促进中国与世界各国的经济技术合作,中国政府决定每年在深圳举办中国国际高新技术成果交易会。"

从这一年开始,高交会成为深圳最隆重的节日。而在此之前,深圳只有一个荔枝节。深圳原本就是荔枝生长的沃土,从荔枝节到高交会,既是一夜之间的改变,也是延续了数千年农耕文明后的华丽转身。这一片荔枝生长的沃土,如今已是高新技术的沃土。

一直以来,高交会为最新的科研成果提供展示和交易平台,如华为、中兴、康佳、创维等龙头企业，在每年的高交会上都会精心布置自己的展示空间，推出最新的科研成果，然后将一车一车的客户拉到公司总部或研发基地去参观洽谈。但高交会并非大企业俱乐部，更为一些创业初期的科技型小微企业提供机会，让他们展示自己先进的技术和产品，为此还专门开设了高技术服务业展、科技创业型小微企业展、个人技术创新展等专门展区，举办了项目融资路演会、项目配对洽谈、采购商洽谈会、信息发布等活动，为科技创业型企业的成长提供展示、融资平台，提供最新的资讯和交流渠道，成为助力小微企业走向成功的大舞台，成为科技创业型企业家的梦工场。

马化腾从来不会放弃任何机会，何况是这样一个天大的机会。他拿着改了六十六次、二十多页的商业计划书跑遍高交会的每一个展台。这个眉清目秀、戴着一副银色半框眼镜的小伙子，原本是"一个只会写软件的书呆子"，见了谁都是一脸腼腆，不善言辞，那二十多页的商业计划书，他写得头头是道，却说不出个子丑寅卯。在众声喧哗、人流汹涌之中，他被搡来挤去，怎么也找不到一个属于自己的位置。

在这次高交会上，那只做成了卡通形象的企鹅倒是比马化腾本人更受欢迎。说到这只企鹅，第一次设计的是黑白写实的。在参加高交会之前，腾讯团队决定将这只企鹅做成卡通公仔，作为礼品赠送给顾客。但感觉色彩有些单调了，便将它做成了稍微有点胖的样子，还增加了一条鲜亮的红围巾。企鹅公仔一只眼睛圆圆的，另一只眼睛眨巴着。这家伙在高交会上一露脸，立马就大出风头，遭到顾客疯抢，最后只能由"送"改"卖"，一开始是五块钱一个，很快又涨到了十块钱一个，还被一抢而光。陈一丹笑道："哈，咱们再把这只企鹅好好打扮一下，干脆直接卖企鹅卡通得了！"这虽是开玩笑，但腾讯团队在高交会结束后就请来专业设计公司，把企鹅好好打扮了一番，这才有了如今这个由黑、黄、红三色轨迹线环绕的小企鹅形象，球形标识以QQ为中心，寄寓了"以用户价值和需求为核心"的品牌内涵，又是一个向外扩散成不断运转的世界，喻示腾讯从最大的即时通信社区起步，随着用户需求和互联网应用的发展，业务范围和运营领域不断拓展，不断满足人们在线生活的多种需求，也将传递互联网娱乐的精彩气息，为广大网民带来欢乐。

当然，腾讯也不可能专门卖这种卡通企鹅，马化腾一直在不遗余力地推销他雄心勃勃的商业计划。深圳本地一家知名创投企业的投资经理和马化腾交谈了两次，由于他不熟悉互联网即时通信工具，又加之马化腾满口的专业术语，他耐心地听了一阵也没有搞清楚这东西到底是怎么回事，结果导致OICQ未能入选。这一次失之交臂也让他后来时常扼腕叹息，一直觉得这是他在风险投资上最大的遗憾。但马化腾在连连碰壁之后，终于遇到了两个知音：一个是美国国际数据集团（IDG），它是当时全世界最大的信息技术出版、研究、会展与风险投资公司；一个是香港最大的电信公司盈科数码。这两家公司以超前的眼光一共给腾讯投入了220万美元的风险资金，这是腾讯创办以来获得的首笔风投。后来OICQ改名为QQ，当QQ用户超过两千万时，这笔风险投资还没用完。盈科数码投资腾讯占有百分之二十的股权，在获得高达十一倍回报后，他们觉得腾讯的发展空间已经顶到了天花板，于是见好就收急流勇退。为此，他们至今也非常后悔，没想到腾讯后来能发展成为中国最大和世界顶级的互联网综合服务提供商。如果不是中途退出，他们获得的回报率可能超过六百倍。

而在当时，两百多万美元，差不多是两千万元人民币，对于腾讯团队已经是天文数字了，这不但可以让一只小企鹅绝处逢生，还可以把它养成一只帝企鹅。后来，当有人问马化腾为什么选择在深圳创业时，马化腾觉得这是根本不用回答的问题，但他还是充满感恩之情地回答说："我们曾为凑出所必需的营运资金而四处奔波、夜不能寐，甚至试图卖掉我们的QQ软件。幸运的是，借助深圳第一届高交会这个平台，我们获得了第一笔风险投资。深圳为腾讯这样的企业提供了最佳的创业创新和成长环境。"

谁说企鹅飞不起来

当人类迈入新千年,新千年的深圳进入了改革的攻坚期——"改革中的改革",在产业结构方面积极打造布局六大战略性新兴产业:生物、互联网、新能源、新材料、文化创意和新一代信息技术。这一年,深圳高新技术产业驶入了快车道,产值首次突破千亿元大关,自主知识产权的高新技术产品占全部高新技术产品的比重首次突破百分之五十。从此以后,这项指标就以平均每年一个"千亿元级"的速度增长。而在2000年8月4日,首届"中国国际互联网站展览会"在深圳高交会展览中心隆重开幕,旨在全面反映中国互联网行业在各领域的应用及发展现状,促进企业间的交流与合作,有效培育网络用户市场,为中国互联网行业的健康发展成功创建一个展览综合服务平台。展览会由网站和网络通信技术及设备展示、网络精英论坛、现场活动三大部分组成。现场展示将直观演绎互联网应用精髓,网络精英论坛将邀请到政府权威人士、网络企业风云人物、风险投资代表、金融机构代表、法律界代表就各项议题作精彩演讲,而现场活动则主要包括由参观者评选"最受欢迎网站"和"最受欢迎现场活动",还有"IT人才及经理人才现场招聘"、网上购物大赛,等等。在为期五天的展览会上,深圳高交会展览中心淹没在WWW的海洋里,让人感受到互联网不可阻挡的步伐。

在这次展览会上,腾讯的那只嘀嘀叫的企鹅又一次崭露头角,生动地体现了互联网时代网民的参与性和娱乐性等特点,不过还远远没有大显身手,但也引来越来越多的目光,而机遇往往就在目光里。

2000年代又被称为极客时代。"极客"一词来自美国俚语geek的音译,又译作奇客,一般理解为性格古怪的人,他们具有极高的技术能力,对计算机与网络的痴迷有时会达到不正常的状态,在互联网领域一直被视为怪异者的边缘人物。而极客的称呼一直偏向贬义,一度也曾是对黑客的贬称。

随着2000年代网络和通信迈进数字时代,很多超水平的网络高手都是数学高手,而那些一直被视为怪异者的边缘人物被时代之手推向舞台的中央,极客的定义也开始改写,不再特指某种技术天才或技术鬼才。他们也不再自我封闭、游离于主流人群之外。他们强烈信仰科技的力量,用技术手段、创新能力和源源不断的想象力不断将更新更好的生活方式、娱乐方式推向高潮、推向顶点。极客对这个世界的影响,并不局限在物质层面,崇尚科技、自由和创造力的极客精神正逐渐成为这个时代新的意识形态。随着极客概念的大众化,极客由此而转变成社会主流。如苹果创始人史蒂夫·乔布斯、微软创始人比尔·盖茨、谷歌缔造者拉里·佩奇都是公认的超级极客。

马化腾和腾讯团队也是中国的第一批极客,腾讯的那只企鹅也是极客的缩影。

随着第一笔风险投资的注入,腾讯服务器在扩容和升级后开始腾飞,高速网络更带来了用户的激增,网络用户呈几何级增长。2000年4月,腾讯OICQ用户突破了五百万!据中国互联网络信息中心(CNNIC)发布的资料,2000年我国可以上网的计算机数量约为六百五十万台(包括网吧),网民数量不到一千万,那时的互联网只是许多人内心的梦想和虚拟的想象,但OICQ的用户量已经超过了当时中国网民的一半。到2001年年底,其用户数量竟然超过了九千万,这就不只是中国网民而是包含世界网民了。

从数据上可以看出,这是一个多么大的群体,又是一个多么大的奇迹!

而几乎在同时,大洋彼岸的纳斯达克股市如水库崩塌,巨澜狂泻。一些在美国上市的中国互联网公司遭到血洗，新浪的股价跌到了1.06美元，搜狐跌至60美分，网易跌到上市时的发行价，被直接打回了原形。又岂止是中国的互联网公司，几乎所有的互联网公司都难逃浩劫，雅虎市值从937亿美元下跌到97亿美元，一夜之间蒸发了840亿美元，亚马逊市值从228亿美元跌到42亿美元，直接蒸发了186亿美元……

股市从来就是一把双刃剑，它可以为你推波助澜，也会挤干那虚拟空间的经济泡沫。这一场互联网股灾从2000年4月一直持续到2001年5月才触底反弹，到2001年年底才告一段落。这一场浩劫如重新洗牌，那些经不起风浪的互联网公司纷纷倒闭，没有倒闭的大网站裁员的裁员，并购的并购，重组的重组。腾讯因没有上市而侥幸躲过了一劫，但这也让他们看到了未来的路途杀机四伏，想要杀出一条血路来，就必须寻找适合OICQ的商机。当时，马化腾刚刚做完腰椎间盘手术，这病已经折磨了他数年。由于腰椎间的障碍导致相邻的脊神经根容易遭受刺激或压迫，导致肢体麻木、行走艰难，稍微走快一点就痛得浑身痉挛、直冒冷汗。现在，那突出的障碍终于排除了，手术后的疼痛只是阵痛。当阵痛过去了，他就躺在病床上抱着一台从香港淘来的笔记本电脑，在麻药后的疼痛中策划腾讯的未来发展之路。在浏览网页时，他看到了一个叫i-mode的增值服务。这是日本NTT旗下的DoCoMo公司于1999年推出的行动上网服务，i-mode英文含义就是"我的模式"。DoCoMo与内容提供商建立合作关系，打造互联网和移动业务的融合体，向手机用户提供各类有价值的内容，例如漫画、游戏、图片和音乐下载等，并对用户群进行细分，从而更精准地向用户提供丰富、多元化、个人化的实时信息内容。马化腾看到这个资讯后，激动得差点从病床上跳下来，赶紧把张志东等几个股东召来了。

张志东一看他兴奋得脸色泛红，还以为他是腰椎间盘突出症治好了，血脉畅通了。

马化腾笑道："就是啊，痛则不通，通则不痛，这腰椎间盘的障碍打通了，全身的血脉就畅通了！"

他向张志东介绍i-mode增值服务，这与他原来设计的"网络寻呼系统"几乎是如出一辙。他们原来就是要将寻呼机和互联网整合在一起，能够在呼机中接收到来自互联网端的呼叫，可以接收新闻和电子邮件等，而现在只是将寻呼机改为手机，手机的功能比寻呼机更实用，尤其是智能手机的时代来临后，这个业务将有无限的发展空间。他兴奋地说："我的模式，这就是我的模式啊！我们必须抓住这个机会！"

张志东一听也来了精神："是啊，我们的最大优势就是用户多，如果把这些用户转为移动用户，与中国运营商一起联手打造移动OICQ，他们也求之不得啊！"

2000年5月17日是国际电信日，各大运营商都要举行大型促销活动。腾讯公司赶在此之前就推出了移动OICQ方案，他们首先打入了深圳联通。在这个国际电信日，深圳联通向市民推出了"移动新生活"的促销优惠方案，该方案中有一项"移动OICQ"业务，OICQ的用户使用联通手机卡注册一个移动OICQ号，即可通过短信平台实现手机端与电脑端的信息互通。这就是两端之间的即时通信，手机号和OICQ号绑定，用电脑发消息给OICQ好友，好友如果不在电脑上，消息就自动发送到该好友的手机上，还可以通过手机信息回复给电脑端的好友。这个增值业务让很多手机用户跃跃欲试，这也是深圳人的性格，对什么新东西都想抢先试一试。

而深圳移动公司也想引入这个新项目，随后也与腾讯签下了"移动OICQ"的业务合同，并向广东移动用户全面推出。"移动OICQ"推出后，就不再是免费的午餐了。电脑端的好友发信息给OICQ好友，如果好友不在线，信息就会转发到好友的手机上；如果好友从手机回复信息，按照短信一毛钱一条收费，收入由移动公司与腾讯按比例分成。在试运营一段时间后，移动公司发现短信业务量剧增，正式推出了移动互联网的业务品牌——"移动梦网"，这相当于一个琳琅满目的超市，不限于短信的服务，还包括漫画、游戏、图片、音乐、手机上网、百宝箱（游戏箱）等多元化的服务。后来，让各大电信服务商赚得盆满钵满的手机彩铃、彩信等业务，都是从"移动梦网"延伸出来的。

那时候的腾讯OICQ用户一直呈几何级增长，但"移动OICQ"增值业务的盈利还远远赶不上腾讯的投入。那时候普罗大众还用不起手机，只有白领阶层才能用得起，而OICQ用户以年轻人为主，很多都是在校学生，并不是社会主流消费人群，大多数都没有手机。一开始，腾讯和移动、联通公司合作推出的"移动OICQ"增值业务，并未达到理想的增值效果。但马化腾看到的不是当下，而是未来的市场前景，他深信手机的普及率将越来越高，信息服务行业潜藏着巨大商机，只是时间的问题。然而，对于风险投资者来说，最要紧的就是如何规避风险，以最快的速度收回成本并赚上一笔。在两家风险投资公司看来，最好的方式就是出售——将腾讯QQ这只吃得多长得慢的企鹅卖掉。其实，在当时的情景下也不能责备对方没有眼光，办企业只能从效率和利润的角度去考虑，若能将腾讯OICQ高价出售在当时也的确不失为上策。然而，那时几乎所有上市的互联网公司都在纳斯达克股市遭遇重挫，在第一轮血洗过后还有席卷全球的寒流。腾讯团队和两家风险投资公司及海内外的多家互联网大咖都谈过了，却一直没有找到接盘侠，这只可爱的企鹅还真不是一个可爱的卡通玩具，太难出手了。

眼看2001年的元旦就要来了，OICQ每天仅新的注册用户就高达一百万，腾讯不得不投入大笔资金增加服务器，还要聘请更多的技术人才维护网站的高速运转。这高投入和低收入的反差实在太大，两家风险投资公司感到风险越来越大，几乎每天都逼着马化腾赶紧赚钱。这就像逼着企鹅赶紧多生几个金蛋蛋，至少也要达到收支平衡。这给马化腾带来了难以承受的压力，不过他也理解人家的心情，人家给你风险投资，也不能这样白白烧钱啊。

就在两家风险投资公司忧心忡忡之际，一个叫David Wallerstein的美国人出现了。此人毕业于华盛顿大学，并在加州大学伯克利分校拿到了硕士学位。但他攻读的既不是计算机专业，也不是读MBA，而是研究社会科学，这样的专业与研究如何赚钱简直是八竿子也打不着。毕业后，他先进入南非米拉德国际控股集团（MIH）工作，后被该公司派往北京担任MIH中国业务部的副总裁，专门负责中国的业务投资。中国之大，人口之多，让他一下子觉得自己成了一个茫茫人海中的探索者。一个人想要成为中国通，先要能说一口中国话，特别难学的汉语他只用了两年时间就说得很溜了，而且是一口京片子。他还给自己取了一个中国名字——网大为。很多人一听这名字就觉得古怪而好笑，这个"歪果仁"却一本正经地说："我姓网，互联网的网，大为，大有作为！"此前，MIH已于1996年投资了北京世纪互联宽带数据中心有限公司，其总部设在北京，在上海、广州、成都等地设有分支机构。为了寻找中国互联网的新商机，网大为每到一座城市，就跑到当地的网吧闲逛，看看那里的年轻人在玩什么古怪游戏。网大为惊奇地发现，几乎所有的网吧电脑桌面上，都挂着OICQ，他在上面玩了一把后，就被这只小企鹅深深迷住了。他是一个直觉很强烈的人，第一个直觉就是这只企鹅如此令人着迷，拥有如此多的粉丝，极具成长价值。

他决定拜访这家公司。为了让这次访问更加有诚意，网大为和世纪互联的总裁陈升一起去拜访腾讯公司。2001年1月，网大为和陈升从大雪纷飞的北京飞到阳光灿烂的深圳，两人脱下外套，穿着西服，在赛格科技创业园的一个角落里找到了腾讯公司。一见面，网大为就开玩笑说："这次来，咱们可是脱下了马甲啊！"马化腾笑了笑，他不善言辞，但善于演示，随即将QQ软件打开，调出后台技术，给网大为看用户的增长曲线。网大为当时就惊呆了，这小小的公司简直就是一个网络帝国啊，其网民数量已超过了世界上大多数国家的人口。接下来，马化腾又介绍和移动合作的"移动梦网"项目，向他描绘移动OICQ的发展前景。当时，大多数人还是使用2G手机，2000年3G开始成熟并投入商用，但尚未在中国普及，但已经为时不远了。网大为是一个具有世界眼光的投资商，他何尝不知道，互联网经济相对于实体经济会形成大量泡沫，但他更知道，互联网正在催生一个技术大爆炸、经济大爆发的时代。当人类进入3G时代，实现了移动通信网络和传统电信网络的融合，将云计算等互联网技术用于移动通信，如手机、平板电脑等移动通信设备将具有电脑一样的多媒体功能。而未来人类还将跨入4G和5G时代。这是一个巨大的前景无限的商机，而马化腾和腾讯团队已经走在前沿了。

网大为说："我不懂技术，作为一个投资商，我最关注的是目标而非技术本身。我最看好你们的就是CE——用户参与，这种模式棒极了！你们从用户体验出发，又尽可能了解用户需求，才让你们拥有这么多用户，这不是钱能买来的，这是你们最重要的战略优势，这也是我们最看重的。"

这位"歪果仁"还真是说到点子上了，马化腾又腼腆地笑了笑。与内向而不苟言笑的马化腾相比，这位美国人却是爽快而喜形于色，他兴奋地对陈升说："腾讯团队是我见过的最聪明的一群人！"

既然双方都有合作一把的意愿，接下来就直奔主题，进入了实质性的谈判。网大为直截了当地开出了两个条件：一是对腾讯估价为六千万美元，MIH愿意用投资世纪互联的股份来交换；二是MIH希望成为腾讯公司最大的股东。

对腾讯的估价，让马化腾团队喜出望外，他们还真没有想到一只小企鹅如此值钱。但这"最聪明的一群人"并没有被这个估价冲昏头脑，他们接受了这个估价，但有一个底线，在股份的比例上，腾讯不能放弃控制权，必须是第一大股东，而两家风险投资公司各占百分之二十的股份，还要与他们商谈。随后，马化腾将MIH的报价告诉了盈科和IDG。盈科和IDG简直不敢相信，而一旦确定这是事实后，他们几乎要欢天喜地了。IDG答应马上将腾讯的股份转让给MIH。如此，他们在不到一年的时间不但收回了成本，还得到了高达十一倍的高额回报。但IDG北京总部的一位高管觉得就这样"急流勇退"实在心有不甘，最终决定出让大部分股份，保留百分之七的股份。而原本恨不得早点卖掉腾讯股份的盈科，这个时候也犹豫起来了。风险投资，原本就是要冒风险的，而MIH的报价更是让他们确认了这个行业有戏。这些聪明的美国人，不可能在这个时候，无故出这样的高价投资。因此，盈科采取了比IDG更保守的方式，既不出让股份，也不追加投资。这就给腾讯出了一道大难题，必须说服盈科数码转让股份，否则就达不到MIH的签约要求。

于是，马化腾和曾李青决定去香港拜访盈科拓展集团董事会主席兼行政总裁李泽楷，说服他出让股份。在香港商界，李嘉诚被称为"超人"，而他的次子李泽楷则被称为"小超人"。马化腾和曾李青早早就赶到了约好的见面地点，在花旗大厦餐厅等候，但李泽楷一进来，就被一大帮人围住了，简直像个明星一样。李泽楷好不容易抽出时间，坐到马化腾的桌前。那次见面只有短短十几分钟，马化腾和曾李青说明来意，但是李泽楷并没有当面表态，也没有看出他有出售的意愿，只是了解了情况后就走了。这让马化腾和曾李青心里更加没底。谁都知道，李泽楷有敏锐的商业头脑，如果他不同意转让腾讯的股份，腾讯和MIH的合作意愿就告吹了，一个更大的机遇就丧失了。但他们也无可奈何，只能等待盈科那边的消息。

他们没有等待多久，香港电讯的股票突然大跌，对于香港电讯这是悲惨世界，但对于那些豪商巨贾又是一个绝好的机遇，新加坡电信首席执行官李显扬（李光耀之子）随即决定收购香港电讯。但李泽楷近水楼台先得月，他一直想把有线网络与因特网及互动电视融合起来，这正是一个低价收购香港电讯的绝好机遇。李泽楷曾就读于美国斯坦福大学的电脑工程系，他之所以能想到将有线网络与因特网及互动电视融合起来，也正是出于他的专业眼光。为了抢先下手，他在短短的两天内出售盈科数码公司的股票，筹集了十亿美元，接着他用这笔资金贷款130亿美元，一举击败了李显扬，将香港电讯收入囊中。这也是典型的杠杆式手法，"给我一个支点，我将撬动整个地球"。

网大为说得最多的一句话就是，腾讯做的是一个"地球级"产业。

李泽楷举债收购香港电讯后，由于互联网经济泡沫正处于毁灭之际，盈科数码一连几个月都出现巨额亏损，因而决定将占腾讯百分之二十的股份以1260万美元的价格全部转让给MIH。减去盈科数码的一百多万美元的风险投资，在不到一年的时间里就净赚一千多万美元。对于风险投资商，还有什么比这更高的暴利？不过，李泽楷一直在后悔，如今腾讯市值已超过五千亿美元，如果没有卖掉那百分之二十的股份，李泽楷赚到的就不是一千多万美元了，而是一千亿美元。这对于他又是多么巨大的损失，但世上从来没有后悔药。

2001年6月，MIH公司和腾讯公司正式签约，投资三千多万美元，占有三分之一左右的股份，成为腾讯的第二大股东。这不是风险投资，却有极高的风险。有人说，若要把腾讯做成"地球级"产业，就像送一只企鹅登上月球，希望是极其渺茫的。《华尔街日报》就将网大为定义为"押注了腾讯登月资金的人"。但网大为觉得这并非嘲讽，他还挺喜欢"登月"这个概念："这可能听起来有点不切实际，就好像脑子里跳出的一个疯狂的点子，但只要围绕登上月球这样宏大的目标而做各种努力，比如说研发生命维持系统、制造太空服和火箭，等等。人类不是早已成功地登月了嘛，一只企鹅也可以跟着人类一起登月啊。"

网大为作为股东代表加入腾讯，成为腾讯最高管理层"总办"的一员——高级执行副总裁。他还担任一个特意为他而设置的职务——首席探索官（CXO），这个职位就像他的名字一样奇怪，在中国互联网公司的架构中也实属罕见。这也确实是现代公司制度下产生的一个新名词。那么这个职务到底是干什么的呢？用网大为自己的话说："我总是那个挑战假设、呼唤大家变换思路的角色。"这份工作就是不断给腾讯管理层输入新的想法，不断向外推动腾讯的边界，在世界范围内搜罗最前沿的科技、产品，并以投资的形式，让这些创新因子融入腾讯的血液。

随着MIH公司的注资，腾讯的血脉还真是给打通了，一只小企鹅渐渐羽翼丰满，腾讯将用了多年的OICQ改名为QQ。这也是一次非常成功的改名，以前的名字还有模仿的痕迹，而且拖泥带水不太好记，而QQ干脆、响亮还特别好识别。

当腾讯进入QQ时代后，注册用户超过了九千万，正在发力冲刺一亿大关。而那时候手机的普及率还不高，但电脑的普及率已越来越高，一台普通电脑的价格比一部手机还便宜，城市网吧一下子开了很多，有的小镇上也开了网吧。很多家里没有电脑的青少年便去网吧玩游戏，刚开始玩大都是单机游戏，但只要申请QQ号，立马就能玩上丰富多彩的游戏，还能在QQ上聊天，看动漫，认养QQ宠物，在网上冲浪。很多城市里的中小学生都有了QQ，还加入班主任组建的班级群，成为十分活跃的用户。尤其是有些孩子的爸爸妈妈都很忙，没有时间陪他们，所以一放学就在家里或是网吧里随心所欲地上网冲浪，打游戏，看动漫，认养QQ宠物，每天都关注自己的QQ企鹅成长到哪个级别，该闯第几关了。但从另一方面看，这只小企鹅也很能激发孩子的微机操作能力、想象力和创造力。譬如说有些孩子在QQ的强烈吸引下，不但学会了打字，对微机操作程序也越来越熟悉，从一只小菜鸟变成了玩家中的高手。有的中学生还能自己编QQ游戏软件，自己发明了几款新式装备在网上叫卖。这样天才的网络少年在中国还不少，只要加以引导，说不定就是下一个马化腾。许多历史的过来人还记得，三十多年前邓小平在上海微电子技术应用汇报展览会上，看见几个少年正在电脑前为观众演示，小平同志露出一脸和蔼而坚定的笑容说："计算机普及要从娃娃抓起。"对于沉迷网络的学生，关键还是看如何引导，如很多学校都开辟了微机入门课程，举办中小学生微机技能大赛，把一心沉浸在游戏虚拟环境的中学生引向学习的正轨。

据中国互联网络发展状况统计报告，2001年中国网民达四千万，而腾讯QQ注册用户数超过了中国网民总数的两倍多。截至2001年年底，腾讯"移动QQ"借着巨大的用户群营业额首次突破五千万元大关，净利润超过一千万元。

凭网大为那"地球级"的眼光，他看上的还不是腾讯这区区一千万元盈利，他看到的是腾讯QQ用户的疯涨。仅仅从当时的数据上就可以看出，这是一个多么大的群体，又是一个多么大的奇迹！网大为更觉得他没有看走眼，这笔资金投入得太值得了，甚至是他这辈子最成功的一笔投资。他不想让MIH只做一个参股投资的配角，还想要进一步追加投资，又开出高价要收购腾讯其他几位创始人手中的股份。对此，马化腾一直坚守底线，你买股、增股可以，但不能控股。这也是一种典型的极客性格了。他是一个科学技术的信徒，当然也想赚钱，但赚钱从来不是他的第一目标。他和腾讯一直秉承"一切以用户价值为依归"或"以用户价值和需求为核心"的经营理念，为亿级海量用户提供稳定优质的各类服务，不断倾听和满足用户需求，引导并超越用户需求，从而赢得用户尊敬，这才是他追求的第一目标。

　　随着全球移动通信系统技术的不断飞跃，从2G、3G到4G，一只企鹅也在一次次展翅腾飞。

　　谁说企鹅飞不起来? 这要看你给它插上什么样的翅膀。

一只企鹅打败了狮子

对许多人而言，一只嘀嘀叫的企鹅或许只是一个聊天工具，但对马化腾而言，这是一个时间的入口，里面藏了太多的时光秘密了。那些岁月物语，如同深秋飘落的叶子深埋在大地里。随着2001年的冬天过去，互联网也度过了漫长的寒冬，迎来了万物复苏的勃勃生机。据Net Value发布的亚洲五个国家和地区的互联网网站及实体的排名，包括中国（含香港、台湾）、韩国、新加坡的数据，腾讯网排名第六。对这个排名，马化腾和腾讯团队都不满足。百尺竿头，如何才能更进一步呢?

追溯腾讯商业模式的成长过程，关键在于他们对盈利模式的探索，而这种探索的每一步都是通过科技创新走出来的，既有惨痛的教训，也有非凡的成功。在2003年之前，腾讯除了"移动QQ"，几乎没有开发出其他业务，不是不想开发，也不是没有开发，而是都不成功。说起来，"移动QQ"并不是什么了不起的高科技，但却是互联网时代的一个极高明的产品，利用移动通信运营公司的GSM、SMS和WAP系统跟腾讯的QQ系统互联，让移动电话用户能够直接和QQ用户进行短信交流。"移动QQ"一直如同滚雪球，营业额也突飞猛进，占了"移动梦网"七成以上的短信份额，其营业额和利润也在逐年递增。

谁都知道，鸡蛋不能装在一只篮子里。为了让公司有更多的盈利点，马化腾和腾讯团队每天都在思考如何拓展公司的业务。2002年8月，腾讯QQ新版本上线，增加了一项全新的功能——QQ群，这是腾讯在即时通信领域的一个突破性创造，为QQ用户中拥有共性的小群体建立了一个即时通信的平台。这项功能的开发，彻底改变了网民维系关系链和在线互动交流的方式，标志着QQ从一对一的聊天工具成为真正意义的即时社交工具，这也是社交网络概念第一次在中国付诸实施，这比后来风靡全球的Facebook足足早了一年半。有人指斥腾讯总是一味地模仿别人，其实腾讯有许多超越性的、突破性的创新。QQ的群聊功能不但吸引了更多的用户，也激发了注册用户的活跃度。但这依然是免费的。如何才能在这个拥有亿万用户的虚拟社区获得现实的回报呢？腾讯也做了种种尝试，如在QQ页面上打广告，但是QQ的页面小，打广告不显眼，效果不理想。随后腾讯又推出QQ会员制，只要每月花十元钱，会员就能享受到免费用户享受不到的VIP服务。马化腾一度对这项新的盈利模式寄予厚望，然而花了大量的精力却没有什么起色，最后以失败而告终。马化腾和张志东看到QQ用户每天都有上百万人抢号，号码供不应求，于是又萌生了一个盈利点想法，对新用户注册实行收费制，一来可以赚钱，二来可以缓解放号的压力。但这一招如同"杀鸡取卵"，不仅没有赚到几个钱，反而引起了舆论攻击，有网友公开发帖质问："腾讯QQ，你做得太绝了！"

这也让马化腾从另一个角度看到了网络的强大。腾讯营造了强大的网络空间，也感受到了来自网络的强大力量，一旦为了蝇头小利得罪了网民，旋即就会招来围攻的声浪。当腾讯陷入舆论危机之际，各大互联网站也瞅准时机，纷纷推出了自己的即时通信工具，试图瓜分腾讯QQ的用户。当时互联网市场上一口气冒出来的即时通信工具有三十多款。有人说，在网络虚拟空间犯错，比在现实世界犯错更悲惨。腾讯一次失误的决定，就如同给一只企鹅引来了狼群的围攻。这狼群并非网民，而是竞争对手，而一只企鹅又岂是狼群的对手？

在几经尝试都失败后，腾讯团队开始反思，认为还是要回归初心，一切必须从用户的体验出发，而一旦违背了这个初心，必将是一条走向自我毁灭的不归路。但腾讯不是福利机构而是企业，必须按照企业的目标来运作。常言道，生财有道，如《礼记·大学》所云："生财有大道：生之者众，食之者寡，为之者疾，用之者舒，则财恒足矣。"这个"道"，对于企业经营乃是道术合一，既是经营伦理，也是经营之术。2002年7月，腾讯公司倡导行业自律，并签署了《中国互联网行业自律公约》。这个自律公约其实就是一个必须自觉恪守的"道"，它是禁律，也是遵循经营伦理的生存之道。

然而，腾讯却一直难以拓展"遵循经营伦理的生存之道"，在2003年之前，腾讯的主要盈利模式就是"移动QQ"无线增值服务，这个收入又主要来自短信。随着手机用户的逐年递增，短信业务量大增，而在发短信的技巧上，人们还玩出各种新花样。如年轻人在谈恋爱时，短信就像飞鸽传书，他们将短信编辑成"心"型，搭配上一段甜蜜的文字，让对方更心动。很多服务商为了扩大短信业务流量，还专门请人写短信段子，既有心灵鸡汤式的文字，也有各种笑话、段子和煽情的语言，在短信中飞来飞去。一毛钱一条的信息，可以让朋友开心，可以让亲人感到温馨，也可以让恋人动心，这比什么都划算。截至2002年年底，腾讯QQ注册用户已突破了两亿，营收和利润比上年翻了一番。在2002年的年终总结会上，大伙儿对这一年的营收和盈利既兴奋又振奋，一个个都想着如何把这个蛋糕做得更大。

马化腾却是一脸的阴郁，他扶正了一下眼镜，又扫视了一下众人，沉声道："各位，对于今年的营收和盈利，我也倍感欣慰，然而我又特别害怕，我们今年的营收和盈利，'移动QQ'无线增值服务占了公司总营收和净利润的九成以上，这是一个很危险的比例！大家都知道，这个业务是与'移动梦网'捆绑在一起的，腾讯只有半条命，倘若'移动梦网'一旦出现任何变故，腾讯这半条命就没有了。这就是我们在快速发展之下的危机。所以，2003年我们的主要任务是：在确定QQ用户数和无线增值服务持续增长的同时，还要为公司寻找新的利润增长点。幸运的是，我们公司有人比我先就想到了，现在，请许良给大家讲讲他的'阿凡达计划'。"

许良是一个二十五六岁的小伙子，1999年毕业于武汉大学经济系，自己创办过一家软件公司，历经两年打拼，却以惨败收场，于2002年夏天南下深圳，加入腾讯市场综合部。他投简历应聘的职位是全国网吧推广经理，可他的手机丢了，未能及时收到腾讯发给他的录取报到通知。当他重新买了手机才收到信息，结果晚了两周才去报到，而他应聘的职位已被别人顶替。但腾讯还是把他留用了，还给了他一个"产品经理"的职务，让他一边研究产品，一边等待重新分配工作。就这样，他成了腾讯的第一个产品经理，也是"腾讯历史上的第一个闲人"。

对于这位市场部的年轻人，平时很少有人注意，而这次，他还是第一次走上前台。小伙子方头大脸，顶着一个硬扎扎的板寸头，下巴上还留着一抹浓黑的胡髭，他给众人的第一印象，就是特别扎实而自信。这半年来，他这个"闲人"还真是没有闲着，每天都在办公室里浏览国内外大大小小的网站，绞尽脑汁地研究产品。他提出的这个"阿凡达计划"，是受韩国一个社区网站的启发。这家网站开发出了一个叫作"阿凡达"的功能，用户可以根据自己的喜好更换虚拟角色的造型，如发型、表情、服饰和场景等，而这些虚拟产品需要付费购买。这一服务推出后，很受韩国年轻人的欢迎，盈利也相当可观。而许良提出的"阿凡达计划"，就是借助QQ现有的平台，打造一个具有中国风格的虚拟空间——QQ秀。而对市场预期，许良也很乐观。腾讯拥有众多的用户，这是当时国内很多互联网公司难以比拟的，而这正是腾讯的先天优势，腾讯只需要利用现有的平台，就可以打造出一个QQ秀的舞台。

这一计划在股东会上通过后，随即便开始付诸实施。许良被任命为项目经理，张志东抽调了三位程序员和一位美工给他，组成项目组。而腾讯从对许良的任用上也开了一个先例，从此以后，谁提出来的产品方案，就由谁去负责和执行。许良带领团队成员加班加点，在不到一个月的时间里就制作出一份长达八十多页、逻辑缜密的PPT演示文本，同时还设计出了最原始的虚拟形象系统。

这些日子对于许良简直是在玩命啊。他捧着演示文本去找马化腾时，也长出了两个浓重的黑眼圈，两眼都肿胀得睁不开了，一张嘴就喷出一股浓烈的咖啡味。

马化腾接过文本，感到手臂一沉。他叮嘱许良："你赶紧去睡个好觉，等你醒了，就要睁大眼睛看看你的QQ秀了！"

那个日子许良一辈子也不会忘记，2003年1月24日，腾讯QQ秀上线试运营。而在推出QQ秀的同时，腾讯还推出了Q币和QQ商城。腾讯公司免费派送给所有QQ会员价值十元的Q币，两亿多用户成为QQ秀的种子用户。这免费的午餐没有人不吃，一吃就感觉到味道特别好，越吃越想吃。凡注册用户可以用Q币在QQ商城上面购买琳琅满目的衣服、饰品、道具，如仙女装、职业装、墨镜、项链、手表等。当然，这一切都是虚拟的，但像在现实生活中购买衣服首饰一样，归用户所有，用户可以依照自己的形象需要而随时更换，也可以作为礼物送给自己的QQ好友。经过精心装扮的个人形象，除了能在QQ头像上面显示之外，还可以到QQ聊天室、腾讯社区、QQ交友等服务中使用。而用户可以点亮自己的头像，在虚拟空间秀出自己的个人风采。QQ秀一经推出，立即受到用户追捧。许多人在现实中无法展现自己内心的真实想法，却可以在QQ秀中找到另外一种人生的寄托。但这世上不能永远享受免费的午餐，腾讯是企业，企业必须盈利。在QQ秀试运营两个月后，腾讯不再免费派送Q币。你若想继续秀出自己，那就要掏钱购买Q币，再到虚拟的QQ商城购买那些虚拟的衣装饰品。但腾讯绝不强迫你去购买，一切但凭个人意愿，谁有意愿谁做主。只要几块钱，就能在自己的"好友"中显示出光鲜的一面。尤其是青少年，都想在朋友面前"秀"出自己。诚然，虚拟与虚荣原本只是一字之差，而爱美之心人皆有之，这是他们追求时尚和美好的权利。

对于腾讯，2003年堪称化茧成蝶之年，这QQ秀也是腾讯的"蜕变之秀"，他们终于从"移动QQ"的短信业务中破茧而出，这兴许是一个必然的发育过程，而一旦化茧成蝶，如同重见天日，感觉天地一下变大了。

　　许良也用事实证明了，他的自信还真不是盲目的自信。尽管他设计的QQ秀受到了"阿凡达"模式的启发，但这却是一个具有超越性的创新。这也是腾讯在盈利模式上的一大突破，成为无线增值服务之外的第二大利润增长点。在QQ秀上线的前半年，就有五百万人购买了这项服务，这是用户完全主动的自愿行为，没有引起用户的反感和舆论的攻击。而腾讯从中悟到了商机，随后又依托Q币和QQ商城相继推出QQ宠物、QQ空间。这年8月，腾讯还推出了再度引领互联网娱乐体验的QQ游戏，如旋风般席卷互联网。QQ游戏最高同时在线人数突破了一百万人，标志着QQ游戏成为国内最大和世界领先的休闲游戏门户。在其后数年里，QQ游戏一直是公司的主要盈利增长点。其后开放的"QQ幻想"也大受欢迎，还入选国家新闻出版总署评定的第二批"中国民族网络游戏出版工程"。

　　腾讯的会员原本只是简单的会员，没有"特权设计和等级差异"。而QQ秀给腾讯团队带来了启示，他们认识到每一个人都有被认同的心理需要，渴盼有不断上升的台阶。而这种上升在现实空间是难以如愿的，那么在虚拟空间可以满足人们的心理需求。为此，腾讯针对普通用户建立了"星星、月亮和太阳"三级体系，用户在线五天可以得到一颗星星，十二天可以得到第二颗星星，二十四天可以得到第三颗星星。三十二天后，三颗星星可以转换成一个月亮，三个月亮可以换一个太阳。一个用户若能升到太阳，需要很长时间，而在这个逐渐晋升的过程中，他和这个陪伴自己的QQ号的感情也越来越深，几乎成了自己身心的一部分。而腾讯还将星星、月亮和太阳直接显示在QQ个人主页的醒目位置，并且对每一个级别的晋升增加一点福利，如附赠一个手机铃声或五条、十条免费短信。通过这种小游戏，可以增加QQ的可玩性和用户的忠诚度。他们还推出了更高一级的"红钻贵族"服务。购买红钻的QQ会员可以在QQ秀享受到包月服务，用户每月支付十元人民币，就可以享受到多项特权，包括获得红钻标识，每天免费得到五朵鲜花，每天自动换装，还有赠送好友QQ秀不花钱等红利。

　　腾讯作为一家实时通信服务商，一边从用户体验出发开发QQ娱乐功能，一边开发即时社交工具的新产品。2003年9月9日，腾讯在北京嘉里中心隆重宣布推出企业级实时通信产品——腾讯通（RTX），标志着腾讯公司进军企业市场，并且成为中国第一家企业实时通信服务商。这年12月，腾讯又推出一款最新的即时通信软件TM，用户可在办公环境中与朋友即时沟通并下载使用。截至2004年12月，腾讯公司已独立开发出近三十项拥有著作权的软件产品。这些产品都是典型的薄利多销，利润有多大，就看看这一年的年终盘点吧，2003年腾讯的营业额超过七亿元，利润超过三亿元。若同腾讯的未来相比，这不算什么，若同MIH公司投资腾讯的2001年相比，利润翻了三十倍，这就是互联网经济爆炸的威力。

在腾讯公司成立的第六年，一家创业之初的小微企业已经成长为一家香港上市公司，2004年6月16日在香港联交所主板上市。这是第二家在香港上市的中国互联网公司。而在此前，腾讯团队对公司的组织架构进行了第一次改造，在原有架构上设立了研发部、市场部和职能部。公司高层由"腾讯五虎将"担任，马化腾为CEO（首席执行官），张志东为CTO（首席技术官），陈一丹为CAO（首席行政官），许晨晔为CIO（首席信息官），曾李青为COO（首席运营官）。

在建立和健全高层管理体制的同时，腾讯对公司下属部门的管理也进行了改革，采用工程师和产品经理相交融的项目管理制。为了招揽更多的人才，腾讯到处高薪挖人、请人、招人，众多互联网领域的拔尖人才或技术高手加入了腾讯。而此时，深圳的人才支撑体系进一步完善，在人才服务与保障方面，为人才入户、子女教育、配偶就业、医疗保健等提供便利化服务，并通过以租赁、出售、补贴相结合的方式提供人才安居保障。如果没有深圳的人才支撑体系，他们也不可能招揽到国内外的一流人才。腾讯一半以上的员工都是研发人员，在即时通信、电子商务、在线支付、搜索引擎、信息安全以及游戏等方面都拥有相当数量的专利。2007年，腾讯投资过亿元，设立了中国互联网首家研究院——腾讯研究院，进行互联网核心基础技术的自主研发，从最初的模仿逐步走上自主创新的民族产业发展之路。

上市后，腾讯有了大量的资金周转，而作为上市公司，为公司股东增值也是其义不容辞的使命。腾讯团队进一步明确了"通过互联网服务提升人类生活品质的公司使命，为用户提供'一站式在线生活服务'的战略目标"，还基本上确立了"面向未来，坚持自主创新，树立民族品牌的长远发展规划"。具体说，就是提供互联网增值服务、移动及电信增值服务和网络广告服务，通过即时通信QQ、腾讯网、腾讯游戏、QQ空间、无线门户、搜搜、拍拍、财付通等中国领先的网络平台，打造中国最大的网络社区，满足互联网用户沟通、资讯、娱乐和电子商务等方面的需求。

马化腾还以超前的眼光提出了"在线生活"的新战略和新的互联网模式，将公司划分成五大业务模块：无线增值业务、互联网增值业务、互动娱乐业务、企业发展业务和网络媒体业务。腾讯产品不光是做即时通信，还分别在门户、搜索、邮箱服务、电子商务、网络游戏等方面大力投入。这就意味着，腾讯的产品将渗透到互联网行业的每个角落。

腾讯在引进了大批优秀人才后，马化腾又在公司内部提出了"赛马机制"，谁提出来的产品方案，谁就去执行，一旦做大了，就可以成为公司旗下的独立部门。简而言之，就是"谁提出，谁执行"，"一旦做大，独立成军"，此举突破了很容易固化的部门边界。这是不成文的规定，却也是腾讯特有的企业文化。"赛马机制"在激发创新活力的同时，也可以让项目能够快速通过并顺利实施。但马化腾还是感到有风险，又要求每个中层干部都要培养一个很强的副手，这是硬性的"备份机制"，如果内部找不到合适的人选，就不惜高价去外面挖。他在召集各部门负责人开会时，以少有的强硬语气说："你们每一个部门主管，一定要培养副手，否则我会认为你有问题。忍你半年可以，但一年你还这样，那我就帮你配了，你不答应也得答应！"也正是因为他在这方面过于强硬，也有人在背后称他为"霸道总裁"。他听了一笑，又摊了摊手说："没办法，因为有些专业知识，无论怎么补课，就是到不了那个级别，指望某个人的提高去迎合公司发展的风险太大，所以一定要提前做好准备，随时有人来替换你的功能。"

在互联网领域也时常会出现"替换"功能。腾讯曾经是互联网世界的模仿者、追赶者，而现在则变成了引领者，成为很多公司的模仿对象。当腾讯利用QQ秀、QQ宠物、QQ空间等虚拟产品在互联网异军突起，别的网站公司也想从中分一杯羹，利用自己研发的即时通信软件与腾讯拼杀。一只企鹅面对着狼群的围剿，最终没有被狼群吃掉，反而将这些对手一一击败。而QQ和MSN的激烈争战，堪称互联网世界的一个经典案例。

这里就从2005年说起，这一年腾讯公司从用户体验出发，举办了"科技改变生活，QQ改变你我"的互动式征文大赛。征文启事先以亲切的询问切入主题："还记得第一次添加好友时的心情吗？还记得那些小心翼翼保留下来的聊天记录吗？那只可爱的小企鹅，见证了多少故事，也许是缠绵悱恻的爱情，也许是肝胆相照的友谊，也许是历尽挫折，也许是梦想成真……现在，伴随着无数人成长起来的QQ已经六岁了，在这六年里，QQ的同时在线人数一升再升，目前已经突破了一千万……诚挚邀请全国的QQ用户站出来，大声讲述他们的经历，讲述他们和QQ之间发生的或欣喜、或甜蜜、或有趣、或悲伤的故事。"为此，腾讯还提供了丰厚的奖金奖励。当各种各样的QQ故事像雪片一样传来时，全球最大的电脑软件提供商微软公司忽然出手，推出了即时聊天软件MSN，一时间让无数网民趋之若鹜。当腾讯团队还在观望这个不速之客时，业界已有人开始惊呼："狼来了，QQ出现了历史上最大的敌人！"

这还真不是耸人听闻，接下来的一场持续数年的鏖战，堪称互联网的一场世界大战。

一开始谁都不看好腾讯。要知道，微软Windows系统统治了全球百分之九十的电脑，MSN推出的时候，直接绑定在Windows操作系统上，只要安装该系统，即默认下载了MSN即时通信的软件。这就是说，他们可以轻易控制全球百分之九十的用户，MSN也因此成为全球最大的即时通信软件。然而，MSN最终确实输了，很多人都在追问，MSN为什么会输？

没有追问，就没有追溯。这里就从MSN刚刚进入中国市场时开始追溯。

微软公司一开始非常低调，没有做任何宣传和热身，这其实不是低调而是十足的自信。微软Windows在中国电脑市场一直占据垄断地位，直到2020年仍占六成以上的份额。这让MSN一进来就轻松占据中国即时通信市场的第二位，第一位是腾讯。而MSN对用户的定位主要集中在高大上的商务人士，而QQ的用户定位一直以来都是年轻人。这个定位形成了小众和大众之分，这可能是MSN最终失利的原因之一。不过，MSN也有其优势，他们试图塑造这样一个理念："QQ只是娱乐工具，MSN才是真正的社交工具。"这个理念也不是没有市场，许多公司就明确规定员工在上班时禁止登录QQ。如果这个规定被广泛推广，QQ还真会沦为夜晚的娱乐工具。又假如，微软能够凭借其优势取代QQ现有的功能，QQ势必会被MSN所取代。这也正是微软的计划，他们随后便在中国组建MSN研发中心，为争取更多的中国网民而研发出本土化运营的技术方案，而技术也是他们的优势。

尽管微软MSN看似低调，但马化腾和腾讯团队还真是如临大敌。他们知道，越是沉默的狼越阴森可怕，而微软MSN不是狼，而是狼群里的狮子。既然这兽中之王来了，那就只能严阵以待。商界也遵从丛林法则，一个企业如果没有对手，要么就是强大到了天下无敌，要么就是弱小到令人不屑一顾。微软当时已是全球IT第一大公司，比尔·盖茨以466亿美元雄踞世界首富之位。而同微软相比，腾讯此时还真不是什么强手，但他们已把QQ做得很强大了，在即时社交工具上已处于占比超过百分之七十的垄断地位，而这正是微软MSN想要争夺的一块肥肉，而且是志在必得。

MSN一出手就是接二连三的招数，第一招就是推出了MSN中文网，将各个频道以承包经营的方式向社会招标；第二招是快速地切入电信增值业务，MSN中国出资收购了电信增值服务的深圳清华深迅公司，推出短信收费业务，向MSN用户提供十元包月的短信服务，这个模式和腾讯创业时的盈利模式一样；第三招就是采用合纵连横战略，微软九家大型网站组建了行业内传言的"抗QQ联盟"，MSN联合雅虎推出即时通信互联互通，这个互联互通可以把全球的即时通信用户都连接起来，打破腾讯QQ的市场垄断地位，雅虎和MSN几乎就将全球近一半的即时通信用户掌握在手里了；第四招，借助本土化力量扩张微软MSN在中国的版图。2005年4月11日，微软与联和投资公司成立了合资企业——上海微创软件有限公司、上海美斯恩（MSN读音）网络通讯技术有限公司。这四招出手，每一招都是绝招，腾讯还真是招架不住，很快就陷入了四面楚歌之中，到处都在风传腾讯挺不住了，很快就要被微软MSN收购。这些谣言还编得有鼻子有眼，网上还流传一封比尔·盖茨写给马化腾的信："QQ不是社交网络，感谢QQ给中国小朋友普及了即时通信的概念，等他们长大工作了，有钱了，就慢慢转移到了MSN，这是无缝切换。"

马化腾当然没有收到这封子虚乌有的信，但他也在网上看见了。这让他哭笑不得，你看看一只企鹅招谁惹谁了？它除了招人喜爱，没有任何攻击性，可谁都想从它身上拔毛，甚至直接把它掐死。这仿佛是它的宿命，从嗷嗷待哺到羽翼丰满，又一次遭到狮子和狼群的围猎，而MSN确实是这只企鹅遭遇的最厉害的狮子。难道只能坐以待毙吗？这不是马化腾的性格，也不是腾讯团队的性格。马化腾一直反对和避免恶性竞争，但这是不可回避的竞争，也是商界的丛林法则，微软MSN一直也遵从商业法则在行事，那些与微软MSN结盟的国内网站也无可厚非，你只能勇往直前地与高手竞争。但若要与高手过招，而你与高手又不是一个重量级，仅靠匹夫之勇那就必败无疑，而腾讯在与微软MSN的频频过招中，还真是验证了网大为的那句话："腾讯团队是我见过最聪明的一群人！"

腾讯反制对手的第一招就是发挥自己拥有众多用户的优势。多年来，QQ一直坚持的"中国风味"，比微软MSN在中国更本土化、草根化，又加之风格活泼、个性化和娱乐功能丰富，这是微软MSN不能比的，除非你公然"抄作业"，这个脸微软可丢不起。腾讯不能跟人家比资源，微软MSN的资源优势你是没法比的。但在马化腾看来："资源只是加法，产品力才是王道。十个都弱不如一个很强，否则一堆做不起来的产品，只能减分、分散精力。"腾讯也不跟人家比技术，微软MSN的技术优势也是无法比的。"对于互联网产业来说，所谓技术高端、低端在市场中没有太大意义。一个好产品并不需要特别厉害的设计，有些自我感觉特别好的人往往会故意搞一些东西来体现自己厉害，但那是用户完全不需要的东西，这就是舍本逐末了。"腾讯利用自己贴近用户、快速反应的优势，一切都是从用户体验出发。在2004年QQ正式版中就强化了网络传输功能，还支持断点续传，这让用户在传输文件时获得了极大的舒适感。

腾讯反制的第二招是针对微软的Hotmail邮箱，推出新的产品，更强地黏住用户，进一步提升了腾讯邮箱的综合功能。当时，即时通信工具与邮箱有着最密切的关联性，但腾讯的QQ邮箱那时候还不好用，一亿多QQ用户中使用QQ邮箱的还不到百分之一。腾讯找到了Hotmail在中国的最强竞争对手Foxmail，经过一个多月的谈判，终于在2005年3月收购了Foxmail邮件客户端软件。这是由张小龙开发的一款电子邮件客户端软件，被评为中国"十大国产软件"之一。张小龙是湖南邵阳洞口县人，华中科技大学电信系硕士研究生毕业。在腾讯收购Foxmail的同时，也将这位顶尖人才收入囊中。张小龙担任腾讯公司副总裁，主管腾讯公司广州研发部，同时参与腾讯公司重大创新项目的管理和评审工作。腾讯有了这样一位高手加盟，没过多久，QQ邮箱的使用率就超过微软的Hotmail。有人说，QQ邮箱最不像腾讯的产品，这恰恰是他们有意而为之，腾讯一直让QQ邮箱保持最简洁、最佳商用而且有效率的形象，简洁得没有任何广告插入，从而为腾讯吸引了海量的注册用户。

腾讯反制的第三招是与谷歌的合作，以此对抗微软MSN的"抗QQ联盟"。这又归功于加盟腾讯任首席探索官的网大为。网大为作为腾讯首席探索官，长期驻扎美国，一直在为腾讯寻找创新领域的投资标的。在他的撮合下，腾讯找到了雅虎的美国竞争对手谷歌，双方签署了覆盖多项产品和技术的专利交叉授权许可协议，腾讯将谷歌的搜索框嵌入到QQ、网站、浏览器等各个模块中，为用户提供谷歌的网页搜索服务和广告服务，这也为后来腾讯推出自己的搜索网站搜搜网、广点通广告系统打下了基础。

腾讯反制的第四招是利用自己占据即时通信的优势，率先制定行业标准，重新定义即时通信，给行业未来指引方向，这也是一个行业领军者必须承担起的责任。

2005年10月27日，马化腾发布了一篇《看见了未来》的演讲，他宣布："中国的即时通信应用目前已经领先世界，即时通信的下一个发展阶段也将进入由中国领导的即时通信全面社会化的阶段。"这是一份宣言书。而马化腾还定义即时通信的六大应用趋势和三个发展阶段：第一阶段是技术驱动模式，第二阶段是应用驱动模式，第三阶段是服务和用户驱动模式。经业界专家解读后，又提出了更通俗易懂的三个阶段：第一阶段为网络营销扫盲阶段；第二阶段为网络营销工具、应用服务阶段；第三阶段是给企业赋能阶段。

腾讯这四招对于微软MSN可谓见招拆招，结果是，一只企鹅没有被干掉，还击退了张牙舞爪的狮王。2005年6月，腾讯QQ的注册账号数突破了四亿，相当于美国和日本人口的总和。但马化腾并未掉以轻心，他喜欢网上冲浪，这与在大海里冲浪是一个道理。一个冲浪者，不只是在风口浪尖上勇立潮头，更重要的是如何避开商海暗礁和险滩。而对手眼看明火执仗战胜不了一只企鹅，又在暗地里使了不少阴招，都被马化腾一一化解了。微软MSN和雅虎在抢占了全球一半的用户后，市场份额便开始不可逆转地下降。

经历了几年的厮杀，许多人都看到了一个事实，腾讯是一只杀不死的企鹅。然而到了2008年10月，美国灾难性的次贷危机引发了全球性的金融海啸，腾讯也难以幸免。一直在股市上牛气冲天的"股王"腾讯，一家市值三万亿港元的公司，在短时间内市值蒸发一万亿港元，缩水三分之一。海啸之中又掀起了一股声浪，谁将杀死腾讯？言下之意，就是微软MSN无法扼杀一只企鹅，这只企鹅也会被海啸的滔天巨浪吞没。然而，腾讯却在这一年交出一份"王者荣耀"的答卷，"2008年腾讯总收入为人民币71.545亿元（约合10.468亿美元），比上年同期增长87.2%。期内盈利为人民币28.157亿元（约合4.120亿美元），比上年同期增长79.6%"。无论是从增值还是增速看，腾讯都创造了逆风上扬的神话，而在这一年，MSN的市场份额已经降至百分之四左右。到了2010年，微软主动关闭MSN Spaces博客服务，2012年MSN的用户数仅剩四千多万。

2014年10月31日，MSN正式退出中国市场。

这场长达八年的互联网世界大战，最终以微软MSN的退出而结束。这就是商界冷酷的丛林法则，要么被对手干掉，要么干掉对手。而一只企鹅竟然打败了狮子，这让无数人大跌眼镜，一片惊呼。

有人说微软MSN原本拿着一手好牌，但没有打好。也有人说腾讯是出奇制胜，有很大的偶然性。其实，说到底，这胜负的最终决定权并不取决于双方的拼杀，而是网民的选择。腾讯QQ一直坚守从用户体验出发的初心，而MSN却以所谓"社交工具"自诩，在设计上又缺少了一个看似微不足道却很关键的功能——没有与陌生人聊天的功能。有业界人士指出："这也折射出两家公司的产品思维与互联网思维的不同。产品思维是指不断提供新功能并引导用户使用，而互联网思维是不断满足用户需求。也许是因为微软曾经创造了太多的神话，当互联网时代到来后依旧不愿意做出改变且缺乏创新。而且MSN在用户体验上严重失分，在使用MSN时总会出现许多问题，比如频繁掉线、信息丢失、无法传送大容量文件、盗号多、病毒链接多、广告信息多、垃圾邮件多。以上提及的种种功能缺失还不是用户使用MSN最糟糕的体验，让用户最不能容忍的是：在使用中碰到问题，竟然会申诉无门，老问题还未得到改善，新问题又不断冒出来。无视中国用户的反馈，不重视中国市场，久而久之用户自然不会选择MSN。而QQ的成功除了凭借先进的技术以及顺应时代的潮流外，更重要的是把握了用户的需求。一家企业想要在一个时代长期生存下去，最重要的就是需要把握好用户的需求，谁能把擅长做到极致，谁就更有机会胜出。"

诚然，一个失败者还可以总结出很多的失败教训，但MSN只是微软的一次失败的尝试而已，它还有强大的高科技产业支撑，在许多领域依然无可匹敌。但对于腾讯而言，这确实是生死存亡之战。腾讯公司在击败MSN之际还立即施展人才战术，将负责中国MSN的三位核心高管和技术人才熊明华、郑志昊、殷宇请入了腾讯。这些昔日的竞争对手给腾讯带来了国际风范的工作水准。

这只企鹅的羽翼越来越丰满。2006年，腾讯公司董事局主席马化腾获得了2006年度深圳市"市长奖"，这一奖项于2003年1月首次颁发，是深圳市驱动引领高新技术产业化的一个重要举措，代表了深圳市科技进步的最高荣誉。而本届"市长奖"在奖项、评审方法等多方面进行大力改革，奖励总额更是由原有的800万元上升至2000万元，彰显出深圳市政府对科技创新的不断重视。获得本届"市长奖"的分别为马化腾、创维公司董事局主席张学斌和大族激光董事长高云峰。这三位企业家都是近年来深圳科技创新企业中的翘楚。"市长奖"评委会对于马化腾做出了这样的评价：马化腾与其他创始人一起创办的腾讯公司，凭借QQ已经拥有亿万用户，并且在短短八年的发展历程中，从一个即时通信软件的制造商成长为一家集即时通信、在线门户、在线游戏、电子商务以及无线3G手机门户为一体的综合性互联网公司。腾讯更是在其"在线生活战略"的引导下，坚持不断创新，致力于让用户享受到最前沿创新的应用服务，成为互联网行业众多企业学习和借鉴的对象。

马化腾还是像往常一样，戴着一副银色半框眼镜，也带着他腼腆又谦逊的微笑，发表了他真诚而又质朴的获奖感言："我对于获得'市长奖'感到非常荣幸。长期以来，深圳市政府对于科技创新的重视、对于自主创新型企业的支持给予了高科技企业以成长和发展的良好环境。作为深圳的本土企业，腾讯的发展离不开政府的关怀和扶持。我将会把这笔奖金捐献给刚刚获准成立的腾讯公益慈善基金会，用于社会公益事业，以体现企业社会责任的方式，回报社会各界对于腾讯的关爱。"

腾讯对社会各界的最大回报，就是"从用户体验"出发，无微不至地为用户着想。而QQ在与MSN数年的拼杀中，一直在互联网领域开疆拓土，他们以QQ农场取代了全民"开心偷菜"，以QQ棋牌取代了联众棋牌，腾讯网游超过了盛大和网易的网游……这一系列对战，腾讯都不是主动的挑战者，几乎都是以后发制人的方式战胜对手，而企业的制胜秘诀，就是一直针对用户的需求不断创新。

随着MSN的退出，几乎没有人再敢低估腾讯这个对手了。在很多人看来，马化腾的每一个细节，每一句话，没有一样是可以轻视或不值得关注的，更多人都拭目以待，他又将演绎出怎样的传奇。当然，谁也不会在一边袖手旁观，谁都想超越自己的对手。这些年来，马化腾几乎跟所有的互联网大佬都过过招，又被这些大佬视为头号对手。有人说，在腾讯成立的十年里，马化腾一边不断胜出对手，也一边不断给自己树敌。但他从来都不想与人为敌，他之所以成为一个无可匹敌的勇士，只因背后拥有数亿用户的拥护和支持。

当QQ成为全球最大的社交网络空间之一，在互联网行业中流传着一句令人闻之而骇然色变的话，不是"狼来了！"，而是"企鹅来了！"。

指尖上的中国

　　一只诞生在南海边的小企鹅，在十多年的时间里就成长为一个企鹅帝国。这不是一个比喻，而是一眼就能看见的事实。

　　2008年的金融危机，对于中国和世界都是一次重新洗牌。这也是中国入世后深圳遭遇的一次前所未有的冲击。但无论对于加入WTO还是金融危机，深圳经济特区人都形成了自己独特的看法：如果说全球化给了"中国模式"和深圳经济特区一次历史机遇，那么金融危机同样是历史赐予"中国模式"和深圳经济特区重新自我审视的机会。面对转型与升级，深圳作为首个国家创新型城市和首个以城市为单元的国家自主创新示范区，以超乎想象的勇气、敏锐深远的眼光，从政府管理体制入手进行了新一轮改革，深化体制机制创新，把自主创新确立为城市发展的主导战略，把建设国家创新型城市作为深圳发展的新目标、新定位。深圳坚持在改革中树起创新大旗，为中国探索一条面向未来的道路。

　　创新，是一座特区城市的生命线和灵魂，也是一家特区企业茁壮成长的根基。腾讯凭借其不断的转型升级，在金融海啸的冲击下，其根基不但没有动摇，反而逆势崛起。2009年8月24日，在深圳市打造的高水平创新平台——南山区高新科技园北区，一幢造型新颖别致、内部功能齐全、人文环境领先的超高层建筑，在历经数年打造后，以充满现代感的姿态在深南大道北侧昂然崛起。这是当时深圳的第一高楼——腾讯大厦。这座大厦也被称为"企鹅部落"。

腾讯大厦是深南大道的地标性建筑之一，也是腾讯公司发展的一个重要里程碑。这座大厦只是腾讯的总部大楼，腾讯集团还在成都、上海分别建起了腾讯大厦，加上早在2005年购置的北京腾讯公司，腾讯的布局已经形成南北中轴、东西两翼的战略布局，这将成为支撑公司业务发展的重要基石。而腾讯在完善战略布局的同时，也进一步完善了涵括研发、运营、创新和智能等基地的全国布局。

对于腾讯的几位创始人来说，深圳是一片伴随着他们成长的、充满了青春气息的土地。腾讯大厦坐落在深圳大学的北面，只要站在面朝大海的窗口，他们第一眼看见的就是深圳大学那生机勃勃的荔园。他们回想起从大学出来创业的经历，那些逝去的时光总让他们感伤。时光中珍藏了太多的故事，而这些故事又在时光中化为了时光。

马化腾其实很少沉浸在往事中，他无时无刻不在思考未来。

几乎所有的企业家都认为，未来对企业最大的挑战是技术大变革对企业造成的影响。美国互联网理论家凯文·凯利（Kevin Kelly）创造了"技术元素"一词，认为技术是"世间至强之力"。马化腾是软件工程师出身，一直特别专注于技术，而腾讯也是技术驱动的企业。腾讯一半以上员工为研发人员，拥有完善的自主研发体系，在存储技术、数据挖掘、多媒体、中文处理、分布式网络、无线技术六大方向都拥有相当数量的专利，在全球互联网企业中专利申请量和授权总量均位居前列。但马化腾一直认为，每时每刻都有新技术出现，哪怕你现在掌握了最前沿最高端的技术，也不能从技术层面上解决未来的问题，对于人类，技术只是工具意义上的，并非终极追求。他最看重的还是用户，因为未来永远属于人类。腾讯从第一个QQ产品，到现在腾讯平台上大量的其他产品，一直把用户需求和用户体验作为重中之重。但用户需求和喜好瞬息万变，譬如说，1995年后乃至2000年后出生的人群需求是什么？这才是马化腾每天都在琢磨的。对此，马化腾是有危机感的,别看你被现在的人追捧,若是没有这种面向未来的眼光,你很可能被未来的人抛弃。

回首一只企鹅诞生以来的这并不漫长的岁月,你会看得更清楚。任何一个产业,从不成熟到成熟的发展过程中都有这样的进程,IT行业尤为突出。而互联网更是一个瞬息万变的行业,短短数年间,互联网由PC端迅速转向移动端,而移动互联网为腾讯的未来带来更多可能性。此时,从PC转到无线,整个商业世界的变现模式还没有完全成立,但已日渐清晰。而腾讯这么多年来一直把一只企鹅作为拳头产品,从PC端到移动端都抢占了先机。而且始终保持足够的敏锐度,专注于把产品做精,拥有快速更新换代的能力。但一只拳头是不够的,互联网行业的变化异常残酷,一个千亿级的公司、千亿级的产品,往往会在转型的关键时刻被人家弯道超车取而代之,从此没落下去。在中国有不少互联网领域的开拓者,他们就像盗火者把技术的薪火传播给大众,而这些盗火者最终也蜡炬成灰,既令人肃然起敬也令人扼腕叹息。

马化腾也堪称一个盗火者,但他绝不甘心陷入蜡炬成灰的宿命。谁又甘心呢?

一向谦卑而低调的马化腾,将企业成功最关键的因素归于"集体的战略智慧、执行力以及自发的危机感"。低调的人往往都能保持冷静而清醒的头脑,每当外面掌声最响的时候,马化腾便觉得是最危险的。而在冷静的思考之后,他总是显得干脆而决绝,转型要快,要坚决,如此才能及时、准确地把握用户需求并融入技术创新。这是马化腾和腾讯团队一如既往的追求,也是挑战。

相反,那位首席探索官网大为则一直很高调,一直想把腾讯打造成"地球级"企业,他在腾讯高管中一再强调:"未来是很难想象的,因为我们想象未来时,往往会过于关注当下。因此,我们必须跳出当下的现实,去思考科技的未来,我们的目的是尽一切可能优化方法、达成目标。我认为这是人类社会一种非常重要的态度。作为人类,我们需要明确登月的目的到底是什么。”

马化腾作为腾讯公司董事会主席兼首席执行官，绝非那种霸道总裁，他深知一个人无法预知和操控时代，必须依靠集体智慧来谋划公司的未来。

在互联网行业有这样的说法："1990年代看黑客（hacker），2000年代看极客（geek），2010年代看白客（baiker）。"在黑客时代，由于网络还很不发达，能够上网的人太少，还难以大众化、市场化。那时网上的主角都是热衷于探讨电脑网络技术的IT人士。到了极客时代，互联网的主角是大学生、白领们，随着BBS、门户网站、搜索引擎等陆续出现，网络带宽越来越大，PC越来越普及，商业模式也随即出现。这个时候极客多是借此建功立业的。而白客，俗称小白，指那些对网络技术知之甚少的互联网使用者。随着QQ、微博、网页游戏、手机游戏等"极简应用"的普及，互联网日益去中心化，人人都是互联网的参与者，没有人会再围绕着黑客和极客转，尽管他们可能依然是后台的主宰。在前台，普通的小白用户日益成为产业链的主宰者。在这个时代，无论你把网络做得多大，你都只是引领者。主宰时代的是网民，如果不能抓住小白用户，就很难取得市场的快速成功。对此，有人称之为"小白定律"。

每到一个时代，你都必须重新审视用户，你的用户在哪里，他们到底需要你提供什么服务，如此方能重新审视自己，调整自己前行的姿态。马化腾不善言辞，但也说出了很多名言，他在业界有一句名言是："要像小白用户那样思考。"这其实也是一种从用户体验出发的换位思考。他一登录就把自己变成了一个小白，每天高频使用产品，不断发现不足，发现一个，解决一个，这样就会引发口碑效应。

也正是这种"像小白用户那样思考"的定位，马化腾决定打造一款纯移动的社交工具。为了引入竞争压力，腾讯内部有三个团队在研发类似的产品，最后微信脱颖而出。

2011年新年伊始，腾讯又推出了一项改变我们生活的，甚至改变世界的即时社交工具——微信，这是由张小龙所带领的腾讯广州研发中心研发出来的一个为智能终端提供即时通信服务的免费应用程序，他也因此而被誉为"微信之父"。微信堪称中国即时通信的第二次革命，推动了腾讯的第二次飞跃。如果说QQ是腾讯从3G时代到4G时代的一次飞跃，那么微信则是腾讯从4G时代到5G时代的一次飞跃。又如果说腾讯有两只翅膀，一只翅膀是QQ，那么另一只翅膀就是微信，从此比翼双飞，而微信还后来居上，一经推出就大受欢迎。如今微信几乎覆盖了中国所有的智能手机，用户遍布全球二十多个国家和地区，以超过二十种语言运营。

微信作为新一代的即时社交工具，支持跨通信运营商、跨操作系统平台，通过网络快速发送免费（需消耗少量网络流量）语音短信、视频、图片和文字，提供公众平台、朋友圈、消息推送等功能。如微信语音就像接听普通电话一样可一键接听，而且还可以打视频电话；微信朋友圈可以发表文字和图片，同时可通过其他软件将文章或者音乐分享到朋友圈，用户可以对好友新发的照片进行评论或点赞、转发；漂流瓶则是通过扔瓶子和捞瓶子来匿名交友；微信摇一摇实现一个随机交友的功能，通过摇手机或点击按钮模拟摇一摇，可以匹配到同一时段触发该功能的微信用户，从而增加用户间的互动和微信黏度；微信还可以"查看附近的人"，根据地理位置找到在用户附近同样开启该功能的人；微信语音记事本可以进行语音速记，还支持视频、图片、文字等记事功能；微信群发助手可以把消息群发给多个人。此外，微信还有微博阅读、流量查询、游戏中心、微信公众号平台等多种功能。用一句话说，只要你想得到的功能，一切应有尽有，还有许多你想不到的功能。

除了社交功能和娱乐功能，微信还有广泛的实用价值。如直接改变我们生活的微信支付，向用户提供安全、快捷、高效的支付服务，以绑定银行卡的快捷支付为基础，用户在支付时只需在自己的智能手机上输入密码，无需任何刷卡步骤即可完成扫码即时支付和转账，整个过程便捷而流畅。微信发布了腾讯官方理财平台——理财通，为用户提供多样化的理财服务。

微信还为用户提供电商（微商）平台，这个功能一开始推出时还要收取两万元的保证金。从2014年9月开始，为了给更多的用户提供微信支付电商平台，微信服务号申请微信支付功能不再收取两万元保证金，开店降低到几乎没有门槛，人人皆可成为微信上的微商。一些地区还利用微信在线"扶贫代销点"等网络扶贫新渠道，在贫困村现场带货直播。如河南尉氏县就曾是豫东平原上的一个有名的贫困县。很多人都知道焦裕禄在兰考担任过县委书记，知道兰考有多穷，其实他也曾两次在尉氏县工作，在此前后工作五六年。2020年1月，全县七十三个贫困村全部退出贫困序列，其扶贫的重要举措之一就是因地制宜，建起了双岭岗桃花源农场、韩集村精品瓜农场、庄头乡庄吉庄园等扶贫瓜果园和瓜果种植专业合作社，种植富硒无公害蜜瓜、精品小西瓜、水蜜桃和樱桃等瓜果。种瓜果的收入高，但风险也很大，在瓜果成熟的第一时间就必须销出去，否则就会烂在地里。为了打开销路，尉氏县网信办通过微信在线搭建了一个个"扶贫代销点"，动员乡镇干部、扶贫干部、志愿者协会和爱心网友到田间地头帮助农户带货直播。那线上线下的互动场面还相当火爆，这边还在线上直播，那边的微信用户已在争相下单：

"给我来三箱桃花源农场的水蜜桃！"

"我订两箱庄吉庄园的精品桃，好吃再买！"

"我要买俊鹏合作社的富硒无公害蜜瓜，先来五箱，送亲友们尝尝！"

每一场现场带货直播，少则数千元，多则数万元。这些瓜果园和瓜果种植合作社的瓜果，在成熟期以网上直销加现场采摘的方式，很快便销售一空，由于省去了层层批发的环节，净利润也大大增加了。农民们也真正尝到了微信销售加微信支付的甜头，很多人都变成了自产自销的微商，这瓜果园都变成了指尖上的瓜果园。有个果农还风趣地说："这微信的标志就像两个水果啊！"

2014年中国信息经济学会的研究数据显示，微信创造了一千万人的就业，创业公司总估值超过两千亿元。而三年前，腾讯市值就有近两千亿元，这相当于开放平台再造了一个腾讯。这是多么大的产业啊，而网络平台比实体平台更有无限的拓展空间。腾讯随后又推出了"双百计划",即拿一百亿元的流量和其他扶持资源,打造一百家市值过亿美元的公司,增强草创中小互联网企业的产业辐射力。

微信还在打造城市服务平台,并致力于在此基础上建立智慧城市。2015年7月,微信"城市服务"正式接入北京市。用户只要定位在北京,即可通过"城市服务"入口,轻松完成社保查询、个税查询、水电燃气费缴纳、公共自行车查询、路况查询、12369环保举报等多项政务民生服务。随后,微信"城市服务"便在全国推广。

从现有的效果看,微信正通过技术创新不断解放每个人的能动性,而个人能动性的焕发造就了新权力,以分享、资助、共创和共有为特征。

马化腾和腾讯团队在QQ和微信这两款即时社交工具的基础上,开始勾画一幅更宏伟的蓝图,他的思路越来越清晰了。

2013年的11月10日,第一届"WE大会"在深圳保利剧院举行,这是由马化腾首倡、腾讯集团主办的全球互联网科学大会,每年举办一次,邀请数名全球顶尖科学家进行同台演讲。这是由一家企业举办的大会,却不是在商言商,而是探讨最具突破性的科学发现和前沿思想,以激发人们创造创新的意识,探索改变未来的各种可能性。新技术、新发现、地球与人类面临的挑战,是每届"WE 大会"讨论的主题。

马化腾在首届"WE大会"发表了主题演讲,他提出了一系列针对公司也是适用于互联网行业的重要观点:很多企业觉得互联网是新经济、虚拟经济,与传统行业没有关系,现在互联网已经是主体经济不可分割的一部分。越来越多的实体、个人和设备都连接在一起。在演讲中,马化腾分享了一些自己对互联网未来的思考,称为"通向互联网未来的七个路标"。而在这次会议上,马化腾首次提出了"连接一切"和"互联网+"的新主张。

关于"连接一切",马化腾认为,智能手机是人体器官的一个延伸,尤其是在从4G到5G的进程中,这个特征越来越明显。它有摄像头、有感应器,人的器官几乎都延伸增强了,而且通过互联网连在一起了,这是前所未有的。不仅是人和人之间连接，人和设备、设备和设备，甚至人和服务之间都有可能产生连接，这些都是互联网在不同阶段、不同侧面的一种提法。它最终是很大、很全面的一个网络联系实体，这也是我们谈论未来一切变化的一个基础。

既然可以"连接一切"，这就为"互联网+"提供了支撑。在移动互联网的影响下，传统行业和互联网的关系发生了深刻变化，开始有序地融合在一起，结合越发紧密。互联网开始与各个传统行业连接起来，比如互联网金融、互联网交通，它还跟医疗、教育、房屋互换、二手交易和家政服务，甚至环保等连接起来。中国目前有六七亿网民，绝大多数是通过手机上网，移动终端渗透率超过百分之八十，远超美国。而互联网是一个工具，也是一种载体，利用互联网的平台、信息通信技术，把互联网和包括传统行业在内的各行各业结合起来，从而在新领域创造一种新生态。通俗地说，"互联网+"就是互联网+各个传统（实体）行业，但这并非简单的两者相加，而是利用信息通信技术以及互联网平台，让互联网与传统行业进行深度融合和跨界融合。也可以说，"互联网+"就是将虚拟的网络世界和实体世界加在一起，融会贯通，这不只是创造出一种新的、最先进的生产力，更是一种新的社会形态，足以改变人们的生活方式、交往方式和思维方式。这将会产生典型的裂变效应。根据梅特卡夫定律："当Windows用户以算术级数增长时，它的价值会以指数级增加。"这句话放到互联网时代，那就是"网络价值的总和会随着网络用户数以平方的速度增长"。社交网络的奥秘在于N的平方，当你拥有N个客户时，就会有N的平方个关系，每加入一个新的客户，就增加了2N+1个关系。而且N的平方还低估了网络成长的总价值，因为还存在三方、四方以及多方的连接机会。通俗点讲，这也就是QQ和微信中的"群"——社交网络在突破临界点时，两者叠加会产生几何级效应。

那么，腾讯的优势和未来在哪里？其实腾讯这么多年来只做两件事情：连接器和内容产业。腾讯最擅长的就是"连接"，用马化腾的话说："腾讯只有半条命，另外半条命属于合作伙伴和数亿网民。"这里不说QQ，只以微信为例。微信诞生之初是一个通信和社交工具，也就是连接人与人，这是连接一切的基础。接下来，它将连接一切，包括连接人、连接商业/服务、连接穿戴设备及家电，还能连接线上和线下。这也造就了基于微信平台的全新商业生态的繁荣。接下来，微信智能硬件也会被纳入生态中。

从内容产业看，运算力、带宽和存储能力都在新时代突飞猛进，而内容产业的核心是IP（知识产权）。腾讯凭借对市场的洞察以及庞大用户群所带来的网络效应，已成为多个知名海外内容提供商的首选合作伙伴，如HBO电视网、华纳音乐、索尼音乐、YG娱乐、NBA、迪士尼、21世纪福克斯等均在名单之列。目前游戏是腾讯最大的收入来源，在游戏之外也延伸了其他内容，比如动漫、文学和电影等。通过这些内容平台，构建打通多种文创业务领域的互动娱乐新生态。

在2015年春天召开的全国两会上，全国人大代表马化腾提交了《关于以"互联网+"为驱动，推进我国经济社会创新发展的建议》的议案。这一议案被大会采纳，一个企业家的设想由此上升为国家战略，在李克强总理所作的《政府工作报告》中指出："制定'互联网+'行动计划，推动移动互联网、云计算、大数据、物联网等与现代制造业结合，促进电子商务、工业互联网和互联网金融健康发展，引导互联网企业拓展国际市场。"

从国家战略上看，"互联网+"是两化（信息化和工业化）融合的升级版，将互联网作为当前信息化发展的核心特征，提取出来，并与工业、商业、金融业等服务业全面融合。这其中的关键就是创新，只有创新才能让这个"+"真正有价值、有意义。正因为如此，"互联网+"被认为是创新2.0下的互联网发展新形态、新业态，是知识社会创新2.0推动下的经济社会发展新形态演进。

从腾讯的战略布局看，马化腾在提出了"互联网+"这一概念之前就已经开始谋篇布局。2015年，在腾讯"云+未来"的峰会上，马化腾才将公司新的战略对外公布。腾讯的短中期目标是深化与内容产业的合作，包括电影和游戏等；中长期目标则是将内容和服务也通过腾讯的平台连接起来，并透过移动支付形成闭环；长远来说，则是连接人与人、人与服务和人与智能硬件的生态圈。如"腾讯云"就是大数据时代的一次革新，已为超过百万开发者提供服务，数据中心节点覆盖华南、华东、华北、西南四个地域，海外节点覆盖东南亚、亚太、北美、南美及欧洲五个地域。行业解决方案覆盖游戏、金融、医疗、电商、旅游、政务、O2O（O2O是Online To Offline的缩写，即在线离线/线上到线下，指将线下的商务机会与互联网结合，让互联网成为线下交易的平台）、教育、媒体、智能硬件等多个行业。2016年，"腾讯云"大数据参加了具有计算奥运会之称的Sort Benchmark全球排序竞赛，夺得Gray Sort和Minute Sort的冠军，刷新了四项世界纪录，这标志着腾讯的大数据运算能力达到世界级水平。同时，"腾讯云"开放了腾讯数智方略1.0产品，这个产品包含了腾讯近十年的大数据能力和经验，开放的技术能力包括大数据分析、机器学习、人脸识别、视频互动直播、自然语言处理、智能语音识别等。更为重要的是，腾讯的智能服务、数字营销服务这样的重量级服务也会一并开放，帮助政府或企业进行部署，避免初涉的适应问题，让整个行业真正感受到数据的价值。

　　2019年11月11日是腾讯成立二十一周年纪念日，腾讯董事会主席兼首席执行官马化腾及全体总办成员向四万多名员工发出电子邮件，正式公布腾讯全新的使命愿景为"用户为本，科技向善"，并将公司价值观更新为"正直、进取、协作、创造"。这标志着，腾讯已从一家互联网公司蝶变为以互联网为基础的科技与文化公司。马化腾接受采访时说："科技是一种能力，但是善良是一种选择。我们希望科技向善，我们要'一切以用户价值为依归，将社会责任融入产品及服务之中'，更要'推动科技创新与文化传承，助力各行各业升级，促进社会的可持续发展'，只有这样，腾讯才会成为一家真正受人尊敬的企业。"

　　这一年，马化腾以450亿美元身家第三次蝉联中国首富。他是中国最富有的人之一，却也是最低调的富豪之一。低调，只因这并非他追求的核心价值。他一直把核心价值放在用户身上，那就是"通过互联网服务提升人类生活品质，使产品和服务像水和电融入人们的生活，为人们带来便捷和愉悦；关注不同地域、群体，并针对不同对象提供差异化的产品和服务；打造开放、共赢的平台，与合作伙伴共同营造健康的互联网生态环境"。而腾讯能有今天，一方面是腾讯的发展深刻地影响和改变了数以亿计网民的沟通方式和生活习惯，另一方面是这数亿网民在共同抚养一只诞生在南海边的企鹅。

空中网董事长王雷雷感叹："那么大的活跃用户群，就算插根扁担都能开花！"

为了回报社会，腾讯一直秉持"注重企业责任，用心服务、关爱社会、回馈社会，才能赢得社会尊敬"的理念，积极参与公益事业、努力承担企业社会责任、推动网络文明。2006年，腾讯成立了中国互联网首家慈善公益基金会——腾讯公益慈善基金会，并建立了腾讯公益网，专注于辅助青少年教育、贫困地区发展、关爱弱势群体和救灾扶贫工作。目前，腾讯已经在全国各地陆续开展了多项公益项目，积极践行企业公民责任。截至2018年，腾讯公益慈善基金会拥有超过五千万的爱心会员，通过腾讯公益捐赠的慈善款超过十亿元。而在教育方面，腾讯公益慈善基金会为改善西部贫困地区的教育环境而建造了三十多所"春蕾希望小学"。尽管马化腾很少提及他的公益捐款数额，但据2012年福布斯中文版于上海第七次发布的中国慈善榜，马化腾以超过一亿元捐款而位列慈善榜第十一位，成为"深圳首善"。而腾讯创始人之一陈一丹从腾讯首席行政官卸任之后，便开始全身心地投入文化、教育、公益行业，被誉为"中国互联网公益教父"。

这一切，其实都是从腾讯的企业价值观出发，"正直、进取、协作、创造"。有人问腾讯为什么将"正直"排在公司价值观第一位。马化腾说："在腾讯的用人观里，最重要的就是人品。做人德为先，正直是根本，如果说有人品上的任何问题，哪怕能力再强我们都不会要这个人。"在马化腾眼中，人的品质决定了一切，一款软件，所承载的不仅是技术，更多的是情怀与信仰。一个公司，所承载的不仅是商业竞争，更是社会价值观的体现；正如一个城市，所承载的不仅是人类的生存空间，更是人类精神文明的延伸。

马化腾把中国互联网称为"指尖上的中国"，他认为是"时代力量、移动互联催生中国范式"，正是因为中国改革开放的时代力量给他带来了源源不断的激情和畅想，又在深圳经济特区这个中国改革开放的最前沿一步一步把畅想变成了现实。腾讯从1998年成立，到2020年深圳经济特区建立四十周年之时，已走过了二十余年的历程。从最初的模仿到不断创新，改变中国SNS（社交网络服务）现状，打造了一个庞大的企鹅帝国。如今的腾讯已是中国最大的互联网综合服务提供商之一，也是中国服务用户最多的互联网企业之一。有人说，他不只是建立一个成功的企业，还在中国独特的文化背景中，将独生子女、家庭同庞大的移动互联网的人口联系起来，为中国人创造了全新的沟通方式，也为中国人带来了一种更快乐、更智慧的生活方式。

而在某些特殊时期，腾讯QQ和微信成为更重要的沟通方式。2020年春天，一场突如其来的新冠肺炎以远远超过2003年非典型肺炎（SARS）的传播速度在大地上疯狂蔓延，这对于人类是一场生死攸关的大考。严峻的疫情不仅改变了人们的生活方式，更改变了人们的思维逻辑和对待世界的态度。在这次全民抗疫的封闭管理期间，那几个月关门闭户、几乎与世隔离的日子，不说那些生龙活虎的年轻人，就连有些中老年人也在家里憋坏了。而在互联网的技术支撑下，"互联网+"的模式被加速推进到了闭环式管理的社会生活中，又以"网开一面"的方式，整个社会依托网络平台建立了一个动态循环系统。疫情重灾区尽管不得不采取停工、停课等措施，但并未出现停摆和瘫痪的现象。紧急救援靠微信告急，疫情信息靠微信传播，采买生活物资靠微信支付。而这些在线平台，也让数亿中国人有了最便捷的沟通方式和社交平台。多少异地分隔的家人和亲友在微信视频上团聚，一起在线上过大年，迎新春，闹元宵。那噼里啪啦的鞭炮声在网络上炸响，也演绎出了"爆竹声中一岁除，春风送暖入屠苏"的喜庆气氛，那在视频上腾空绽放的烟花，也同样点燃了人们对新的一年的期盼与希冀。开学的日子一再延期，让家长焦灼而学子茫然，尤其是那些要参加中考和高考的应届毕业生，更是焦躁不安。又多亏有了网络,很多学校通过微信在线开辟了网上课堂,老师们一个个变身为主播,学生们面对视频、戴着耳麦听讲。这也是特殊时期的一道特别的风景,而讲解、提问、讨论、测试乃至作息时间一如既往,一切按正常的教学秩序进行。在疫情监控期间,全国各地法院还借助信息化手段进行必要的诉讼活动。这也是微信在线在特殊时期为法院审判注入的"智慧"力量。如在疫情最严峻的2月份,广西大新县人民法院通过微信连线看守所,对一起故意伤害罪刑事案件进行了开庭审理。整个法庭只见合议庭成员、书记员戴好口罩端坐,未见公诉人及任何诉讼参与人。原来,当时被告人吴某羁押在大新县看守所,为最大限度减少疫情防控期间的人员出行和聚集,保障各方诉讼参与人的健康安全,该院通过微信远程视频连接看守所、检察院与法院审判庭及辩护人,以四方异地远程参与的方式进行庭审。这也是大新法院首次利用微信远程视频开庭审理刑事案件。微信开庭与以往普通开庭形式虽说不同,却丝毫不减法庭的威严。庭审过程中,控辩双方在合议庭组织下,通过微信连线充分发表了意见,整个庭审庄严有序,仅用了一个小时便审理结束,当庭宣判,判处被告人吴某有期徒刑三年。——这种网上审判的效果还比在线下审判更有优势,随着5G时代的来临,按"互联网+"的模式,打造智慧法庭已是大势所趋。这种特殊时期的网上审判其实也是一种被逼出来的尝试,根据"让数据多跑路,让群众少跑腿"的司法改革要求,接下来还可以将网上审判推向常态化。

在这次全民抗疫中,一千多万人在腾讯公益平台上为驰援战疫捐赠善款,截至2020年6月初,募集善款超过六亿元。早在2007年,在马化腾等腾讯股东的支持下,腾讯主要创始人之一陈一丹便发起成立了腾讯公益慈善基金会并担任荣誉理事长。这是中国互联网行业第一个全国性非公募基金会——腾讯公益慈善基金会便宣告成立,开启了第一个"互联网+公益慈善"的模式,标志着公益慈善事业由此进入数字化时代。基金会创立了人人公益网络捐款平台,在互联网时代构建了一个全民参与公益慈善的网络平台,让大众成为公益的主角。"人人可公益,民众齐参与",凭借其客户黏性和流量优势,腾讯公益捐助平台如今已发展壮大为全球最大的互联网公众慈善筹款平台,通过提供创新性的用户参与方式,让庞大的平台能量为扶贫事业带来极高的转化效能。网民可以轻点鼠标,针对自己关注的项目(有很多细分项目),每个月捐助十块钱。

在中国互联网上有两大节日:一个是马云利用电商平台打造的"双十一"狂欢购物节,一个是2015年9月9日腾讯公益联合其他慈善组织、知名企业、爱心媒体共同发起的一年一度全民公益活动日——"99公益日"。公益日虽说只有一天,却践行了"腾讯公益,日行一善"的理念。

马化腾说:"我们希望把它打造成一个长期可持续的习惯,甚至成为一种时尚。"

数据显示,腾讯公益平台占比达百分之九十的扶贫助困类项目,均能够在最短时间内得到最为精准的救助。

世界是有限的,而网络世界是无限的。马化腾和腾讯团队还在进一步提升和拓展网络空间。而腾讯不仅仅是属于中国的,这是一家"与世界共创未来"的大型国际化企业集团。如今,网大为梦寐以求的目标已经实现,腾讯真的已经成为一个跻身世界500强的"地球级"的企业了。不得不说,网大为和MIH公司都是极具战略眼光的。他们在全球互联网的寒流中说出手就出手,以三千多万美元的投资拯救了一只小企鹅,当人类从3G时代进入4G时代又迈进5G时代,这笔投资的市值一度超过两万亿港元,相当于南非全国GDP的六成。那些QQ网友评论说:"这绝对是人类投资史上最伟大的一笔投资,没有之一。"不过,如果把网大为仅仅当作一个投资商那也小看他了。他认为,腾讯的目光应该超越传统互联网,投向更未知和更前沿的核心技术领域,它在未来的使命应当是"用技术改善整个人类的生活状态"。

对于腾讯未来的使命,我这个老用户也充满了期待。这么多年来,从OICQ到QQ再到微信,我的生活状态一次次被腾讯改变,变得越来越便捷,也越来越舒适。这让我打心眼里对腾讯充满了感激。而马化腾的腾讯团队对深圳这片充满了创新精神的高科技的沃土也满怀着感激。从腾讯创业开始，就是因为受到了深圳敢闯敢试、敢为天下先的精神激励，也分享着一座城市给创业和创新提供的政策机遇和创业平台，往往又能在第一时间抓住机遇。

马化腾也毫不掩饰自己对深圳的感情，他不止一次说过：我本来是一个只会写软件的书呆子，但深圳是改革开放的创业热土，到处都贴着"时间就是金钱，效率就是生命"的标语，这深深地影响了我，让我有一种时不我待的紧迫感。在这种情形下，我被感召到去创业创新，这和整个深圳的环境是完全分不开的。我有幸赶上了一个时代，赶上和特区一起成长，并在成长的历程中感悟，一步一个脚印地走向成功的喜悦。如果再给我一次机会，我还会选择在深圳创业，因为我和伙伴的成长在这里，我们的梦想在这里。——这是他对自己为什么选择深圳的一次毫无保留的总结和告白。

第三章

俯瞰世界的高度

梦幻的天空

　　他跪在那里，身后是波光交融的蓝色湖泊。湖水清澈，能看到棕色的沙子一半埋在水中一半铺在湖畔。湖泊对岸是绿色的草坡，远处的山峦飘着白雪般的云层，蓝色的苍穹如同烤漆般纯净。那一刻，天地层次分明，色彩祥和，自然造化让世间万物散发出淳朴的光芒。

　　他跪在那里，瘦瘦的薄薄的身躯挺立，两只手很规则地放在双腿上。在他面前摆放着一架无人直升机，就像一只巨大的蜻蜓。他笑容纯真，荡漾起快乐与满足，像孩子般烂漫无邪。尽管他的脸上并不是一副庄严与肃穆的神情，但那虔诚的姿势，却让人联想到西藏的朝圣者。

　　他为什么要跪在一架无人机面前？按照拍照的艺术效果，他可以盘腿坐在湖边，双手捧着无人机，甚至将无人机举过头顶，做飞翔的动作，更贴近拍照的仪式与风格。但是他没有做任何装酷的动作，就只是静静地跪在无人机面前。那是他的虔诚，也是他的执着，更是他的信仰。一个有信仰的人，绝不会被上天辜负。

　　这是大疆公司创始人汪滔的一张照片。2015年5月，汪滔导师李泽湘带领团队到西藏雅鲁藏布大峡谷测试无人机的性能。雅鲁藏布江狂暴地从喜马拉雅山脉中穿过，形成了世界上最深的峡谷，它的深度是美国科罗拉多大峡谷的近三倍。海拔三千多米的峡谷空气稀薄，盆地诡异复杂，景色奇丽壮观,无人机却能在峡谷中游刃有余地飞行徘徊,足以证明大疆创新科技的强大。

无人机试飞成功。在山下的一处湖泊旁,汪滔留下了这张珍贵的照片,虔诚的跪姿带着喜悦的笑,纯真的脸与淳朴的西藏景象融合在一起。那一刻,他或许从上天那里获得了灵感,知道了未来的道路,对公司后来的许多产品,他都是以中国文化特色来命名的,如悟空、禅思、精灵、筋斗云、悟、御、灵眸、如影等。这一架架印着DJI标志的无人机,在他的手上,在许多人的手上,像变幻出神奇的东方魔术,一次次地在天空翱翔与盘旋,为中国科技的创造与制造,增添了神秘而又绚丽的色彩。

这梦幻的色彩、梦幻的天空,都源自少年的天真梦想。

透过漫长的光阴回溯,一次构思的闪现,让梦幻的天空有了固定的影像。时光,就这样带着童年的记忆与期待,铺开了漫长的人生之路。那些宿命般的际遇和转变,也在一次次挫折与突破中悄无声息地展开。

那个阳光盛开的初夏已经成为遥远的记忆背景。杭州城的一条山脉,苍翠重叠,崎岖绵长,有着江南的碧绿与秀气,葱郁的树木勾勒出青山的轮廓,阳光渗透,山势显得格外巍峨与挺拔。山的那边有白云被风推着走,懒洋洋地往天边爬去。彼时山花仍未凋谢,弥漫着花香的空气被知了的鸣叫震得微微颤抖,像风声掠过山谷,留下了空旷的回音。年幼的汪滔跟在父亲的身后亦步亦趋地登山,他知道这次父亲要登上一个制高点,好好地看看杭州这一方水土。这是父亲对杭州的一次告别,然后会带着一家人奔赴深圳创业。

那是1987年,汪滔才七岁。他于1980年出生于杭州,对这片西湖边的故乡却没有父亲那种难以割舍的眷恋。儿童的天性,让他对南海边的深圳充满了好奇和憧憬。他已经迫不及待地等着和父母启程。那时的他并不知道,人生有时会因为一个转身或者一次抉择,重新书写命运。

爬到半山腰,站在一条山道上,汪滔突然停住了脚步。他望着那条开阔的山道,因为山势蔓延,两边树木整齐分开,形成了一道独特的风景线。远处是岩崖错落的山谷,一眼望去,深幽清静,令人感到莫名的神秘。父亲转过身来，看到儿子一动不动地站在那里，以为他累了，问他要不要休息一下。汪滔回过神，摇着倔强的小脑袋："不要!"

父亲问："你刚才在想什么?"

汪滔说："我看到对面山谷，有很美丽的风景。我就想，要是有一架直升机，带着我们穿过树林，飞到山谷里面，把风景拍回来，拿回去给妈妈看，那就好了。"

儿子的想法让父亲吃了一惊，他看着儿子，才到他的腰间那么高，怎么会有这样奇怪的想法? 这种天马行空的想象从一个小孩嘴里说出来，充满了魔幻的童话色彩，把父亲给逗乐了。他摸着儿子毛茸茸的小脑袋说："你这么想要直升机，那就好好读书，只要考出好成绩，爸爸就给你买一架可以飞的直升机。"

那当然不是真的直升机，而是航模。不过，父亲在九年之后才兑现了这个诺言。这年汪滔十六岁，中考成绩名列前茅，父亲奖给他一架直升机遥控玩具。那是1996年，国内尚未有能力开发与生产这种高科技玩具，全是进口货，十分珍贵，要花几千元才能买得到。这架高科技玩具飞机，总算圆了汪滔"飞向天空"的梦想。他捧着装上了电池的玩具直升机，迫不及待地跑到屋子后面的空地，开始遥控起飞。八月的阳光倾泻而下，落在身上，让人感到一阵眩晕。不时吹来一阵热风，熏得人睁不开眼。空地边上的树木翻动叶子，把阳光切成了碎片，光影斑驳，闪烁出静肃的光芒，让人感觉到漫长的时光里，有一种无形的力量存在，驱使着一个少年，在那样的高温天气里放飞自己蓄藏多年的梦想。

汪滔一边抹着额头上的汗水，一边遥控直升机。他以为，玩具直升机受遥控器指挥，定向会非常精准，就像真正的直升机那样，让它起飞就起飞，让它降落就降落，可以加速飞行和缓速飞行，甚至可以停在空中不动，像一只老鹰俯瞰大地。可实际上根本不是那么回事，那时的科技能力有限，遥控直升机的操控系统不完善，操纵起来十分困难，而且飞机的稳定性也不好，起飞时跌跌撞撞，像蜻蜓点水，并且飞行距离一远就失去信号，不受控制，像一只被风吹断线的风筝，摇摇摆摆随时要摔下来。折腾了几次后，飞机就摔坏了。明媚的阳光底下，飞机一动不动地伏在地上，像一只中了枪的野鸡。汪滔的心情就像这架直升机，在高处飞旋了一阵，还没来得及兴奋，一个跌落就坏到了极点。他怎能料到，如此昂贵的玩具，竟然经不起折腾。失望的同时，他又陷入了思考，为什么遥控飞机会这样脆弱，问题出在哪里？能不能改装一番，让它变得强大起来？在好奇心的驱动下，不服输的他开始拆解摔坏的直升机，从中解开心中的困惑。

汪滔钻研过很多航模书籍，知道直升机的基本结构，初中学了物理知识，也懂得基本电路的维修。很快，他就找出了机器摔坏的部位，并确认需要重新更换零件才能让它起飞。然而这是一架进口的玩具飞机，当时深圳还没有零件可卖，他只好找父亲帮忙。父亲花了几个月的时间，才托人从香港弄来了替换的零件。直升机修好之后，汪滔又开始放飞，但他不敢再像以前那样放开手脚，毕竟零件那么难搞，摔坏一次又要等几个月才能玩。他一边玩一边想着怎么改造它，让脆弱的飞机变得强大起来，不那么容易摔坏。起初，汪滔在硬纸板上画图，用剪刀做出人工机翼，拿透明胶固定在直升机上，落下来时直升机可以借助机翼的风速滑行，以免硬着陆。但是增加机翼的同时也增加了直升机的风阻系数，反而使机器更加难以控制。后来，他又在直升机的螺旋桨上加工，观察如果增加螺旋桨的吃风力度，是否可以增强飞机的飞行稳定性。但经过一番试验，仍是没有效果，改良过后的螺旋桨甚至带不起笨重的机身。

从外观上无法解决问题，汪滔又从内部进行改良。他发现了遥控直升机的缺陷，机身太重，普通电池的电力太小，电机的功率有限，正所谓小马拉大车，螺旋桨勉强带起机身，力量受到了限制，没有多余的能量用在平稳飞行上面，稍微一倾斜就很容易失控。想要让这台机器变得强大起来，必须从内部开始改良，或是增加它的电机马力，或是减轻额外负重。汪滔拆除了一些不必要的外部零件，包括机器的落脚架和外观壳，只留个裸机。没有这些附件，飞机没有平衡力，很容易失去方向，像一只无头苍蝇。后来，汪滔又用硬纸皮做直升机的附体机件,以此减轻机身重量,但仍是难以控制。他想换一台功率大一点的电机试试,可是那时哪有这样的配件卖,只得郁郁作罢。

一架遥控玩具飞机,就这样成为汪滔少年时期形影不离的玩伴。他想让父亲再给他买一款类似的玩具,甚至比它小一号的,这样他就可以用两者的零件左右调换,进行改良,说不定能研制出新型的飞行器。当时,他正读高中,是人生学业的关键时刻。父亲知道儿子一向痴迷于航模飞行器,怕给他买玩具会影响高考,因此不同意,只是承诺等他考上大学之后,再给他买更多的航模。

汪滔没办法,只好将这台唯一的飞行器反复折腾:摔坏了修,修好了再飞,直到这台机器被彻底玩坏。他从中获得了大量的遥控飞机知识,也打开了对遥控飞机的求知欲望。那些遥控高科技的奥秘就像一座迷宫宝藏,令他欲罢不能。也正是这股求知欲望,激发了汪滔在遥控飞行方面的天赋,在潜移默化中,他的内心多出了一份坚定与执着。他立志要将打造操控精准的航天飞行器当成一生不变的追求。

时光的穿梭,让许多具体的日子变得迷离起来。阳光与云朵的交集,幻象重叠,有如一生中许多斑驳的记忆,在天空飞快掠过。日子随着那架遥控飞机飞向了深处,不知不觉,便到了20世纪末。1999年的夏天,汪滔考入了华东师范大学的电子系。那是国内的重点大学,父亲欢天喜地给儿子打钱,让他购买自己喜欢的航模飞行器。汪滔感觉迎来了人生的春天,还没有等到开学就独自跑到了上海,四处寻找销售遥控飞行器的商店。很快,新生涌动的华东师大操场上,多了一个玩遥控飞机的新生。这个举动引起了许多同学的好奇和注目,在心智已经较为成熟的大学生眼中,遥控飞机多是少年时期的玩具,现在都已经读大学了,还拿来学校玩,是想出风头吸引女生的注意吗?用这样的方式,也太幼稚了吧。

汪滔从不理会别人的看法,一心沉迷于自己遥控飞机的世界里。每天傍晚下课,他第一时间就去玩遥控飞机,一直到天黑才回去,甚至会忘了晚自习；有时一大早起来，别人在晨跑，他也早早起床玩遥控飞机。他不仅在玩，还四处去找关于遥控飞机的书籍看，向有这方面知识的老师咨询，到网吧上网查找相关资料，把对遥控飞机的研究当成了专业课题来做。

时间一长，老师和同学们也都习惯了操场上每天传来遥控飞机的声音。每到傍晚，如果看不到一个手握遥控器的年轻人，他们反而还有些不习惯。当然，也有一些学生对此表示不解，那玩具有什么好嘚瑟的呢，只不过是用遥控器让它在天上飞来飞去，像放风筝一样，脖子都仰累了，也没见他搞出什么花样来。飞得好只不过是兜几个圈子，飞得不好还会摔下来，听说遥控飞机的价格不菲，摔坏了那可是拿钱打水漂哟！还有同学看到汪滔玩飞机时，因为徒手接一架摔下来的飞机，锋利的螺旋桨叶在他的右手手臂上割开了一道很长的伤口。鲜血凝聚的过程，仿佛时光收敛了一切，留下了一道永远无法抹去的疤痕。

汪滔听到有人议论他，他连眼睛都不眨一下，只是望着天空中的飞行器，心无旁骛，把更多心思放在了天空上面。多年之后，在一次访谈中，汪滔不经意说出了一个秘密："想要成功，就要与大众保持距离。如果你能创造出这种距离，就意味着你成功了。"

曾经有同学问过汪滔，除了玩遥控飞机外，你还能做什么？他竟然一时答不上来，只得老实回答："我还会修理和改造遥控飞机。"那个同学愣了一下，突然哈哈大笑起来。然而，汪滔并不觉得这有什么好笑的，那时他正在对几台摔坏的飞行器进行维修与改造，想让它们变得更加强大。改造遥控飞机的想法，在读高中的时候就已经在汪滔心中萌生了，只不过因为条件限制而未能付诸行动。进入大学后，遥控飞机已经变成了他迷恋的研究对象。他的梦想就是把遥控飞机改造成超级飞行器，要让它飞得更高，飞得更平稳，不会轻易摔下来，而且不只是在操场这样的地方绕一个圈，一定要让它飞出学校，甚至绕着城市转一圈，最好能把整个城市的样子记录下来。他为自己的想法感到惊喜与自豪，他知道科技的发展，使这一切皆有可能。他决定朝这个方向去攻克与发展，但是由于条件的限制，即使有了想法，有了方向与目标，却根本不知道从哪里突破，甚至连改造飞行器的材料都不知道从哪里找。

　　汪滔只好退而求其次，决定先从最基本的问题入手——让遥控飞机平稳升空，并可以在空中停留不动。如果能使飞行器像蜻蜓一样停留在空中，就表明飞行器的稳定性得到了控制，那么接下来再改造飞行速度与方向，也就相对容易了。然而，想要让遥控飞机平稳飞行，需要开发一套能自动控制直升机飞行的系统才行，想做这样一套系统，必须要进入无人驾驶飞行技术领域。华东师范大学的强项是师范和心理，偏重文科，没有无人驾驶的专业与技术，这让汪滔陷入了痛苦之中。他当初报考华东师大，以为进入电子专业就可以解决高中时期遗留下来的困惑。没想到越是深入研究，困惑就越多，必须要找到对口的专业才能解决内心的困惑与面临的难题。可是华东师大没有这个专业，这可怎么办才好？

　　那段时间，汪滔像一个失恋的青年，下课之后，抱着他的飞行器，郁郁寡欢地走在操场上，低头思索出路。他没有心情再放飞抱在怀里的飞机，尽管他的遥控技术已经一流，而且经过改良的直升机也不会像以前那样轻易摔坏，但是他对这种短暂的飞行已经失去了兴趣。他知道飞行器的缺陷，功能就那么多，再怎么飞也飞不出新的花样。就像一个医生知道自己身上的病状，却因为找不到药物而无法治疗，那种心情是绝望的，是痛苦的。汪滔因此连续失眠了好几个夜晚。他那张略带方形的脸因为消瘦，颧骨高耸，轮廓变得立体起来；他眼中的光芒涣散，黑眼圈浓重，眉头皱得紧紧的，像打了个结。已经有好几天没有收拾自己的仪容了，下巴毛茸茸的胡须长得有些野蛮，但也显出了他倔强的性格。

　　操场上散步的同学看到汪滔不玩飞行器，以为他开窍了——他在操场上，玩了整整三年的遥控飞行器，也该玩腻了吧。和他一起读书的同学，有的已经换了几任女朋友了，有的已经开始在外面找工作实习了。在同学们眼中，汪滔的心智就是一个小孩，喜欢玩遥控飞机，沉迷于其中，完全是自娱自乐——这样的孩子当初是怎么考上大学的，真是奇怪喽。他们并不知道，这个怀里抱着飞行器的憔悴男生，心中是多么的苦恼！

满天的落霞将天空染得一片殷红，苍穹看上去更加辽阔而壮丽。汪滔颓废地坐在草地上，抬头望着天空，希望上天能给他答案。可是上天只给了他辽阔的想象，却不能解开他内心的困惑。他叹了一口气，低下头来。身边放着遥控直升机，他轻轻地拨动直升机的螺旋桨，像拨动遥控命运的转盘。夕阳西下，那架直升机也和他一起陷入了沉默，让他竟然有一种英雄末路的感伤，仿佛天地之间与他相依为命的只有这架飞机了。然而，正是因为这股感伤，激发了他不甘平庸的心理，让他涌出了一股强而有力的信念：绝不能就这样，无论付出多大的代价，我也要将它改造成功！

古人练剑的时候，练到了一定高度，就有"人剑合一"的说法，剑在人在，剑亡人亡。这不是传说，而是一个人打开了生命的密码，让精神与灵魂达到了一种境界，把一种事物当成了毕生执着的信念。在汪滔的眼中，手中的遥控飞行器就是他的剑，他操练了这么多年，早已将自己的生命与其融为一体。假如不能突破飞行器的功能束缚，他感觉自己的人生也将无法突破，一辈子也就到此为止了，那活着有什么意义？

这么一想，他的脑子突然一阵发热，猛地冒出一个大胆的可怕想法——我要从华东师大退学，重新去考取自己喜欢的专业！

天空传来了鸟的叫声，他抬起头来，几只归鸟倏地掠过天空，消失在操场树林的后面，仿佛一架架消失在天空的遥控飞机。夕阳的余晖被暮色一点点吞没，路灯还没有亮起来，操场上的行人被降临的夜色清退干净，此刻一片肃静。他站了起来，打开遥控器和直升机的电源开关，心里默念着：如果这架直升机能顺利地绕着操场飞一圈，我就退学，去别的学校重读专业！

他把命运交给了蓝天，他相信答案就藏在天空中，只是需要自己去寻找。他听到直升机螺旋桨快速旋转时发出来的呼呼风声，像少年梦中传来的呼唤。他按下遥控器的起飞按钮，飞机缓缓地往天空掠去。他抬起头，看着直升机在空中渐渐变成一个小黑点，像鸟儿一样消失在夜色中。他紧紧地抓着遥控器，像握住了上帝的手，身体因为紧张激动，在夜色中微微颤抖起来。

在低谷中起飞

当飞机穿越时间的帷幕，天空下的背影渐渐地变得模糊不清，那些懵懂而飘摇不定的记忆一如那架飞入了岁月深处的遥控飞机。它从未消逝。如今，在深港产学研基地的大厅内，仍挂着汪滔当年研制的无人机验证模型，那是一种激情与梦想的见证。

汪滔大三时从华东师大退学，南下深圳。很多人都为他的一时冲动而扼腕叹息，其实他不是一时冲动，而是毅然决然，他要选择一个与自己梦想的方向一致的专业。他还真是抓住了一个机遇，这是深圳给他的第一个机遇，也是一个改变了他人生和命运的机遇。在香港回归后，为推进深港在科技创新上更紧密的合作，深圳市政府与北京大学、香港科技大学三方携手，共同创建了"深港产学研基地"，引入北京大学、香港科技大学的若干个国家重点实验室，为深圳市高新技术产业化的可持续发展提供了强大的公共技术平台和人力资源。2001年，香港科技大学首次在深圳招生，开辟了香港高校在内地直接招生的先河。2003年，香港科技大学在深圳招收了九名选派生，这是由"深港产学研基地"定向选派的，汪滔便是其中之一。

汪滔能够被香港科技大学录取，还多亏了一位独具慧眼的伯乐——李泽湘。20世纪60年代初，李泽湘出生于湖南省蓝山县，1979年考入中南矿冶学院（后与其他高校合并重组为中南工业大学），随后又获选公派赴美国卡内基·梅隆大学留学。1983年，李泽湘获电机工程及经济学双学士学位，又考入加州大学伯克利分校继续深造，分别于1986年和1989年拿到电机工程与计算机硕士和博士学位。1992年，李泽湘正式加盟香港科技大学，创办数控研究实验室及自动化技术中心，并担任主任。李泽湘是人工智能领域的先行者，他一直想成立一家企业，作为"产学研"的试验田。如果科技不能走出实验室，将永远只是一种传说。真正有情怀的科学家都会想着让科技走向社会，与人类共享。这不是一个教授的经商理念，而是一个教授最真的情怀。

李泽湘领衔创办了一家"固高科技（深圳）有限公司"，固高的英文为"GOOGOL"，是一个数学术语，10的100次方，一个天文数字，符合人工智能的无限种可能，意义非凡。公司的创意来自李泽湘的妻子，一位数学家。李泽湘创办这家公司的目的之一，就是发现与培养高科技创新人才，发展人工智能，将研发出来的商品推向市场。为了挖掘人才，李泽湘还时常到深圳的学校去做科普讲座，激发学生对人工智能等前沿科学的认知和兴趣。他倡议公司和香港科技大学联合举办科技夏令营，让学生动手参与科研项目，在近距离地了解学生后，一旦发现有科技创新能力的学生，他便动员他们报考香港科技大学。

李泽湘看到汪滔的简历时，感到有些奇怪。这个汪滔不是通过高考来报名的，而是读到华东师大的大三，中途退学来报考的。华东师大是985、211大学，一个马上就要毕业的学生怎么会退学重新申请别的学校呢？难道他犯了什么大事，非要退学不可？经过一番调查，结果让他觉得有些好笑，这小子啥事也没有犯，就是一个单纯耿直的孩子，他退学的原因就是不喜欢原来的专业，想选择一个工科专业，能研发一款自动飞行系统。一个人为了自己热爱的专业，可以不顾后果地把一切豁出去，这正是搞科学技术最需要的一种精神。李泽湘抓起笔来就在他的名字上画了一个大钩，小伙子，你的选择是对的！

其实，汪滔从华东师大退学时，刚开始并没有想过报考香港科技大学。

那时他还真是心高气傲，一口气申请了全世界排名前十几位的大学。而他最想去的是斯坦福大学，那是美国的硅谷核心，全世界最具创造力和最有创新力的科技前沿阵地。斯坦福大学与硅谷相辅相成，达成合作关系，学校的科技研究与创新突破能在第一时间注入硅谷的科研基地，而基地的公司则将科技输出成消费产品。硅谷是所有科技男的梦想天堂，那里云集了谷歌、英特尔、苹果等世界一流公司，也是中国华为、腾讯、阿里巴巴等企业扎寨开拓国外市场的地方。去斯坦福大学，研究无人机的自动飞行科技，上帝之手无疑就在那里。然而，那只上帝之手离他太远了。他寄往国外的一封封申请书最终都消失在苍茫的幻想中，遥远的太平洋彼岸没有给他传来任何回音。

汪滔随后报考了香港科技大学，这也是一所亚洲顶尖、国际知名的研究型大学，香港科技大学参与打造的"深港产学研基地"与硅谷模式如出一辙。这是汪滔选择香港科技大学的主要原因。在他的父母看来，这更是最佳选择。他们在深圳经商多年，成为深圳经济特区的早期移民，而汪滔在一河之隔的香港读书，每到周末一家人就可以团聚。

2003年秋季，汪滔进入香港科技大学电子计算机工程学系就读。在华东师大那三年，汪滔一门心思想研发一套直升机自动智能飞行控制系统，这是他单纯而又执着的方向。进入香港科技大学后，他除了在课堂上学习，几乎将所有的精力都用来研究飞行系统。而他最难忘也是影响最深远的经历，就是参加ROBOCON大赛（全国大学生机器人电视大赛）。这是由中央电视台主办的全国大学生科技竞赛活动，每次都会有几十支队伍报名参加，一些科技大学的教授亲自充当教练，带领学生参赛。若想从这如林强手中冲杀出来，你只能把自己变得更强。这个大赛自2002年起每年一届，汪滔读的电子计算机工程学系正好是研究这个方向的，而他一直孜孜不倦研发的无人机飞行系统，也在机器人系统的范畴内，在技术上是相通的。汪滔连续报名参加了2004年和2005年的两届大赛。香港科技大学云集了香港顶级的科技教授和资源，拥有全香港最强大的技术团队，在机器人研究方面拥有很多先进技术。学生参加这种大赛，香港科技大学也一向有经费与技术支持。谁都想成为大赛的胜利者，这对于汪滔也是一种倒逼机制，他想让自己苦苦研究与改良的自动飞行系统，在这个大赛中有所突破。

汪滔和几个志同道合的同学，找学校申请了经费，一起协创研发了参加2004年那届大赛的机器人作品。他信心十足，觉得自己从自动飞行系统改良出来的自动机器人系统，能在本次比赛中成为榜上有名的战队。然而，就在进入大赛开战的时候，却因为一个极小的细节，原本信心十足的汪滔战队一下子从云端摔入谷底——竟然忘记给机器人充电了！啊，这是多么低级的错误，万事俱备，只欠充电！而仔细追究，又追究不到责任人，这是整个团队犯下的错误，他们其实都有分工，却偏偏忽略了由谁负责充电这样一件小事。这也给了汪滔一个惨痛的、刻骨铭心的教训。他后来无论是管理公司，还是研发产品，一是分工明确，对已完成的工序还有严格的审核程序；二是不放过每一个细节，哪怕一个螺丝钉至少也要检查三遍。

2005年的夏天，第四届ROBOCON大赛如期而至。汪滔不服输，又带团队一起研发参赛的机器人作品。他总结了前一年的经验教训，为了避免犯同样的错误，他开始采用团队管理的模式，将每一个事项和工序都进行明确分工，谁要是犯下错误让本次参赛失败，谁就要承担责任。而这一次，大家都想争一口气，铆足劲要把上次丢掉的荣誉给夺回来！汪滔则一再强调要冷静，冷静，再冷静，先不管什么荣誉不荣誉，你心里老是想着这些事情，哪还有心思搞研发啊？只有沉下心来，才能保持清晰的思维，把各自的真实水平发挥出来，甚至有可能超水平发挥。那几个月，除了上课做作业，他一直带着成员夜以继日地研发作品。暑假期间，他们也留在学校埋头攻关。在安静的小院里，他们也像影子一样安静。在大赛的前几天，他们终于把作品制作出来。几个人都累得站不起来了，就坐在那里，深深地凝望着他们的作品，通红的眼里都闪烁着奇异的光辉。这个小小的机器人，会给他们创造奇迹吗？

这次大赛在北京举行，共有三十二支队伍参赛，为迎接北京奥运会还特设了"登长城，燃圣火"的主题，要求通过手动和自动机器人的协作攀登长城，并向五个火炬和四堆篝火添加燃料。比赛场地分为手动区、篝火区和自动区，机器人必须准确地将各种颜色的燃料球投入对应颜色的燃料桶中，这对机器人的颜色辨别能力、定位和移动速度都有严格要求，而比赛时间仅有三分钟。

汪滔在研发过程中一直很低调，而一旦进入赛场，他又充满了雄心和激情，一心想要夺得冠军，而冠军队可以代表中国参加亚广联举行的2005年亚太区机器人电视大赛。然而，强中更有强中手，尤其是北京科技大学占尽了天时地利人和，他们原本就有争夺三鼎甲的实力，又可以事先去场地演练，最终被他们夺冠。汪滔团队虽没有创造他们梦想的奇迹，却也创造了了不起的成绩，他们夺得了香港冠军和亚太地区并列第三的成绩。尽管汪滔有些遗憾，但这个成绩在香港和香港科技大学也是创纪录的，汪滔作为主创人员，第一次崭露出了他在科技创新上的头角。

这次大赛过后，又迎来了一个新学期，汪滔进入了大三，他要开始准备毕业课题了。他决定申报与飞行系统有关的毕业课题，这是他从小到大不变的方向。为了参加机器人大赛，他把自动飞行系统改造成机器人系统，这个系统经过大赛的检验是成功的，而在毕业课题中，他又想把这套系统进行改造升级，运用在遥控飞机上，突破一直难以解决的空中悬停的阻碍。

任何科研项目，都不能单凭一己之力，而汪滔申报的课题注定不是一个单干的项目，最少要三个人才行。一个人操纵遥控飞机，做各种飞行试验；一个人观察飞机的飞行速度与姿态，进行现场反馈与总结；还要有一个人填写相关的飞行记录与数据，甚至现场总结和激发改良方案，让飞行数据能够在不同的软件系统调校和硬件改良中顺利地传输与控制。为了让这项试验成为可能，汪滔找来两位对遥控飞机感兴趣的同学，跟他一起搞这个毕业课题。

香港科技大学的学生多，学生的研究方向和申报的项目也五花八门，对经费的申请和审核，校务部也会有所考量，例如高科技需要大数额的经费, 学校需要开会研究决定; 而一些与科技无关的试验, 学校也不会轻易地批准。当时香港科技大学的学生大多申报的是智能家居、机器人操控系统等高大上的课题, 而汪滔提出来的遥控飞机空中悬停这一课题, 在香港科技大学还是第一次有学生申报, 这课题听起来有些悬乎, 还有些偏离主业。而指导教师认为汪滔在机器人大赛上已崭露头角, 最好是申报机器人方面的课题。他还特意提醒汪滔, 毕业课题关系到学生的毕业成绩, 更关系到毕业生的未来就业, 若是毕业课题取得了优秀的成绩, 还可为接下来考研加分。但汪滔对这些都不在乎, 他梗着脖子, 带着一脸的别无选择, 执拗地说: "不, 我已经选定了, 就是空中悬停!"

香港科技大学对于学生的个性和选择是宽容的, 这有利于学生的自由发挥, 可以放开手脚施展自己的专业特长。汪滔申报的课题得到了批准, 并申请到了1.8万元港币的课题经费。汪滔随即便带着两个课题组成员开始攻关。

那么, 这个空中悬停到底有什么意义呢? 这是遥控飞行器的一大难题。在很多人看来, 遥控飞机就是航模, 甚至就是小孩子的玩具, 其原理是利用电池能量产生动力, 快速旋转螺旋桨, 螺旋桨产生强大的气流, 推动空气向下加速流动, 然后通过遥控器操纵飞行。即便是这样的航模, 也包含了许多科学技术, 一个难点就是如何与自然融合, 气候是复杂多变的, 地形也是形形色色的, 如山地与平原、山谷与山峦, 除了对飞行器形成直接的影响, 还会形成不同的小气候。如何在这种复杂多变的地理和气象环境下操控飞机平稳飞行, 而且要飞行出各种高难度的姿态来, 很难, 也很刺激, 这要看飞行器本身有多高的技术含量, 还要看操控者是否能把操控技术的分寸拿捏到上乘境界。在技术含量较高的遥控飞行器上加装了电子调速器和GPS导航系统, 操控难度也会更高。那时, 汽车地图导航仪尚未普及, 许多司机还是靠看路标和纸质地图来判断行驶路线。GPS刚刚进入中国, 商业应用范围小, 技术也不成熟, 将GPS运用到遥控飞机领域, 还处于初始期。这些硬件的匹配与系统软件的融合, 只要有一个细节达不到要求, 就有可能功亏一簧。而汪滔申报的课题，还不是停留在这一技术层面上，他瞄准的是研发一款可以在空中悬停的新型遥控飞机。简单说，就是让遥控飞机在飞行状态下突然停在空中，这是一个技术含量很高、难度很大的系统工程。当时，清华、浙大、华南理工的一些博士团队也在研究这个课题，他们花费了几年的时间也没有取得突破。而浙大有一次实现了空中悬停，随后便激动地对外宣布："浙大遥控飞机傲停一分钟！"傲停，对，他们用的就是这两个字，仅仅一分钟的空中悬停，在当时就足以称为"傲停"了，从中你可窥探到这个课题有多难。只要这个难题解决了，飞行器的稳定性就能迎刃而解。

在攻克这一难题之前，偶尔也有遥控飞行器实现过空中悬停，对此，汪滔也反复琢磨过。这种空中悬停是通过飞行惯性加一个无线电定位，但遥控飞机很难控制，必须要在一个精确的点上才能实现悬停功能，就像走钢丝一样，靠的不仅是科技，还有那个细微的平衡点支撑，这需要遥控者用熟练的操作去寻找和掌握。这种空中悬停若要实现，成功的概率很小，也难以实现平稳地悬停。

汪滔也不知浙大是如何实现了一分钟的"傲停"，这是人家的技术机密，他也不便于打听。但从一开始他就认定，不能用市面上现成的航模或飞行玩具来改良，大多数航模和飞行玩具都不是专业飞行器，内外的组件远远不能达标，他只能根据自己的理念，一切都要从头开始。从设计机体形状到内部硬件的结构，再到动力系统的研发，还有控制系统的编程设置，都只能是原创。在进行图形设计时，他没有钱去开模具制作，还要去市场寻找现有的航模物件做匹配，量尺寸，做模拟值。设计图出来了，元器件买来了，还要进行一系列的电机模块配套组装、焊接、系统调试等工作。那些日子，汪滔整个人几乎钻在遥控飞机的系统里，这也让他养成了通宵不眠的夜猫子习惯，那两个同学也跟着他一起熬夜。汪滔有时候正在上课，脑子里忽然冒出一个念头，他也不管什么上课不上课，拉上两个助手就从老师的眼皮底下跑出去搞研发。两个同学被他折腾得疲惫不堪，也免不了抱怨："你想鼓捣出一架稳定的遥控飞机，却先把我们的生物钟搞乱了！"

汪滔和两位课题组成员花了大半年的时间,终于把遥控飞机研发出来了。在实验中,汪滔在飞行系统上有不少创新,他通过惯性测量单元IMU、加速度和角速度的传感器、GPS和电子指南针,取得飞机的姿态角和速度的准确数据,并能根据数据控制飞机舵机的反馈运动。而在毕业课题演示之前,他们经过多次试验,遥控飞机都能实现空中悬停,但还没有达到汪滔设想的那种稳定度,在悬停时遥控飞机老是像打摆子一样发抖。但毕业课题演示的时间已经来临,他没有时间解决飞机抖动的这一难题了。

到了毕业演示那天,汪滔和两个助手都有一种大考来临之前的紧张。汪滔还特意冲了一个冷水澡,感觉自己每一个细胞都冷静下来了,他还冷静地刮了胡子,又把遥控飞机的每一个螺丝都检查了三遍。他还不放心,又让两个助手也分别检查了三遍。两个助手检查完了,几个人最后把该注意的问题仔细想过一遍,都觉得没问题了,才走向演示的现场。但走到半道上,一个助手忽然发现了问题,扑哧一声笑了。汪滔奇怪地看着他:"你笑什么?"那个助手指了一下汪滔的脚。汪滔低头一瞧,这才发现自己穿着的两只鞋颜色相同,都是黑色白底的夏季透气网鞋,但款式和牌子却不同,一只是阿迪达斯,一只是耐克。汪滔气得跺了跺脚,"看看,看看,还是忙中出错了啊!"另一个助手笑着安慰他:"没事,只要你穿着舒服就行啊,老师又不看你的鞋子,只看天上的飞机!"汪滔一想也是,现在要换也来不及了,只能这样穿着了。

到了演示现场,还真没人注意汪滔的鞋子,都盯着他手里即将放飞的飞机。这次演示由汪滔操纵,他的技术在课题组里是最熟练的。而对于他和课题组而言,这几乎是一次对命运的操纵。香港科技大学作为一所追求科技创新的研究型大学,对毕业课题是特别看重的,并按A、B、C、D四个等级评分,若能拿到A等,他们就有可能直升本校的硕士研究生,还有可能被推荐到国外名校留学。不过,此时汪滔心无旁骛,一心想要完成一次完美的飞翔。那时智能手机还没有出来,所有的玩具遥控器都是用手柄控制的,有许多调试的开关和按键,需要不断地观察与判断,掌握方向和速度,实时操控和调整飞机的飞行状态。因为手柄遥控器的功能串联有限，接收器、传感器、调速器、舵机，还有系统的匹配，都与遥控者关系很大，能否实现空中悬停，遥控者是关键人物。在他的操纵下，起飞，降落，盘旋，赢得了围观师生们的一阵阵掌声。但这不是汪滔想要听到的掌声，他仰望着天空，接下来才是关键——空中悬停。他多么希望此时能响起热烈的掌声。然而，没有掌声。此时，汪滔傻眼了，几乎所有人都傻眼了，那飞机非但不能悬停，就连平时像风中的风筝一样摇摇晃晃地在空中飘浮也达不到，一个劲地在空中抖动，跟打摆子似的。汪滔的心也在跟着抖动，眼看飞机就要栽下来，他用颤抖的手按了一下遥控器，那遥控器竟然失灵了。他最担心的事发生了，飞机从空中一头栽了下来。

汪滔眼前一黑，感觉自己从半空中栽了下来。

"啪嚓"一声碎响，摔坏的又岂止是一架飞机，汪滔感觉自己的心都摔碎了。那一瞬间，他像坠入冰窟窿，浑身发冷，脑袋发蒙。他看着地上的飞机，像一只中了枪的大雁，连挣扎的力气都没有了。汪滔抹了抹额头上的汗，手上的遥控器早已湿黏黏的，他原本熬夜形成的黑眼圈，此刻更加浓重与灰暗。接下来一个动作又让人猛地一惊，他突然把遥控器摔在地上："这是什么鬼东西，简直是垃圾！"

汪滔毕业课题的设计和演示失败了，经几个验收老师现场打分，汪滔团队只得了一个C等，这个等级才刚刚及格，这对汪滔课题组已经是照顾了。一位老师说："若看演示结果，只能打入D等，但课题组的创新精神还是值得鼓励的，而且也确实有不少创新。"这对于一向自信而倔强的汪滔来说，简直是一下跌入了人生的谷底。他不想为自己辩解，也没法为自己辩解。若这是一架真正的飞机，无论你造得有多好，有多少技术创新，最终因技术故障而坠落，那也是要宣告失败的，而且要追究失败的责任。对此，老师没有追究，但汪滔却一直在恨恨不已地追究自己的责任。

2006年夏天，汪滔以C等的毕业课题成绩从香港科技大学电子工程系本科毕业，拿回来了三样东西：一本毕业证，一个学士学位证，还有一架摔坏了的遥控飞机。他原本还想在香港科技大学继续读研或被推荐到国外留学，而这样一个毕业课题成绩，他是想都别想了。接下来，他将度过一个失落而郁闷的暑假。若仅仅从生存的角度来考虑，他还真没有必要这样情绪低落。汪滔的父母亲1987年从杭州来深圳创业，经过十几年的打拼，不说干得风生水起，也算是有声有色，在深圳也算是家底殷实的富裕人家。他们并不为儿子的生计问题而犯愁，他们正盼着儿子能接手自己家的事业呢。但这小子对什么也不感兴趣，仍像以前那样痴迷于遥控飞机，那遥控飞机仿佛控制了这小子的灵魂。整个暑假，汪滔几乎大门不出，二门不迈，整天窝在家里折腾那架摔坏了的遥控飞机，也在拼命折腾自己，年纪轻轻就掉了不少头发，胡子拉碴也不刮，这怎么行啊。但父母怎么劝他也劝不住，这小子从小就倔强得很，眼下简直就是个偏执狂，每天把一架飞机拆了装、装了拆。这门道，做父母的还真是看不清，在他们看来这不就是个玩具嘛。其实，汪滔这个拆了装、装了拆的过程中还真是有一般人看不清楚的门道。他又加入了很多新的构思和技术，对机载平台、遥控器、定位系统等进行了更新。他觉得失败的主要原因就是软件和硬件没有完全匹配和兼容，这就是他反复折腾的一个关键，但凭他此时的知识和技术一直难以解决。这让他更加渴望继续深造，那就只有复习功课准备考研了，但他又烦躁不安，难以静下心来。

就在他烦躁不安时，一份录取通知书寄来了，他竟然被录取为香港科技大学的硕士研究生。

简直像做梦一样，汪滔下意识地看着天空，天啊，难道天上掉下馅饼了吗？这种直升研究生的好事怎么会落到一个毕业课题拿了C等的学生头上？后来他才知道，是李泽湘教授的力荐，才使他作为一个具有特殊潜质的学生被破格录取。这也要感谢香港科技大学的一项制度，导师对录取研究生可以引荐。李泽湘推荐汪滔只是说了一句："汪滔是否比别人更聪明，这我倒是不清楚。但是，学习成绩优异的人不见得在工作中就表现非常突出。"

李泽湘的言下之意是说，真正搞科研的人并不一定是知识理论或上课学习成绩优秀的人,更重要的是要有科研精神。汪滔毕业课题的产品虽然在设计上出现了缺陷,但任何科研都不是一锤子买卖,要看这个学生平时的综合表现。汪滔对自动飞行系统的研究与专注,超过了许多学生,具备了科研精英的难得条件。何况,他还得过机器人大赛的香港冠军和亚太地区并列第三的成绩。李泽湘是全国最早研究机器人的领军人物,也是机器人领域的权威人士,汪滔当初设计比赛作品时,少不得去请教。李泽湘从中发现了汪滔身上具有的团队领导才能及对技术的独到理解,因此他心中才会有底气,要引荐这样一个人才读研,莫浪费了汪滔的天赋。再者,即便汪滔毕业课题设计有问题,但他所研究的产品,确实代表创新科技发展的方向,技术含量比很多同学的作品要高,从这一点上可以看出这小子是个靠谱的人才。所以,李泽湘才打破录取学生的规则,要招汪滔作为自己的研究生。

更加令汪滔不敢相信的是,李泽湘教授不仅招他为研究生,后来竟然还支持他一边读研一边出去开公司创业。甚至,汪滔为了公司的事情旷课,李泽湘也不追究,还帮他解决创业时遇到的一些技术问题。汪滔觉得,是不是时来运转,遇到生命中的贵人了。

李泽湘说:"我不是什么贵人,你的命运只能由你自己主宰。眼下,你先要学会如何在低谷中起飞。"

冲破黎明前的黑暗

　　而今许多人都知道，汪滔在攻读硕士研究生时就萌发出创业的冲动，这倒并非一时心血来潮。他原本就是通过"深港产学研基地"这一平台作为选派生进入香港科技大学的，而他的导师李泽湘就是一边从事教学和研发，一边创业的楷模。汪滔在导师的直接影响下早早就有了自己的创业梦，他创业梦的大方向也基本确立为研发遥控飞机。李泽湘是机器和自动化领域的专家，最高明的机器就是人工智能化机器——机器人，这是电子与计算机工程领域的高科技。而汪滔研发的遥控飞机也远远超越了一般航模的意义，也可以说是会飞的机器人，如今已有了正式命名——无人机或无人飞行器。他白天上课，向李泽湘请教一些技术难题。到了晚上，汪滔便埋头折腾遥控飞机，对于那次毕业课题的失利他一直耿耿于怀，暗暗发誓要把这架飞机改造好，让它重新飞上蓝天。

　　那架让他得了C等的遥控飞机，不知折腾了多少个夜晚终于被修好了。这次并非一般的修复，汪滔感觉空中悬停的症结已经解决了，它又能重新飞上蓝天，还能做到低空低速飞行，在机头方向不变的情况下前进或后退，但老毛病还是没有从根本上解决，飞机依然在空中不停地抖动。尽管汪滔还是不太满意，但基本上达到他设计的目标了。他忽然冒出一个充满了好奇心的念头，拍下这架飞机的飞行照片和视频后，放在航模爱好者论坛上去叫卖，没承想很快就接到了一个美国航模发烧友的订单，卖了几百美元。这么多年来他一直在烧钱，这次终于赚到了第一笔钱。但他对钱没什么感觉，更在乎的是用户对这架遥控飞机的感觉。没过多久，那位美国发烧友就给他发来了视频，那是用遥控飞机拍摄的一场摩托车竞赛的场面。汪滔一下被那场景震撼了，感觉自己当时就在现场，操纵着遥控飞机追拍、俯拍，以空中悬停的姿态进行定格式拍摄，简直像影视里的特技镜头一样。此时，他开始后悔了，干吗要把它卖出呢。而猛地一想，他又非常庆幸了，那位美国发烧友给他带来了一个未来的启示，他可以继续研发这种会飞的照相机啊！

一个天性倔强的人，往往也是相当果决的，一旦认准了自己的目标就不会给自己犹豫的机会。汪滔说干就干，决定创立一家专门研发遥控飞机的公司。为了考察市场，汪滔还拿着自己研发出来的一架遥控飞机样品和关于飞行系统与飞控技术的设计方案，先后参加了2006年的珠海航展和第八届中国国际高新技术成果交易会。这一年深圳已确立了自主创新的战略并明确提出了建设创新型城市概念。有学者说："这相当于二十五年前深圳确立改革开放窗口的那样的一次命题，标志着深圳重新在国家战略上找到了一个位置。"这次高交会的第一主题就是"自主创新"，共有来自四十多个国家和地区的一百多个代表团，参展商达三千多家，吸引了六十多万人参观，偌大的深圳会展中心被挤得水泄不通。汪滔就像七年前的马化腾一样，抱着他的遥控飞机和设计方案奔走在一个个展台上，他在熙熙攘攘的人流里东躲西闪，生怕被人挤掉了飞机的翅膀。汪滔不像当年的马化腾那样内向和腼腆，他开朗健谈，而且踌躇满志，他要说服人们相信，这个遥控飞机只要开发出来，是会有很多人来买的，这将是一个很大的市场。他的推销才能，也引来了不少人对遥控飞机的关注。但在当时，还没有多少人看好这种门槛高又还没有什么市场的蓝海领域（未知市场）。这样的东西，做好了是个巨大的机会，做不好就是个巨大的坟墓。又加之汪滔当时的技术和对未来的市场设想还不太成熟，跑了几天后，他既没有找到愿意合作研发和生产的企业，也没有人给他一分钱的风险投资。当他把飞机抱回家里时，既没有得到什么，也没有失去什么，那遥控飞机的翅膀还是好好的，一副随时准备起飞的姿态。

其实，他也不是没有收获，他唯一的收获是，有不少专家觉得他研发无人飞行器的大方向是对的，值得去做。对于一个还懵懵懂懂的愣头青，这甚至是比资金更重要的收获。后来，汪滔也多次说过："2006年那次高交会的经历，让我们坚定了创业和创新的决心。"

不过，此时他还没有独立创业的本钱，那架遥控飞机虽说卖出去了，但几百美元只是杯水车薪。他把创业梦想告诉父母，父母商量之后就给了他第一笔启动资金，成也好败也罢，就当给儿子的一笔学费吧。汪滔又拉着那两位在做毕业课题设计时一直给自己当助手的同学一起创业，他们的家底也很殷实，三个合伙人很快就凑足了注册资本。2006年11月，又一家默默无闻的小微民营科技企业在深圳静悄悄地诞生了，不过那名字倒是挺大气——深圳市大疆创新科技有限公司（DJI）。汪滔给公司取名为大疆，没有深意却有大志——大志无疆。那两位同学觉得在这样一个小公司里每天鼓捣着像玩具一样的遥控飞机，简直跟小孩子过家家似的，难有什么"大志"。于是，一个选择去了一家大公司，另一个则出国留学。三个最初的合伙人，最后只剩下了一个"大志无疆"的汪滔。用现在的眼光看，他是"硕果仅存"，而在当时他却是孤掌难鸣。

尽管汪滔不承认他做的是小孩子的玩具——航模，但他登录最多的网站就是航模论坛。他在航模论坛发布了招聘信息，希望"聚天下英才而用之"，也还真有人跃跃欲试，而"人来了，门一开，看是小作坊，基本上掉头就走"。这个小作坊式的公司位于深圳车公庙，设在一家杂志社的小仓库里，汪滔的舅舅就是杂志社的负责人，听说外甥要开公司，他也挺支持，便将杂志社的一间小仓库腾出来给汪滔办公司。这就是大疆公司的第一个办公地址。据公司最早的员工之一卢致辉回忆，那库房"斜斜的，不是很高，很小的一个空地，二十平方米不知道有没有，就是一个很小的仓库，当时我们三个人就挤在里面"。

卢致辉说的三个人是汪滔先后招来的三个员工，陈金颖、陈楚强和卢致辉，他们也是大疆真正意义上的第一批创业员工。麻雀虽小，但大疆也是按现代公司实行统一管理的工号制，汪滔的工号为0号，陈金颖、陈楚强、卢致辉三人工号按先来后到的次序分别为1号、2号和3号。后来，有人称他们是大疆创业之初的"四大天王"，其实用"四条汉子"来形容反而更加贴切。1号员工陈金颖的背景比较模糊。2号员工陈楚强的父亲曾在空军部队服役，这让他从小就对飞机十分入迷，他也像汪滔一样从小就迷恋玩航模，一心想成为"飞二代"。来大疆公司之前，他在一家科技企业干了一年的时间，科技企业既爱惜人才，对人才也有严格限制。如陈楚强上班的那家公司，对新进来的骨干员工都要求他们签订三年的劳动合同，若是中途跳槽走人就要赔偿三万元的违约金。陈楚强原本也没有跳槽的想法，但他在航模论坛上看到了大疆公司的招聘信息，一见这公司是研发遥控飞机的，他立马就交纳了三万元赔偿金拍屁股走人，直奔大疆那设在一个仓库的简陋办公室。他也因此而得了一个绰号——陈三万。

卢致辉那时还是哈尔滨工业大学控制工程系自动化专业的大四学生，正在寻找实习单位。那时候的北方学生一心想着奔向南海边的深圳。卢致辉在网上投了许多简历，他也不知道都投到哪里了。在来大疆之前，他先在东莞找了一份结构设计的工作，做浴缸的控制器。刚刚做了一天，他就觉得很无聊，郁闷之际的他就接到了深圳大疆的面试电话。当时他还不知道大疆是什么，对无人机的了解也不多，接到电话后，他立马去网吧查了下这家公司。网上对于大疆唯一的描述信息是参加了2006年的珠海航展，还有一条关于老板汪滔的信息，他是香港科技大学的硕士研究生，有一个项目还获得了亚太机器人大赛的季军。卢致辉心想，那肯定是一家高科技公司。当他按图索骥一般寻来时，才发现这公司竟然设在一间小仓库里，那狭窄的办公室还不是方正的，墙壁看上去是倾斜的，连公司的牌子看上去都是歪斜的。当时，办公室里坐着三个人，一个是老板汪滔，还有两个刚招来不久的员工——陈金颖和陈楚强，正在鼓捣着桌子上的一些玩具飞机配件。汪滔是一个典型的时尚青年，穿着一身在深圳也算是很时尚的休闲装，看上去很潮，很另类。他年纪轻轻，发际线就开始后退了，露出宽阔的额头，浓眉大眼，戴着一副深色的圆框眼镜，下颌上还留着一小撮山羊胡髭。他看了看卢致辉，随便问了几个问题，点了点头，又随手指了一下，那是一把空椅子。

卢致辉看着那把空椅子忽然有些后悔了，他下意识地摸了摸口袋里几张皱皱巴巴的票子，连吃一顿晚饭的钱都不够了。唉，那就留下来吧。他像个"歪果仁"似的幽默地耸了耸肩，把身上背着的包袱往角落一放，就在那把空椅子上坐下了，一屁股坐下去还挺沉，坐得椅子嘎吱一响。

这四个人中唯有汪滔有无人机技术背景，汪滔实际上也成了他们的师父，在拿出设计方案后，还要手把手地教他们如何组装遥控飞机。那些元件都是从华强北电子市场上采购的。汪滔还时不时鼓励他们，最好的鼓励就是描绘这家公司的前景有多么好，他们作为公司的创业元老往后的日子有多么美。汪滔还把这段创业之初的艰苦岁月称为"黎明前的黑暗"，挨过了黑暗就能看见太阳又升起来了。而让几位员工特别难受的也正是"黎明前的黑暗"。汪滔白天要去香港科技大学上学，每天晚上回到公司时几位员工都已经下班回出租屋了。而汪滔是典型的夜猫子，越是夜深人静越是神经兴奋、灵感勃发。有时候一个灵感冒出来，他也不看是什么时间，就给几个员工打电话，叫他们赶过来一起商讨他的构思与想法。一聊就是几个小时，不知不觉，那"黎明前的黑暗"过去了。不知不觉的只是汪滔，几个员工叫苦不迭。若是偶尔一两次还可以理解，如此经常性的夜谈谁也受不了。几个员工各有各的性格，也各有各的办法。陈金颖最干脆，在睡觉之前直接选择关机，陈楚强则是把手机放在一个铁盒子里，将手机信号屏蔽了，有电话进来时，不是没人接听，而是无法接通。卢致辉是最年轻的一个，还是个实习生，当汪滔找不到另外两人的时候，就会打电话给他，这电话他不敢不接，接了就不得不来，来了就一边打哈欠一边迷迷糊糊听着汪滔滔滔不绝，他也不知道汪滔到底说了些什么。不过，时间一长，他对汪滔的性格也越来越了解了。

在卢致辉看来，"汪滔简直是一个乔布斯式的工作狂，无时无刻不在追求完美"。

汪滔对苹果创始人乔布斯确实打心眼里敬佩，他后来多次说过："乔布斯鼓舞过我，他很较真，抠细节。放在十年前，如果你和乔布斯一样较真，很多人会觉得你不会做人，不招人待见，没前途，一套歪理会把你拉回所谓的现实世界，最后你过着和父母一样的日子。"他从乔布斯的较真与抠细节中学到了许多，如果没有这样的较真，如果没有这样近乎偏执的较真，乔布斯不可能成为后来的乔布斯，汪滔也不可能成为后来的汪滔。

中国80后的那一代年轻人，很多都习惯于用星座来分析一个人的性格与命运。汪滔是处女座，许多人一听到处女座就很害怕。处女座是优雅迷人、追求完美的星座，他们外表低调谦和，内在充满激情，特别关注细节，最典型的性格特征就是"认真""麻烦"。而研发遥控飞机就是特别认真而麻烦的事情。当时，他们的遥控直升机还存在很多问题，一个最突出的问题还是老毛病，遥控直升机会在飞行或悬停时不停地抖动。为解决这个问题，汪滔和几位员工前后找了四五十种方法，这是一个很麻烦的过程，先要找到症结，然后修改设计，组装后进行飞行测试，一旦失败就能证明之前一切都是错的，然后从头开始，又进入一个轮回。这四五十种方法，说明他们经历了四五十次失败，四五十次从头再来的轮回。卢致辉尽管对这样一个"认真、麻烦"的老板感到害怕，却也打心眼里肃然起敬，他说："汪滔他是那种为了搞清楚一个东西，从来不放弃的人，不管是多麻烦。"汪滔在细节上的追求更是严谨到了苛刻的程度，比如对一颗螺丝拧的松紧程度，都有严格的要求，他会告诉他们要用几根手指头拧到什么样的感觉为止。因为当时很多东西是没办法量化的，工具也比较粗糙没那么先进，不能精确到具体力度，只能靠手来感受。螺丝有时候会松，所以需要加螺丝胶防止松动，但是会有一个问题，如果要拆，这个螺丝会卡在里面拧不出来。结果汪滔从香港买了一堆的螺丝胶，分弱、中、强几种不同强度，按照螺丝拆的频率，使用不同强度的螺丝胶。比如拆的频率不高的螺丝就用中强度的螺丝胶，从来不拆的螺丝就用高强度的螺丝胶，而经常需要拆的就用最弱强度的螺丝胶。无人机上几百颗的螺丝，就是这样一颗一颗地按照不同要求拧上去的。

大疆创业的第一年里没有做任何销售，与其说它是一家商业化的公司，不如说是一家只有投入没有产出的研究所或实验室。正如卢致辉所说，感觉就像是进入了一个实验室。

这一年，汪滔一直集中精力试图解决遥控飞机存在的系统问题，却没有太大的进展，还要四处筹资维持公司的运转。就在汪滔举步维艰之际，大疆公司获得了首笔三十万元政府资助资金。尽管深圳市政府制定了对创新企业或产业的资金扶持政策，但这只是一种激励机制和导向，而并非推动创新的主要手段。深圳市政府更注重营造公平竞争、优胜劣汰的市场机制。因此，深圳的科技创新企业不是政府用行政手段、按照统一部署的产业规划发展起来的，大都是依靠自己的创造力、经历了艰难曲折的历练而逐步成长起来的。

这笔政府资助资金，对于汪滔和大疆如雪中送炭，更给年轻的汪滔带来了莫大的激励和信心。他觉得公司不能再窝在车公庙那间狭窄的小仓库里了。几经寻找，将公司搬到了深圳市福田区莲花北村的一幢居民楼内，租了一套三房一厅，分别用作研发室、装配室、实验室和办公室。在狭小的客厅里还摆放了一个很大的风控箱，像洗衣机的滚筒一样哗哗作响。而汪滔习惯于熬夜工作，还在自己的办公桌边放了一张简易的单人床。汪滔在办公室门上贴了一句话："只带脑子，不带情绪。"无论大疆以后搬到哪里，这句话都是跟着他走的。

这一带环境幽雅，小区正对莲花山公园西北门，莲花山一年四季葱郁翠绿的树木，毫无保留地彰显出深圳这座城市的勃勃生机。尤其是在春季，公园盛开的艳丽花卉，孕育着新时代的光景，把城市打扮得有声有色。站在山花中，望着鳞次栉比的现代高大建筑，身边是绿得让人赏心悦目的树木，恍如人在画中。

时光是不会倒流的，但某些被阳光照亮的日子却一直定格在那里。

汪滔和三位员工在莲花山顶留下了一张合影，也是公司初创时期的珍贵记忆。四人在入夜后到莲花山公园散步，也难得放松一下。除了汪滔，三位员工无论是穿着打扮，还是照相的姿势，都跟刚出来的打工仔一样。甚至你会发现，陈楚强的眼睛是闭着的，显然没有做好拍照的准备。另外的两名成员陈金颖和卢致辉神色严肃，似乎也没有来得及摆出pose，就这样活生生地被定格在时间深处了。只有汪滔张开嘴露出了笑容，荡漾出一个创业者年轻时的意气风发。

这四条汉子在大疆最初的两年创业时间中，一直是公司的核心团队。直到2008年，三位核心成员又相继出走，以致多年后还有人用汪滔"众叛亲离"来形容他们的离开。

卢致辉是三人中最后一个来的，也是最早离开的。他后来提及自己离开的原因，主要是公司一直没有赚钱却在往里边砸钱，四个人每天都围绕着无人机系统打转转。尽管工资照发，可一家小公司哪里有这么多钱可砸啊？可汪滔还真是沉得住气，在一年不盈利的情况下每天心无旁骛地埋头搞研发，幸亏他家底还算殷实，父母亲一直在给他注资。其实，他们做出来的一些东西也可以卖钱了，比那些东拼西凑的航模好多了，但汪滔只要自己不满意，他就不卖，谁要劝他卖，他就火冒三丈地跟你急："这垃圾货能卖吗？你这不是想给公司挣钱，你这是砸大疆的牌子！"还别说，这家伙有一次还真是差点儿砸到了人。当时，他们操纵遥控飞机从香蜜湖飞到民生银行大厦，飞机突然出了故障，从楼上掉下来，差一点就砸到一个人头上。也算那人和大疆公司的命都特大。若是砸到了人，不知要赔多少钱，汪滔赔掉了大疆公司可能还要赔掉自己的人生，估计他再也不会玩下去了。这操纵遥控飞机还真是在操纵自己的命运。

说来还有一个原因，卢致辉觉得汪滔当时采用油动直升机的这个方向不太对。

此外，还有一个由来已久的江湖传闻——股权分配出现了问题。据说，汪滔曾提出让三位员工共拿百分之四十的股权，但之后慢慢降到了百分之二十，最后又降到了百分之五。这让三位员工倍感失望。对此，卢致辉也曾公开表示过有些失望，不过他也能理解，毕竟汪滔是初次创业，对于股权问题看得不是很清楚，所以比例也只是随口说说而已。他们自己对股权也没什么太大概念，毕竟公司也没开始赚钱，股权到底能变现多大的价值，谁也不知道。所以，对于百分之五，他们也不是不能接受。

在卢致辉离去之际，大疆公司空降了一位经理，陆地。他从英国留学归来，学的是金融，但对技术一窍不通。据说这也是他们选择离去的一个原因。本来一群技术男在一起玩得挺开心的，结果来了个不懂技术的人，还成了他们的上司，这让几位员工觉得不是一类人，没办法一起玩。

尽管促使那三位员工离去的原因很多，但这三人都说自己对当年的选择从未有过后悔。卢致辉对大疆依然心存感激，他的人生方向也由此确立。出走之后，卢致辉先去了当时正在势头上的航模企业艾特航空，为其组建了消费级无人机研发团队，做出了国内第一个电力巡检无人机项目。他后来又出来自主创业，创立了科比特公司，依然做消费级无人机。陈金颖先是创立了云雀科技，后又加入科比特担任研发总监。而陈楚强也追随卢致辉多年，于2011年自立门户开始创业。从某种意义上说，大疆公司不只是无人机的孵化器，也是这一领域的人才孵化器，孵化出来的人才最终成为汪滔的竞争对手。

对这三位创业员工的离去，汪滔后来也没有回避，还有对自己的反省："我可能是一个不招人待见的完美主义者，当时也让员工们伤透了心。"除了主观原因，当然也有客观原因。他是这样说的："以我的经验，公司如果没有特别大的起色，两年是一个人耐心的极限。"

诚哉斯言，这也许还真是一个根本原因。别说几个员工，汪滔当时也正遭受极限考验。

2008年是汪滔和大疆最难熬的一年，这一年发生了很多事。一开年就遭受了南方冰雪灾害的迎头一棒，在春夏之交又发生了汶川大地震，冰灾和地震造成交通瘫痪、光缆损毁、基站中断，传统的应急通信手段难以快速恢复当地通信，很多地方只能派人员翻山越岭，冒着余震和山体滑坡的生命危险传递信息，有的要走几天几夜。当时也有不少军用直升机投入救援，但数量有限，又加之起降环境险恶，难以全方位施救。汪滔每天关注着灾情，他在灾难中看到了希望，若是有大量的无人机参与救援该有多好啊！无人机具有价格低廉、部署快速、轻便灵活、起降环境要求低等特点，可以搭载自组网电台、集群微型基站、LTE微型基站等多种通信载荷，实现多种灵活的通信应用配置方式，在灾区核心区域快速开通通信服务，在后方应急中心、现场指挥部与抢险队伍间形成超短波通信、宽带视频通信的大区域覆盖应急通信网络。一架无人机就可以覆盖几十公里范围，若有上百架无人机就可以搭建起高空基站，迅速形成覆盖整个灾区的应急通信系统，给抢险救灾争取时间，时间就是生命啊！

　　然而，这一切还只是设想，大疆这家小微企业在这年秋天又遭遇全球金融风暴的袭击，从大洋彼岸的华尔街开始，一场被格林斯潘称为"百年不遇的金融危机"迅猛地扩及世界的每一个角落。中国受冲击最严重的便是深圳等沿海发达地区和大批外向型企业，黑压压的阴霾之下，许多公司或工厂摇摇欲坠，哀鸿遍野，多少人在绝望中悲呼，谁能拯救你，我的工厂？而此时，大疆公司如同一条在大海上颠簸的小舢板又突遭风暴，汪滔是这条小舢板的舵手，这条船的命运就操纵在他手里。这既是命运的操纵，也是对命运的操纵，所有的压力都压在了他瘦瘦的、还没有完全长硬的肩膀上。大疆的账面上只剩下两万块钱了，汪家也不是什么富豪之家，哪有这么多钱砸下去？又加之各行各业都遭受金融危机的冲击，汪滔父母亲的公司也在艰难度日，再也无法给大疆注资。若是资金链断裂，连房租工资也难以为继，大疆就只能关门大吉。

　　一天凌晨，汪滔又在熬夜研发，这次他没有打电话，而是给几位员工各发了一封像夜色一样灰暗的邮件："飞控的产品化还有一口气了，希望大家可以各尽其力，弄一个全球直升机界革命性的产品出来。我们不光要赚钱，还要干大事，干好了自然能赚大钱，小钱咱们看不上。"言语中透出了他在绝望中的挣扎，也透出了他对绝处逢生的渴望，那一句"还有一口气了"说的是产品研发到了关键时刻，还差一口气就能成功了。但邮件不仅没有给几位员工带来精神上的激励，反而让他们生出穷途末路之感。还有一口气了，仿佛大疆只剩下最后一口气了。

在汪滔最艰难的时候，他的导师李泽湘和哈尔滨工业大学研发机器人的青年教师朱晓蕊一起投进了一百万元人民币。这无疑是一笔非常有眼光的投资，但李泽湘再有眼光也不是神，那时候他还真是难以预料汪滔和大疆的未来。在李泽湘看来，"汪滔将完美主义精神完整地嵌进了他的产品观里"。不能不说，对汪滔最了解的还是这位导师。从创业开始，汪滔一直以精品为导向，尤其是在深圳这个领风气之先的风口，汪滔更倾向于不计任何代价做出一款完美的产品。对于设计不好的产品，包括他自己设计出来的产品，只要不满意，他一开口就骂："这是什么鬼东西，简直是垃圾！"

一百万元人民币，也不会让一家只有投入没有产出的公司维持多久。但李泽湘的加盟不只是给大疆注入了一笔资金，还给特别需要帮手的汪滔推荐了不少学生。作为导师，李泽湘暂时还只能扮演导师的角色，他更多是从"深港产学研基地"这一平台出发，把大疆公司列入一个"深港产学研"相结合的模式，而不是单纯的商业化的模式来打造。

眼看一百万元很快又将告罄，又有一位救星从天而降，这救星就是陆地。汪家与陆家原本就是世交，陆地从英国留学归来听说汪滔创办了一家研发遥控飞机的公司，特意过来考察一番。他对技术确实一窍不通，而见识决定眼光，他觉得这是一个势必蓬勃兴起的朝阳产业，经洽谈之后，他决定投资九万美元，连人一起投入大疆公司。

汪滔有了研发资金，终于研发出了一些性能较好的遥控飞机。那些机器零件特别多，组装工艺烦琐，不是专业玩家还玩不了。遥控的面板也相当大，就像一块大砖头一样，甚至机身许多部件都没有外观罩，直接赤裸裸地呈现出来。在测试过程中，它终于不再像打摆子似的抖动了，从起飞到盘旋都如行云流水，最精彩的是它以一个漂亮的姿态完成了空中悬停。汪滔一开始还觉得自己没有看清楚，下意识地抹了一下眼睛，那手上湿漉漉的，他再次仰望天空，捕捉着飞机矫健而灵活的身影，这就是他梦寐以求的无人机啊！

对于一个完美主义者，这款产品也许还没有达到他想象的那么完美，但的确已经超越了航模的意义，这也是大疆研发的第一款较为成熟的无人直升机XP3.1飞行控制系统的雏形。但当时无人机还没有市场，依然只能放到航模爱好者的网站和论坛上去发布。有些航模发烧友看了大疆公司的遥控飞机视频，感觉真是跟一般的航模不一样。那时候，市场上的遥控航模大多是用东淘西凑的零件拼装出来的，只有升降和简单飞行的功能，性能也很差劲，随时都会炸机——摔下来。而汪滔研发的这一款遥控飞机，可以随心所欲地遥控飞行。当有人打电话来购买时，汪滔底气十足地开出了单价五万元的高价。这其实也是对市场的测试，他心里有数，这种遥控飞机的成本一架一万五千元，两万元就可以出手了。没想到这个买家特别豪爽，一分钱都不砍，五万元就五万元，立马就把钱打过来了。

这是汪滔卖出的第二架遥控飞机，但他觉得这是他卖出的第一架大疆无人机，一下就纯赚了三万多元。他心里十分清楚，像这样的豪爽人并不多，豪爽也是要有实力的。无人机的成本之所以这么高，主要是小作坊式的手工生产造成的，只有大批量生产才能降低成本，必须推出消费级的无人机。汪滔也并非一个埋头研发的书呆子，他也有抢占市场的急迫感，需要快速布局企业级市场。他认准了，他导师李泽湘也看准了，"汪滔是一个认真做产品的人，他只想把产品做好，让更多人来使用"。

汪滔在莲花北村狭小的办公室里度过了2008年的最后一个夜晚。这一年他和大疆最大的收获就是研发出了大疆第一款无人直升机XP3.1系统，仅仅说明书就有四十五页之多。接下来，大疆公司将以XP3.1为产品代号，推出第一款消费级无人机。汪滔揉着布满血丝的双眼，下意识地望着大海的方向。他的目光已穿过"黎明前的黑暗"，看到了2009年第一抹黎明的曙光，一片殷红使他潸然泪下……

谁能笑傲蓝天

　　汪滔瞄准的是国内消费级无人机的空白市场。世界之大，又何止他一人具有这样的眼光。当他埋头研发无人机时，还有众多高手也在瞄准这片市场空白加紧研发。大疆推出第一款消费级无人机时，国内外的无人机市场已经热火朝天了。暂不说国外，就拿国内来说，飞宇、极飞、零度智控、艾特航空、一电科技等都推出了各自的无人机产品，为了抢占市场，打响名头，很多大公司都举行了盛大的产品发布会，一个个牛气冲天，就像历史的创造者。他们压根就没把大疆这个小微企业放在眼里，这让倔强的汪滔在心里发誓，走着瞧，你们一定会后悔的！

　　汪滔显得很低调，他也没有什么资本来造势，唯一的竞争力就是自己的产品。XP3.1型无人直升机实现了全自动导航的智能飞行和悬停功能，为用户提供了高稳定性和可靠性的飞行控制核心模块，这是当时飞控自动化设备的一大突破。大疆公司虽说没有任何造势，但卖出一架就赢得一个口碑，每月能卖出二十多架，每架定价都在两万元以上。大疆靠着这款产品，2009年的营收超过了一百万元。这不算什么，但大疆毕竟有收入了，也让汪滔更加意识到，一个产品的科技含量就是含金量。不过，追求完美的汪滔觉得这一款产品还有不少毛病，需要进一步改进。如他后来所说："无人机产业是一个从无到有的过程，就像汽车刚刚发明时，发动机经常会坏，车也不够安全，全身上下都不能和现在比，整个行业最需要的是关键技术的突破，包括关键的避障和续航问题。"眼下，大疆这款无人机的缺点是明显的，如机型较大，而无人机追求的是小型化，这也是汪滔研发大疆第二代无人直升机的追求目标，小巧，精致，轻盈。

2010年8月，深圳经济特区建立三十周年，1980年出生的汪滔和特区是同龄人，三十而立啊，从一个边陲小镇一跃成为一个充满活力的国际大都市。中央高度肯定了三十年来深圳经济特区坚持锐意改革，敢闯，敢试，敢为天下先的进取精神和创新理念，创造了世界工业化、城市化、现代化建设的奇迹，为中国改革开放做出了重要贡献。经济特区不仅要继续办下去，而且要办得更好，中央将一如既往地支持经济特区大胆探索，先行先试，在改革开放和社会主义现代化建设中取得新进展，实现新突破，迈上新台阶。对于中央赋予深圳经济特区的神圣使命，深圳也做出了庄严的承诺，深圳将肩负先行先试的使命，当好科学发展排头兵，把深圳建成现代化、国际化先进城市。

深圳作为中国第一个经济特区，不只是开创了一个辉煌的时代，更是一千多万深圳人的圆梦之城。深圳经济特区的使命，就是每一个深圳人的担当。汪滔和研发团队又研发出了第二代自动悬停的无人直升机Ace One，这是祝贺深圳经济特区建立三十周年的献礼之作。这一机型不仅大大缩小了体积，减轻了重量，更简化了安装流程，所有零部件都隐藏在机身内部，不像XP3.1型那样裸露出来。外观特别精致漂亮，看上去不仅美观，还显得特别有现代感，创新的内置减震设计，无须再额外安装外框架或减震垫，简单粘贴在机身上。小型化直接减轻了负载，从而提升续航能力。更重要的改进还不是外观而是内核，Ace One在飞行控制系统上还增加了许多新功能，科技含量更高了。如智能失控保护和自动返航功能，在GPS信号不佳的楼宇之间、山谷里、桥底、隧道或洞穴等特殊环境中，该系统也会判断飞行环境的变化，做出飞行模式的智能切换，确保飞行的稳定和安全。它还综合了GPS、精密六自由度惯性测量单元、磁场计、气压高度计等传感器，优化了高鲁棒性H无穷算法,以及专家系统等机器人控制的理论模型,无论是两桨还是三桨,无论是有小翼还是无小翼,无论是怎样的十字盘和旋翼头,无论是电机还是汽油机,都能被简单安装、便捷设置和稳定使用。让人惊艳的是,Ace One的科技含量更高,而价格反而比XP3.1型更低,一经推出就以出色的性价比赢得了更多的客户,第一个月就销售了一百多架。

为了充分发挥政府科技金融资金的引导效能,由深圳市人民政府、科技部火炬高技术产业开发中心及深圳市科技创新委员会(深圳市高新技术产业园区管理委员会)联合主办了中国(深圳)创新创业大赛。大赛设立奖项和三千万元的创赛专项资助,对接政府创业资助、银政企合作贴息资助和股权有偿资助,大赛创投对接服务平台、孵化器场地优惠等支持政策,让参赛项目在大赛中每晋一级,均可获得相应支持。这是深圳市提升科技型中小企业科技创新能力、重点扶持战略性新兴产业、促进科技成果转化和高新技术产业发展的一个重要举措。在2010年的创新创业大赛上,大疆公司凭借其第二代自动悬停的无人直升机Ace One,在初赛、复赛、半决赛、决赛的一轮轮激烈竞争中,最终拿到了正式奖。这让汪滔和研发团队的创新劲头更足了。对他们来说,获奖或奖金还真不是最重要的,而是感到在这样一座鼓励创业和创新的城市里越来越有奔头。

大疆在两年内就推出了两款无人直升机,汪滔又瞄准了刚刚兴起的多旋翼无人机。这种无人机分双轴、四轴、六轴和八轴,轴越多机翼就越多。汪滔将自己生产的无人直升机和多旋翼无人机进行对比研究,扬长避短。无人直升机的缺点是零件多,成本高,有一点小问题都要找半天,维护检修的工作量较大,还有一个毛病就是噪声大,强烈的振动使机身时常出现抖动和不稳定。而多旋翼飞行器在制造上比单轴直升机更有优势,几个电机驱动螺旋桨,产生各方位的推动力,支撑点多,不会产生偏航惯性。这种产品的零件少,制造成本低,更容易做成消费级产品。汪滔最看重的是悬停功能,这几乎是他的独门绝技。他一开始以为这种多旋翼的航模实现悬停功能的概率比无人直升机大。按理说,机翼多,力气大,四平八稳,悬停的功能性会更好。结果让人很失望，这玩意儿翅膀虽多，但每个机翼的功率匹配和调速都不易控制，想让它悬停于空中，反而立马就失去控制，甚至直接摔下来。汪滔和团队经过反复试验之后，用数据和飞行经验得出结论，这种多旋翼产品看似新颖但功能薄弱，没有太多的实用价值。于是，他决定放弃对多旋翼无人机的进一步研究，继续研发直升机飞控，想在Ace One产品的基础上研发出更高级的新品。

然而，他想要放弃又难以放弃。就在这年，法国的Parrot公司推出了代号为AR.Drone的四旋翼无人机，这是行业内公认的第一款消费级多旋翼无人机，卖得很火。无人机的第一功能就是航拍，而航拍必须装上云台（安装、固定摄像机的支撑设备云）。由于多旋翼飞行器翅膀多，飞起来稳定，云台挂在上面不容易抖动，拍照效果比其他无人机更好。这让汪滔推翻了以前的思路，认定多旋翼飞控是未来的一个发展趋势。于是，他一边继续研发无人直升机，一边组建多旋翼无人机研发团队。

汪滔几乎把所有精力都用在研发上，公司管理主要由陆地负责，而大疆一直缺少一个营销方面的管理人才。就在这时，汪滔的中学同学谢嘉从德国留学归来，他和陆地一样对无人机市场特别看好，毅然卖掉了房子投资大疆，负责大疆的市场营销，不仅开拓国内市场，也开拓国外市场。

汪滔率领研发团队经过大半年的研发，又研制出大疆的第三款无人机，这也是大疆的第一款多旋翼无人机——大疆WooKong-M（大疆悟空）。这一机型兼容了Ace One的自主平衡悬停与智能飞行的全部功能，在避障技术和续航能力上也有所改进，内有高精度的感应器元件，运用先进的温度补偿算法和工业化的精准校准算法，使系统发挥出稳定、高效、可靠的性能。这一机型研发出来，正好赶上2011年"中航工业杯——国际无人飞行器创新大奖赛"和同期举办的2011北京国际无人机航模展。后者是由中国科学技术协会推出的一次面向社会、面向国际，以无人飞行器为主的大型航空盛会，也是融高科技、趣味性、观赏性和娱乐性于一体的大型赛事。大疆WooKong-M多旋翼无人机参加了比赛和展览，以高性能、新科技成为展会上的新宠,订单如雪片一样飞来。这一年大疆公司的年销售额突破了千万元。

随着无人机销售越来越火爆,竞争也越来越激烈,在短短几年里就成为航空科技最活跃的领域之一,最被买家看好的就是无人机的拍摄功能。在无人机问世之前,国内外的航拍都要用载人直升机航拍,每一次航拍动辄就要投入数万乃至几十万元的成本,根本不可能飞入寻常百姓家。有了无人机航拍,成本就大大降低,几乎可以在民用方面普及了。但汪滔的眼界很高,一直要把大疆的产品定位为高端实用的影视航拍。这是一种世界性眼光。美国有一家顶级的无人机航拍团队叫作Flying-Cam,"007"等好莱坞商业大片的部分镜头就出自这个团队之手。汪滔深受这个团队的影响,他多么希望大疆无人机也能拍出Flying-Cam一样的效果。若要达到这个效果,必须要突破三个关口:飞控、云台、图传。大疆公司已经研发出成熟可靠的飞行器,WooKong-M产品已实现完美的GPS自主平衡悬停和智能飞行,在这个基础上,只要将拍摄功能整合其中就可以称作一台"会飞的照相机"。但是,如何将拍照系统和飞机控制系统融为一体,这是要攻克的一大难关。能不能拍出好的照片,支撑相机的云台至关重要,一是要有防抖功能,二是要随心所欲地调整角度,想拍哪个角度的照片都可以。必须将无人机、云台、照相机和图传功能完美地结合在一起,从图像采集、传输到终端设备实时察看,达到理想的效果。

这可不是用加法式捆绑就能实现的,必须依靠图传系统的芯片技术。经人介绍,汪滔找到了一位研发芯片的高手——姚海平。他在复旦大学硕士研究生毕业后开始创业,创立了上海酷芯微电子有限公司,从事软件外包、系统集成、商用软件、芯片分析服务、互联网O2O、芯片设计、智能硬件、通信等业务。汪滔和姚海平第一次接触就一见如故,又一拍即合,两人签订了合同,酷芯微电子成为大疆无人机的芯片供应商,负责开发远距离无线通信芯片和图传系统。姚海平带领团队研发出来的芯片,使大疆无人机在图传领域处于领先地位。

　　姚海平开始研发远距离无线通信芯片和图传系统时，汪滔也带着大疆公司的团队着手研发云台设备。最初，大疆研发的云台技术使用舵机云台方案。舵机，是自动驾驶仪中操纵飞机舵面（操纵面）转动的一种执行部件，云台与舵机相连，控制起来响应慢，拍照时图像抖动，效果不理想。汪滔此前已经解决了无人机的抖动问题，这是他在无人机研发领域的第一个突破。如果能解决云台的抖动问题，又将是一大突破。汪滔带领大疆研发团队尝试了很多方案，最终创造性地提出用无刷电机直驱来控制云台的思路。这在当时还是一门新技术，甚至是一种新概念。打个比方说，第一代自动洗衣机的转筒在旋转中抖动得很厉害，噪声特别大，后来研发出了直驱电机技术的洗衣机，动力更强劲而抖动降低了，达到了静音、节能、平稳的效果。汪滔的新思维与此颇有异曲同工之妙，无刷直流电机由电动机主体和驱动器组成，由于无刷直流电机是自控式运行，所以不会像变频调速下重载启动的同步电机那样在转子上另加启动绕组，也不会在负载突变时产生振荡和失步。但洗衣机归洗衣机，云台归云台，这洗衣机是放在平稳的地面上，若要将这种电机直驱技术植入飞控云台，要求电机本身控制的力度瞬间提升几十倍，这在当时的技术条件下几乎是不可能达到的。一位参与研发的工程师拿着一本技术理论书，像个老学究那样摇头晃脑地说：“老板啊，你的想法很理想，但根本不可能实现！”

　　汪滔一下冒火了：“你连试都没有试一下，怎么就说根本不可能？科技上的无数创新就是从不可能开始的，从不可能突破的！”

　　其实那位工程师说得没错，汪滔的设想还真是理论上的设想，若要实现就必须突破现有理论值的限定，甚至是极限，一般人都会望而却步。但汪滔是那种为了搞清楚一个东西，宁愿钻牛角尖也不愿放弃的人。他相信理论但从不迷信理论，换句话说，他相信自己的科学实践。汪滔带着研发人员没日没夜地钻研和测试，那段时间就窝在公司里面，像个闭关的道士一样几乎足不出户，时常陷入长久的沉思，如面壁禅思一般。在这种沉思或禅思中，他那理论上的思路也渐渐变得清晰，又吸收了研发人员的集体智慧，形成了一个可行性的方案：运用云台底部姿态传感器将姿态读出，再与飞控或云台主控传感器的姿态角进行对比，得出各个轴需要修正的角度，再通过输出PWM信号，使无刷直流电机迅速做出修正的动作，从而使相机时刻保持水平（默认水平轴，初始无主观倾斜）。接下来就可以根据方案进行研发了。到了2011年岁末，他们的研发终于取得了突破性的进展，在电机直驱的应用上，三轴稳定器有了创造性的成果。他们将无人机的电机连接上平衡环，平衡环包裹着电机，电机安插着旋翼，成为无人机的一轴，从而减少了零部件数量和产品的负荷，实现无人机控制云台的可能。

2012年来临，汪滔用无刷电机直驱来控制云台的理想终于变成了现实。这是大疆公司研发出的第一款云台，也是世界上第一代电机直驱云台，是当之无愧的世界第一！

一向低调的汪滔，此时竟有了一种笑傲江湖的姿态，他看了看那位老学究似的工程师。这位工程师累得连腰都伸不直了，他疲惫地拿着那本技术理论书晃了晃，笑着说："老板啊，我看这本书要改写了！"

这也的确是一款在无人机领域具有里程碑意义的云台，汪滔将这款云台命名为禅思Z15，但大疆的员工们都笑称这云台为"脖子"，那模样也确实像鸭脖子。

汪滔大声反驳："谁说这是鸭脖子，这是天鹅的脖子！"

这个脖子比鸭脖子和天鹅的脖子还要灵活得多。禅思Z15云台可以搭载各种专业相机，能够实现高清的拍照和录像功能。云台采用三轴设计，集成了三轴陀螺仪和加速度计，能够在空中进行转动，哪怕在高速飞行时也能全方位保障图像的稳定性。而每一台云台在出厂前就已根据相机型号、镜头型号完成调试，只需要安装上相机，不用自行调整云台或者改变其机械结构，也不用为相机加装滤镜、遮光罩等其他外设。它高超的控制精度、反应灵敏度和极高的稳定性，成为云台市场头号杀手。

禅思Z15云台刚刚推出来，正好赶上2012年1月在德国纽伦堡举办的国际玩具展。这是大疆公司首次参加国际展会。大疆WooKong-M多旋翼无人机挂着禅思Z15云台和相机，公开进行了第一次现场演示。随着无人机缓缓地飞起，并且稳稳地在空中悬停，如同机器人般灵活地给现场围观的人们拍照，又将拍出的照片和视频传输到大视频上同步播放。那图像太精彩了，那场面太震撼了，引发一片惊呼，Made in China! Made in Shenzhen! Made in Dajiang! 中国制造! 深圳制造! 大疆制造! 随着大疆WooKong-M多旋翼无人机和禅思Z15云台在世界舞台上火速爆红，一下子就涌来了上万份订单。这款云台的定价当时是两千美元起步，还可以配套卖出大疆的WooKong-M系列多旋翼无人机。这一年，大疆的营收比上年翻了十倍，仿佛"轻舟已过万重山"，轻轻松松过亿元。

随后，大疆公司在Z15云台的基础上又推出了第二款云台——禅思Z15-GH3云台，一下又将性能提升了五倍。接着，大疆相继推出了禅思Z15-5D云台，集合Z15系列云台所有的先端科技，其独特的结构设计，保持着优秀的强度和重量比，每个细节都极致完美。一系列完美的飞控云台让大疆公司占据了行业制高点。

当大疆的研发人员想着如何不断推出云台升级版时，汪滔又给他们泼了一瓢冷水："升级，升级，你们想过没有，是否还有更好的思路？"大伙儿都用奇怪的眼光看着老板，不知他哪根神经又出了问题。汪滔却说："我想要研发出一架不需要加装云台的无人机，只需要买一架大疆无人机，就能实现完美拍照，OK！"

汪滔总是突发奇想，若从公司的效益考虑，一边不断推出无人机升级版，一边不断推出云台升级版，齐头并进，大疆两只手都可以大把大把捞钱。但汪滔在大疆无人机和云台都销售火爆之际，又提出将云台和无人机实行完美的一体化。这样一个完美主义者，让团队成员觉得他没有市场意识。其实汪滔不是没有市场意识，而是充满危机意识，这种危机意识其实是最大的市场意识。那时无人机市场如火如荼，群雄逐鹿，竞争对手在无人机上还赶不上大疆，在云台上也赶不上大疆，但如果他们将无人机和云台实现一体化，一下就弯道超车了。

　　只要认准了的事，汪滔是说一不二，而且是说干就干的。据大疆的一位资深员工透露："大疆创立至今，从产品设计到内部管理，汪滔几乎是唯一决策者。"汪滔最敬佩的企业家，一个是乔布斯，一个是任正非。大疆公司也像华为一样，奉行一种狼性企业文化。华为采取竞聘上岗和末位淘汰制，这也是大疆采用的管理模式，对于业绩较差或假公济私的员工，汪滔甚至比任正非更干脆，直接辞退，领了补偿金立马走人，没有任何商量的余地。而汪滔和总是与员工打成一片的任正非又不一样，他像学生时代一样，"总是注意保持着与外界的距离"。

　　而今，凡是到过大疆公司的人都会有一个奇怪的发现，大疆公司的研发部门口放着一辆红色的杜卡迪摩托车。我几次走进大疆总部大楼，也感到特别奇怪，这辆摩托车浑身上下擦得锃亮，却没见人骑过。凭直感，我觉得这里可能有故事。当我向一位研发人员打听时，他耸起肩膀一笑，给我道出了其中的秘密。这摩托车曾是汪滔的坐骑，深圳市禁摩之后，这辆摩托车就成了一个摆设。原本是放在楼下的，怎么又抬到了楼上呢？说来有趣，有一天，那些研发人员在设计上陷入僵局，一个个争论不休又相持不下。于是乎，一会儿这个拿来了一幅设计图给老板看，一会儿那个又拿一幅设计图给老板看，还都说这一体化的攻关太难了，实在太难了！汪滔看来看去，每个人都有每个人的想法，一个似乎比一个有难度，一个似乎比一个高明，却没有一幅让他满意。他的脾气一下上来了："你们拿来的都是什么垃圾！"

　　这也怪不得汪滔发火，他的办公室门口贴着一张"进门议事须知"："一、有脑人ONLY（只带脑子）；二、不要强调困难，强调解决方案；三、转述别人的态度和观点作为理由时，代表你自己认同对方的观点；四、此处只谈逻辑问题，不要带入感情；五、交流的是思维、观点，要赤裸裸，不要用技巧和口才包装无脑观点推销。"——白纸黑字挂在墙上，难道那些来找他的人都没看见？一怒之下，汪滔突然下了一道疯狂的命令，让研发部的人员下楼将这辆摩托车搬到了研发楼层。这让研发人员莫名其妙又哭笑不得，但他们只能遵命行事。这摩托车太大了，进不了电梯，只能通过楼梯搬运，还不能有任何闪失，若是碰坏了那可又要招来一顿臭骂。这些研发工程师不管力气大小，也只能齐心协力，一个个努力保持着平衡，将几百斤重的摩托车吭哧吭哧地抬到了楼上。

汪滔忽然对他们笑了："好啊，我还是第一次看见你们这样齐心协力，在互相配合中达成一种默契。"

这还没完呢，他还让所有研发人员把手洗干净，虔诚地站到摩托车前，如敬神一般地看着这辆摩托车。杜卡迪以拥有卓越的性能以及意大利艺术设计而世界闻名。该公司不是为了市场需要，而是为了热爱而制造摩托车，热情与执着让杜卡迪成为世界独一无二的高性能摩托车的代名词。每一辆杜卡迪都包含着历史、风格、艺术、性能和科技，这绝不是其他品牌可以比拟的。汪滔就是要把大疆无人机做到像杜卡迪一样，不只是做一台会飞的照相机，而是融入艺术风格和科技性能等元素，让它绽放出不一样的光彩。汪滔让这些研发人员从烤漆到用料，从结构到外形，一个一个琢磨。还让那些设计师用手一寸一寸地抚摸摩托车，用心感受和体会从烤漆到结构的极致之美。设计师从那辆摩托车上，触摸出生命的温度。

这辆摩托车既给研发人员带来了警示，也给他们带来了启示。汪滔的宗旨不仅是推出一款功能新颖而强大的产品，更要将美学与艺术的结合带给消费者，让大众有对美的理解。若想让消费者有对美的理解，作为研发者就先要有对美的理解。你做的不是一款工业品，而是像做艺术品一样，把每一款产品甚至每一个零件、每一颗螺丝都做到极致。汪滔曾在公司的微信群分享《乔布斯：遗失的访谈》，"真正的魔法，是用五千个点子磨出一个产品，好想法要变成好产品，需要大量的加工"。这也印证了中国的古老智慧：慢工出细活。大疆公司的每一款产品都是经过无数次打磨才推出来的，这是一种工匠精神，也有一种追求完美的气质。

2013年1月，大疆推出了一体化的无人机Phantom 1（"大疆精灵"系列之一）。这架被誉为全球民用领域第一架一体化无人机，是大疆创造的又一个第一。这款无人机从2012年6月投入研发，从外观设计到内部结构，还有系统的控制，都融入了汪滔追求极致之美的理念，不仅具有精美外观，而且集成了高寿命、超稳定的飞行动力系统，在出厂前已经设置并调试好所有的飞行参数及功能，免安装免调试，从操作到维护都简易而方便。最优秀的研发人员就是要把深邃而复杂的科技设计简单化，对于消费者越简单，对于研发者越复杂。这款贯注了完美主义理念与情结的"大疆精灵"一经推出，一下子惊艳了全球市场。按说，将无人机和云台加在一起的高科技产品价格至少应是原有机型的双倍。然而，最让人吃惊的又是价格。很多无人机发烧友都知道，禅思Z15云台当初推出来时，起步价是两千美元，合人民币一万四千多元，再加上一架上万元的无人机就是两三万元了。而这款一体化的无人机开出的价格竟然只有一千美元。这么先进的科技，这样完美的产品，这样不可思议的定价，让无人机市场掀起了惊涛骇浪，一下子把所有的竞争对手都给打蒙了。汪滔疯了吗？就是疯了也要给别人一条活路啊！

汪滔没有疯，疯的是消费者，大疆一下子接到了过万份的订单。大疆也不是不给别人一条活路，而是要让消费者活得更开心。汪滔做的就是消费级的产品，一心想着要飞入寻常百姓家。大疆之所以能把价格开得这么低，不是降低了技术含量和质量，反而是因为提升了技术含量，提升了质量，降低了成本。只有价廉物美的产品才能赢得市场，大市场。2013年，大疆公司的年销售额突破一亿美元（八亿多元人民币）。年终时，汪滔给十位业绩卓著的功臣颁发重奖，一口气奖出了十辆奔驰汽车，引起全国各大媒体竞相报道。而在此前，大疆还只是一家在深圳小有名气的公司，这次是一夜闻名天下知，也可谓一石激起千层浪。

大疆的成功引爆了中国无人机市场，很多电子行业、互联网领域的大公司都纷纷组建无人机研发团队，想要凭借自己雄厚的资本和人才优势超越大疆。同这些资本大鳄相比，此时的大疆还真是一条小鲶鱼，它把无人机领域的鲶鱼效应激发出来了。但这些大大小小的公司都是奔着无人机市场这个大商机来的，就和汪滔有些不同了。汪滔在业界一直是个另类，谁能像他那样哪怕不赚一分钱也要埋头搞研发？你不能不说，这是一种信仰和信念。汪滔也曾透露过自己的心声，他不怕竞争，还希望有更多强手进入无人机领域，越是强手竞争，越是可以把自己变得更优秀。若是没有竞争，反而更危险了，这个行业可能就惨了。而作为竞争者，你不能光看着眼前这红红火火的市场，还必须能够沉住气把产品做好，"做好实事，少用商术，身为制造者，做好产品是天职，产品和人一样，不是包装出来的，是用心生产出来的"。

商业市场一如波涌连天的海洋，商海有红海与蓝海之分。红海代表现今存在的所有产业，也就是我们已知的市场空间。在红海中，每个产业的界限和竞争规则为人们所知，随着市场空间越来越拥挤，利润和增长的前途也就越来越黯淡，竞争白热化的血腥、残酷的市场，各竞争者几乎招招见红，打得头破血流，残酷的竞争充斥着鲜血，因而称为红海。与之相对的蓝海则代表当今还不存在的产业，或是有可能开发的市场空间。这是未知的市场空间，你只能从可能性或不确定性出发，如同走向深蓝的大海深处，又如船长面对绝对空白的海图，每一条航线、每一个数据都要冒着极大的风险去探索、勘测。也正因为此前无人问津，你才能打到大鱼，在高风险中获得高利润。

但凡科技创新企业，都是瞄准蓝海，大疆创新就是一个典型。尽管有些蓝海完全是在已有产业边界以外创建的，但大多数蓝海是通过在红海内部扩展已有产业边界而开拓出来的。作为掌舵者，汪滔既是一个想得很远的理想主义者，也是一个"走一步，算一步"的现实主义者，大疆每一步都是走向凶险莫测的蓝海。

对于无人机领域蜂拥而来的竞争对手，汪滔拥有像天空和大海一样宽广的心胸。世界是平的，而无垠的天空更大，只要是公平竞争，谁都可以分享天空。他不想让大疆陷入这种低端的红海战术，也不想同这样的对手竞争。因为大家的产品都差不多，很容易拼杀成鼠标键盘这样的利润模式，甚至市场还没有鼠标键盘的市场大。这样的红海厮杀，对于一家高科技企业来说没有必要，也没有什么大出息。不过，他也提前发出了自己的危言，若以那种唯利是图式的、追求暴利式的手段抢占无人机市场，绝对是做不长久的。他这危言没过几年就一语成谶。很多同大疆争抢订单的无人机厂商一开始并没有明确的定位，大都是跟着大疆公司的风头，或是推出多旋翼产品，或是研发电驱云台，或是研发一体机，而玩家们用这家的飞机，挂那家的云台，再安装各种不同品牌的相机，设置不同系统的图传接收信号。这种组装式的航拍，如同拼装车一般，在汪滔眼中就是一群"乌合之众"。风头很重要，但跟风有危险。一窝蜂似的混战，把市场搅得一片纷乱，也让很多企业迷失了方向。还有一些公司试图非法窃取大疆无人机设计的商业秘密，大疆内部还出现了员工泄密事件，一位因为没有得到足够股份而离职的员工还卖过大疆的山寨飞行控制器，另一位离职员工则把大疆的设计图纸卖给了竞争对手。汪滔一边对公司内部严加管理，一边也奉劝某些公司走正道，别想歪点子，邪门歪道或可侥幸一时，但终归是走不通的。不管人家听不听得进去，但他的预言都变成了现实。那些混战厮杀的企业一个个杀得眼睛通红，眼看着就做不下去了，改行的改行，欠债的欠债，裁员的裁员，倒闭的倒闭。最典型的一个例子是广东某家无人机厂商，他们在2015年9月抢到了美国一家销售公司的一个大单，而美方要求他们在10月必须发货。一个月的时间能做得出来吗？何况中间还有一个国庆长假。那老板只能逼迫员工加班加点赶工，越急就越容易出质量问题，有的连左右螺旋桨都装反了，有一半需要返厂维修。不但赚不到钱，反而要赔偿美国客户的损失。急于赚钱的老板在赔偿损失后连工资也发不出来了，最终只能破产倒闭，呜呼哀哉。真个是"眼见他起高楼，眼见他宴宾客，眼见他楼塌了"。

这也印证了商界的那句流行语，多大的诱惑就有多大的残酷。

谁能笑傲蓝天？大疆在群雄逐鹿之始并没有成为王者的实力，最终却凭借极致的完美主义追求成为笑傲蓝天的真正强者。这不能不归功于一个完美主义者的追求。汪滔在一封给新员工的寄语中写道："DJI（大疆）是一方净土，只有纯粹的创业和为梦想而生的艺术家。"不管市场如何变化，汪滔领导的大疆公司都将永远追求卓越，不管产量多少，永远不做二流的产品。也许这就是这场无人机大战中,大疆能脱颖而出的秘诀。什么样的将军就带出什么样的部队。追求完美卓越的偏执狂汪滔身上散发出来的精神魅力,也深深地影响了大疆的企业文化。汪滔把这种价值观和文化理念,像灵魂一样注入公司。他曾经把"只带脑子,不带情绪"作为自己的座右铭,2015年,又将"激极尽志,求真品诚"八个字作为大疆公司的座右铭,并视为企业文化的内核。这是汪滔自己创造的两个词,他在公司年会上向员工解释,说现在用的成语都是几百年前就成型的,都有固定的意思,不能表达他所指代的内容,所以自己干脆就造了两个词。这两个词并没有官方解释,意思大约是,每个人都要满怀激情地去追求极致,永远追求卓越品质,不要受外界的干扰,拿出自己的坦诚,尽自己最大的能力把事情做好。

　　美国《时代》杂志发布了2014年度十大科技产品,"大疆精灵2"（Phantom 2 Vision+）位列第三。这一年,大疆不但占据了国内无人机市场的绝对优势,而且占据全球小型无人机约一半以上的市场份额,成为全球飞行影像系统领军企业。"大疆精灵"作为全球无人机的明星产品也备受中外明星们的追捧。2015年,汪峰在章子怡三十六岁生日派对上,用一架搭载高清摄像头的四旋翼无人机送来了一颗大钻戒,向章子怡求婚。章子怡含着泪花说出"我愿意"。这激动人心的场景被无人机清晰地拍摄为视频,这架被誉为爱神丘比特的无人机就是"大疆精灵2"。这年8月,大疆又推出面向入门级新飞手的"大疆精灵3标准版"（DJI Phantom 3 Standard）航拍无人机。大疆无人机还闯进了好莱坞。风靡全美的大型情景喜剧片《生活大爆炸》第八季第二十二集中,广大网友发现霍华德对着一架"大疆精灵"束手无策,另一位主角谢尔顿因此而对霍华德冷嘲热讽,成为本集的笑点。在热播美剧《摩登家庭》里,爸爸菲尔一边戴着防眩光小雨伞,一边用航拍飞行器监视儿子,喜感十足。被儿子发现后,他带着航拍飞行器仓皇逃窜的情景,更成了整集最大的笑点。细心的影迷可能还会发现,风靡全球的《星球大战7》里很多航拍镜头都是出自大疆无人机。可以说,大疆的无人机已经成为好莱坞导演们离不开的御用拍摄器材。这都是大疆从2013年起研发的系列产品。连世界首富比尔·盖茨、苹果联合创始人沃兹尼亚克等业界大佬都对大疆无人机爱不释手。沃兹尼亚克生日那天，收到了朋友送给他的一架大疆无人机，他高兴地说："这是我有史以来收到的最棒的礼物！"这也证明了大疆无人机在世界的影响力巨大。

2015年夏天，大疆又推出了经纬系列Matrice 100开放式飞行平台与DJI Guidance视觉传感导航系统，为无人机领域的应用提供开发平台。这是大疆的一个创举，也是大疆的一个代表作。汪滔认为，核心技术需要去研发，商业模式需要去探索，而大疆一直想要打造一种合作互动和互赢的运营模式。"大疆一开始就不打算在各个领域都垄断，而是要一个合理的利润，让更多人参与进来。"经纬M100是一款专为二次开发推出的四轴无人机，该系统提供了飞行的全套设备，配备了多个通信接口、电源和扩展架。用户可以在该平台上安装设备，并获取飞行数据和控制机制，开发者可在M100上研发和测试全新的无人机软硬件解决方案。这一款无人机的续航能力也有进一步提升，平台在负载达一公斤的情况下能够飞行二十分钟。如果搭载额外电池组，经纬M100的飞行时间最多可达四十分钟。经纬M100还内置了大疆的Lightbridge高清数字图像传输系统，并兼容任何支持HDMI或模拟视频输出的相机，用户可使用DJI Pilot App在智能设备上轻松搭载第三方传感器，例如近红外线与热成像传感器，察看实时图像。

大疆在推出开放式飞行平台后，又推出了第三方参与的生态平台计划。在这个计划中，大疆将SDK（软件工具开发包）提供给第三方开发者，并向各个垂直细分行业的应用开发者提供无人机解决方案，将无人机覆盖到更多领域。

这年9月1日，汪滔获得深圳市科学技术奖"市长奖"，奖金一百万元。该奖项自2002年设立以来，腾讯的马化腾、比亚迪的王传福、创维的张学斌等企业家都先后登上过"市长奖"的领奖台，每一个获奖者都是从最低的门槛开始创业的。马化腾就不说了。王传福从一个旧车间起步，在1995年创立了比亚迪，而今比亚迪已是一家拥有IT、汽车及新能源三大产业群的高新技术民营企业，很多人都知道比亚迪是新能源汽车的佼佼者，却很少有人知道全世界每三块手机电池就有一块来自比亚迪；张学斌于2004年担任创维集团总裁，带领一家几经折腾、濒临破产的企业走出困局，再次腾飞，被誉为中国职业经理人的典范！而汪滔获得"市长奖"时才三十六岁，是该奖项颁发以来最年轻的获奖者。

　　这一奖项对于企业家而言更多的意义是一种精神鼓励，汪滔将这一百万元奖金投向RoboMasters全国大学生机器人大赛，希望吸引更多年轻人投身人工智能科研领域。RoboMasters全国大学生机器人大赛是由大疆公司发起并承办的公益活动，前两届只是夏令营形式，从第三届开始由共青团中央、全国学联、深圳市人民政府联合主办。这是中国最具影响力的机器人竞赛项目，在机器人对抗赛事中，大疆公司给每个参赛队伍发放了一台形似遥控车的机器人。这款机器人的主控和无人机的飞控一脉相承，技术上不仅先进，甚至在世界上独一无二。这也是全球独创的机器人竞技平台，包含机器人赛事、机器人生态、工程文化等多项内容。大疆公司两年来豪掷五千万元，这是不计回报的投入，也是一个企业家对社会的回报。汪滔在香港科技大学读书期间曾两次参加ROBOCON机器人比赛，这对他产生了深远的影响。多年来，他干的每一件事都可以说是从初心出发，也是他发起和承办RoboMasters比赛的初衷。他说："希望借助这项赛事，呼吁全社会共同探讨和解决人才培养体系中的不足。我们所处的社会不缺演艺明星和体育明星，但还没有通过做事靠谱而成为明星的人。打开电视，我们还找不到一个让工程师、发明家也能成为明星的智力竞技运动。此类赛事不但能塑造出姚明、刘翔这样的全民偶像，更能产生乔布斯这样受人尊敬的发明家和企业家。"汪滔还强调："我希望组建一个大学生校际竞技比赛联盟，打造精彩刺激、极具观赏性的机器人竞技比赛，从而吸引大批年轻人加入进来，让他们意识到，工程师、发明家同样也能受到社会广泛关注。此外，比赛采用团队形式，这让参与者的技术能力和团队协作能力同时得到锻炼，胜利属于拥有强劲竞争力和真知灼见的团队。"

深圳大学的很多学生也是大疆无人机的发烧友。在深圳大学2015级新生开学典礼上,汪滔应邀出席并发表演讲。他对德国的教育理念颇为推崇:"教育的目的,不是培养人们适应传统的世界,而是要去唤醒学生的力量,以便使他们在目前无法预料的种种未来局势中,自我做出有意义的选择。"他把自己追求卓越的理念分享给新生们:"现在社会上成功学大行其道,也有人趋之若鹜,但我建议大家,别去追求成功,而是去追求卓越。成功的标准正在变得千篇一律,说俗一点,就是要混得比别人好,挣得比别人多。卓越则不同,没有人规定卓越是什么样的,但是卓越本身蕴含着极致与完美。"

俯瞰世界的高度

大疆在国内无人机市场已是笑傲蓝天的王者，但汪滔追求极致目标，还要把大疆无人机推向俯瞰世界的高度。

只要说到国外的无人机开发商，谁都绕不开德国的MikroKopter公司，他们在2007年就推出了四轴四旋翼无人机，并以公司名字直接命名。这款产品是该公司两位创始人霍尔格·帕斯和恩格·巴斯克研发的。他们是无人机领域公认的天才，按当时的技术含量可以说是无与伦比，已经做到了空中悬停。令人不可思议的是，这两位天才却不思进取，在他们眼中，这款四轴四旋翼无人机是高大上的先进科技，只有德国的高科技才能完成。他们卖的无人机价格相当贵，只卖给政府、影视公司、农场等客户，利润高而客户少，令普通消费者望而却步。用中国老话讲就是"三年不开张，开张吃三年"。这种坐享其成式的经营策略，一旦遭遇更有创新性的产品就难以为继了。大疆公司推出飞行与航拍一体化的Phantom 1无人机，如同一个巨浪，一下子就将MikroKopter公司给掀翻了。当霍尔格·帕斯和恩格·巴斯克放下手中的啤酒杯，发现市场商机时，已经太迟了，他们原以为"德国顶尖技术无人可及"，没想到只是辗转之间，世界就变了格局。且不说大疆公司迅速崛起，放眼全球市场，美国3D Robotics公司和法国的Parrot公司推出的新产品，也足以杀得MikroKopter公司措手不及。MikroKopter公司错失机遇，注定成为历史的背影。

成为历史的背影还好，最怕的是成为历史的炮灰。这场全球无人机大战竞争残酷，被对手打成炮灰的公司数不胜数。正所谓"一将功成万骨枯"，一个将帅的成功是靠牺牲成千上万人的生命换来的。商业战争也是这样，那些投资了几千万上亿美元的无人机公司，最终都变成了胜利者脚下的白骨。然而，在这堆白骨中，最悲壮的大概就是美国的3D Robotics公司了。3D Robotics公司在国际市场上，一度被认为是大疆最强劲的对手。这家美国公司带来的威胁，发出的杀机信号，曾让汪滔一度心神绷紧，丝毫不敢放松。

这一切，还要从大疆公司开拓国际市场开始说起。2010年，大疆公司借着成熟的XP3.1飞行控制系统，延伸出XP3.1和Ace One无人机产品，想要就此开始开拓海外市场。2011年8月，汪滔带着刚研发出来的WooKong-M多旋翼无人机，参加了美国印第安纳州曼西市举办的无线电遥控直升机大会。在来之前，心里还没有底，原本只想来试试看。一看，心里就有数了。这次会上展示的飞机还是以单轴旋翼直升机和双旋翼纵列式直升机为主，还有老式的固定机翼和共轴双旋翼无人机；而他带来的多旋翼无人机一出场，就吸引了从四面八方投来的惊异目光。汪滔原本站在边上，一下变成了会场的核心，这架中国制造的无人机成为世界瞩目的焦点。

很快，就有一位美国商人来跟汪滔洽谈合作，此人名叫科林·奎恩，当时经营一家从事航拍业务的公司，正在寻找一种能拍摄稳定视频的办法。而他参加这次大会的目的就是寻找合作厂商。这是一位身材高大、肌肉健壮的得克萨斯人，浑身洋溢着美国人的热情与奔放，还曾参加过美国真人秀电视节目《极速前进》(The Amazing Race)，并借此打造自己独特的商业名片。他所经营的航拍公司，主要给企业家、广告公司或影视公司提供航拍服务，由于当时的飞机和云台的技术都不成熟，拍摄出来的画面总是不理想。奎恩为了寻找解决方案，到网上四处寻找航模公司，也曾给汪滔发过电子邮件，询问大疆是否有解决这种问题的方案。当时，大疆公司正在研发禅思Z15云台，全力攻关电机直驱技术，由于产品还没有研制出来，因此给奎恩回信时，只是说目前大疆公司正在研发一款专门为航拍提供摄影的云台，可以通过机载加速计在飞行中自行调整，即使无人机在飞行中抖动，拍摄画面也始终能保持稳定。然而，禅思Z15云台还在研发中，并没有产品可以提供，奎恩也只能期待。此次见面，奎恩看到汪滔遥控的那台多旋翼无人机，其飞行速度与稳定性远远地超过了市场上的其他产品。这让奎恩兴奋不已，在看到奇迹的同时，也看到了无限商机。

在曼西市，奎恩与汪滔聊了许多自己的想法，想做开拓民用无人机航拍的领头羊。汪滔正想找人一起合作，在美国成立大疆分公司，从而开拓国外市场。两人意向与志向都达成了一致，相谈甚欢。不久，奎恩便飞往深圳赴大疆公司考察。此时，大疆公司研发的禅思Z15云台第一个样机刚好做出来，汪滔给奎恩演示了一下，当场就把这个得克萨斯人给惊住了，他没想到自己想要的奇迹会诞生在深圳这个地方。奎恩当即表示，要与大疆深度合作。经过双方协商，最终达成了合作事项，奎恩在得克萨斯州奥斯汀市成立大疆北美分公司，担任负责运营的总经理，将大疆的无人机及云台产品，引入大众市场。这个得克萨斯人在营销上还真有一套，大疆北美分公司刚一成立，他就为大疆设计了一句广告词："未来无所不能（The Future of Possible）！"一个美国人，比中国人更懂美国人，美国人就喜欢玩这种花样。在信息爆炸的时代，一个公司如果没有响亮的口号，是很难一下子被人记住的。

奎恩参加过《极速前进》，又为影视圈搞航拍，多年来已经积累了不少明星资源。为了塑造大疆产品高大上的形象，他向好莱坞名人免费赠送大疆的产品，并教他们如何操作，并通过好莱坞的人脉关系，在影视剧中植入大疆无人机产品。他还绞尽脑汁，在人潮聚集的网络社交平台Facebook和视频网站YouTube上，变换各种花样操作大疆无人机，让人们在第一时间就对企业产品和服务有了直观的感受。奎恩还从用户的实际需求出发，征求消费者的意见与想法，为汪滔不断改进产品提供思路。2012年年末，大疆正在研发大疆精灵第一代，适配最潮GoPro相机的云台。一个产品还处于研发阶段，奎恩就开始四处发布消息和广告，订单已经挤到公司的大门口了。

汪滔称奎恩是一位了不起的销售员，奎恩的一些想法也让他深受启发。此前，大疆的产品都是汪滔以中国特色命名，例如禅思、悟空、筋斗云，飞行与拍照一体式的无人机出来，汪滔也以"大疆精灵"来命名，但是奎恩却提出以美国式的风格命名，中国人喜爱精灵，而美国人对神秘的幽灵更着迷，于是就将"大疆精灵"命名为Phantom（幽灵）系列。汪滔则采取"一机两制"，在中国叫"大疆精灵"，在海外市场就叫Phantom。Phantom 1一经推出，一下就撬动了非专业无人机市场，风靡北美，奎恩立下了大功。若没有他费尽心思地营销推广，像大疆这样一家名不见经传的中国小公司，不可能迅速抢占北美市场。然而，这个美国人在过度的狂热中也变得狂妄自大了，他将大疆公司开发Phantom 1的功劳全部揽到自己身上，还以大疆公司的CEO自居。奎恩只是大疆北美分公司的运营总经理，大疆对他是非常慷慨的，让他一人就占了北美分公司近一半的股份（48%），整个大疆公司也只占了一半多一点儿。对他妄称大疆公司的CEO，汪滔也没有过多计较，你爱这个虚名你就用吧。真正激怒汪滔的是，奎恩还真没有把自封的CEO作为虚名，而是以这个身份与相机公司GoPro进行合作谈判，并自作主张允许GoPro拿走三分之二的利润，大疆却只拿到三分之一的利润，这就不能不计较了。大疆无人机是中国人自主研发的无人机，大疆公司不是美国人的代工厂，汪滔和大疆所有的员工更不是美国人的打工仔。

对汪滔和奎恩从握手到分手，有人归咎于汪滔过于强势的性格。但也有人说："汪滔这种强硬的方式属于正常反应。对于原则和底线，在他的世界里没有妥协，只有非黑即白。一旦有谁触犯了原则和底线，他是绝对不能忍受的，甚至是不顾后果的。"

汪滔否决了奎恩与GoPro公司签订的合约，这下惹来麻烦了，GoPro公司不顾事实真相，和大疆闹翻了。他们自恃大疆没有制造相机的能力，市场上也没有GoPro这种专业为航拍定制的相机。而相机是飞机的眼睛，没有眼睛，无人机就瞎了。因此，GoPro公司给大疆来了一个釜底抽薪，不再为大疆定制航拍相机，并放出狠话，要自己生产无人机。汪滔早已防着这一手，随后便推出了Phantom 2V+（大疆精灵系列之二），放弃了对于第三方相机（如GoPro）的支持云台，直接采用飞机、云台与相机一体化的设计。这让GoPro公司直接损失了一个大客户。按说，奎恩也该傻眼了，应该冷静地反省一下了，他也不是没有意识到自己犯下的大错，而是决然要与汪滔作对了。作为大疆北美分公司的负责人，理所当然要听从大疆总部的统一指挥，服从大局，否则就是独立王国了。但奎恩却频频从中作梗，挑拨大疆与美国客户的关系。汪滔眼看他这样折腾下去，不知会招来多少国际官司。于是，他决定和奎恩谈判，要回购他手中的股份，给他一笔补偿金。合作不成，至少可以好分好散。但奎恩却漫天要价，既不愿退出，也不愿意合作，想把大疆拖进泥潭。汪滔于是重拳出击，将北美分公司员工电邮账户全部锁定，所有北美客户订单只能发至深圳总部，由深圳收款发货、提供售后服务。大疆还对奎恩的大本营奥斯汀办事处资产进行了清算，那些跟着奎恩走的员工都遭到解雇。门户清理完毕，奎恩还没有缓过神来。而他一旦缓过神来，便立马将大疆公司告上法庭。这场官司打了长达八个月，双方最终达成庭外和解，汪滔也不想过多纠缠，给了一笔让奎恩满意的补偿金。

奎恩之所以答应与大疆公司达成庭外和解，还有一个原因，就在他与大疆打官司的时候，美国的3D Robotics公司向奎恩伸出了橄榄枝。当时，业界的人称大疆是无人机界的苹果，而3D Robotics则是无人机界的安卓。在和解前的两个月，奎恩就加入了3D Robotics公司，担任主管营销的高级副总裁（SVP）。他还在新主子面前放出狠话："我要弄死大疆，大疆死定了，3D Robotics将成为无人机霸主！"

2015年4月，3D Robotics公司在拉斯维加斯举办的国际无人飞行器产品大会上推出公司的第一台产品，代号为Solo的无人机。美国科技媒体深情地描述这款无人机是"有史以来最聪明的无人机"。Solo确实很聪明，它具备了大疆无人机当时没有的一些功能，可以编写飞行路线，为开发人员提供开放代码，提供响应式客户服务。汪滔当时也参加了拉斯维加斯的产品大会，并和3D Robotics公司首席执行官克里斯·安德森见了一面。汪滔提出一个想法，表示愿意出高价买断该公司。什么？安德森当时还以为自己听错了，当他听清楚后，就耸着肩膀大笑起来。他觉得这是一个太可笑的想法，觉得3D Robotics马上就要打败大疆了，到时应该是汪滔求他来收购大疆。

汪滔从来没有小看任何竞争对手，3D Robotics就是他遭遇的最强大的对手。回国后，他立马带领团队加快进度研发Phantom 3，只有研发出超过对手的产品才能掌握占领市场的主动权。这一款产品是Phantom 2的升级版，也是直接采用飞机、云台与相机一体化的设计，省去了烦琐的接线过程，减少外出携带设备附件的同时也减小了出差错的概率。大疆此时已研发出自己标配的航拍相机4K或HD相机，内置的高清图传系统可实现两公里内的图像传输，定制遥控器的控制距离高达两公里，通过智能手机App可实现相机设置、快速编辑视频、实时地图等功能。即使在室内无GPS环境下低空飞行，内置的视觉和超声波传感器也可通过感知地面纹理和相对高度，实现精确定位、悬停和平稳飞行。

随着Phantom 3的推出，大疆又在2016年重新抢占了北美无人机市场的制高点。

汪滔当然不会掉以轻心，据他估计，大疆在技术上只不过超越竞争对手两年。他对研发团队说："人家很快就要超越我们，但我们八百人的核心研发团队要尽量让这件事不发生！"

这一年正好是大疆创立的第十个年头，大疆的年产值突破一百亿元，而大疆在创业的第三年才达到一百万元的营收，从一百万元、一千万元、一亿元到一百亿元，这是神话一般的几何级增长，七年就增长了一万倍。这个成绩单，也让大疆公司在无人机领域坐到了世界第一的位置。汪滔在致全体员工的公开信中说："创业十年，我们在专心做出极致产品当中找到了极大的乐趣。同时，我也不太喜欢稍有成就就出来经营自己，知名成功人士并不是我的追求。这也是我非常敬佩任正非的原因，他的兴趣在于做事，解决难题，而不是包装自己来出名。"

此时，面对风头正劲的Phantom 3，奎恩也充满了危机感，但他不是研发人员，只能按照老套路为Solo到处造势，想把Phantom 3的风头压下去。但你再好的吆喝也不如哑巴卖刀，刀好才是硬核。奎恩虽说使出了浑身解数，借助铺天盖地的广告宣传抢到了大把大把的订单，但他们在无人机领域毕竟还是新手，尽管研发出了"有史以来最聪明的无人机"，但生产能力还没有跟上来，导致迟迟不能按期发货。如果Solo无人机的质量像他们推出的样品一样好，延迟发货的风波也许还能平息。又假如Solo无人机的质量仅比Phantom 3稍逊风骚，这些北美用户兴许也会首选Solo。美国人也有美国人的情怀，对自己的"民族工业"也会高看一眼。为了赶工，Solo的质量也出了问题，而且不是一般的问题，其GPS系统时常出现连接错误问题，无人机很难保持稳定飞行，时不时就"炸机"，这是致命的缺陷。一时间，那些追捧Solo的北美用户纷纷在网上吐槽，3D Robotics公司的"宣传都是骗人的"，Solo不是什么"有史以来最聪明的无人机"，而是"有史以来最弱智的无人机"！

Phantom 3推上市场，以其价廉物美的性价比席卷北美市场。而3D Robotics公司也几乎豁出去了，他们将资源集中在Solo上，在一年多时间里就生产了六万多架无人机，但大多积压在仓库（包括召回的不合格产品），这让公司元气大伤，在风雨飘摇中只能苦苦支撑着，支撑一天就亏损一天。大疆没有给对手喘息的机会，到了2016年，又推出了在性价比上占据绝对优势的Phantom 4，而Solo没有更新换代，欠代工厂PCH的货款也无法偿还，资金链眼看就要断裂。他们只能做出最明智的选择，按下了无人机研发和制造的暂停键。

有人说，Solo无人机是被Phantom 4一招致命。这只是说出了表象。若要从根子上追究原因，第一个应该反省的就是科林·奎恩先生。他不愧是天下第一流的营销高手，但纵然你巧舌如簧，也欺骗不了用户。奎恩最大的错误不是欺骗了别人，而是欺骗了自己。当一个人在利欲上膨胀得太厉害了，往往就会冲昏头脑，还真以为老子是天下第一了。如果他一直遵守大疆的运营规则，作为大疆北美分公司的主管和第二大股东，对大疆和他自己都是最佳选择和双赢的结果，如今早已是身家过百亿的大富豪了。然而转眼间一切皆成云烟。他是否终于明白，无论自己多重要，平台却更重要。一个结果已经注定，他没有把大疆干掉，自己却被3D Robotics公司给干掉了。

第二个应该反思的是3D Robotics公司的决策者。他们在北美市场上占有地主之利，以其雄厚的资本、人才优势和研发能力，原本足以与大疆公司分庭抗礼，甚至可以超过大疆。他们也的确研发出了"有史以来最聪明的无人机"，而他们的错误也是大疆此前的竞争对手犯过的错误，太急功近利，太想抢占市场，最终却栽在市场上。3D Robotics公司不得不将无人机生产线关闭并转型，从此之后，公司也不打算再制造无人机了。面对公司的失败，那位在汪滔面前耸着肩膀大笑的首席执行官克里斯·安德森也只能耸着肩膀苦笑了，他能坦然地面对失败、承认失败，还能对击败了自己的对手竖起大拇指："大疆做得太棒了！我们是一家硅谷公司，应该做软件，硬件应该交给那些中国人来做！"

汪滔也一直在反省，在反省中一次次重新审视自己，重新调整自己前行的姿态。无论是他，还是大疆公司，从来不想置谁于死地，竞争是合理的也是必要的，但必须是在市场法则下的公平竞争。随着3D Robotics公司退出无人机市场，国际市场上还有一家实力雄厚的法国Parrot公司，这是一家位于法国巴黎的无人机及无线产品制造商。2010年，Parrot发布首款四旋翼无人机产品AR.Drone，这是行业内公认的第一款消费级多旋翼无人机。该公司在科技创新上一度走在世界前列，定位走低端产品路线，主打消费级产品。而大疆则占据了全球无人机的中高端市场，并不断向专业级的高端产品拓展。科林·奎恩先生虽说与大疆分手了，但那句话却永远不会过时："未来无所不能！"

汪滔早已意识到，随着消费级无人机市场进入稳定期，就快要触到天花板了，但他总是希望能把天花板顶得高一点，给自己设立一个更高的目标。若是换一个角度看，"天空的故事，并不只有航拍一个版本"，无人机还有更高远的天地。他将目光投向了专业级的无人机版本和细分市场。随着无人机开始向农业、建筑业、地图等商业应用领域扩展，大疆又抓住一个创业和创新的机遇。为了保持大疆的市场主导地位，他已提前布局，将无人机和影像产品分为消费级、专业级、行业级和系统模块四个部分。

大疆经纬M600和如风系列等大型多旋翼无人机是专门为救灾工作设计的，可携带6～10公斤物品。当有人被困在水中央、建筑物顶或山顶等难以到达的地点时，无人机可以传送救生圈、救生绳或药品、食品等应急物品，辅助救援。日本秋野市将大疆经纬M600和"悟"Inspire等系列无人机用于应急响应，在物资投放、人员搜救和3D建模等方面开展工作。

2014年，美国的康涅狄格州的消防员就将大疆无人机应用于火灾勘察和测算，多次在消防中立功。2015年，大疆公司和美国红外热像仪制造商FLIR Systems合作，推出一款附带热成像功能的热成像无人机大疆Zenmuse XT，无论是白天还是夜晚，只要有热源就能探测。Zenmuse XT可以实现高空热成像扫描，若有驴友迷路于山野，无人机可以大幅扩展搜救人员的视野，不受地理限制，几分钟就能扫描数平方公里区域。使用热成像相机还能穿透烟雾或在夜间搜寻，迅速定位山林火灾中的被困人员。此外，该无人机可以挂载照明灯、呼叫器等设备，协助搜索工作。

2015年4月25日，尼泊尔遭遇8.1级大地震，救援人员通过大疆无人机进行定点拍照，并配合专业测绘软件，为评估受灾情况、制订救援计划、部署救灾物资等工作提供了实时资料。同月，美国得克萨斯州遭遇洪水袭击，大量家庭受困。由于洪水汹涌，无法使用橡皮艇救援，当地救援人员在大疆无人机上安装简易投放装置，投放救援绳和救生圈等物资，成功解救多名被困人员。2017年8月8日，四川九寨沟发生7.0级地震，大疆公司立即和有关部门联系，无人机应急团队于10日凌晨抵达震区，与中国地震应急搜救中心、蓝天救援队协同工作，支持地震重灾区灾害烈度评定及震区消毒工作。

大疆无人机还是"巴黎圣母院火灾"救援的幕后英雄。2019年4月15日晚，在时空中延续了八个多世纪的巴黎圣母院遭到了一场神秘的火灾。根据法国《费加罗报》报道，现场消防指挥官派一支队伍进入教堂内部负责抢救文物，一支队伍进入塔楼狭窄楼梯，艰难地开展消防作业，其他消防员则部署在教堂外部，通过数十米高的机械臂和高压水枪控制火势。巴黎圣母院的救援是立体的，考虑到瞬间空中投水可能造成建筑及文物损毁，消防队没有采取飞机灭火，而是紧急出动了两架无人机进行辅助观测，捕获实时图像，为消防员准确、及时了解火情提供了重要支持。这些装有高清摄像装备的无人机定位了教堂顶部的主要着火点，并立即将影像传送到指挥所，消防员能够实时看到火灾的强度和走势，并借助高压水枪实现精确的定点扑救。这两架发挥重要作用的无人机是从法国内政部和文化部紧急调配的，型号分别是大疆"御"Mavic Pro和经纬M210，两架四轴无人机都经受了高温和浓烟的考验，协助消防员灭火并及时抢救文物，出色地完成了任务。大疆公共安全整合总监罗密欧·杜舍尔也参与到本次救援行动中，他对媒体表示，消防队员依靠Mavic Pro的可见光摄像头、光学和电子变焦镜头实现了对火灾动态的追踪。巴黎消防局普律中校也对它们予以肯定："这些无人机帮助官员做出决定，帮助我们更好地使用灭火工具，从而在关键时刻拯救了大教堂的两座钟楼。"

美国联邦航空局的公开数据显示，2015年获批使用无人机的129家美国公司当中，有61家正使用大疆无人机，但是后面正等待批准的695家公司当中，有近400家公司申请使用大疆无人机，甚至连美国陆军都大量采购大疆无人机，成为现役装备中的标配。美国无人机专家彼得·辛格接受采访时，直言不讳地说："中国将成为全球最大的无人机生产国和出口国，看到中国的无人机出现在世界越来越多战区，我们不应该感到惊讶。"

2020年，是大疆公司创立的第十四个年头。大疆公司从最初的入门级无人机开始试飞，蜕变成一家处于快速成长期的新兴科技企业，也是中国在世界科技领域少有的创新企业，如今已雄踞俯瞰世界的高度。在业界，大疆是神一般的存在，也是独一无二的存在。汪滔也走出一条属于自己独一无二的路。当有人问他大疆是一家怎样的企业时，汪滔若有所思地说："我们可能有点像无人机里面的英特尔、微软，如果非要类比，我们可能更像做整合产品的苹果。"其实这些比喻都不够贴切，大疆更像大疆，大疆就是大疆，如今它是全球估值最高的无人机企业，也是世界无人机的领导者。公司依托深圳总部，不但在北京和香港等地设有分公司，还在美国、德国、荷兰、日本等国设有分公司，共设有十七个驻外办事处，全球员工数超过一万五千人，产品远销一百多个国家和地区。还有一个令人骄傲的数据，大疆累计申请的无人机相关专利已达到四千多项。目前，全球每卖出十架无人机就有八架是大疆的。在无人机领域流传着一句话："世界看中国，中国看深圳，深圳看大疆。"

一个人在创造业绩的同时，也在创造自己的人生。汪滔从二十六岁开始创业，今年刚刚进入不惑之年，而今他坐拥450亿元身家，也成为很多人张嘴闭嘴都会提到的"中国最会赚钱的80后CEO"。他却一如既往地低调，"我不太喜欢稍有成就就出来经营自己，知名成功人士并不是我的追求。所以我要求全公司在大多数的情况下，尽量保持低调，更多的是以立即能够推出的产品来和媒体对话。"他很少在公开场合抛头露面，其实任正非、马化腾也是这样，可汪滔似乎比他们更神秘。有人如此描述："即便是遇到不得不出席的场合，汪滔也是现场唯一一位少言寡语的男士，他站在盛装的人群中间，就像一道暗影。"很多人第一次看见他都暗暗有些惊异，四十岁的汪滔看上去依然很潮，很另类，不像工程师，也不像CEO。他的穿着像个艺术家，戴一顶鸭舌帽，下颌留一抹山羊胡髭，但他的神情却像一个时常陷入沉思的哲学家。他坦言："以我个人经历而言，真知灼见的能力需要大量的思考、练习和探究。"汪滔的思考更多的不是为自己，而是为客户，诚如美国战略思想家特德·罗维特所说："如果你没有在为客户着想，你就是没有在思考。"

很多人都觉得汪滔不太像个商人，他更像是一个追求完美或充满实干精神的理想主义者。他自认是一个"不聪明的偏执者"，无人机是他从小到大的一个梦想，这是对一个技术、一个特定东西的梦想。他只是"去试着把喜欢做的事情做成，同时让世界因此变得更美好"，这是他的梦想、坚持和纯粹的追求。

在别人看来，大疆是一家科技创新企业的典范，汪滔正是深圳创业和创新的杰出代表，而归根结底，科技创新就是其核心竞争力。但汪滔却摇头，他不赞成"为创业而创业""为创新而创新"，这样的追求没有品位，也谈不上有梦想。"品位，最终才是大疆的核心竞争力。"他把一切都归结为品位，商业上的决策也好，产品设计也好，技术上的取舍也好，最终都会落在品位上。品位，也是他设下的标准和底线。他说："我们不是为了有品位而有品位，只是我们非常崇尚一个比较酷、比较美好的东西；在追求美的过程中会转化成一种战斗力，这种战斗力最终会做出好产品。"汪滔想把大疆打造成一家有品位的中国公司，借大疆的企业形象改善世界对中国公司的印象，让世人第一眼看见的不是中国制造的产品，而是中国人的品位。"我们是中国人，也是中国公司，我们的努力和奋斗目标，跟国家、跟中国人的命运其实是分不开的。"

汪滔在创业之初就经历了2008年全球金融危机那只黑天鹅，2020年又遭逢新冠疫情暴发。在疫情疯狂蔓延之际，一个传闻在春寒料峭中飘荡，让人更添寒意，大疆因受新冠疫情影响计划裁掉全球一半的员工，这让很多人寒心。幸好大疆高层立马出来辟谣，大疆不但没有裁员计划，反而正在为中国疫区和五大洲多个国家和地区提供无人机支援抗疫。在很多疫区封城封路之际，这些穿梭于空中的一个个小精灵大显身手。它们可以在疫情重灾区巡逻、监控、传播信息，还可以空投急需的小型物资。消防无人机和植保无人机还可以在空中对室外公共空间进行喷洒消毒，不仅消毒无死角，效果和效率也比人工喷洒好。有些无人机甚至可以进行远程红外线测温。它在小区低空盘旋，先通过扩音器喊话，让居家隔离的居民打开窗户，站在窗前，再准确地测出他的体温，还可以采集某一区域居民体温的大数据。这可以避免人与人之间的接触，防止疫情传播和二次污染。城里人对无人机早已见怪不怪了，而在偏远的郊野和乡村，很多老乡还是头一回见到这个小精灵。很多乡村在疫情期间都用无人机来预警、搜救，对不戴口罩、四处串门、扎堆娱乐的村民进行劝告。内蒙古土默特左旗白庙子镇草房子村出现有趣的一幕，有一位老奶奶像往常一样正要出去串门，忽然听见头顶上有人冲她喊叫："老奶奶，你不戴口罩就不要出去，不要乱跑！"老奶奶听着有些耳熟，像村支书的声音，一看四周又不见人影，她惊讶地抬头一看，竟然是一架小飞机在冲她喊话。其实是正通过无人机视频传输进行实时监控的村支书在对她喊话。老奶奶看不见他，他却把老奶奶看得一清二楚，并通过无人机上安装的喇叭对她喊话。这老奶奶不明就里，一边抬头看一边赶紧往家里走，嘴里还在喋喋不休地嘀咕："神啦，连飞机也会说话啦！"

这一幕被无人机拍摄下来，成为在网上热传的一个视频。

灾难，终归是要过去的。

在这一次疫情中，习惯于沉思的汪滔在居家隔离时又有一番反省，他看到了大疆无人机同世界上最先进的无人机的差距。如拉菲罗·安德烈（Raffaello D'Andrea）团队研发的四轴无人机，通过先进的算法让无人机超越了遥控飞机的范畴，做出很多不可思议的事情。拉菲罗·安德烈1967年出生于意大利，1997年又考取了美国加州理工学院，攻读电气工程博士学位，毕业后的拉菲罗在康奈尔大学任教，主要从事机器人方面的教学。2003年，他和几个伙伴研发出了Kiva机器人（物流机器人）被亚马逊以7.78亿美元的天价收购。拉菲罗·安德烈随后应聘到苏黎世联邦理工学院当教授，又开始研究无人机。他们团队研发的四轴无人机拥有四个螺旋桨，在飞机上安装了一台电脑，带有各种感测器、无线收发器，其四轴极为灵活，可以在侧滚、俯仰、偏摆等剧烈运动中保持平衡，操纵者根本不需要什么技巧，"往天上一扔就可以自动保持稳定"。它还能做出各种高难度的、几乎不可能的动作。譬如说，让一根杆子在快速运动中保持平衡，连杂技演员也很难做到，而这种无人机可以背着一根活动的杆子在天上跳舞，无论怎么跳都不会掉下来。这还不算神奇，更神奇的是在杆子上放一杯酒，无人机在天上跳舞时也不会泼洒一滴。这种无人机通过传感器，可以快速、准确定位高速运动的物体，还可以在快速飞行的状态下打乒乓球。这一切是靠人工智能来实现的，它就是一个会飞的机器人，几乎可以完成任何高难度的任务。

创新或技术升级，往往就是从差距开始的。汪滔的脑海里又在酝酿一个大思路，未来大疆将不只是一家无人机公司，更是一家机器人公司。其实，无人机本身就是广义机器人的一部分，高科技的无人机也是人工智能的延伸产品。大疆无人机的自主规划、避障等功能，已经在机器人范畴之中，机器人需要完成感知、计算、传输、执行这四件事，大疆已经做到了。二者技术相通，人才也相通。如果大疆在人工智能技术方面取得更大的突破，其应用范围将非常广阔。在李泽湘看来，"汪滔打算跨界机器人并不是因为机器人抢风头，而是因为机器人可能会如他一直期待的那样，能俯瞰世界"。

当一个人从天空的视角来打量这个世界，他的眼光，他的思维，兴许是与我们不一样的。汪滔不仅仅是创办了一家大疆公司，他还留下了许多值得让人们从另一种视角去探讨和寻味的东西。

第四章

深圳的目光

苍天有眼

这世上，没有什么比人贩子更令人深恶痛绝又防不胜防的了。当他们伸出黑手那一刹那，一个噩梦就降临了，一个孩子的命运从此就会彻底改变，一个家庭的命运从此就会改写。同孩子相比，房子、车子算得了什么，多少父母一辈子就是为了孩子而活着，为了孩子而打拼。一双陌生的手偷偷伸过来，顷刻间就可以将一家人的幸福和梦想全部剥夺。

几年前，我国公安部成功打掉一个拐卖儿童的犯罪团伙。一名大约四十五岁的女性犯罪嫌疑人，主动供出了贩卖儿童的细节，让很多人看到了人贩子最黑暗的一面。这个团伙分工合作，有人专门偷抢小孩，有人专门负责运输，有人专门联络买家。这名人贩子负责运输小孩，她接到小孩后，会立即给小孩灌服安眠药。为了避人耳目，她用行李箱、纸箱，甚至是塑料袋来运输小孩。有些被偷拐的小孩还是婴儿，那脆弱的生命随时都有可能在窒息中告别人世。一年冬天，犯罪团伙偷了一名婴儿，像往常一样，由这个人贩子带出城。由于失婴家庭报警，城里到处严查，她不敢坐车，抱着婴儿走野路出城。天寒地冻，婴儿抵抗力差，路上不幸染上疾病，她又不敢将婴儿送去医院。看到婴儿病得奄奄一息，她把孩子丢进了河里。一条冰冷的河流，成为婴儿通往另一个世界的通道。冬天河流迟缓，浸透水的襁褓变得沉重起来，缓缓地往水里沉去。也许是冰冷的河水刺痛了婴儿，婴儿在临终前发出最后几声啼哭,随后被河水吞噬。那一刻,别说河流,就连大地都是悲愤的,凛冽的寒风捶打着河边光秃秃的树木,发出了尖锐的声音,仿佛在质问人间为何变成了地狱。

人贩子站在岸边,一直看着婴儿在河里漂流,渐渐地沉入河中,直到消失不见。那一刻,大地只剩下一股原始般的黑暗。人贩子左右察看,四周空无一人,只有天空传来寒鸦的叫声,证明时间的存在。

人贩子也有自己的孩子,那位审讯的警察也是一个孩子的母亲,她用悲愤交加的声音怒斥人贩子:"你也是一位母亲啊,如果别人把你的孩子偷走,又活活扔进水里去淹死,你怎么想啊?"

人贩子陷入沉默,过了许久才说:"我没有想过别人的孩子,我只想着我自己的孩子。我要让他吃好穿好,好好读书,长大了能和其他孩子一样过上好日子。"

这不像是一位警察对一个人贩子的审讯,更像是一位母亲和另一个母亲之间的交流。她们都是掏心窝子说话,而女警感觉自己的情绪都快失控了。她几乎拍着桌子喊道:"像你这种比毒蛇还毒的母亲,难道就没想过苍天有眼,迟早是要遭报应的!"

人贩子说:"这个我想过,不是不报,时候未到。现在我该遭报应了,你们判我死刑吧!"

这人贩子确实该死,然而,即使处决了这样一个罪犯,却永远都换不回来那些弱小的生命,也无法挽救那些绝望的家庭。如何才能阻遏那些伸向孩子的黑手,提前掐断他们罪恶的行径?无论有怎样严厉的法律,纵使法网恢恢疏而不漏,却也是防不胜防、猝不及防。谁都希望苍天有眼,好好眷顾自己的孩子,别让他们坠入噩梦般的命运。

苍天,你该长着怎样的一双眼睛呢?这里就从一个年头岁尾说起吧。

那是2017年1月26日,农历腊月廿九,举国上下正在准备过大年。深圳,一座繁忙而紧张的特区城市,感觉终于放松了。在这座没有冬天的城市里,此时的天气如阳春三月,阳光明晃晃的,街道两边翠绿的树木和培育的鲜花，也预兆着暖春气息。大街小巷游人如织，放假的人们纷纷出门采买年货和鲜花。而公安民警依然按部就班，严阵以待。这天下午的三点半，一个电话打到了龙岗区坂田街道警务室，一位带着外地口音的老奶奶报警说，她的小孙子浩轩突然不见了，一家人在附近街道寻找一个多小时，也没有看到影子，请警察帮忙寻找。民警接到报案后，立即派人去了解情况，并调取附近的监控。经调查发现，这不是一起普通的儿童走失案，而是一起儿童拐卖案，小浩轩是被一个身穿绿色上衣的陌生女人带走的。

那张灯结彩的节日气氛随着一个男童的消失骤然间变得紧张起来。人口拐卖案既是大案也是急案，龙岗区公安分局立即成立了专案组。寻找被拐走的儿童，时间意味着效率，时间越久效率就越低，一旦过去二十四小时，那就意味着被拐走的小孩极有可能被带到外地，甚至转到了山区。空间与时间的交错，会给侦查与追踪带来更多的复杂局面，小孩被转手贩卖的可能性越大，找回的可能性就越小，谁也不知道他的命运会落在何处。

专案组的民警调出了监控视频，但由于摄像头与案发地距离较远，视频中人脸模糊，无法看清其相貌。就在他们辨认和查找犯罪嫌疑人的过程中，时间正一点一滴地过去。夕阳西下，最后一丝余晖消失在苍茫的城市高楼后面。对于小浩轩的家人，即将来临的除夕如同世界末日，原本布置得春意盎然的房间，此时却如冰窖般寒冷。小浩轩的父母买回来的一堆年货，还有给孩子过年的新衣服和玩具，在冰冷的空气中变成了毫无生气的道具，泛起幽幽寒光，刺痛着他们的心扉。小浩轩才三岁，没有太深的记忆，如果找不回来，这辈子或许都再也不能相见了。而那位从老家来深圳帮儿子带小孩的老奶奶，由于把孙子弄丢了，此时跟丢了魂似的，呆呆地坐在一个角落里，脸色惨白，没有一点活气。她想哭，又不能哭，只能死死地憋住自己。如果小孙子找不回来，她也不想活了。

在一家人的煎熬和警察的奔忙中，五个小时很快就过去了，线索依然渺茫。办案刑警们的脸上都泛起了紧张的神情，再过几个小时，将迎来除夕的钟声。专案组负责视频侦查的小组，采用倒推的方式，调取了大量现场及周边的视频，终于找到了犯罪嫌疑人一张清晰的图像。专案组立即将图像输入"深目1.0智慧警务系统"，系统随即将嫌疑人的照片锁定，开始进行大数据分析与比对。这套系统拉通了深圳所有路面的视频监控数据，做到全程视频监控、实时数据汇聚。经过"深目"对海量视频动态图像的检索、分析和跟踪，很快就锁定了犯罪嫌疑人的活动轨迹，查到了她所居住的旅馆，并从旅馆的登记中获取了她的身份信息。通过身份信息，调查到嫌疑人当天晚上就买了车票，登上了深圳开往武昌的Z24次直达特快列车。专案组的刑警随即通过铁路公安和该列车的乘警取得联系，确认犯罪嫌疑人和被拐的小孩就在该列车上。经过商量，专案组部署了解救小浩轩和抓捕嫌疑人的计划。为了不打草惊蛇，使其他旅客受到惊扰，他们决定等该列车到达武昌站时再动手。当列车开到武昌，已经是翌日凌晨五点五十分左右，武昌的天气比深圳要冷许多，只有几摄氏度。因为天寒地冻，黎明前的曙光尚未照临，武昌在灯光中呈现出一个迷茫的轮廓。

犯罪嫌疑人抱着孩子，随着人潮走下站台。她给小浩轩穿上了一件事先备好的羽绒服，并把羽绒服的帽子套在了小浩轩的头上，帽子的阴影遮住了孩子的脸庞。她感到一阵寒风扑在身上，下意识地把孩子紧紧抱在怀里，这拐来的孩子竟然成了她遮挡严寒的工具。她不知道，这一切都在监控之中。就在她抱紧孩子的一瞬间，吹在她身上的冷风突然变小了，她被铁路公安的乘警和民警团团包围住，水泄不通。她没有想到，警察会这么快就找到了她，等待她的不是除夕的爆竹和红灯笼，而是冰冷的手铐和铁窗。

由于犯罪嫌疑人给孩子喂了安眠药，此时的小浩轩仍在睡眠中，浑然不知道自己经历了一个冰冷的噩梦。为了让孩子尽快与家人团聚，铁路民警乘坐返回深圳最早的航班，几个小时后，小浩轩被警察叔叔送回了父母的怀抱。父母欣喜地摇醒了还在沉睡中的孩子，孩子睁开天真的双眼，看到父母那挂着幸福眼泪的笑容，有点恍惚。他不知道，在他被安眠药灌睡的这段时间里究竟发生了什么，更不知道他一生的命运差点就被一个陌生女人的双手给改变了。

　　那位丢失了孙子的老奶奶此时终于大放悲声，那哭声里又充满了侥幸和惊喜，她连声呼唤："苍天有眼啊，苍天有眼啊！"

阿尔法狗的启示

那"苍天之眼",就是令犯罪嫌疑人无处藏身的"深目"——深圳的目光,这是它名字的寓意,也是人们对它的美誉。它是海归博士陈宁和他的同学田第鸿共同研发出来的。

陈宁,1975年6月出生于河北邯郸,1997年在上海交通大学获电子工程和会计双学士学位后留校任教。这位北方小伙是典型的北人南相,清秀而儒雅,头发乌黑发亮,那一口普通话简直像播音员一样标准,抑扬顿挫又充满了磁性,很有感染力。电子工程原本是一门艰深枯燥的课程,却被他讲得深入浅出、活泼生动。教室里人坐满了,连门口都站着旁听生。其实,他的课都是入门级的,他也希望有更多的学生进入电子科技这道门。从20世纪90年代末到新世纪初,正是中国制造业崛起的时期,也是全球电子科技的变革时期,许多新生事物汹涌而出,尤其是互联网和计算机技术,成为当时最火爆的新兴热门行业,呈现出改变人类、颠覆生活的态势。陈宁意识到世界格局正在改变,科技在未来的生活中无所不能,同美国等西方发达国家相比,中国在这一领域已经落后了几十年。这让他萌生了出国留学的想法,首选便是美国。美国是互联网技术主要的发源地,也是电子工程、计算机科技应用最先进的国家。在母校任教三年后,他在人类迈进新千年之际通过考试与申请,接到了美国新墨西哥州立大学电子工程系硕士研究生的录取通知书,并获得全额奖学金。2000年秋天,他拖着两个装满衣服、被褥的大旅行箱,揣着寥寥几百美元飞越太平洋,奔赴美国西南部那个长满了仙人掌的阳光之州。

新墨西哥州立大学是美国一所历史悠久的公立大学,主校区位于拉斯克鲁塞斯,校园洋溢着浓郁的西班牙与墨西哥风情。然而,最让陈宁瞩目的是距离校园不远的美国最大的军事设施白沙导弹试验场,而美国研发原子弹的物理科学实验室就坐落在大学校园中。这所大学不仅为美国军事科学领域培养和输送大量科研人员,还参与过世界上第一颗原子弹的设计和试爆,拥有很强大的军工及航天背景。一个国家的综合实力和发达程度最终就取决于科技啊,而电子工程在当今和未来将广泛应用于各高科技领域,这是中国的软肋。中国被耽误得实在太久了,在这一领域目前还有太多的空白。陈宁几乎心无旁骛地完成了学业。周末,同学们都外出游玩,他一个人在宿舍里如饥似渴地学习。当同学们兴致勃勃地向他描述阳光、仙人掌和秀色可餐的墨西哥风情时,他突然想起,自己还没吃晚餐呢。

2001年,陈宁以优异的成绩获得了新墨西哥州立大学电子工程专业硕士学位,随后又考入美国佐治亚理工学院攻读电子工程专业博士学位。这是坐落于美国东南部第一大城市亚特兰大的世界顶尖研究型大学,它与麻省理工学院、加州理工学院并称为美国三大理工学院。当时,他的导师斯图伯尔(Gordon L.Stüber)教授是著名的移动通信专家,出版过《移动通信原理》等专业书籍,成为许多电子工程大学的教材。在斯图伯尔教授的引领下,陈宁进入了OFDM的研究中。随着集成数字电路和数字信号处理器件的迅猛发展,人们对无线通信高速率的要求日趋迫切,而OFDM技术是解决方案之一。OFDM指正交频分复用技术,通过频分复用实现高速串行数据的并行传输。在通信系统中,信道所能提供的带宽通常比传送一路信号所需的带宽要宽得多。如果一个信道只传送一路信号是非常浪费的,为了能够充分利用信道的带宽,可以采用频分复用的方法。OFDM技术是HPA联盟工业规范的基础,它采用一种不连续的多音调技术,将被称为载波的不同频率中的大量信号合并成单一的信号,从而完成信号传送。由于这种技术具有在杂波干扰下传送信号的能力,因此常常会被用在容易受外界干扰或者抵抗外界干扰能力较差的传输介质中。

当时,OFDM技术仍在研发期,并没有成熟,OFDM系统当时存在一个很大的缺陷,那就是峰值平均功率比较大,功耗过高,对相位噪声和载波频偏十分敏感。陈宁参与了OFDM系统的一个课题,就是解决OFDM系统致命的功耗问题,必须通过海量的推算和仿真来验证。而陈宁在吃饭、洗澡甚至睡梦中都迸发出各种创新思路,他的研究成果最终荣获佐治亚理工学院工学院年度研究生科研大会第一名。

2005年,陈宁还有一年才博士毕业。那时候美国已经发放3G牌照,很多国家也开始使用3G通信技术,不少国际通信大公司开始研发4G技术,都想在4G市场上占有一席之位。陈宁是斯图伯尔教授的学生,又是专门研究OFDM系统的,国际大公司的猎头在各大高校寻找高级人才,很快就盯上了他。陈宁还未毕业就接到了飞思卡尔半导体公司(Freescale Semiconductor)的高薪聘请,担任高级系统架构工程师。

对于飞思卡尔,很多中国人可能不知道,但一说到摩托罗拉,像我们这一代中国人几乎无人不知,我用的第一款寻呼机就是摩托罗拉BP机,第一款手机也是摩托罗拉。飞思卡尔和摩托罗拉原本是一家,后来摩托罗拉把整个半导体业务拆分出来,成立飞思卡尔公司,这也是全球领先的半导体公司。飞思卡尔继承了摩托罗拉全部的数字IC业务以及射频和传感器业务,在消费电子、医疗、网络和汽车电子方面均有完整的产品线,其生产的手机芯片很出名,主要供给摩托罗拉手机。

2006年,陈宁获美国佐治亚理工学院电子工程系博士学位。这一年,飞思卡尔准备进行4G研发,公司委以重任,让陈宁组建团队,设计并研发第四代移动通信(4G-LTE)多模终端基带芯片。作为物理层技术负责人,没有参考资料,他便通过研读标准会议的提案和自己仿真,搭建了第一个4G终端原型系统,掌握了核心IP(处理器)设计的全流程。他还作为首席代表参与

4G-LTE国际标准制定。在研发期间，陈宁拥有近三十项已授权专利，其中十三项专利被苹果公司收购。很多人不知道，美国那只"被上帝咬了一口的苹果"，也有中国人的心血和智慧的结晶。

尽管陈宁在美国享有优厚的待遇和大显身手的舞台，但陈宁从未忘怀自己赴美留学的初心，早有回国效力的念头，但这也要看机缘。这个机缘在他赴美的第九个年头来临。2009年，中兴通讯在美国组建研发中心，而陈宁早已是进入中兴视线的人才，他们恳切邀请陈宁加入中兴研发团队。陈宁也早闻中兴大名，在通信行业有四家龙头公司，号称"巨大中华"，即巨龙、大唐、中兴、华为，这四家公司只有华为是民营企业，其他三家都是国有企业。而中兴通讯的身份比较特殊，其前身是侯为贵于1985年创立的深圳市中兴半导体有限公司，为民营企业。1993年4月，由中国航天工业总公司所属深圳航天广宇工业公司（央企）和深圳市中兴维先通讯设备有限公司合资设立中兴新通讯设备有限公司。这是深圳经济特区在先行先试的体制改革下创建的一家"国有民营"股份制企业，国有股处于控股地位，而民营方享有企业的经营权。1997年，中兴通讯股份有限公司成立，后分别在香港和深圳两地上市，在陈宁加入中兴时，中兴已跃居为中国最大的通信设备上市公司和全球领先的综合通信解决方案提供商，为全球第四大通信企业，业务遍及全球一百六十多个国家和地区。中兴通讯在2009年获得"全球最佳CDMA设备制造商奖"，并连续五年当选"中国最受尊敬企业"。但中兴通讯有一个致命的软肋，就是芯片，这也是中国在电子工程技术领域的一个短板。中国当时每年芯片进口额已经突破两千亿美元，超过了原油进口额，其中处理器设计作为芯片设计的最核心技术，几乎完全被国外企业垄断。也正因如此，芯片设计早已被列入我国战略性新兴产业，但这方面的人才却极其缺乏。

当美国以禁售芯片制裁中兴通讯之际，多少国人都纷纷指责中兴没有危机意识，才酿成了今日之苦果，这还真是错怪了中兴。中兴通讯和华为一样，其自主研发芯片的历程已超过二十年，中兴拥有三万名研发人员，在PCT

（国际专利合作协定）专利申请量上连续八年在全国排名前三，其遍布全球的4G基站中，最核心的基带芯片主要由中兴独立研发，如机顶盒、光猫、传输等系统的核心芯片，也有很多是使用中兴自主研发的芯片。但一套完整的通信系统需要数以万计的元器件，缺一不可，而美国掌握着全球半导体一半以上的市场份额，很多元器件被美国垄断。此外，操作系统和数据库也离不开美国。对于整个通信系统而言，仅仅靠自研核心芯片还不够，还需要全球产业链上下紧密合作，各施所长。而从国际大环境上来看，西方发达国家为了限制中国等发展中国家的科技创新和发展，在美国的操纵下，于1996年7月在奥地利维也纳签署了《瓦森纳协定》，决定从1996年11月1日起实施新的控制清单和信息交换规则，包含两份控制清单：一份是军民两用商品和技术清单，涵盖了先进材料、材料处理、电子器件、计算机、电信与信息安全、传感与激光、导航与航空电子仪器、船舶与海事设备、推进系统等九大类；另一份是军品清单，涵盖了各类武器弹药、设备及作战平台等共二十二类。中国被列入禁运国家之列。这一协定妄图把中国永远限制在全球产业链的最底端。由于这一协定的限制，中国买不到最先进的芯片制造设备和集成电路技术，这是导致中国芯片落后的一个主要症结。

在这一"大限"之下，中国只能引进高科技人才来寻找解决方案，而陈宁就是中兴通讯急需引进的人才。中兴通讯的决策者与陈宁只谈了两个小时，就决定把研发中心交给他。但他并未立马答应，这对于他，是一次不得不审慎的人生抉择。他特意抽出一个周末的时间，从美国飞到中兴通讯总部所在地的深圳考察了一番。

中兴通讯总部位于深圳市南山区科技南路，毗邻深圳湾。一道深圳湾文化走廊，东起红树林，西至前海湾，串联华侨城、后海、蛇口和前海等片区。这还是他第一次抵达深圳，一开始，他每一步都走得陌生而茫然，似乎还有点找不到节奏。海浪突然一阵起伏，他看见了一些无边无际的东西。眼前，就是在大海上生长出的一片森林，红树林。在咸涩的海水里，没有比红树林更茂盛的植物，可以在海岸、滩涂和潮汐中不顾一切地生长。树影叠印着亮闪闪的光影,恍若一道道摇曳的光束,摇晃出一阵阵风声。海风推着波浪翻滚而来,又被树林阻挡,撞击于是不可避免地在水中发生,在红树林簇拥的岸边溅起一朵朵雪浪。他像从远方归来的浪子,额头上沾着晶亮的水珠,一双眼睛越来越清澈,连从香港那边飞来的海鸥和鹭鸶都看得清清楚楚。当海鸥和鹭鸶从头顶上飞过,连影子也在大地上明亮地飞翔。当他凝视着这片红树林,他渐渐变得奇异地安静了,这片红树林把他深深迷住了。倘若没有这片红树林,深圳和深圳湾就不会这样迷人。

从文化走廊走进南起深圳湾、北至西丽湖的南山"硅谷"大道,一条大道串联着深圳湾口岸、后海金融商务中心,又连接着蛇口国际海洋城。这是深圳经济特区最灿烂的一片土地,乃是被誉为"中国硅谷"的深圳高新区深圳湾园区。深圳是中国内地最早成立高科技园区的城市,从20世纪80年代的科技工业园到90年代的高新技术园区,再到近些年的软件园、孵化器等等。与此同时,深圳还建立了以高新园区为平台的区域服务体系,为发挥高科技企业的集聚效应,并为高科技企业的发展提供区域的系统服务体系。深圳成千上万家高科技企业、上百家高科技上市公司,都在这些不同类型的园区中诞生和发展壮大,享受各级政府提供的土地、厂房、资金、人才、后勤保障等全方位的服务。深圳高新区深圳湾园区是国家"建设世界一流高科技园区"的六家试点园区之一,也是国家知识产权试点园区、国家高新技术产业标准化示范区、国家海外高层次人才创新创业基地和国家新型工业化产业示范基地,是深圳市科技、信息、人才资源最密集的区域之一。这一带云集了众多国内外大公司的总部,被命名为深圳湾超级总部,如深圳光峰科技股份有限公司的光峰科技总部大厦、深圳市天珑移动技术有限公司的天珑移动大厦、普联技术有限公司的全球研发中心、海能达通信股份有限公司的海能达全球总部大厦、深圳市迅雷网络技术有限公司的深圳迅雷大厦、宇龙计算机通信科技(深圳)有限公司的酷派大厦……这真是当之无愧的"中国硅谷"啊。此前,陈宁只知道深圳拥有华为、中兴、腾讯等世界知名企业,没想到深圳竟有如此多的高科技企业,还有如此完善的上下游产业链和金融、商务、口岸等综合配套体系。

往这条"硅谷"大道上一走,陈宁感觉脚步就像按了快进键,他听见自己笃笃笃的脚步声,笃定而又坚实,每一步仿佛都踏在深圳的节奏上。在他脚步停止的地方,就是中兴通讯研发大楼。这是一座造型新颖的大楼,外轮廓由两个不同半径的六段圆弧曲线挂板连成,那弧面的玻璃幕墙映照出蔚蓝色的天穹,令人蓦地涌现出"心事浩茫连广宇"之感。陈宁正琢磨着这造型的意味,忽然听到广播体操音乐响起,研发人员纷纷走出实验室,站在走廊上做操。哇!这么多人,一个个看上去多年轻啊,阳光照耀着他们充满了活力的身影,陈宁一下也感觉像回到了学生时代,也跟着一起做操。到了午饭时间,陈宁走进中兴食堂,也跟研发人员一起排队打饭。每人三菜一汤,根据各自的口味自主选择。陈宁和几个年轻的研发人员边吃边聊,话题都是讨论技术,每个人都充满了攻克难关的信心和创新的激情。

这是一座年轻的、充满了激情和活力的城市。这座城市里,拥有很多充满了激情和活力的年轻人,而他,被这种激情和活力深深地打动了。他下意识地张开手臂,挺起胸膛,连做了几个扩胸运动,一下就找回了年轻的感觉。其实,他也很年轻啊,才三十四岁。

这一次考察,陈宁最大的收获就是完成了对一座城市的辨认,在深圳之中还有另一个深圳,有人就把深圳湾高新产业园区称为"深圳中的深圳"。这年夏天,陈宁毅然从美国辞职回国。他是带着梦想回国的。他的第一个梦想就是组建一支研发芯片的团队。说来,还有一个时间上的巧合。这年7月份,中国城市竞争力研究会在香港发布了备受关注的"中国十大创新城市排行榜",深圳超越北京、上海、广州、香港,再次位居榜首。据该会会长桂强芳博士称:"创新城市是能够激活创新意识,积聚创新资源,发挥创新作用、创造创新成果、把创新作为基本驱动力推动城市发展的城市,其对所在的城市群或更大范围内的其他区域具有高端辐射与引领作用。深圳在创新的增长速度、质量和发展的方向等方面优于其他城市,再次位列中国十大创新城市排行榜榜首是实至名归。"陈宁也说过,他在回国后首选深圳,最看重的就是深圳充满了创新意识与活力。而深圳在电子信息制造业又是领跑全国的龙头，其规模已占全国的六分之一，还拥有华为、中兴、腾讯等世界知名的电子信息和互联网企业，在产品创新、成功案例、人才培养、软硬件合作等方面都形成了自主生态，呈现多方向、宽前沿、集群式等特征，包括芯片、服务器、终端、操作系统等上下游产业链，都已具备良好的产业发展基础。诚然，从美国回来的陈宁也看到了中美两国的差距。总体上看，中国当时的电子信息产业还处于中低端。陈宁的梦想，也是深圳梦、中国梦，那就是打破因核心关键技术缺失而带来的低端锁定，加快迈向全球价值链中高端，从跟跑到并跑乃至领跑。

中兴通讯兑现了对陈宁的承诺，他被任命为IC芯片设计技术总监。在研发团队的第一次会议上，陈宁这位从美国归来的博士，给人的感觉不是踌躇满志，而是一脸冷峻。他一开口就单刀直入："中国是世界上第一大芯片市场，但芯片自给率不足百分之十。有人问，我们的国产航母都要服役了，从神舟五号到神舟七号已经完成了三次载人航天飞行，现在又正加紧部署北斗导航系统，为什么一颗小小的芯片还要依赖进口？在美国时我就一直在想，我们的国产芯片与国际顶尖水平的差距有多大？中国能不能做出完全自主可控的高端芯片？"这话，像憋了很久才说出来的，他又深深地叹了一口气说："我们在起跑线上就落后了，尽管我们一直在追赶，但我们同美国的差距还相当大。有人想着怎样弯道超车，这其实是一种急躁情绪。说实话，我也急啊，但芯片研发还真是急不出来的，这既是攻坚战，更是研发周期特别长、特别慢的持久战。我想我们还是不急不躁、稳扎稳打地打攻坚战吧。一步一步地攻关，每攻下一个关口，我们就要牢牢地占领它！"

陈宁在美国打拼多年，他是具有国际眼光的，在研发过程中，每每取得一项创新成果，他立马就要提交专利申请，因为不在第一时间申请，就有可能被别人抢占先机。美国在世界科技的霸主地位，就是建立在专利的基础上。世界上最值钱的东西不是黄金和钻石，而是专利，只要是他们抢注的国际专利，你就得掏出美元来购买。陈宁在中兴工作的五年里，就提交了近百篇国内、国际专利申请，还完成了核心IP及应用芯片从指令集成、架构设计到测试验证的全流程专利布局。2011年，陈宁研发团队推出了全球第一款基于软件定义无线电的4G-LTE终端芯片。他和团队还设计出一系列拥有完全自主知识产权的矢量处理器，从指令集定义到架构设计，实现国有处理器零的突破，为中国企业产品提供差异化的竞争优势。随后，他又主持完成一项国家科技重大专项（2011—2013），并组织实施一项国家科技重大专项（2013—2014）。2013年，陈宁还牵线搭桥，协助将美国佐治亚理工学院引进深圳，成为落户深圳的第一个全日制美国高校合作项目，并定位为深圳特色学院之一。

陈宁在中兴通讯工作了五年，他带领团队为中兴通讯在处理器设计及其产品化方面实现了零的突破，也有效地推动了我国定制处理器及芯片设计的产业化和国际化进程，他们研发的4G-LTE终端芯片设计水平已跻身国际前列。这五年时间，也让他对中国的电子信息产业有了更深刻的了解，他又萌生了第二个梦想，进军人工智能（AI）领域。2014年，陈宁已被深圳中兴总部派遣到美国中兴研究所工作，他决定向这一领域进军时，第一个想到的合作伙伴就是佐治亚理工学院的博士同学田第鸿。后来，当我问起他创业的动机时，他说："我们有一个共同的感觉，人工智能的春天即将来临。我是做硬件的，田第鸿研究软件，我们俩跨界创新，致力于设计一款视觉大脑芯片，用于解决人工智能产业化的瓶颈。"

田第鸿是贵州赤水人，1995年从化学奥赛中脱颖而出，从贵州赤水市第一中学保送到中国科学技术大学少年班，在校期间曾以第一名的成绩获得第十九届郭沫若奖学金。2002年，他获得中国科学技术大学电子工程系硕士学位，他的导师朱近康教授是国内信息与通信领域的著名教授，曾四次获得中国科学院的奖励，两次获得科技部的奖励。田第鸿硕士毕业后，和陈宁一样，也是拿着全额奖学金赴美留学，在佐治亚理工学院攻读电子与计算机工程专业博士学位。他和陈宁两人在佐治亚理工学院同一届读博，只是专业略有不同，陈宁读的是电子工程，主攻硬件，而田第鸿读的是电子与计算机工程，主攻软件。这两个专业其实很接近，有很多交叉的研究领域，两人分配在同一个实验室。

这哥俩都是眉目清秀的长相、精干敏捷的身段，在外国人眼里简直就像孪生兄弟一样。他们在一起搞实验时，时不时就会为一个技术观点而辩论起来，他们讨论的焦点往往会聚焦于那小小的芯片上。陈宁认为处理器芯片设计是电子信息行业发展的重要领域，但是田第鸿却认为视觉计算更加重要，这是两人一直争论不休的话题，每次都争得脸红脖子粗。

陈宁还笑着说："没有红过脸的，不算真哥们儿！"

田第鸿在专业上也是出类拔萃的，在校期间就获得佐治亚理工学院信号与图像处理中心杰出研究奖。2006年，田第鸿博士毕业，被美国思科公司高薪聘请。思科是全球IT和网络行业的领导者，也是全球领先的网络解决方案供应商。田第鸿担任系统技术主管，负责思科拟真视频会议系统，是网真系统中视频、视觉先进技术研发负责人，也是图像视频压缩中的"混合变长编码"技术主要发明人，拥有视频编码、处理、传输、人脸检测、人脸及动作识别等领域近四十项已授权专利，获思科公司个人成就奖及团队成就奖。

随着年岁渐长，陈宁和田第鸿在各自的研究领域都已成为佼佼者，他们在一起辩论的时间越来越少，对彼此的观点也越来越兼容。兼容其实是计算机术语，若某个软件能在某操作系统之中稳定地工作，就说这个软件对这个操作系统是兼容的。或者在多任务操作系统中，几个同时运行的软件之间，如果能稳定地工作，不出经常性的错误，说明它们之间的兼容性好，否则就是兼容性不好。

到了2013年年底，谷歌作为全球最大的搜索引擎公司，发布了一个令全球震惊的消息：他们豪掷四亿美元收购一家才成立三年的小公司DeepMind。这是一家在人工智能领域的初创企业，谷歌把一款下围棋的游戏命名为阿尔法狗（AlphaGo）智能程序。更让人震惊的是，阿尔法狗随即与韩国著名围棋棋手、世界顶级围棋高手李世石展开了人机大战。李世石属于典型的力战型棋手，善于敏锐地抓住对手的弱处主动出击，以稳、准、狠的力量击垮对手。这位生于1983年春天的棋手，此时正当鼎盛年华，棋道境界几乎登峰造极，在人间几乎没有敌手，然而他却被阿尔法狗击败了。这简直是对人类智商的侮辱。而很多观战的棋道高手在最后一刻还希望他能在劣势下完成逆袭，李世石也多次创造过这样的惊天大逆转，然而奇迹最终没有出现。也不是没有人猜测，在这人机大战的背后是否有什么猫腻？这还真是以小人之心度君子之腹，围棋乃是高尚的博弈，不在乎技，而在乎道。多少高手为了捍卫棋道，宁可死在棋盘上，也不会为超越棋道的力量所屈服。而李世石更是一位宁为玉碎不为瓦全的棋手，他在被阿尔法狗连连击败后羞愧得无地自容，最终向韩国棋院递交了辞呈，正式宣布退役。如果这仅仅是个案，人们或许还有想象的空间，但另一位挑战阿尔法狗的国际围棋大赛冠军柯洁也被击败了。这位1997年出生的中国小将自2013年起便开始担任中国围棋甲级联赛主将。2014年8月在GoRatings世界围棋等级榜单中首次排名第一，到2017年连续四十个月排名人类围棋世界第一，也是GoRatings榜单上唯一排在阿尔法狗之前的棋手。2017年5月23日至27日，他与阿尔法狗连续四天鏖战，结果三局棋全败。这阿尔法狗也很有棋道君子之风，对柯洁下出的第二局评定表现完美，然而再完美也是完败。

这人机大战的结果，比谷歌斥资收购一家小公司更让世界震惊，人们为之震撼，惊呼："未来机器人是否会取代人类？"

阿尔法狗不只是一个在棋盘上博弈的机器人，也是人工智能的一个代表作。从本质上看，再高明的机器也是人类制造出来的，但一块小小的芯片上集中了人类在高科技领域最高端的智慧。譬如说棋道，它吸收的不是哪一个高手的智慧，而是把所有最精彩的棋局通过大数据进行推演。当时，电子信息行业的核心正逐步向大数据时代演进。阿尔法狗说穿了就是一个大数据的产物，在与对手过招时它可以运用海量的大数据进行推演，见招拆招，这是任何高手都难以匹敌的。李世石和柯洁其实都没有必要羞愧，他们不是在与一只阿尔法狗过招，而是同时与成千上万的顶级高手过招。谷歌当然不是仅仅将阿尔法狗用来下围棋,它的天地太大了,在很多方面都可超越人类。

一条阿尔法狗震惊了世界,甚至推动了全球科技创新的又一次革命。有人将人工智能称为第四次工业革命,而这并非一个单纯的科研领域,它已经渗透到很多领域,在欧美国家已经成为研发的热点。在此前的三次工业革命中,中国都落后在起跑线上,一直处于追赶的状态。而在人工智能领域,全世界都才刚刚起步,陈宁和田第鸿当时都觉得,中国这一次绝不能再在起跑线上落后了。这一次两人没有任何争议,没说的,一起干吧!

就在他们决定创办公司之际,说来又有一次机缘。2014年7月,深圳市龙岗区在美国硅谷举办了一场"硅谷直通车"的招商引资和人才招聘活动。在深圳经济特区建立之初,深圳市领导多次带队到海外招商引资,但招来的大多是"三来一补"企业。随着深圳产业的转型升级,深圳的眼光变了,一只眼睛盯着商业资本,一只眼睛盯着高端人才。曾经,深圳最大的人才优势就是"孔雀东南飞",当各地纷纷推出吸引人才的优惠政策后,深圳不是与国内城市进行白刃式竞争,而是利用深圳作为改革开放桥头堡的优势,将引才触角延伸到海外。为此,深圳又由市领导带队,先后前往美国旧金山、洛杉矶和日本东京举办海外招聘会。为拓宽海外引才渠道,建立长效引才机制,深圳还在美国硅谷等地设立了"海外人才引进中心",与当地海外华人组织、中国驻外机构、留学人员团体等建立联系,宣传深圳市最新人才政策,发布深圳市海外人才需求信息,建立海外当地创新创业人才数据库,引进海外优秀创新创业人才(团队)来深工作或创业,组织海外优秀创新、创业人才来深考察,并协助深圳在海外当地举办人才引进等推介活动。

陈宁和田第鸿都出席了深圳市龙岗区的"硅谷直通车"活动。招商负责人看了两人的简历,又看了他们的项目,眼睛一下亮了,这正是他们要找的高科技人才和项目。这位负责人当场表态,只要陈宁和田第鸿在龙岗创业,龙岗区将不遗余力地为他们申请人才扶持资金,用市场换技术,把高科技成果转化为高科技产品。这个优惠政策打动了陈宁和田第鸿,他俩当即便决定在深圳龙岗创业。随后，田第鸿也辞掉了美国的工作，与陈宁一起回国创业。在回国之前，他们还想把另一位好友王孝宇从美国硅谷拉回国。

王孝宇，1985年出生，堪称一位天才少年，他十四岁便考取了中国科技大学少年班，二十岁又考取了中国科大的博士研究生。但他不是一个钻在书本里的书呆子，而是一边读博一边和几个朋友创建了"创世科技公司"，在安防领域拓展业务。这也是他平生第一次创业。从2005年到2008年三年间，公司已经初具规模，王孝宇不仅熟悉了安防业务的流程，也深谙行业痛点，这个痛点就是没有一流的技术，难以发展壮大。而王孝宇雄心勃勃，他想通过科技创新打造一家"伟大的企业"。为此，他在2008年做出了一个令人吃惊的决定，竟然从中国科学技术大学退学，放弃了唾手可得的博士学位，然后奔赴美国密苏里大学哥伦比亚校区攻读电子与计算机工程博士学位。2012年他博士毕业后，便进入了美国硅谷，加入世界500强企业NEC的美国研究院，担任研究员，研发NEC嵌入式人脸识别技术、图像搜索技术和KITTI无人车技术。他所在的团队曾经连续六个月获得KITTI无人驾驶数据库识别任务冠军。

当田第鸿拉他回国创业时，王孝宇一口就答应了，但他还想在美国再历练一段时间，毕竟美国在人工智能领域还是全球最先进的，拥有完整的产业链。他在美国继续学习先进技术，这也有利于未来的公司与国际接轨。陈宁和田第鸿回国后，王孝宇又于2015年从NEC离职，加入美国实耐宝公司（Snap-on）。那时候实耐宝还是一个小公司，王孝宇以技术入股，开始了他的第二次创业。他抱着"能够把以往积累的学识应用到生活中，带给更多人生活乐趣"的目标，和现任谷歌中国中心总裁李佳一起在洛杉矶创立了Snap人工智能研究院，担任计算机视觉领域主席，主要研究云端的视觉解决方案和手机端的人脸检测、识别、分割方案，增强现实（AR），商业图像智能等。尤其在模型压缩上取得了非常优秀的成果，把运行在两亿手机终端的神经网络压缩到2MB，超过了谷歌研发团队的压缩性能。

陈宁和田第鸿从美国飞往深圳，第一件事就是申请注册公司。尽管他们都是龙岗区重点引进的人才，但陈宁还是有心理准备，从填写申报表到提交各种资料，再到公司注册实地考核、验证，以及开户银行验资、核准发证等，估计这个程序走下来最少也得半个月。注册公司不是儿戏，该走的程序是必须走的。然而，深圳的办事效率之高，服务之无微不至，却大大超出了陈宁的预料。深圳市为科技创新企业开辟了绿色通道，龙岗区政府还为他们提供了"全程保姆式服务"，从龙岗区人才交流中心派了一个叫陈显炉的小伙子，一直为他们跟踪服务。这小伙子几乎都成了陈宁的第一个雇员了，既熟悉公司申请、审批、注册的整个业务流程，还特别细心，先造好了一张走流程的必备资料清单，连打印、复印资料都是他去操办。当时深圳正值三伏天，阳光像开水般泼下来，又在火热的街道上喷起白腾腾的热气，如蒸笼一般闷热得令人窒息。陈显炉拎着一个公文包跑前跑后，身上穿着的白色衬衫很快就湿透了，汗津津地粘到了背上。这个热心的小伙子让陈宁特别感动，连声感谢，小伙子却笑着说："来了就是深圳人，咱们就是一家人，深圳就是咱们共同的家啊！"

结果，陈宁他们原本准备半个月办好的事，在工商局只用了一个小时就搞定了。

陈宁又不禁惊叹："这个深圳速度真是比美国还快！"

这样的待遇，其实也并非深圳市对陈宁这个海归创业者的特殊关照，这就是深圳多年来形成的营商环境。海口市政协委员袁慧鹰在政协讨论发言时就讲述了她在深圳注册一家半导体公司的经历。一开始她对深圳的营商环境心里也没有数，结果连连发生出乎她意料的事情。她只用一个上午就注册完公司，下午就接到深圳市招商局的一个电话："袁总，我们在系统里看到你们在福田区注册了一个半导体公司，福田区对半导体公司有政府补贴，麻烦你写一份商业计划书发给我，看你们符合哪些补贴条件，我来协助申请。"放下电话，袁慧鹰还带着一脸的惊奇。她随后便赶去福田区，向政府工作人员咨询政府补贴政策。她发现这些年轻的公务员一个个充满了朝气，脸上挂着灿烂的笑容，对人才、项目及公司落地等多种奖励政策，都很专业,吃得很透,给她进行了精准的讲解。比如,政府鼓励企业参加各类创新创业大赛,政府有多个团队对企业进行专业辅导,服务全部免费,各项政策公布上网,及时更新,并留有联系人及电话,随时确保电话畅通。这一番讲解,让她心里有数了,也感觉来深圳创业实在是选对了地方。当她打听哪里有适合公司办公的写字楼时,结果又有一个意外惊喜,福田区政府新购买了近百万平方米的写字楼,可优惠租给企业。袁慧鹰一听就要去看看写字楼。一位年轻的公务员立马主动带她来到广田国际广场。据她说:"刚到楼下,就有人走过来引导停车。到电梯口时,早有两位着装整齐的工作人员按好电梯。到了指定楼层,又有两位统一着装的工作人员在电梯口迎接,一路引领参观,详细介绍……"整个过程,让袁慧鹰真切地感受到,深圳的公务员不但素质高,在每一个环节和细节上都是那样主动为创业者服务,又是那样热情、周到、细致。她感觉走到哪里都像是走进了五星级宾馆,而这些公务员就是满脸笑容的服务员,"如春风吹拂,让人暖心"。她无意中说到,他们公司要到上海上市,而一个电话又让她改变了主意。这个电话是深圳市招商局一名处长打来的,热情邀请她去深圳的创业板上市。处长告诉她:"创业板的政策8月份就可以落地,你们可以成为第一批。要是来深圳,我们可以请深交所、券商和政府重点项目负责人,一起帮公司做上市前的分析辅导。"这一连串出乎意料的惊喜,让袁慧鹰悟到了一个"天理",一个地方拥有这样好的营商环境,若不发达简直是天理不容啊。以前,她也像很多不了解深圳的人那样认为,深圳之所以如此发达,只因享有特区的优惠政策,其实不然啊。很多地方政府为了招商引资,都出台了营商环境优化政策,然而当你真正来投资的时候,那优化政策都变成了纸上画的饼,投资者所感受到的依然是权力的傲慢。哪怕同样是特区,却也不一样。她在政协研讨会上就直接揭短:"我在深圳看到的是政府工作人员一张张充满友善热情的笑脸,可是,我在海口却经常面对政府工作人员冰冷生硬的面孔。我多次联系海口某区分管环保的领导到公司调研,第一次约他,他答应说下周来;等到了下周,他说再下周;等到了再下周,他说每天开会没时间,然后就没有然后了。"

　　而深圳，在"然后"之后还有一个个接踵而至的"然后"，一个特区就是在一个接一个的"然后"中演绎出来的、让多少人出乎意料的传奇。

　　这里还是言归正传。2014年8月27日，这一天是"云天励飞"的生日，陈宁和田第鸿在龙岗区正式注册了"深圳云天励飞技术有限公司"，这名字让人感觉有些高深莫测。云天励飞，其实是英文"intelligent fusion"的音译，即智能融合，走的是当时处于最前沿的"云+端"的技术路线。这是一家专注于视觉人工智能领域的公司，致力于打造基于视觉芯片、深度学习和大数据技术的"视觉智能加速平台"，为平安城市、智慧商业、工业智造、无人系统、机器人等行业的千家企业提供视觉智能应用解决方案和开发平台，开辟人工智能+集成电路赋能各传统行业的商业模式。

　　接下来就要寻找公司的办公场地了。别看陈宁是海归博士，在国外大公司吃香的喝辣的，无论是在飞思卡尔还是在中兴通讯，组建团队与实验室时，大把的资金经他的手中流出去，购买几十万几百万元的精密设备和高端材料他不曾皱过眉头。在研发芯片时，整个项目要花上亿元资金，也都是他经手的。可是现在自己创业了，他在深圳安家置业后也没有太多的资本，在公司还没有盈利之前，首先要把资金用在刀刃上。科技创新企业的刀刃就是研发，其他的都只能精打细算，能省则省。陈宁想要找到一个价廉物美的办公场地，而深圳乃是寸土寸金之地，一家公司的办公场地每月没有几万元的租金下不来，一年就是几十万元。陈宁找了一阵没找到价廉物美的房子，却通过深圳市人才中心找到了一个好地方——深圳科学馆。深南大道上有两座既有特色又有年份的建筑，一座是上海宾馆，另外一座就是深圳科学馆。该馆坐落在福田区上步中路和深南大道交会处，是一座别致而典雅的八角楼，为深圳市八大文化设施之一。这一带属于深圳市中心地带，附近就是华强北商业街，一个巴掌大的柜台租金都要几万块钱一个月，门面房租更是贵得要命。这里有价廉物美的房子出租吗？何止是价廉物美，那就是一分钱都不要。当时，深圳科学馆成立了"深圳国际创新驿站"，可以免费给那些刚回国创业的人才使用。云天励飞的第一个难题就这样解决了，一分钱不要，就有了近百平方米的办公场地。

陈宁笑道："谁说天下没有免费的午餐? 深圳还真有。"

有了办公场所，还要采购办公桌椅和设备。谁能想到，一个西装革履、气质儒雅的海归博士，还要去卖旧货的家具店里与人讨价还价。他想买几张办公桌，那店主开价八百块。他一下砍掉了一大半。那店主喊天叫地："老板啊，你这是开啥子玩笑哩! 这桌子我五百块钱收回来的，卖给你那是亏血本哩! 这样吧，少要你五十块钱，七百五。"

陈宁模仿着店主的口气说："老板啊，你休想骗我哩，这桌子收的时候顶多三百块钱，五百块钱你都赚大了。"

那店主一下被揭了老底，但还是一个劲地喊叫："嘻，你蒙谁哩，三百块钱，你有多少我收多少。你瞧瞧这实木，这铁架，跟新的一样哩。没有五六百块钱，哪里打得住，你莫以为我们二手店就没好货了。"

陈宁故意去拍了拍桌面说："你听这声音，哪里是实木，这是木合板做的，还掉色哩!"说着，他还真是摊开手掌给店主看，上面蒙着一层灰蒙蒙的颜色。

店主笑了起来："嘻，我看你这眼镜白戴了，你仔细看看，这哪里是掉色? 这是灰尘!"

陈宁也笑了："你看看这么多灰尘，说明这桌子卖了很久也卖不出去嘛! 不如早点卖给我，清理掉就是赚到，越放越旧，越放越不值钱。"

那店主一下也变得灰溜溜的了，最后以三百五十元一张成交。

透过这个细节也能看出陈宁立体的形象，他可以一天到晚沉潜在科研的世界里，也可以潇洒自如地穿行于俗世之中。或许只有这样的人，才既可以成为科技创新者，又可以成为科技创业者。

深圳的目光

在人工智能的设计应用上，中国与欧美国家几乎是同时起步，但又不能不承认，国外在这一领域的相关技术上是领先中国的，尤其是在算法、芯片和大数据等核心领域，美国等西方国家已积累了强大的技术创新优势。但从应用场景看，人工智能未来的市场在中国，国内在AI市场应用层方面的优势是任何一个国家不能媲美的。

云天励飞创立之初，和大疆公司初创时期一样，只有"四条汉子"，除了陈宁和田第鸿（此时王孝宇还没有从美国回来，但他也是公司创始人之一），还有一位是李建文，西北工业大学硕士研究生毕业，进入中兴通讯从事芯片研发，而陈宁作为中兴通讯的IC技术总监，是他的顶头上司。陈宁被派遣到美国后，李建文也从中兴辞职，开始自主创业。但李建文的创业方向和自己的学习专业、工作经验毫无关系。他成立了一家红酒公司，专门销售进口红酒。陈宁在公司成立之前就把李建文拉进来了。

这几个人都是技术高手，都很有经营头脑，王孝宇和李建文此前都开过公司，可谓轻车熟路。但一家公司还必须有一个能处理各种管理事务的办公室主任。这个人，陈宁早已看中了，就是陈显炉。从云天励飞的工商注册到入驻深圳科学馆，几乎都是陈显炉跑前跑后。他对政府的办事流程十分熟悉，熟悉政府对企业扶持的相关政策。但这样一个深圳的公务员，会到一家刚刚成立的公司里来吗？陈宁找陈显炉几番交谈之后，陈显炉就被陈宁的创业激情给感染了。陈显炉出生在广东潮汕地区，血液里流动着经商的基因，也有一股创业的激情。他最终说服了家人，毅然辞掉公职，成为云天励飞的第一位员工。

陈宁后来还从政府单位或大公司里面挖来了不少人才。如郑文先，原本是深圳南山区科技局副局长。他大学本科学的是计算机专业，随后又攻读通信专业的硕士研究生，2005年毕业后进入深圳南山区科技局工作。一个人的命运，跟时代是紧紧相连的。郑文先来深圳后的十多年里，正是深圳科技产业发展突飞猛进的时期，深圳成为世界瞩目的科技创新之城，而南山区作为深圳的科技中心，更是被誉为"东方的硅谷"。郑文先也从一位普通科员被提升为南山区科技局副局长，他的前程就像南山区一样被人看好。然而，谁也没有想到，郑文先结识陈宁后，一切都变了。

郑文先和陈宁一见面就很投缘，两人越说越投机，而话题就是科技创新。郑文先在南山区科技局岗位上，长期浸泡在深圳科技创新的环境里，游走在最前沿的科技与市场氛围中，有人把他誉为"深圳科创界的百科全书"。他还曾参与过创新创业相关政策的编制，是深圳光启科学、柔宇科技、华大基因等一批明星项目落地深圳的推动者。大疆公司在深圳创业举步维艰时，获得的首笔三十万元政府资助资金，就是从郑文先手上批下去的。这件事郑文先都不记得了，而汪滔一直念念不忘。另一家因为上春晚而被全国知晓的机器人生产企业"优必选科技"，也是由郑文先出谋划策推上去的。春晚结束后，"优必选机器人"名声大噪，公司负责人因此感慨，上一趟春晚为公司节省了几个亿的广告费用，而郑文先连他们的一杯咖啡都没有喝过。这十几年来，他纵览科技创新企业的风云变幻，细细品味其间的成败得失，发现很多科技创新企业也跳不出一个周期律，"其兴也勃焉，其亡也忽焉"，而像华为、腾讯、大疆这些从草根而一步一步抵达世界之巅的企业，还真是屈指可数。这个周期律，也被陈宁看到了。他当然也想把云天励飞推到世界性的高度，而他们的起点比华为、腾讯和大疆也高得多，一开始瞄准的就是高端科技领域,他们也确实具备这个实力。然而,他们缺乏管理经验,而郑文先既有专业知识,又是一个有格局有远见的人,若能把这样一个人才拉进创业团队,那真是如虎添翼啊。郑文先在与陈宁的交往中,也认识到云天励飞这个创业团队和创新方向的巨大潜力。他感觉在陈宁身上找到了与自己梦想相通的光芒,这让他冒出了一个念头,"趁年轻,不如换个赛道去试试"。对于他的选择,很多人脑子里都充满了问号,他也不想给别人留下什么疑问,坦言道:"作为一个学计算机出身的人,我非常看好人工智能未来的发展方向,我觉得这是一个国家甚至是全球产业的主流发展方向。从技术角度,云天励飞在全国同行业中处于第一阵营,在深圳,更是当之无愧的头部企业,未来潜力不可限量。"还有一个原因,就是他对陈宁很看好:"他外表儒雅,平易近人。跟我聊公司的蓝图、战略,又非常有激情,很能感染人。创业不易,他的布局和眼光很让人钦佩,是一个坚韧不拔的人。"

郑文先加盟云天励飞后,担任云天励飞的高级副总裁,负责公司的战略、规划、生态、市场、品牌和总裁办等工作,从项目流程、文件管理、战略决策流程、奖励机制等方方面面建立了一整套的现代公司管理办法,根本不用陈宁在这些方面操心,陈宁想到的他都想到了,陈宁没想到的他也想到了,而且提前就开始做了。

陈宁还以"三顾茅庐"的诚意把李爱军从中兴通讯挖了过来,负责原创芯片研发。李爱军是一位在业界受人尊敬的资深芯片专家,也是中国芯片领域最早的拓荒者之一。在加入云天励飞之前,李爱军已有十七年芯片研发经历,从系统芯片到数模混合芯片,再到手机芯片研发,从最早的3G手机芯片到后来4G-LTE手机芯片,他都是中国最早的研发者之一。他在中兴通讯工作时还承担了不少国家重要专项课题,参与了部分前沿芯片的研发。陈宁在中兴通讯担任IC芯片设计技术总监时,和李爱军有过一段共事的经历,在技术路线和解决方案上偶尔也会发生争执,但对于芯片的未来趋势却有共识。

这样一个团队没有做不好的道理。陈宁和李爱军是芯片专家，田第鸿是网真系统视频技术主创，也是研究视频编码、处理、传输、人脸检测、人脸及动作识别等领域的专家，王孝宇是研发嵌入式人脸识别技术、图像搜索技术和KITTI无人驾驶数据库的专家。他们都是处于世界科技前沿的拔尖人才，也是典型的强强联合。

尽管他们拥有高端的技术力量，然而人工智能是一个深邃而复杂的产业，一时不知从何处开始，在哪里落地。他们能在一个月内就拿出两百多个产品的构思，如人脸动态识别安防技术、智慧城市、智慧小区管理、自动驾驶技术、工厂流水线智能管理化等，可以渗透几十个行业，但是公司却一直无法确定具体要做哪一款产品，主打哪一个市场，因此一直处于迷惘期。陈宁和几个人商量"普遍撒网，重点捕鱼"，先抛一大堆产品技术方案出来，就像卖产品一样，投资商看中哪个产品，就做哪个产品。可是，一个月下来，结局告诉这些创始人，这样的产品技术方案反而让投资者没有信心，因为公司没有产品定位，没有针对性的目标客户，太泛泛而谈了，投资者不敢相信这样一家新成立的小公司能搞这么多产品，反倒失去信心。如果公司有目标性、有针对性地去做一款产品，拿出一个真实可行的产品技术方案，会不会有突破呢？

深圳这个地方，不会让有本事的人等待太久，也不愁没有创业的机遇和平台。就在公司成立后的第二个月，一个机会说来就来了，龙岗区举办了一个技术交流会，陈宁赶紧拿着他的方案、带着团队赶来了。参会的除了科技界、工商界人士外，还有龙岗区政府各部门的代表。陈宁的口才是很有感染力的，他像当年在上海交大当老师时一样，在会上把那小小的芯片和人工智能技术讲得深入浅出、趣味盎然，还有几分神秘感，赢来了阵阵掌声。掌声不但来自会场，还从门外传来了一阵更响亮的掌声。陈宁下意识一看，使劲鼓掌的是一位在门口维护现场秩序的民警。他可能是听得入神了，才会这样忘形地鼓掌。

散会后，当陈宁和几个团队成员走出会场时，那位民警突然拦住了他们。陈宁吓了一跳，这警察挡道，一般人都会产生条件反射，自己是不是犯了什么错误。但这位民警很激动，也很热情，他紧紧地握住陈宁的手说："你们公司这个产品好啊，让我看到了希望啊！"

陈宁如同丈二和尚——摸不着头脑，他在心里嘀咕着："我怎么没有看到希望？"

这位民警掏心窝子一说，陈宁他们恍然大悟了。当时正好是电影《亲爱的》上映不久，这部影片根据央视早年的一则"打拐"新闻改编而成，讲述一对夫妻因为关系不和睦，儿子成为他们唯一的联系，结果有一天儿子突然走丢，夫妻二人努力地寻找着自己的孩子，在路上遇到了很多像自己一样找孩子的父母，发生了许多震撼人心的事情。而这部电影剧情就发生在深圳，因此引起了很多网友的讨论。深圳这样的大城市到处都有监控，孩子走失后都找不回来，换了其他一些小地方就更加难找了。对此，这位民警深有感触。由于当时监控科技不发达，路面监控的视频采集是由人工察看的，全国数千万个监控摄像头给人工察看报案带来了巨大的挑战，人眼难以从海量视频监控里提取资源。从海量的视频中，一格一格地去寻找犯罪嫌疑人的行踪，锁定嫌疑人的身份信息，那需要一个漫长的过程，花上几个月甚至大半年也未必能找出来。小孩子一旦被人贩子带离事发的城市，很可能就再也找不回来了，一辈子也找不回来了。多少家庭在一瞬间变得支离破碎，多少父母在茫然的寻找和痛彻肺腑的煎熬中熬过一生，到死还睁着一双空洞而又望眼欲穿的眼睛。

冥冥之中兴许真有天意，一位民警的掌声和他的一番话给陈宁带来了灵感和启发。你研发出来的东西，就是要赢得社会的欢迎和掌声，如果是不受欢迎的东西那又有什么意义呢？陈宁感觉自己的思路一下变得清晰了，他们的技术可以用在安防系统上，人脸动态识别+大数据分析，以图搜图，这样就能有明确的产品和市场定位了。这让他变得激动起来，仿佛民警那股激动之情，通过握手，一股脑地传到了他的身上。他兴奋地对这位民警说："谢谢你，给我提供了这么好的思路，我们一定会朝这个方向努力。"

他和民警握手告别后，又把手豪迈地一挥，对田第鸿和李建文说："走，今晚我请你们去看电影！"

李建文"扑哧"一声笑道："老大，我还以为你要请我们去吃牛排喝红酒呢，现在到了吃饭时间，先把肚子搞饱了再去看电影吧。"

陈宁说："我刚在手机上订了电影票，六点半有一场《亲爱的》，吃饭就来不及了。看完电影，我再请你们吃饭吧。"

李建文和田第鸿都知道陈宁的性格，只好打车直奔电影院。

当他们从电影院走出来，已经快九点钟了。三个大男人一个个眼睛红红的，显然是在电影院哭过，谁也没有吃饭的心情了，一股悲悯之情还在大家心中盘旋。回到公司，陈宁给每人泡上咖啡，又拿了一包饼干出来充饥。他们经常加班到凌晨两三点钟，就是靠咖啡和饼干续命的。几个人一边喝着咖啡，嚼着饼干，一边连夜开公司会议。陈宁说："今天虽然没引起投资人的关注，但是却有了意外的收获，让我们知道公司该往哪个方向发展。多亏那位民警提醒，我们应该要用人脸动态识别技术，做大数据检索，以图搜图，发展安防监控。既可以为社会做贡献，又可以实现我们的芯片技术和图像处理技术。无论是公司的发展，还是个人的人生价值体现，或许都有意义。"

田第鸿十分赞同公司往安防产业发展，因为他是做视觉技术出身的。他说："我们看美国大片，经常看到电影里面有超强黑科技——天眼。这套系统能够调用地球上任何位置的摄像头，你想搜索谁，只要输入一张照片，就可以立即定位人物的活动轨迹，让犯罪分子无处可逃。既然要进入安防行业，我们要拿出我们的亮点来，做这样一套天眼系统，不是科幻片里面的，而是现实中的。"

陈宁说："我们就是要做现实版的天眼，而且要做行业中最高端的。今晚我们就把产品方案确定下来，明天开始做商业BP，准备走下一轮的天使投资。现在大家商议一下，把产品的名字先取好。"

李建文说："就叫天眼吧，云天励飞刚好有一个天字，朗朗上口。"

陈宁摇头说："不太好吧，别人一看就知道我们盗用了美国大片的产品名字与创意，显得很山寨，我们要做原创的东西。"

田第鸿说："要不，就叫天网吧。天网恢恢，疏而不漏。正好可以体现我们这套系统的力量。"

陈宁说："名字是好名字，但是这种名字肯定早就被别人用了，我们要申请专利的，再想一个备用的名字，如果天网被别人注册专利了，我们就用备用名字申请专利。"

田第鸿寻思片刻后，又说："我们在深圳创业，就叫天深吧。"

陈宁笑起来："天深，听起来怎么像天生我材必有用一样。"

李建文说："不如叫天地，天罗地网，一网打尽！"

陈宁若有所思地说："名字取得太大了也不好，我看就叫'深目'吧，'深目'，深圳的目光，深圳的眼睛，也可理解为人工智能'深度学习'的眼睛，一语双关。"

人工智能有三个分支：认知、机器学习、深度学习。初期发展是认知，中期发展是让机器有学习功能，而深度学习则是人工智能的尖端科技，也是核心科技。深度学习完全来自人类大脑中的神经网络，因此可恰当地称其为人工神经网络，那是人工智能的最高级别。

几个人都觉得这名字好，就叫"深目"，与公司名字联在一起就叫云天深目，这是深圳的目光，也是人工智能的眼睛。而他们就是要做一款比监控摄像仪更高端的产品，给深圳这座拥有上千万人口的城市安上一双双清晰而明亮的"眼睛"。

陈宁花了数天时间，搞出了一个云天深目系统的设计方案。随后，他又与团队商量出了一个推广步骤，先覆盖龙岗全区，再覆盖深圳全市，然后向全国推广。他先拿着方案与龙岗区公安分局洽谈合作。公安分局的领导听了陈宁的详细介绍，又看了陈宁特意制作的动画演示，对云天深目系统特别看好，他们一直希望能找到一款智能产品来化解监控视频的压力。此前，深圳市为了打造平安深圳建立了天网工程，大街小巷到处都设有监控，但这些监控的实用效果并不理想，因为路面监控的视频采集和播放是由人工操作察看的，成千上万的监控摄像头给人工监测带来了巨大的挑战，人眼再怎么厉害，也看不过来海量视频监控资源。还有很多刑侦案件，公安局破案效率低，速度慢，并不是他们没有尽心尽力去办案，而是用肉眼观看监控视频查找线索，就要耗掉大量的时间，还容易错过关键的线索。那些被海量而又模糊的视频影像折腾得苦不堪言的刑警说："这可真是大好事啊，深圳若是有了这样一双明亮的眼睛，那些犯罪嫌疑人就无处藏身了，这也为我们快速破案节省了大量的人力和时间成本，越快越好啊！"

这一趟没有白跑，云天励飞与龙岗区公安分局当场签下了战略性合作意向书。

既然找到了第一个切入点，接下来，他们便集中精力投入研发。尽管云天励飞拥有高端的技术力量，但和许多初创公司一样，一开始也步履艰难。高科技注定要高投入，从人工智能的芯片研发到大数据处理，投入的资金少则上千万元，多则上亿元。曾记否，十年前，任正非为了研发芯片，找到华为芯片研究的女掌门何庭波，一开口就是："我每年给你四个亿、两万人来研发芯片，我们一定要在这小小的芯片上站起来，减少对美国芯片的依赖！"而云天励飞哪有这样雄厚的资本，别说四个亿，你要陈宁一下子拿出四百万元也十分困难。他们虽说和龙岗区公安分局签下了战略性合作意向书，但公安部门不可能为一个产品方案而大笔投资，他们也没有这笔资金，这笔资金还得靠陈宁自己去想办法。

若没有不同层次的金融资本服务体系，高科技的发展是不可能的。深圳市通过三十多年的持续努力，逐渐建立和完善不同层次的为高科技发展服务的金融服务体系。深圳有主要为高科技机构服务的中小板、创业板的证券市场，深圳中小创业板上市公司数量连续十一年居全国大中城市首位。深圳也形成了大批的"天使投资"基金、风险投资基金、产业投资基金等，为高科技产业发展不同阶段提供金融服务的多层次、多元化资本市场，还有高质量的法律、审计、投行等专业服务体系。例如，深圳在1994年就成立了全国第一家为解决中小科技企业融资难问题设立的"高新投"，1999年又成立最大规模的专门从事创业投资的"创新投"，还专门成立为中小科技企业提供担保的"深圳中小企业信用担保中心"。深圳拥有创投机构数量占全国五分之一，国内二十强创投企业中，近半数为深圳企业。

当年，让马化腾和腾讯走出困境的第一笔资金是风险投资，而陈宁这次瞄准的是"天使投资"，此词源于纽约百老汇，也是美国人的发明，1978年在美国首次使用，其实也是风险投资的一种形式，属于自发而又分散的民间投资方式，但有专人或机构负责召集和组织。这些投资人士被称为"投资天使"，用于投资的资本称为"天使资本"，并按投资额占有投资目标公司的股份。陈宁在"天使投资"会上演讲云天深目系统，却不像技术交流会上那样受欢迎，毕竟是要人家掏钱出来，人家首先考虑的是有多大的风险，有多大的胜算。那时人工智能产业在中国才刚刚起步，谁都知道那只阿尔法狗很厉害，可谁又相信你也造得出一只阿尔法狗呢？陈宁反复给投资者讲解云天励飞的方案，然而这些高大上的方案和构思却让投资者感到玄之又玄，几乎是纸上谈兵。很多投资人当场质问他：你们的人脸识别技术真的成熟了吗？能够在茫茫人海中准确搜索到目标吗？还有的人问得挺专业：你们这深目系统能够在逆光和遮挡的状态下进行检索吗？

陈宁只能诚实地回答，这还只是一个设计方案，从技术理论上看是可行的，但效果如何还必须在实践中检验。说穿了，目前这就是一个概念，连样品也没有。但面对质疑，他也做出了自己的回答："创业这种事情，如果什么事都能论证得很清楚，什么事都能在逻辑上推演得很清楚，所有人都相信这条路走出来一定是康庄大道，那根本就没有创业公司的机会了，那全部都是大企业的天下。大公司的战略研究、人才储备、资金设备，绝对是超过创业公司的。之所以在全世界范围内，每天都会有新的创业公司借助不同的技术市场，从各个领域找机会冲出来，成为独角兽，甚至颠覆这个行业，就是因为创业公司执行力强，敢去赌，敢去闯！"

那时候国内很多人还不知道陈宁说的独角兽是怎么回事。独角兽原本为神话传说中的一种稀有而高贵的神兽。据《山海经》载："其状如马，一角有错，其名曰臙疏。"名叫臙疏的怪兽就是东方独角兽的一种。无独有偶，在西方神话中也有一种形如白马的独角兽，额前有一个螺旋角，代表高贵、高傲和纯洁。有的独角兽还被描述为长有一双翅膀，像白马天使一样。美国风险投资人将估值超过十亿美元的创业公司称为独角兽，这一比喻迅速在硅谷流行并风靡全球。

陈宁很想也很有信心把云天励飞打造成深圳的一只独角兽，却没有获得这些"投资天使"的青睐。好在"天使投资"不是一锤子买卖，过了这一轮还有下一轮。陈宁只能抱着一种尝试的心态，这一轮投资人不看好这个产业，等下一轮天使投资时或许会有伯乐出现吧。他这样一轮一轮走下去，幽默地称这是"走天使"，然而他等待的那个伯乐却迟迟没有出现。倒也有一些感兴趣的投资人，被陈宁的演讲所感染，决定进一步交流。当投资人走入云天励飞的办公场地时，一下子又心灰意冷了，你把你的概念说得那么高大上，可这么一家几个人的公司，怎么看都像是一家皮包公司。这样的公司往往是夹着皮包圈钱又夹着皮包跑路的。这些投资商告别时都客气地笑了笑，说是要回去考虑考虑，一旦走出房间，从此不复再来。

眼看2014年转瞬即逝，又一个年头已经来临。陈宁在寻找投资的时候也没有等待，研发一直在进行，几个创始人都不拿分文工资，反而要不断往深目系统里投资。2015年春节过后，公司账户上只有几万块钱了，眼看就要揭不开锅了。有一天公司开会，李建文提了一个想法："公司开销大，又没有一点收入，这样长期下去也不行。咱们不如搞点副业，先赚点钱养着公司，又可以解决一下我们的收入。"李建文想干的还是老本行，卖从国外进口的原浆红酒。他原来的红酒公司就经营得挺红火，转手给他人后，别人也经营得挺红火。他在红酒行业中泡了几年，不愁没有销售渠道，而陈宁、田第鸿都是海归，还有远在美国的王孝宇，都能从美国找到进口红酒的渠道，王孝宇还可以在美国直接进货发运，只要将国外的红酒原浆运到国内，那利润就翻倍了，每个月卖出几十箱红酒，养活公司就没问题了，还可以让他们领上工资。

李建文越说越来劲，陈宁却一个劲地摇头。李建文还以为是陈宁瞧不起卖红酒的，振振有词地说："听说华为1987年刚成立那会儿，任正非为了让公司活下去，还卖过减肥药和墓碑呢！我们卖的是进口原浆红酒，遵纪守法，又不是什么见不得人的事情。"

陈宁却是个逻辑思维非常严谨的人，喜欢推理，他说："华为以前卖过减肥药？1987年的时候，很多人才刚刚解决温饱问题，有几个人会想到减肥？咱们不要相信网上的传说，要有自己的分析与判断能力。"

李建文也是不依不饶的倔性子，他跟陈宁抬杠："你这逻辑有漏洞啊，那些先富起来的一部分人，首先就把自己养肥了！"

眼看李建文越来越急，陈宁为了缓和一下紧张的气氛，半开玩笑道："要是以后我们有机会和华为合作，见到任老爷子，倒是可以问问他，这事情是真是假？"

不过，争议归争议，玩笑归玩笑，陈宁对自己的每一个决定都是较真的，他之所以不同意做红酒生意，不为别的，就是要集中精力将深目系统的研发进行到底。他说："你们就安安心心搞研发吧，心猿意马搞不了研发，只能心无旁骛。这钱我来想办法，我深信这么好的一个产品，不可能没有人投资！"

接下来一段日子又要苦熬了，熬到2015年初夏，陈宁的执着与专注终于得到了一位"投资天使"——新东方教育科技集团的联合创始人徐小平的眷顾。徐小平后来创办了"真格基金"，成为知名的天使投资人。一个搞教育出身的投资人，对社会的情怀比一般的商人要重，因此他才会主动找上门来。坐在云天励飞那简朴的办公室，徐小平东张西望，怎么看都觉得像一间皮包公司。但是，当陈宁拿出云天深目系统的技术方案，给徐小平讲解人脸动态识别+大数据检索的人工智能亮点后，徐小平有些心动了。当陈宁拿出他们与龙岗区公安分局的战略性合作意向书，说"深目"将会为深圳安上明亮的眼睛，可以让犯罪嫌疑人无处藏身，尤其是可以迅速找回被拐失踪儿童时，徐小平终于怦然心动了。"好，深圳的目光，深圳需要这样的目光，咱们深圳人更需要这样的目光！"

这话漂亮，而人更爽快，徐小平当即决定投资八百万元人民币，这让陈宁和云天励飞公司总算喘了一口气。

这八百万元对于云天深目系统的研发如同杯水车薪。这个系统第一要解决的就是芯片研发，这是最烧钱的，就是将八百万元全部投入小小的芯片研发也只是"洒洒水"。其实他们也可以选择从国外进口芯片，但核心技术就掌握在外国人手里了。对进口芯片，陈宁比不主张进口红酒的态度还决绝："这芯片必须是我们自己研发的，也是我们必须掌握的核心技术！"

陈宁这种自主创新的思维，其实也是深圳的创新思维，深圳就是一座创新之城。这不是空喊漂亮的口号，而是实实在在的支持。深圳经济特区于2010年10月推出的引进高技术人才的项目，重点围绕深圳经济特区发展战略目标，以推动高新技术、金融、物流、文化等支柱产业，培育新能源、互联网、生物、新材料等战略性新兴产业为重点，对于引进的世界一流团队给予最高八千万元的专项资助，并在创业启动、项目研发、政策配套、成果转化等方面支持海外高级人才创新创业，推动支柱产业和战略性新兴产业领域的人才队伍结构优化和自主创新能力提升。然而要得到这笔钱也不容易，政府的每一分钱都是纳税人的钱，必须对纳税人负责。若要得到这笔钱，需要严格的论证和验收。这又多亏了郑文先，一手一脚都是他在操办，最终顺利帮助云天励飞公司完成相关验收。云天励飞获得了四千万元的专项资助。这让陈宁和团队成员振奋不已，心里都拧出了一股劲，他们干的正是"战略性新兴产业"，一定要研发出走在世界前沿的产品，才不辜负深圳这片高科技的热土，也不辜负自己心中的梦想。他们后来缴纳的国税和地方税，又何止这区区四千万元？这其实也体现了深圳的眼光。

云天励飞把专项资助资金全部投入到研发上，若要产业化还需要更大的投入，这暂时是无能为力的，必须寻找能生产硬件的合作伙伴。陈宁和田第鸿去杭州拜访了全国最大的安防公司——海康威视数字技术股份有限公司。这是全球领先的以视频为核心的物联网解决方案提供商，致力于不断提升视频处理技术和视频分析技术，面向全球提供领先的监控产品和技术解决方案。陈宁和田第鸿同海康威视公司洽谈，一起合作开发深目系统，由海康威视负责生产硬件。尽管云天励飞是一个名不见经传的小公司，但毕竟有大数据检索和算法等专业技术，而海康威视也正想研发人脸动态识别技术，双方合作，能促进技术的交流，海康威视当然是求之不得。

　　陈宁和田第鸿带着一份合同回来了，云天深目系统的硬件有了保障，接下来就要提前开始踩点和布点了。按云天励飞与龙岗区公安分局签订的合同，深目系统第一期安装108个摄像头，每五百米一个，而龙岗区总面积有近四百平方公里，这一百多个摄像头丢进去就像把一颗颗小石子丢进了大海里一样，能否一石激起千层浪就看如何布局了。在踩点的那天，陈宁穿着长袖T恤和宽松透气的休闲裤、运动鞋，戴着棒球帽和太阳镜。当他看着一起去踩点的几个人都穿着短袖衫，立马让他们换上透气长袖衫，否则臂膀上的皮都会晒掉一层。这天，陈宁带着李建文、陈显炉，还有施工队的工头和几个安装工人一大早就出发了，他们要走遍整个龙岗区的街道。踩点，每一步都要靠两条腿走过来。那是2015年的夏天，台风"莲花"刚从珠三角穿境而过，天空的云朵被远去的台风吹得一干二净，天空蓝得发亮，阳光肆无忌惮地洒下来，高楼大厦的落地玻璃闪烁着尖锐的光芒。在阳光暴晒之下，走几分钟都是煎熬。既然是踩点，只能一步一步地踩，眼睛还要在刺眼的阳光下四处张望，连额头上、眼窝里的汗珠子也跳动着灼人的阳光。他们穿过一条条大街小巷，越是人流拥挤的地方越是不能放过。陈宁随身带了本子和地图册，每看到一个好位置，就和随行人员商量，用相机拍下角度，然后在笔记本和地图上记好，画上标注。从清晨走到晌午，一个个走得筋疲力尽，衣服湿了又晒干，干了又湿，几个人都有中暑的感觉，但没有一个人倒下去。

　　终于熬到了中午时分，太阳的直射简直比炉火还要热，若不是戴上太阳帽、穿上长袖衫，那一层皮还真是被烧掉了。那施工队的工头和安装工人平时天天在外奔波，可以说身经百战，但他们也实在是顶不住了，一个个不停地喝水，嗓子还是干得火烧火燎。他们以为陈宁会领他们进餐厅去吃午饭，吹吹空调,喝几口热茶,稍作休息后再出发,但陈宁却带着他们在路边摊吃了个快餐。几个人蹲在闷热的街头,感觉那快餐越吃越咸,汗水从额头上滴下来,都把饭菜浇透了。那位工头抹着满脸的汗珠子使劲一甩,苦笑着对陈宁说:"陈总啊,我还以为你们这些白面书生只会待在空调房里搞研究,没想到你们也能干苦力,我见过拼命的,还没见过像你们这么玩命的!"

陈宁笑了笑,此时他哪还像是一个白面书生啊,脸都晒得像锅底一样黑了。

陈显炉正大汗淋漓地吃快餐,一个同事半开玩笑地把陈显炉推开:"你可得离我远点儿,这个时候我可不想烤火!"

陈显炉一本正经地说:"你有冇搞错啊,我这炉火不是夏天的火,而是冬天的火。我是冬天生的,冷得要死,我爸生怕我妈冻着了,才给我起了这么个名字。"

大伙儿被他那较真的模样逗得哈哈大笑,还给他取了个绰号,"冬天里的一炉火"。

这天,他们从清早一直走到了深夜,把整个龙岗区最繁华的地段都走遍了,陈宁在地图和本子上面,记下了几百个地点,才宣布收工。几个人不约而同地喘了一口长气,一个个都像虚脱一般,纷纷打车回家。他们只想赶紧回家洗掉一身臭汗,吹着空调,躺在床上好好睡一觉。而陈宁却没有像他们一样回家休息,而是又回到公司里,一边喝着咖啡提神,一边对几百个踩好的点进行筛选,寻找最佳布控点,一直熬夜到凌晨三四点钟才回去。

踩点,还只是布点的第一步,接下来还有更累的时候。当硬件设备从杭州发过来后,就进入了安装阶段。经龙岗区公安分局最后审定,确定了第一期的108个布控点。安装系统前端摄像仪,按说是安装队的事,但陈宁每天都要带着公司里的技术人员领着安装队一起施工。陈显炉还记得,有一个摄像头要安装到某社区的一个巷子口,这个点是踩点时就看好了的,也是一个最佳位置,在巷子口的上方安装一个摄像头,如鸟瞰四周的鹰眼一样,颇有"一夫当关,万夫莫开"之势。施工队架着梯子,在巷子口的墙壁上打孔，将安装摄像头的铁架固定好，并布好了线路，只等陈宁去采集安装数据，就可以将摄像头安装上去。陈宁登上梯子顶端，察看铁架的安装角度，想将模拟摄像头固定上去，可他的眉头立马皱了起来，这地方有问题啊，墙壁有些油乎乎的，像被油烟熏过一样。他四处张望察看，并未发现这巷子口有什么餐饮行业，这墙上的油烟是从哪里飘来的呢？那施工队的工头说："这个巷子里面住了这么多人，谁家都要炒菜做饭，多多少少会有烟雾飘出来啊。"但陈宁没有这么轻易放过，他爬下楼梯向街坊们打听，原来这个巷子口每天都有夜宵烧烤摊，难怪烟熏火燎的。陈宁当即要求重新选址安装，如果这摄像仪被油烟熏黑了，那不成了瞎子的眼睛？那施工队的工头却一百个不情愿，他们在这儿都干了大半天了，铁架和线路管道都已安装好了，而陈宁一句话，一切都要重来，他们也得考虑成本啊。陈宁和颜悦色却态度坚决地说："别的可以商量，但这个必须重新安装。你们很认真，但是不用心！"

那工头一听又莫名其妙了，他悄声问陈显炉："这是啥意思啊？"

陈显炉对陈宁的话还真是心领神会，他对工头说："你们干起活来很认真，但确实没用心干。这墙壁油乎乎的，你们怎么就没想过是什么原因？别说精密摄像仪，就是一个电灯泡也会被油烟子熏黑啊！"

工头摇头苦笑道："这烟火人间，哪能没有一点油烟子？你们老板也太苛刻了吧。"

陈显炉严肃地说："一点也不苛刻，我们公司是做芯片的，如果芯片编程出了一点点错误就要毁掉几千万元，甚至上亿元，换作是你，你也会把这事当作自己的事来干，那就上心了。"

工头吐了吐干燥的舌头，又苦笑道："真是有什么样的老板就有什么样的员工，你们简直是一丘之貉！"

在安装摄像头的过程中，最麻烦的是架设地铁摄像仪。深圳地铁每晚要运营到凌晨，从末班车到翌日的首班车中间只有三个多小时的施工时间。而在地铁穹顶上架设设备是一个难度高又十分危险的工作，加之安装程序复杂，进度特别慢。为了加快速度，只能错时施工，他们白天在地面上安装，晚上进入地铁隧道安装。那些安装工人还可以倒一下班,而陈宁却是连轴转,在梯子上爬上爬下。有些事是别人代替不了的,譬如说测试摄像头、调试角度和光线,都是很专业的事情。陈显炉只能给他当当帮手,扶扶梯子。看着陈宁一步一步地往上爬,那一身衣服从里到外全都湿透了,汗水一个劲地往下掉,陈显炉的手心里捏了一把汗,但这个时候他的手绝对不能发抖。陈宁每天都要干十六七个小时,他看上去还是那样精精神神,每一步都很矫健。这让那些安装工人也非常佩服,他简直跟铁打的一样。无论什么时候,都是一副神采奕奕的样子,眼神也特别亮。在快要收工的时候,往往也是最累最马虎的时候,但陈宁依然一丝不苟,反而更加用心了。谁也不知道他的精力来自哪里,他几乎忘了时间,也忘了自己,他的世界里唯一存在的,只有眼里盯着的摄像仪。像这样没日没夜地熬着,这种高强度、长时间的体力透支,再精扎,其实也是强打起来的精神,只能靠咖啡来提神和续命了。

他们这样没日没夜地干了三个多月,终于将108个高清摄像仪全部安装完毕。随着前端设备安装布控完毕,田第鸿主导的云天深目系统的后台设备也已各就各位。2016年新年伊始,深目系统的前端摄像仪与后台系统应声打通,从前端108个人脸抓拍摄像仪到后台十一台搜索引擎,再到搭载"深目1.0版本系统"(原始版本),软硬件运行顺畅,他们最担心的系统卡顿问题也没有发生。这套系统每天都能收录大量视频监控数据,又源源不断地汇聚成大数据。这也标志着,全世界第一套人脸动态识别+大数据检索的智能技术在深圳龙岗开始上线运行。

陈宁终于可以躺下来睡一觉了。他就躺在办公室的沙发上,当他慢慢合上眼,窗外的城市已睁开了一只只凝望的眼睛。

人工智能的独角兽

一直到今天，还有很多人把云天深目系统误以为我们常见的监控摄像头，这还真是天大的误会。这不是一台简单的摄像仪，而是一个系统工程，比一般的监控摄像仪要高端得多，也复杂得多。摄像仪只是这一系统的前端设备，更重要的还是后台，这是运用人工智能技术而研发出的人脸动态识别系统，通过编码、处理、传输、以图搜图，可以迅速在大数据中搜索到目标并将其还原出来。如今，"深目"被誉为传说中的"天眼"，它也完美地阐述了"苍天有眼"这个古老的词语。

随着云天深目系统上线，研发人员和技术维护人员越来越多，那免费的办公场所早已容不下了，公司便在深圳科学馆边上一座大厦里租下整整一层楼作为公司总部。他们原来在科学馆七楼办公，现在搬到了十七楼。李建文风趣地说："咱们这不是更上一层楼呢，而是更上十层楼啊！"

他再也不提卖红酒的那码事了，眼看公司越来越红火，现在哪还有时间卖红酒啊。

他们搬到新址不久，这座大楼就失火了。一天夜里，陈宁和田第鸿正在研讨一个技术难题，忽然觉得有点不对劲，他们嗅到了一股比咖啡味更浓烈的气味，随即就瞥见窗口冒出了浓烟，顷刻间火光冲天。陈宁探头一看，猛地"啊"了一声："快跑，是楼下失火了！"陈宁拉了一把还在沉思的田第鸿，一边顺着消防通道逃生，一边拨打火警电话。当他们冲到十二楼时，正是失火的楼层，连消防通道里也灌满了滚滚浓烟，到处都是火苗子，火舌正不断蔓延。一股热浪冲得他们打了个趔趄，两人赶紧抓住灼热的楼梯扶手。幸亏两人都经历过消防演练，他们捂着口鼻、摸着楼梯，连滚带爬地往楼下奔逃，这是与生命赛跑的速度。当他们终于钻出楼道，仿佛钻出了地狱之门，两个人大口大口喘息着，你望着我，我望着你，脸全部被烟火熏黑，陈宁额头上还磕出了一个突起的包。

田第鸿不禁咧嘴一笑："哈，你这模样还真像是一只独角兽呢！"

陈宁此时还想着他们刚刚研讨的东西呢。他想，若是能在这楼道里装上反应更灵敏的，又能提前预警的设备，并且直接与消防系统连线，火点刚起立马就拉响消防警报，那火灾就可以大大避免了。

这其实也是田第鸿的想法："是啊，我们就是要研发高科技的智慧安防产品，我们还要用人工智能技术打造全方位的智慧城市，这才是最完美的解决方案。"

不过，眼下一切还在起步阶段，就说云天深目原始版本刚刚上线时，还不像现在下载一个手机App就能搞定。那时云天深目系统的程序还比较烦琐和复杂，必须经过专业培训，才能掌握操作技巧。在最初的一段时间，陈宁几乎每天都要带着李建文等技术人员给龙岗区公安分局的警员们进行培训，但是有些警员嫌操作麻烦，尤其是那些刑警，他们原本就很忙，感觉这东西不但帮不了什么忙，又要培训又要操作，反而给他们添忙了。直到三个月后，云天深目协助龙岗公安在两天内就破了一起命案，他们才感觉这家伙帮了大忙。那些嫌麻烦的警员纷纷主动要求学习操作系统，磨刀不误砍柴工。这还真是一把好刀，在一团乱麻的案子里往往能够快刀斩乱麻。

自从深圳禁摩之后，打工族出行大多是骑电单车，这也是小偷们的作案目标。他们的开锁技术很厉害，十几秒就能打开一辆电单车的锁，一溜烟就骑走了。这是小案，但百姓身边无小事。龙岗区每个月都会发生数百起盗窃电单车的案子。龙岗公安在侦办中发现很多都是惯偷，便跟云天励飞商量，能否针对这些惯偷设计一个监控系统。田第鸿很快就设计出"一人一档"的监控系统，对那些惯偷追踪监控，将其盗窃过程和销售渠道全部录入系统中，几个月下来积累的数据，就成为警察抓捕小偷的重要证据，一举抓获了在本区域内与偷车和销赃相关的三百多人。偷了一辆电单车不能判刑，若偷了几十上百辆电单车，那就不是小案而是大案了。随着这些惯偷被打掉，让老百姓深恶痛绝的盗车案发生率一下子就降到了最低，老百姓一个个拍手称快。

龙岗区有一家超市也经常遭到小偷光顾，而进出超市是不允许搜身的，除非你抓到了偷窃的真凭实据。超市里虽然装了几十个摄像头，但每天客流量大，就算请几个人专门看监控视频也看不过来。有一天，超市老板到派出所找民警诉苦，民警便将云天深目系统推荐给该超市老板，将经常光顾超市的惯偷信息录入进去。这些惯偷一进来，后台系统就报警，自动发信息给保安，保安立即去系统查看，小偷从进来到出去，都会受到系统的实时监控和定位，并记录下一举一动。当小偷出了超市门口，人赃俱获当场被拿下，扭送到派出所。这样一来，很快就打掉了惯偷的气焰，该超市再也没有丢失物品，其他超市也纷纷安装云天深目系统。

云天深目系统自2016年年初上线后，协助公安破获了一万多起基于经侦、技侦、网侦、刑警、打拐、反恐、缉私、交通各种各样的案件。尤其是2017年年关，龙岗区公安分局利用云天深目系统不到十五个小时就跨越三省找回了被拐的儿童小浩轩，更是让这套系统声名远扬。这让很多人终于相信，人脸动态识别技术已经成熟，人工智能的时代来临了。

深圳是中国第一个经济特区，其最突出的特征就是本土和户籍人口少，而外来和流动人口早已超过一千万。2016年夏天，"宝贝回家"公益网站创办人张宝艳和丈夫秦艳友在深圳刑警大队打拐专案组的带领下，特意拜访了云天励飞的创业团队。夫妇俩创办这个网站的缘起，也是因为他们的儿子跟着外婆外出玩，一不小心丢失了，他们几乎急疯了。几个小时后他们就找到了自己的儿子，幸亏这只是虚惊一场。但这几个小时的失子之痛给张宝艳带来了最深的刺激。倘若儿子真的丢了，那她也没法活了。从那时起，张宝艳就特别关心儿童失踪的不幸家庭。当她看到电线杆上贴满的寻亲启事，除了痛心外，她也感到这种大海捞针似的寻找方式不仅费力，也希望渺茫。后来她接触到网络，意识到这是寻亲最好的途径，便跟丈夫商量，自费建起了"宝贝回家"网站，为失踪孩子家长、打拐的警察和志愿者提供一个信息沟通的平台。他们以微薄之力织就大爱之网，如今"宝贝回家"的志愿者已遍布全国各地，他们协助警方捣毁了一个个拐卖、挟持儿童的团伙，解救了许多卖花幼童和被残害的乞讨儿童，帮助两千多个丢失了子女的家庭重获团圆。张宝艳还率先提出建立打击拐卖儿童DNA数据库的建议，被公安部门采纳。2015年，张宝艳当选"感动中国"年度人物，随后还获得第三届全国道德模范提名奖。对于荣誉，张宝艳一向看得很淡，而对于每一个失踪的孩子，还有那些流浪儿童、被残害的乞讨儿童，她看得很重，就像自己的亲生孩子一样。她说："我会为一个家庭的重逢流泪，更会为还在为寻找亲人苦苦挣扎的家庭流泪。"当张宝艳从公安部门那里听说深圳装上了一双双天眼，可以覆盖城市的每一个角落，不仅协助公安部门侦破了不少刑事案件，还迅速找回过被拐或走失的儿童后，夫妇俩便慕名而来参观这传说中的天眼。陈宁给他们演示后，他们纯朴的眼睛里闪烁出兴奋而又奇异的光芒，这天眼真是太神啦！他们希望在全国各地都安上一双双这样的天眼，那就真是苍天有眼啊！

陈宁和团队成员对这纯朴而充满了大爱的夫妇俩打心眼里敬重。他们也都有自己的孩子，人同此心，心同此理，"幼吾幼以及人之幼"。他们当即宣布，从张宝艳夫妇俩造访公司的这一天开始，云天励飞在打拐和寻找失踪儿童上的产品，无论是技术研发还是服务，全部作为公益产品，以此向"宝贝回家"的志愿者致敬，为大爱之网注入一份大爱。这也让人工智能充满了人性的温度。云天励飞希望通过人工智能技术，创造一个有温度的产业链，做一家有温度、有思想的科技企业，让公司的产品都带着浓浓的人情味，不再是一个冰冷的电子仪器。云天励飞之所以能快速成长，正因为它研发出来的产品凝聚了一种超越单纯商业价值的精神，而科技原本也不是狭义的科技，最高境界的科技必须具有科学精神。

正当云天励飞准备对深目系统进一步更新升级时，陈宁和田第鸿遥盼已久的王孝宇终于回国了。王孝宇在美国打拼十年，他身在美国，心在中国，从来没有忘记他与陈宁和田第鸿的约定，他一边与Snap-on的美国团队合作研发系统，一边与陈宁、田第鸿保持紧密联系，出谋划策。2017年10月，王孝宇从美国辞职回国，全家从西雅图迁到深圳，带着硅谷的团队一起加入云天励飞，担任云天励飞的首席科学家。这个职位一直虚位以待，就等着他回来了。加入云天励飞是他的第三次创业，这位天才一般的年轻科学家早已认准了："只有保持创新的速度才能成就一个伟大的公司。"对于他，这是一个由来已久的伟大梦想，而伟大的梦想是从零开始的，他"最喜欢做从0到1的事情"。此时，深目系统已推出一年多了，支持这套系统的是人脸识别技术和海量图像搜集的数据，而王孝宇负责的就是其中最核心的关于算法的部分。他在美国硅谷的技术积累为"AI+智慧警务"等项目的落地带来极大的帮助，这让深目系统如虎添翼。随着版本不断更新和升级，其操作系统也越来越便捷，从开始还相当烦琐的步骤实现一键解决。

按照陈宁预想的目标，第一步是将"深目"覆盖龙岗全区，再覆盖深圳全市。深目系统在龙岗上线半年后，凭着出色的表现，得到了公安部门和广大市民的肯定。2016年下半年，龙岗区又从第一期108个前端摄像仪增加到了三千多个，对龙岗实行了全区覆盖。2017年，深目系统便在深圳全市推广，覆盖了深圳十个区（新区）和十二个公安分局，实现了全程视频监控和实时数据汇聚、秒级人脸检索。云天励飞还创造性地研发出大数据融合系统，将公安部门的路面监控系统与深目系统接通，使路面监控视频数据实时汇总与对接，实现全程视频监控。现在，深圳两万民警的警务云终端上都安装了云天深目动态人像App。这款App是经过严格权限管理的，只在公安部门内部才能使用。通过App，任何一个犯罪嫌疑人只要踏入深圳的地界，立马就可以被锁定。在不久的将来，深目系统可以将全国的公安监控数据拉通，只要输入犯罪嫌疑人的一张相片，通过强大的算法和大数据检索，在几秒钟的时间内可以将一个人在全国的活动轨迹统计出来，并且锁定其当前位置。如果照片或视频影像模糊，或是那些具有反侦查能力的犯罪嫌疑人把脸蒙起来，云天励飞又研发出了人体动态识别系统，根据一个人走路的动作、姿势、惯性，查到这个人的行踪，并锁定身份信息和所在位置。是否犯有前科、目前的生活状况等，皆一目了然。这一切需要多长的时间完成？说出来吓了我一跳，两秒！一眨眼的工夫。在这两秒钟里，"深目"调动了整个大数据进行分析，这也是大数据时代的奇迹。这才是真正的"天眼"，让犯罪嫌疑人无处可逃。公安系统依靠人工智能科技，进行城市安全管理，已经不再是一个神话。

对于深目系统，陈宁也谈了他的许多心里话。其实，他们研发这套系统的目的，不仅是作为一个破案工具，这套系统的最终价值不是侦破了多少案件，抓到了多少犯罪嫌疑人，而是对犯罪行为起到了一个预防作用。这个技术原理说来很复杂，但道理很简单。若是一个犯罪嫌疑人在实施犯罪之前就被发现并被制止，对于受害者是最大的保护，对于犯罪嫌疑人未尝不是一种保护。他被迫中止了犯罪，也就减轻了处罚。尽管有不少惯犯，但很多人犯罪往往是一时冲动或因某个契机的诱发，俗话说"一失足成千古恨"。最好的方式就是在他失足之前挽救他。而对于广大市民来说，有了这套系统的监护，也有了更多的安全感。很多人买房子时，首先就会问有没有安装"深目"。还有人甚至说："在深圳，什么都比不上'深目'给我的安全感。"

这里不说对犯罪的预防，只说"中国式过马路"，在任何一座城市里都是一件令人提心吊胆的事。尤其是深圳这样的一线城市，车水马龙，人流如潮，十次车祸有九次是因为不遵守交通规则发生的。这些不遵守交通规则的行人既是受害者，更会殃及别的行人和车辆，而为了避让行人，很容易出现车辆连环相撞的重大交通事故。中国最传统的管理方式就是人管人，但有时候人管人是管不了的，毕竟交警的眼光也有局限。而深圳这座创新之城，往往能借助科学创新的力量进行制度创新。2017年，云天励飞推出全世界第一套行人闯红灯监控系统，被市民称为"过街神器"。这套系统结合了"深目"现有的检测、控制、语音、人脸识别、自动抓拍报警、ITS等技术。交警部门在斑马线两侧分别设立了闸门。当红灯亮起时，闸门随即关闭，将行人拦在闸门一侧；当绿灯亮起时，闸门打开，将行人安全放行；当绿灯闪烁时，闸机用语音提醒行人快速通行，而红灯即将亮起时，语音则播报"闸门即将关闭"，提醒行人不要闯红灯。如果红灯亮起，还有行人在斑马线上行走，系统就会抓拍人像，进行比对、分析和识别，系统马上找出行人的信息，并在马路对面的大屏幕上出现行人闯红灯的头像以及姓名等信息。为了保护个人隐私，屏幕出现的人像眼睛和证件、名字处会打上马赛克，对闯红灯的人进行一个提示，并且有一定的震慑作用。对于多次闯红灯的行人，将会把他的信息资料发布在深圳交警网站的"行人闯红灯"曝光台上，并给予一定处罚，甚至纳入个人信用征信系统。这是深圳用科技手段对社会治理的尝试和探索。与此同时，深圳还开展"法治通城"等专项整治行动，当科技与法治、德治结合在一起，才能相得益彰。透过云天深目——深圳的目光，你会看见，当绿灯亮起时，行人从容地穿过斑马线，而司机也会自觉减速或停下来礼让行人。只要听到救护车或消防车的警笛声，无论是行人车辆都主动避让，在拥挤的道路中为救护车、消防车让出一条生命通道。

到了2018年岁末，云天励飞在短短的三四年里，从几个人和一间办公室发展到一家拥有上千员工的高新科技企业，一层楼已经容不下了，他们又在深圳湾生态园租用了整整三层楼作为公司总部，总面积超过一万平方米。这不仅仅是单纯的搬迁，这是一家公司不断扩展壮大的最直观的反映。

这一带地处深圳湾的核心地带，紧邻前海深港合作区和后海开发中心。

深圳正从一座创新之城向全方位的智慧城市推进，这也符合云天励飞参与打造深圳的光荣与梦想。深圳湾生态园就是一个典型的智慧园区，按照"科技+生态"的模式，一方面为入驻企业提供公共信息平台、全过程金融服务平台、公共技术平台、行政服务中心、人才交流中心、会议展示平台等公共综合服务平台；另一方面打造生态园区，从园区系统、建筑本体、室内环境、建造运营四大绿色技术板块，到水资源循环利用、生态表皮、温湿控制、智能运营等十八大绿色技术系统，全方位保障园区的低消耗、低排放、高性能和高舒适性。园区还将通过公共交通系统的优化、商业配套设施的完善、产业功能的合理布局、周边环境品质的提升，最终实现生态、经济和人居的和谐发展。

这一年，凭公司所创造的产值、利润和估值，云天励飞已成为人工智能领域一只备受追捧的独角兽。陈宁和几位创始人并不在乎公司的估值有多高，即便立足于他们现有的实实在在的业绩看，就是他们也没有预料到发展的速度会这样快。陈宁感慨："没有深圳的高效率、快节奏，我们公司也不可能走向超速发展的快车道。这就是深圳速度啊！"

像科幻片一样神奇

　　科技创新就是一个创造奇迹的过程，而归根结底，奇迹是人创造的，人工智能也是人创造的。在公司超速发展过程中，陈宁也倍感岁月流逝之快。他刚从国外回来创业时还是满头黑发，而今那乌黑发亮的头发已经斑白了一半，眼镜的度数也在不断加深，眼里的血丝从来没有消退过。虽然只有四十多岁，看上去已经年过半百了。这几年时间，他不是在熬夜加班，就是快马加鞭地奔波在拓展业务的路上，有时候一天就要赶几班飞机，往往是在深圳吃早餐，在杭州吃中餐，在北京吃晚餐，当晚又飞回深圳喝咖啡。

　　如果你走进云天励飞总部，扑鼻而来的就是满屋子的咖啡味。

　　这味道我在华为、腾讯、大疆的办公场所都嗅到过。咖啡气息各有各的不同，但那味道却是一样的浓烈而苦涩。任正非对咖啡似乎有一种比较复杂的情结，他曾说过"一杯咖啡可以吸收宇宙能量，给我一杯咖啡，我就可以统治世界"，也曾引用鲁迅先生的名言："哪里有天才，我是把别人喝咖啡的工夫都用在工作上的。"陈宁倒是没有这么复杂的情结，他喝咖啡很简单，就是为了提神，甚至是为了续命，一边喝咖啡一边熬夜加班。他每天只睡四五个小时，有时候还要通宵加班。有人说，他这四年时间把四十年的事都干了。又何止是陈宁一个人，田第鸿、王孝宇、李爱军、郑文先、李建文、陈显炉……这公司里的每一个人都是浸泡在咖啡杯里的拼命三郎。

不拼不行啊！一个科技创新企业的生命力就在于创新，"苟日新，日日新，又日新"，若没有这样的创新节奏与效率，在这个日新月异的时代一眨眼就被人家抛在屁股后边了。

人工智能有三个核心技术：第一个是算法，第二个是芯片，第三个是大数据。这三项技术都是行业中非常尖端的科技，在这三大核心技术上，云天励飞都有自己的独创性与研发实力，而且一直走在国内的最前沿。

从算法上看，算法是基于大数据的。自从个人电脑于20世纪80年代在中国上市后，在短短的三十多年里就经历了从计算机时代到互联网时代，再到移动互联网时代的社会变革，人类社会现在正进入整个世界数字化的进程。2018年，全球数据圈的数据规模大概是33ZB（1ZB=1万亿字节），如果把这33ZB字节的数据刻在光盘上，那么光盘叠加起来，其厚度可以绕地球222圈。而云天励飞的算法覆盖十个大类、八十六个小类，拥有先进的人脸识别、手势识别、人体结构化、车辆检测等技术，并采用了独创的隐式多场景融合技术，面对复杂环境仍能保持高精度识别。这一切，就是用物理结构化的手法，将一张人脸或一个人的走路方式，通过各种大数据演算，进行对比与分析，获取数据结果。云天励飞的算法团队已连续四次获得国际视觉大赛的冠军。

中国"芯"，一直是中国的心中之痛。芯片，渺小而隐秘，一个幽微的内心之核，在奥秘无穷的科学世界里那是最深的奥秘。这小小的芯片为高科技的核心。任何产品，一旦涉及芯片研发，就像登山者遇到珠穆朗玛峰一样，那是一个艰难的穿越与突破。尤其是中国，芯片领域的研发一直处于弱势状态，没有掌握核心技术，无法突破精密水平。陈宁作为芯片专家，更是甘苦寸心知。一个芯片多小啊，只有几平方毫米，比指甲盖小多了，里面却包含着几千万甚至上亿个晶体管，比人体的心脑血管和神经还要复杂。不说研发，连想一想都觉得匪夷所思。1947年12月，美国贝尔实验室的肖克利、巴丁和布拉顿组成了研究小组，研制出世界上第一个晶体管。晶体管的问世，开启了20世纪微电子革命。晶体管的发明又为后来集成电路的诞生吹响了号角，开启了第三次科技革命。而第三次科技革命中，芯片技术可谓最核心的技术之一，几乎浓缩了电子信息产业化的所有密码。

早在2006年，国务院就印发了《国家中长期科学和技术发展规划纲要（2006—2020年）》，将"核高基"——核心电子元器件、高端通用芯片和基础软件排在了十六个重大专项中的第一位。然而，在2016年以前，中国八成以上的芯片都依靠进口。2015年，中国半导体市场份额占到世界的一半以上，成为全球的核心市场，这是一个令国人自豪的大数据。而同年，中国集成电路进口额为2307亿美元，其进口额超过原油，成为我国第一大进口商品，国内的半导体自给率仅为百分之十三左右。这又是一个谁都骄傲不起来的大数据。作为国家战略重中之重的"核高基"涉及的芯片和软件等领域依然被IBM、英特尔、微软等跨国公司所垄断，我国软件和信息技术服务产业仍然被牢牢锁定在价值链的底端。国务院发展研究中心发布的《二十国集团国家创新竞争力黄皮书》指出："中国关键核心技术对外依赖度高，我国一年制造11.8亿部手机，3.5亿台计算机，1.3亿台彩电，都是世界第一，但嵌在其中的芯片专利费却让中国企业沦为国际厂商的打工者。以作为芯片主要载体的手机行业为例，由于美国高通公司垄断了4核以上高端芯片，一部300美元的手机，高通要拿走70美元左右。因此，华为、OPPO、vivo、小米等国内几大手机厂商出货量在国际上名列前茅，但利润情况却不乐观。"在2014年3月5日的十二届人大二次会议上，国务院总理李克强在《政府工作报告》中再次强调："要设立新兴产业创业创新平台，在新一代移动通信、集成电路、大数据、先进制造、新能源、新材料等方面赶超先进，引领未来产业发展。集成电路（芯片）产业作为国民经济和社会发展的战略性、基础性、先导性产业，在计算机、消费类电子、网络通信、汽车电子等几大领域起着关键作用，是全球主要国家或地区抢占的战略制高点。"

很多人都在追问，中国为何制造不出高端通用芯片？

有些原因其实是可以理解的，中国作为一个因历史原因在科技领域被耽误了多年的发展中大国，处于前沿的尖端科研人才储备严重不足，这不是一朝一夕就能赶上的。你只能从虚心学习开始,这也是陈宁、田第鸿、王孝宇等人赴美留学的第一驱动力。随着在国外跻身于前沿的各路专家陆续回国,中国的芯片产业才渐有起色。

还有一个原因,中国科技投入总量占世界第三,但基础研究支出占全社会研发投入的比例不足百分之五,远远低于世界主要国家百分之十五的投入水平。而芯片研发是典型的慢工出细活,很多国内企业"看到的仅仅是眼前两百米的地方",对科研投入更倾向于短期内可以实现立竿见影的效果,因而将大量资本投入到可以快速变现的产业应用中。那么芯片研发的难度有多大?一个芯片研发团队需要十个到十五个子团队,子团队负责算法、软件架构设计、软件实现、芯片硬件设计、验证、后端设计、IPG验证等整个全流程,每一天的磨合交流需要十个到十五个步骤,整个设计周期动辄一两年。而能够研发芯片的专家都是了不得的专家,薪水都很高,人数庞大,耗时耗力又耗钱,而且产品转化非常慢。大量投入之后,却不能很快产生回报,还要冒着极大的风险。陈宁说:"从最初的设计再到编写程序,能不能跑得通还是个问题。一个问题如果没有在下一个环节中被验证出来,等半年或一年之后,芯片设计出来拿去流片,一切心血都将毁于一旦。很多人都觉得做人工智能芯片是发神经,每一步都是坑,一个BUG(漏洞)毁一亿!芯片和软件设计不一样,软件有一个BUG还可以回来调试,但是芯片至少要九到十个月的周期,有一个BUG就废了,几十人几百人的研发投入打了水漂,一个亿的投入白费了!"

在电子工程领域,谁都知道"得芯者得天下",芯片是互联网时代的核心技术,而且是核心中的核心。曾几何时,这个天下还真是美利坚的天下,美国在半导体行业中一直牢牢地占主导地位。尤其在高性能芯片领域,一直由美国的高通、英特尔、美光科技、苹果等业界巨头垄断,高通公司因掌握了先发优势和核心专利,更是一家独大。其后,又有韩国的三星、SK海力士,新加坡的博通,日本的东芝相继兴起,但谁也无法挑战美国的霸主地位。

从国内的大企业看,很多不是研发不出芯片,而是不愿付出这样大的代价、冒这样大的风险，像华为那样大手笔投入芯片研发的企业凤毛麟角。尤其是当购买国外的芯片比自研芯片更便宜又更便捷的时候，精明的中国商人自然而然会选择便捷的获利途径，对于难以快速见效的东西则主张"造不如买，买不如租"，使我国对外部的技术依赖不断固化。这里且不说那小小芯片的利润空间有多大，更让人充满忧患的是，这种高度的依赖性，随着那些芯片公司实力的碾压式上升，对于依赖进口芯片的中国企业来说，黑洞效应也越发明显。这也成为美国遏制中国崛起的王牌。在整个互联网领域，最小的芯片也是最大的命门，一旦被别人卡住了脖子就是致命的，整个产业链和流水线立马就瘫痪了。

对这样的危机，习近平总书记早已预见到了："在别人的墙基上砌房子，再大再漂亮也可能经不起风雨，甚至会不堪一击。"

果不其然，随着特朗普一声令下，这一天还真是来了！

美国突然禁止芯片出口，直指中国企业的命门，如此封杀，对于依赖芯片进口的中国企业几乎是一剑封喉。对此，任正非和华为团队早有准备，而从美国回来的陈宁和田第鸿等人也早已提前估算到了，这一天迟早会来，哪怕是永远不来，也得防患于未然。

云天励飞的几个创始人都是在美国深耕数年的博士，他们要从美国进口芯片很容易，也是最简单的解决方案，但他们从一开始就立足于自主研发。陈宁经常挂在嘴边的一句话就是"不忘初心"，也可谓不忘"初芯"，他回国时就已在心中发誓，要把芯片做到世界一流水平。他们要研发的是人脸动态识别+大数据分析检索的嵌入式视觉AI芯片，在某些功能上比移动终端芯片更加复杂。因为这是一款专用于"深度学习"神经网络处理器芯片，要融入人类的神经元，采用ASIP设计思路和异构计算多核SOC架构，集成多处理器单元，并行分布式处理与集中控制系统。同时，它也能提供处理器级别的指令集，软件可编程。通俗地说，就是"让机器一眼看懂世界"，实现视觉AI城市大脑智能摄像头的安全、独立、自主、可控。对一家新兴企业而言，在产品投入研发的高资金和高风险双重逼迫下，陈宁和几个创始人所面临的压力是常人难以想象的。因而，他们才会这样拼命地研发，几乎是用生命在创造科技的奇迹。

创新，就是一种前所未有的创造，他山之石可以攻玉，但那只是一种借鉴，你决不能因袭，只能超越。你可以用殚精竭虑、绞尽脑汁、呕心沥血来形容那个艰难而痛苦的过程，但如果只是一味地苦不堪言，那也是难以进行下去的。陈宁用他的河北话说："这芯片有一股勾魂的劲儿！"

研发芯片，几乎是同神一道领悟，研发人员夜以继日地钻在芯片设计里。但凡选择了科研的人，大多是夜猫子。他们的生命大部分在夜间进行。他们甚至觉得，黑夜才是世界的真实状态。那一个接一个的夜晚，是在一杯接一杯的咖啡中熬过去的。喝了那么多咖啡，连五脏六腑都是苦涩的。灯光照着他们的影子，而他们的灵魂已经钻进了世界的内部。他们将自己的灵魂深深注入芯片，让芯片有了智性和灵性。科技源于智性，而创新源于灵性。

科研有时候就像推磨一样折磨人，今天的思路在明天就有可能被推翻，接下来又回到了前天的思路，在一块小小的芯片上不知经历了多少路转峰回。在接连熬了几夜后，陈宁突然发现李爱军的脑袋变大了。他的脑袋本来就大，可也没有这样大啊，都肿得像一个南瓜了。他逼着李爱军赶紧去休息，"你再不睡觉，我的脑袋都大了！"而李爱军还挺兴奋，他在研发的过程中不只发现了某些创造的秘密，还悟到了与科研颇有异曲同工之妙的人生智慧。人工智能其实也是人类智慧的延伸，芯片虽小，却是人工智能的大脑，而且是大脑中枢神经的核心神经元，即"神经网络处理器芯片"。而人脸动态识别+大数据检索必须要用芯片去控制和解决。这比指甲盖还小的芯片是一个世界，一个"心事浩茫连广宇"的世界，可以将世上的一切数字化，浓缩在芯片里。它为这个世界提供了巨大的承载空间和呈现空间，又给你带来极致的体验。

为了解说其间堂奥，李爱军还借用了一个佛家的词语——加持，"加持者，表如来大悲与众生信心。佛日之影，现众生心水曰加，行者心水能感佛日曰持"。大意是，佛祖如来无论是自我修炼，还是普度众生，都要静静地、持续地、一点一点地注入神奇的力量，称为"神变加持"，而这种力量是无穷无尽的，它所施加的影响也是无穷无尽的，"佛所加持无有边"。科研尤其是研发芯片，也是一种加持，芯片是对人工智能的加持。如今，随着万物互联时代即将到来，人工智能也是对万物互联的加持。

在芯片的研发与制造上，云天励飞也实实在在地给"中国芯"争了一口气。云天励飞的芯片平台叫"Moss"，这个平台不仅是云天励飞公司的平台，也承担了工信部、国家发改委、科技部等国家几大部委人工智能芯片的重大专项课题，将通过视觉应用端、边缘AI芯片的布局，助力打造中国安可人工智能芯片生态。2018年，当美国使出封杀中国芯片进口企业的撒手锏时，Moss芯片平台推出了云天励飞第二代有自主知识产权的人工智能芯片DeepEye1000。这是一款异构多核视觉分析SoC芯片，内嵌一颗自定义指令集神经网络处理器，具备高灵活、高能效、低能耗等优势。与通用GPU相比，DeepEye1000单位性能提升二十倍，单位能效提升一百倍，系统时延降低到原来的1/200。这是多么惊人的中国芯！它也确实震惊了业界，中国的芯片发展竟然如此神速，连美国科学家也不敢相信，其中就有陈宁、田第鸿、王孝宇当年在美国硅谷的不少同行，一个个打电话来问，真的？假的？

当然是真的！接下来，陈宁做出的一个决定，又让他的美国同行震惊了。

2018年，陈宁对外宣布，云天励飞打造出来的芯片完全免费使用，公司的收益来自解决方案与后期的服务。也就是说，同行可以免费使用云天励飞的芯片，可加入自己公司所需的功能与升级版本，但是使用芯片的公司，要用到云天励飞的解决方案。这种方式，就相当于网络运营商提供免费的路由器给用户使用，但是用户必须要使用该运营商的网络。这个盈利模式让很多同行叫好，因为研发芯片实在是太难了，投入也太大，不是每个人工智能公司都有实力研发芯片的，如果有免费芯片用，还有什么可说的呢？

陈宁一直希望能够在芯片领域和人工智能领域实现跨界创新，按他的设想，云天励飞就是通过"芯片+视觉+机器学习"，为平安城市、智慧商业、无人机船车、机器人与智能制造等行业提供"算法+数据+芯片+应用+

服务"端到端的整体解决方案。而今,在芯片的制造上,云天励飞从自主研发到生产专利,到量产供货,已经成为全球AI芯片的领导者,其自主研发的芯片不仅可编程,还能在后台实现一键升级。他们凭借这种高智能的芯片,在短短的一年时间内囊括了工信部、国家发改委、科技部三大部委的国家重大专项,这是目前中国唯一得到这样奖励的科技公司。

除了芯片,云天励飞的大数据平台也是国际一流水平。大数据采集是人工智能的第三个核心技术平台,要做到城市级数据接入、处理和分析挖掘,通过海量多模态数据融合,进行数据的深度建模、模型优化。目前云天励飞借助深目系统,已建起全球最大的动态人像数据库,并支持城市级数据接入、处理和分析挖掘,通过海量多模态数据融合,进行数据的深度建模、模型优化,最终可为用户提供最优决策方案,实现无人工标注的机器自主学习。

自从智能手机发展起来,电子信息行业的核心开始向大数据时代的数据挖掘与演进。如陈宁所说:"人工智能时代,光靠芯片也不行,光靠云计算大数据也不行,需要一个从端到云的阶梯。为什么云天励飞既做芯片,做云计算,又做大数据,就是要通过芯片的触角和数据的入口,去做物理世界结构化的钥匙。用大数据分析,用我们的算法能量,用人工智能颠覆各个传统的行业。通过我们前端芯片的这把钥匙,去开启物理世界各个角落的结构化。通过我们云端的赋能,让人工智能像电脑一样无处不在。所以,云天励飞在深圳打造着高通+亚马逊的结合版。深圳有这个基因,也有这个环境。我们有这个信心,依托深圳创新创业的环境,去创造这样一个奇迹!"

而今,云天深目已不仅仅是深圳的目光了,随着这一系统的不断更新换代,这套系统已被复制到了北京、上海、杭州、青岛、成都、南京等全国一百多个城市,还每每在重要场合和关键时刻大显身手。如2016年二十国集团(G20)领导人杭州峰会、2018年上海合作组织青岛峰会及博鳌亚洲论坛,都有云天深目的一双双犀利的眼睛在警觉地守望。在连接港珠澳大桥的口岸主管部门推出的智慧边检流程里,也安装了云天深目系统。而今云天深目已走出国门,在新加坡、马来西亚、越南等地的机场、海关、警局等重要区域都开始陆续上线。

人工智能,对于未来几乎无所不能。尤其是人类进入5G时代后,最大的时代特征就是万物互联和"互联网+"。它将不是单一用于某一领域的神器。云天励飞在深目系统的基础上拓展出"AI+新警务"领域,对警务实现了全景式覆盖。通过人像检索,布控,以及后台的数据挖掘,对于城市级的犯罪人员从事后到事中再到事前的预判进行一个管理,大大提升和颠覆了警员的办事效率。从过去案发之后需要数十名警员察看几天甚至一周的历史视频,现在可以在一两秒钟实现,甚至有超过百倍以上准确率的提升。现在,云天深目又拓展到"AI+新治理"领域,智慧城市领域就更加宽广了。

如今,从深圳到海内外的很多城市都致力于打造"智慧城市",让人人享受到人工智能的便捷,这也是云天励飞一直努力的方向。云天励飞以人为核心,用算法、数据、芯片、应用、服务五个维度——"五位一体"的模式和端到端的解决方案,构建AI城市大脑,正在向智慧社区、智慧校园、智慧商超、智慧医院、智慧交通、智能制造、智慧仓储、智能家居、智能超算、机器人等多个行业及领域拓展。云天励飞在深圳和其他城市打造了一系列的样板工程。越是拓展越是感到人工智能无所不在,未来更拥有无限可能。

在商业领域,云天励飞跟一些大的商城合作开发"AI+新零售"领域。王孝宇在美国创业时曾做过商业分析。他认为人对产品有两个需求,精致+简单,基于此和对于新零售的理解,云天励飞做的AI+新零售将从两方面入手。首先是针对商业综合体,分析商业环节每一步的影响,从而产生指导性的营销和指导性的经营方式。其次,商场不仅和商铺对接,也直接和消费者对接,帮助商场链接C端(个体)消费者,使线下综合商业体场所客流实现更大。他们预期在一两年内能够在国内一百多家大型商场落地,覆盖绝大部分一、二线城市。譬如,当某个顾客进入时装城,人工智能系统可以为顾客导购,还能帮顾客量身试衣,甚至可以根据他的身材、相貌和年龄,告诉他穿什么衣服好看。系统还能根据现有数据识别这位顾客是不是会员,在结算时就会根据其积分打折。

在社区管理上，业主从进入小区大门到电梯，一切都不用人工操作。系统会根据人脸或人体动态识别功能自动放行，而连接系统的电梯会识别业主的楼层，你无须按键就可以到达自家门口。面向智慧社区，通过打造一人一档的城市大脑，基于对常住和非常住人口的统计，一方面实现对老年人的关爱，另一方面守护社区安全。

医院里只要安装了人工智能系统，患者要办理的挂号、问诊、缴费、取药等一切手续，都变得智能与简便。

这些系统有的已经付诸实施，有的正在研发之中。随着云天深目几轮更新升级，只要实现全球连线，通过一套系统就可调用全球的视频监控资源，对于任意的个体进行实时定位。这个场景很多人只在科幻片里面看过，而云天深目将科幻片中的天眼带到了现实世界，被很多人直呼为天眼。如果你亲身体验过，就会觉得真像科幻片一样神奇。可能当人工智能的用途越来越普及，也就由蓝海市场变成红海市场，竞争越来越激烈。陈宁和团队成员从来不怕竞争，就怕不公平的竞争。当他们每每推出一款新产品，就会有许多大大小小的企业一窝蜂进入这个市场。大公司的第一优势是拥有雄厚的资本，还有广泛的市场渠道。可能一开始不会涉足蓝海市场，当一些小公司冒险进入蓝海市场后，他们就开始大规模进军了。而凭借其实力很容易超越冒着极大的风险率先试水的先行者。还有很多小公司选择跟着先行者亦步亦趋，你在前边呕心沥血研发，他在后边模仿，甚至是直接抄作业。譬如说云天励飞推出的全世界第一套行人闯红灯监控系统，经过两年多时间才打磨出来，耗费了大量的心血和资金，但很快就被别人模仿并上线使用了。王孝宇举了个例子，在美国，如果有人发现卖方便面是一件很赚钱的事情，美国人的思维是，会选择在旁边卖矿泉水，卖洗手液，开辟新的或相关的赚钱模式。而在国内，一旦发现卖方便面赚钱，大伙儿全都去卖方便面，如果你的方便面特别好卖，他们还要模仿你的配方，你放什么佐料他也放什么佐料。这种事太普遍了，说穿了就是急功近利。这样的企业是没有出息的，但赚的钱往往比原创性的科技公司还要快，还要多。对于原创性的科技公司，只有保持创新的速度和创新的能力，才能做好领跑者的角色，甚至成为永远的领跑者。

2019年11月，云天励飞发布人工智能"星云"生态战略，推出全球首款5AIoT芯片，联合海康威视、阿里巴巴、京东、优必选、国家超算深圳中心、深圳巴士、TCL等战略合作伙伴，通过共享技术、共筑生态，推动AI产业的加速渗透。未来，云天励飞将持续推动AI算法演进，加快安可人工智能芯片和大数据分析系统研发，通过一张基于5AIoT智能感知的网络、一个基于AIOS的城市大脑、N个基于AI的城市应用场景，构建"1+1+N"的AI城市综合服务体系，打造有温度的人工智能技术。

云天励飞还参与建设了深圳国际会展中心"全球最大室内一脸通解决方案"、深圳机场AI大脑、富士康AI智慧园区、深圳元平智慧校园、深圳南园智慧社区、深港口岸智慧海关、北京中医药大学深圳医院智慧医疗等公共平台。在新商业领域，全国最大的人脸识别新商业服务平台"商簿"，已经获得百余家万科城市商业综合体AI赋能订单，服务人次已超过四十亿。未来，云天励飞还要做物理世界的结构优化者，用机器人的眼睛看懂世界。比如一瓶水，不用扫描二维码，用手机就能看懂它是什么品牌、多少容量、型号、价格、厂商等；只要用手机拍到一栋楼，就知道周边有什么产业、饮食，它的地理位置。在云天励飞等人工智能公司的主导下，未来智能将无处不在，通过一个手机的摄像头，就能看懂整个世界。

云天励飞的创新，可以归结为一道算式：5G+云计算+AI（人工智能）。这道算式也被称为数字经济新时代的引擎，但并非加法，而是三者融合创新产生的乘法效应。这不只是云天励飞一家企业在做，华为、腾讯、大疆都在这一领域进行跨领域的开拓。随着5G构建的可靠网络、云计算的海量算力与AI的应用智能相互协同，将不断深入各行各业之中，推动政府、企业、产业进入智能化时代。从数字政务到智慧城市，从工业自动控制到农业智慧管理，创造出大量新的业务体验、新的行业应用以及新的产业布局，为中国企业转型和产业升级注入新的科技动力，让万物互联、万物智能的新时代早日到来。数字经济浪潮正以势不可挡之势席卷全球，第四次工业革命的大幕已经拉开，它将深刻改变人类生产生活方式，也给每一家高科技创新企业带来机遇和使命。地处改革开放最前沿的深圳，这一次也站在了数字经济时代的前沿。2018年中国"互联网+"数字经济峰会在重庆举行，并发布了《中国"互联网+"指数报告》，深圳数字经济发展水平在全国百强城市中位居榜首。

2020年8月，恰逢云天励飞成立六周年。六年，既是短暂的六年，又是漫长的六年。岁月其实没有秘密，就像陈宁头上的白发一样明显，他却不知道这些白发是怎么一天天长在头上的。他才四十多岁啊，那头发已白了一大半。而在这六年岁月里，陈宁几乎没有岁月这个概念，他是一天一天熬过来的，每一天都充满了危机感。他摸着满头参差的白发说："创业的每天都有酸甜苦辣，我时刻都在想怎么才能活到明天。这是条荆棘密布的不归路，最怕不专注、不聚焦。搭建一个平台什么都能做，但往往漂在上面什么都做不了；聚焦则又意味着风险、意味着赌博，一旦赌错了，可能会万劫不复。"

而今，一个年届不惑的中国经济特区，一个刚到入学年龄的独角兽企业，又到了一个新的起跑线，"而今迈步从头越"。对于深圳，几位海归博士都有一个共同感受，深圳是国内和美国硅谷最接近的城市，从生态环境、人文环境到创业环境都是全球一流的，你甚至感觉不到多大的差别。美国基本都是移民，尤其是硅谷云集了来自全世界的科技精英；深圳也是全国最大的移民城市，荟萃了来自海内外的科技精英。还有一点，深圳市政府对于产业的优惠扶持政策很多，但往往都是发挥辅助的推动作用，对企业的干预很少；而且深圳的硬件非常发达，整个电子产业链条也很齐备，想做一个东西很快就能拿到硬件产品。从AI的应用看，深圳的电子制造业有非常大的优势。

从陈宁那踌躇满志的神情看，他已经认准了未来的走向。他们从"深圳的目光"起步，将在未来打造遍布全球的智慧之眼，让机器看懂世界，让智能无所不在。未来世界将是一个由人工智能支撑的世界,现在会觉得那是一部越来越精彩的科幻大片,也可能会像科幻片里发生的故事一样,遭遇各种各样难以想象的挑战,但陈宁特别欣赏美国文学家爱默生的一句名言:"一个人只要知道自己去哪里,全世界都会给他让路!"

尾 声

未来从现在开始

　　海风一直在吹，浩浩荡荡地灌满了整座城市，走到哪里都是大海扑面而来的气味。这味道很提神，很来劲。我一直在海风中追问，深圳，为什么是深圳？

　　深圳，在大海的怀抱里诞生，又在大海的怀抱里一天天长大。一座城市倒映在大海里，那水中的倒影仿佛是大海的回忆。大海一直在起伏，而这座城市从未动摇过。

　　2020年8月，深圳经济特区将迎来四十岁的生日。《论语·为政》云"四十而不惑"，其最大的特征就是遇到事情能明辨不疑。而今，对深圳的名字再也不会有人误读，谁都会进行准确的发音。

　　四十年来，中国经历了一场跨越千年的、史诗般的伟大变革。在这场千年未有之变局中，深圳经济特区在制度创新、科技创新、对外开放等方面一直肩负着试验和示范的国家使命，既是敢闯敢试、敢为天下先、摸着石头过河的试水者，也是勇立潮头、乘风破浪、直挂云帆济沧海的领跑者。从改革开放的试验田到科技创新的高产田，从深圳加工、深圳制造、"世界工厂"到中国创新之都、国际创新之城，深圳一步一个脚印走过来。它所折射出的不仅是一座城市的现代化传奇，也是一部经典的改革开放的影像史。

　　若站在四十年前的那个时空中试看这一方水土，谁能想到会有今日之深圳？

　　这里先用数据说话。数字是枯燥的，而当人类进入大数据时代，就是一个数据为王的时代。在深圳经济特区诞生之前的1979年，深圳的生产总值只有1.96亿元，还不足香港同时期（约为1117亿元人民币）的千分之二。到2019年，深圳生产总值超过了2.69万亿元，达到四十年前的一万三千倍。

而在这四十年里，香港经济也一直在高速增长，2019年达到了2.52万亿港元，是1979年的两百多倍，这个增速放之世界也是名列前茅的。而深圳之所以后来者居上，只因其增速一直处于中国和世界同期的最高水平，深圳每平方公里的产出和财政收入一直雄踞全国城市之首。四十年前，这座在经济版图上几乎可以忽略不计的年轻城市，近年来已经接连超越广州和香港，跃居为粤港澳大湾区城市经济总量的第一。其生产总值在国内城市中仅次于上海和北京，位列全国第三，并已跻身于亚洲五强（东京、上海、北京、新加坡、深圳）。如今的深圳，在中国和世界经济版图上已是一颗越来越闪亮的星星。如果说，中国改革开放经四十年的高速发展是世界史上一大奇迹的话，那么深圳的突飞猛进就是这一奇迹的金字塔尖。

深圳的命运一直与国运紧密相连。这四十年来，中国一边对内改革，一边对外开放，这两个车轮协同运转，才推动了四十年的经济腾飞。1979年，美国人均GDP为11693美元，雄踞全球第一，而中国人均GDP为419美元，还不到美国的二十五分之一。2010年，中国经济总量首次超过日本，跃居为世界第二大经济体。美国《华尔街日报》将这一历史时刻形容为"一个时代的结束"。在接下来的十年里，中国依然是世界经济增速动力最强劲的火车头，2019年中国GDP总量约为14.3万亿美元，接近一百万亿元人民币，人均GDP首次突破一万美元大关。若同自己相比，中国在1979年的起点上增长了两百多倍，远远超过了世界其他发达国家的经济增速，而美国达到了21.4万亿美元，中国同美国的差距进一步缩小。但这个差距依然很大，比一个德国和英国加起来还多。中国一直在冷静地审视自己的差距。

经济基础，在任何一个国家、一座城市都是起决定作用的。"经济基础决定上层建筑。"这也是马克思伟大的论断。而中国改革开放的总设计师则说出了一个直观、简洁而又深刻的真理：贫穷不是社会主义，发展才是硬道理。1987年4月26日，邓小平在接见外宾时指出："搞社会主义，一定要使生产力发达，贫穷不是社会主义。我们坚持社会主义，要建设对资本主义具有优越性的社会主义，首先必须摆脱贫穷。"而中国特色社会主义道路就是

"建设社会主义市场经济、社会主义民主政治、社会主义先进文化、社会主义和谐社会、社会主义生态文明,促进人的全面发展,逐步实现全体人民共同富裕,建设富强民主文明和谐美丽的社会主义现代化国家"。

中华之崛起,深圳之巨变,不只发生在物理空间,更是一种精神场域的崛起,中华民族从生存状态到精神状态都发生了巨大的变化。深圳作为中国特色社会主义的第一块试验田,又创造了一个怎样的中国样板?

对于一座城市的定位,亚里士多德在古希腊城邦时代就说过一句很朴素的话:"人们来到城市,是为了生活;人们居住在城市,是为了生活得更好。"而对于城市的评价从来没有绝对标准,但有相对标准:一座现代化城市必须靠人文、法治和科学来支撑,这是城市三元素或三原色,也是衡量一座城市文明程度的举世公认的标准。

人文,是一座城市的灵魂。美国20世纪的城市规划理论家刘易斯·芒福德认为:"城市是文化的容器。"而任正非作为一个企业家,他最看重的资源不是资本也不是财富,而是文化:"世界上一切资源都可能枯竭,只有一种资源可以生生不息,那就是文化。"

曾几何时,我和许多外地人一样,将这座特区城市视为一个傲岸而又炫耀的新贵,对它也有种种猜想,它是否就像人们传说的一样浑身散发着铜臭味却没有丝毫的人文气息呢?这样的视角和猜想,其实才是一种傲慢与偏见。自从我1993年迁居到南海边,深圳就成了离我最近的、往来最多的一座城市,我用二十多年的观察验证了一个事实:深圳是中国最年轻的一线城市,也是一座有深厚历史文化底蕴的城市。它既不傲岸也不炫耀,一直按照一座国际化城市的标高在打造自己的文化。它不只有一个现代化的外壳,还是有灵魂的。一座城市的蝶变也绝不仅仅是城市形象的变化,通过一座城市内在的演变轨迹,你还会发现另一个深圳,这是一座崛起于时代前沿的精神之城。

只要走进深圳,你都会感觉到那随海风一起扑面而来的人文气息。深圳一边在不断构筑价值数百万元乃至上千万元一套的住宅,一边也在这寸土寸金之地盖起了一流的学校、图书馆、博物馆、展览馆、文化中心、体育中心，这些文体设施远比政府办公大楼和富人的别墅更气派也更优雅。深圳图书馆是集大众化、数字化及研究型为一体的国家一级图书馆，图书馆建筑本身就是文化，入选第三批中国"20世纪建筑遗产项目"名录。深圳书城曾是全国最大的书城，在全国书业中率先引进大型综合超市（GMS）经营业态，致力于为读者提供多功能、全方位、高质量的一站式文化消费服务，被誉为"读书人的城堡"。深圳到处都有城市书房，很多企业都创办了自己的图书馆。走进华为总部，最高贵的空间不是董事会或总裁的办公室，而是华为图书馆。华为被誉为"数字英雄"，却建造了一座造型别致的图书馆，既有现代感，又有中国式的典雅，这也是华为人最自豪的一座建筑，"高耸的穹顶让阳光有了色彩，红色的油纸伞散发着浓郁的中国味道"，最引人入胜的气味就是散发着油墨清香的书卷气。又岂止是华为，我走访过的每一家深圳企业都有自己的图书馆和阅览室，而深圳还荣获全球唯一"全球全民阅读典范城市"称号。当我看到很多市民在优雅舒适的城市书房里一边吹着空调，一边安静地阅读，不知不觉便有一种莫名的感动，因他们，也为深圳。

如果说图书馆是一座城市的智慧大脑，那么博物馆则是一座城市穿越时空、见证历史的眼睛。深圳博物馆（新馆）北靠莲花山公园，南临深南大道。这座博物馆里展示了深圳六千七百多年的人类开发史和海洋经济发展史、一千七百多年的郡县史、六百多年的海防史、八百多年的广府和三百多年的客家移民史。

深圳不但创办了被称为"中国科技第一展"的高交会，还创办了被称为"中国文化产业第一展"的文博会。无论文化设施、文化活动还是文化氛围，深圳都是一座当之无愧的文化名城，但一座人文城市还不只是这些看得见的存在，一座城市的蝶变必先有精神的蝶变。那源自大海的澎湃激情，给深圳的骨子里注入了一种先锋精神。从袁庚、任正非、马化腾、汪滔、陈宁等一代代深圳人的身上都能感受到，有一种在意识深处流淌的东西，成就了今天深圳高贵的价值传统。袁庚率先发出了"时间就是金钱，效率就是生命"的呐喊,让一个在计划经济体制下僵化乃至板结的国度迈开了奔向市场经济的第一步。任正非说"烧不死的鸟是凤凰,从泥坑里爬出的是圣人",这是愈挫愈勇、攻坚克难的深圳精神。虽然华为取得了非凡的成功,但任正非从不妄言成功,他说"华为没有成功,只是在成长",这也是一种积极进取的深圳精神。马化腾说:"我最深刻的体会是,腾讯从来没有哪一天可以高枕无忧,我们每天都如履薄冰,始终担心某个疏漏随时会给我们致命一击……"这是源自他内心深处,也是源自一座特区城市的危机感和忧患意识。而汪滔则说出了心中多年的憋屈:"到医院看病开药,医生还盯着你问:要进口的还是国产的?'国产的'几乎成了劣等品的代名词,病人来到医院这个性命攸关的地方,还要自己做一次残酷选择。我觉得这种日子很憋屈。既然处在科技行业,做的也是自己擅长的事情,我希望做出全世界消费者真正热爱的产品!"从憋着一口气到憋着一股劲,汪滔才能把大疆无人机放飞到傲视蓝天、俯瞰世界的高度。深圳的科技创新,其实也是从憋着一口气到憋着一股劲干起来的。有人说,危机意识也是深圳人身上最突出的性格特征。你还在坐而论道,他们已经奋而起行。你还在"空谈误国",他们正在"实干兴邦"。云天励飞的创始人陈宁则以他的切身体会对深圳精神做了一番归纳:"深圳不只是科技创造者和企业创新者的创业基地,更关键的是深圳把创新和创业的基因融入每一个普通市民的骨髓里。无论是市领导,还是普通办公室人员,他的基因里面都有创新的理念,都有自己对科技的想法,都有开放和创新的精神。所以,深圳才会诞生这么多的优秀科技企业。"

这些人都是深圳杰出的代表,每个人都以自己的身体力行为深圳精神做出了最实在的注解。在探索之路上既有成功的典范,也有失败的英雄。一座城市对待成功者的追捧是人同此心,而一座城市对待失败的态度,则更能体现这座城市的内在精神。而深圳就是一座"鼓励创新,宽容失败"的城市,深圳也拥有一种以勇于探索创新为依归、不以成败论英雄的宽容精神。在深圳没有谁嘲笑勇于探索的失败者,只对因循守旧、故步自封者暗怀嘲讽。

一座城市，还必须以人道主义作为其精神内核，即以人为本，尊重人，关怀人，人格平等，相互尊重，这是最基本也最重要的人文精神。深圳作为改革开放的试验田，必须深深根植于以人为本的土壤。深圳原本就是一座有着悠久的移民历史和移民文化的城市。在深圳建市之前，以客家人和广府人为主。自深圳经济特区建立以来，数以千万计的人从五湖四海奔涌而来，如今深圳已是中国最大甚至是世界最大的移民城市，移民率在百分之九十五以上，非户籍居民超过一千万。深圳作为一座特区城市比一般城市尤为深邃而复杂，它既是一个移民文化的大熔炉，也是一座被割裂的城市，如城乡二元割裂，关内和关外曾造成的二元分割，还有深圳市户籍人口和非户籍人口的割裂，精英群体与底层弱势群体的割裂。这样的割裂，让这个容器里的每个人既有自己独特的生存体验，也有普遍性的创伤体验。

中国改革开放之路，从一开始就是以促进社会公平正义、增进人民福祉为出发点和落脚点的。一座城市，若想打造公平正义的共享家园，就必须要不断完善分配制度和民生保障体系。自20世纪90年代开始，深圳在致力于打造一座现代化国际性城市的进程中，对标新加坡等福利国家的经验，开始构建全球化背景下的社会保障体系，推行"共济与自我保障有机结合"的新型社会保障制度，实施工伤保险制度，试点社会统筹与个人账户相结合的医疗保险改革，彰显以人为本的改革方向。1993年，深圳率先探索出来的这一模式，被写进了中国共产党十四届三中全会《中共中央关于建立社会主义市场经济体制若干问题的决定》之中，确定为全国的养老保险模式。深圳的社会保险体系在与时俱进中不断完善。2000年12月，新修订的《深圳经济特区企业员工社会养老保险条例》率先在全国建立了地方补充养老保险，实现了多层次的养老保险体系，为企业退休人员的晚年生活提供了保障。2006年，深圳又将关外的宝安、龙岗两区城市化人员全部纳入社保体系，并推动原农村养老保险向城镇企业员工养老保险过渡，成为全国首个实现城市化人员与城镇企业员工基本养老保险一体化的城市。深圳市在全国最早建立农民工医疗保险制度，保障了农民工的合法权益；在2008年3月1日颁布新的医疗保险办法，包括少儿医疗保险制度，实现了全民医保，在全市范围内真正实现了"老有所养，病有所医"。

这不仅仅是民生保障，也为深圳消除二元或多元分割、走向全球化铺平了第一段路。

若要以更加开放的姿态迈向全球化，就必须有"海纳百川"的胸襟。

任正非率先说出了一句话："来了就是华为人，华为就是你的家。"

如今深圳流行一句话："来了就是深圳人，此心安处是吾乡。"

对于每一个在深圳打拼的人来说，这里不是故乡，但深圳为每一个来到这里的移民提供了平等的人生舞台。在这里，英雄不问出处，只要你有真才实学，只要你踏实肯干，你就可以按照自己梦想的尺寸、自身的本事寻找自己的位置，扮演自己的角色。从深圳墟到深圳市、深圳经济特区，这座城市的一砖一瓦几乎都是移民建造的。他们在这座城市打拼，为这座城市添砖加瓦，理所当然应该成为深圳的主人。

北京大学社会学学者于长江认为，深圳的城市包容度在全国首屈一指。所谓包容，按儒家学说就是"仁"。宽仁，仁者爱人，只要用心去爱每一个人，就是大爱。深圳不只有"深圳速度"，还有让深圳人自豪的"深圳温度"。如著名主持人白岩松所言："深圳人来自五湖四海，正因如此，人们更懂得彼此温暖、彼此关爱的意义。"深圳人开着自己的奔驰、宝马、保时捷，也没忘记给那些远隔千里、打着赤脚在山道上走过的山里娃送去价格不菲的鞋子和御寒的棉衣。贫苦的山里娃从未见过天使，给他们送来学费的都是来自大海边的叔叔阿姨。广西的河池，西藏的林芝，湘西十万大山，都出现过一双双从大海边伸过来的手臂，把一个个山里娃搂在怀里。深圳创造了全国文明城市五连冠，拥有一百七十多万红马甲（志愿者），三百多万人次参与无偿献血，人均捐款额居全国第一。但仅有这些还是不够的，深圳作为一座在短时间内崛起的现代化城市，还必须共同建立一套现代化的规则，既要体现对个体的尊重，更要体现对规则的尊重，这样的包容和关爱才具有现代意义。

　　法治是衡量一座城市文明程度的三大元素之一，也是社会最大公约数。

　　从法治上看深圳，在中国改革开放的跑道上率先起跑的深圳经济特区，最迫切的就是有法可依却又无法可依。在改革开放之初，公检法还处于拨乱反正之际，法律体系很不健全，对于特区的法律法规几乎是空白，只能靠红头文件行政执法。这让来深圳的第一批投资者，尤其是来自境外的有法制意识的客商对自己的权益保障充满了疑虑和担忧。而深圳经济特区的改革与法治一直同频共振，在先行先试中，改革催生法治，法治引领改革，为改革开放保驾护航。1992年，全国人大常委会授予深圳经济特区立法权。2000年又开始施行的立法法，在继续保留特区立法权的同时，还授予深圳经济特区所在市以较大市立法权。民有所呼，法有所应。深圳充分发挥法治试验田的作用，为打造法治营商环境，深圳率先在全国推出了第一批公司法规，如《股份有限公司条例》和《有限责任公司条例》，填补了这方面的法律盲点。说来好笑，在刚开始进行企业法人登记时，很多人还不知道法人是什么，有人甚至好奇地问："法人是不是法国人？"随着深圳产业的转型升级，很多企业开始自主创新，深圳创办了众多的高新技术产业园，又率先推出了《高新技术产业园区条例》和《技术秘密保护条例》等多部法规，为高新技术产业发展和知识产权的保护提供法律上的支撑。

　　在相当长的一段时间，深圳关内外二元分割却造成了"一市两法"的突出问题。但特区立法只能在特区内施行，"一市两法"造成同一座城市执法标准不一，给全市的行政管理、司法以及公民权益保障都带来诸多困扰。这一问题随着"二线关"的撤销终于迎刃而解。

　　经济特区建立四十年来，深圳从依法治市到打造"一流法治城市"，再升级到建设"法治中国示范城市"，为深圳建设中国特色社会主义先行示范区和社会主义现代化强国的城市范例创造良好法治环境。据中国政法大学法治政府研究院发布的《中国法治政府评估报告（2018年）》显示，在评估的一百个地级以上市政府中，深圳以总分790.13分荣登榜首，法治政府建设正展现出前所未有的加速度。又据粤港澳大湾区研究院发布的《2018年中国城市营商环境评价报告》显示，深圳从前一年的第三名跃升至排行榜首位，这必然离不开法治上的支撑。

有人说，在深圳，如果你的手机里只有百度地图或高德地图，不足以证明你在深圳工作生活过。在这座法治之城，深圳人的手机里还要有率先在全国上线的"法治地图"，随时可以查询全市的律师事务所、法律援助处、司法鉴定机构、司法考试处、公证机构，它实现了全市社区法律顾问点的导航以及社区法律顾问的检索。宝安区这次走在了前面，率先推出全国首家"24小时自助法院"，立案申请查询就像在ATM机取钱一样方便。

在法治的保驾护航下，深圳致力于打造国际一流的营商环境。2014年是全面深化改革元年，深圳把简政放权、实现政府职能深刻转变作为全面深化改革的突破口，相继推出了"三证合一、一照一码"商事登记制度，不需要验资、地址可自由申报、免交注册登记费，可通过全流程无纸化办理。深圳市各部门还晒出了权责清单，让权力在阳光下运行，在市民雪亮的眼睛下监督职责。这是以政府权力的减法换取市场和社会活力的乘法。随着行政审批大幅减少和压缩，服务效率明显提高，经济活力喷薄而出，深圳商事主体总量跃居全国大中城市首位。

华为的崛起，也离不开深圳打造的营商环境和法治环境。当有人问任正非为什么选择在深圳创业时，他说出了企业家的共同心声："在很多深圳企业家眼里，法治化和市场化已内化为深圳最显著的城市特色，这是他们选择深圳、扎根深圳、获得成功的最重要因素。"

从人文、法治到科技，那条特区之路——深南大道会把你引向深圳市南山区粤海街道，早先的粤海门村。这条街道号称"中国最牛街道办"，这条街道也成了深圳最神奇的一片土地和港湾。在这二十平方公里的土地上，先后孵化出了华为、中兴、腾讯、大疆等众多世界一流的高新科技企业，还有大族激光、迈瑞、达实、金蝶、华强文化等近九十家上市公司，云天励飞进驻的深圳湾生态科技园也在这一带。如今，这一带已是深圳的高新技术产业聚集区、高校和科研机构聚集区、现代服务业聚集区和新型高端社区聚集区，被称为中国硅谷。当一个世界上最发达的超级大国竟然把中国的一家民营公司视为当前大敌时，网上就流传这样一个段子："这是一个超级大国与深圳南山区一个街道办的较量，美国制裁来制裁去，始终没搞出深圳市南山区粤海街道办的范围。"这是笑话，也是实话。

任正非和华为，马化腾和腾讯，汪滔和大疆，陈宁和云天励飞，只是深圳经济特区建立四十年来创业和创新的缩影。诚如有人所说："这些诞生于市场经济土壤的企业家阶层，这个阶层所提供的就业、税收和社会服务支撑起了中国经济持续不断的活力。"今天的深圳已经成为我国产业升级最为成功、高新技术发展最有成效的城市，高新技术产业已成为深圳的第一大支柱产业。在高新技术发展关键指标之一的PCT国际专利申请上，深圳已经超过北京、上海和广州，更遥遥领先于国内其他城市，以一城之力占据中国专利申请量的半壁江山。同国际上比，深圳一城就超过了德国和韩国，仅次于东京位列全球第二。深圳已是名副其实的中国创新之都，也是当之无愧的国际创新之城。在全市范围内，由西向东一百公里，正在规划和建设着九个高新技术产业片区，形成地理连贯、功能完备、交通网密布、通信发达，集高科技产业化、研发、高等教育于一体的深圳市高新技术产业带。前不久，美国国家地球物理数据中心地球天文台团队负责人埃尔维奇（Elvidge）在深圳出席一个创新大赛活动时说："你可以从一个国家的城市夜晚灯光中了解到许多信息，如人口、经济增长、对外投资。"在夜景卫星图上，中国最亮的有三大片区：华东、华南和京津走廊。华南最多光亮的是粤港澳大湾区。深圳，正好位于这片光斑的核心区，它已成为中国硅谷。当高新技术成为深圳经济的主心骨和第一推动力量，深圳又一次向人们宣示了自己无可取代的地位。

现在，谁也不敢再把深圳看作一个小渔村或边陲小镇了，这是一座以中国南方海滨为背景、四十年来迅速崛起的现代化国际大都市，用城市三大元素也无法涵盖整个深圳。它已是粤港澳大湾区四大中心城市之一、中国三大全国性金融中心之一、国家物流枢纽、综合性国家科学中心、国际科技产业创新中心、全球海洋中心城市，也是具有国际影响力的设计之都、交通枢纽和贸易中心。

还是沿着我反复描述、在时空中不断延伸的那条特区之路——深南大道继续追踪吧。这条路不断拓展，如今，深南大道已延伸到了深圳和东莞交界处，并与深圳宝安大道连接成一条横贯深圳东西的主干道，总长达六十多公里，超过了北京长安街。这是中国迄今为止最长的市政大道，也是一条财富大道和黄金通道，沿途都是寸土寸金之地。对于深圳人而言，这不只是一条单纯的只有交通意义的道路，你在这条路上可以捕捉到一个个城市表情，这是由一个个鲜活的生命组成的历史，历史一直在路上。深圳人说，这条路更像是一座特区城市展示所有精彩的电影胶带，一路上几乎集中了这个城市的地标性建筑。我所描绘的人物和事物几乎都是沿着这条道路展开和演绎的。无论怎么演绎，你都绕不开深南大道旁的邓小平画像，也绕不开深圳市委大院门口的那尊雕塑，那是一头俯首埋头、脊梁高耸、脚踏实地、浑身鼓足了劲头、正在发力的犍牛。对于深圳建设者来说，这是一头开荒牛；而对这座城市的管理者而言，这是一头孺子牛。你感觉深圳的一切都与这头牛直接相关。这条路除了众多的人文景观和地标性建筑，也是深圳的一条生态景观走廊。一座城市的生态随着时代进化，它打破空间局限，将深圳的山河湖海串联在一起有如一气呵成，一个个花漾街区，一个个街心花园，如城市的精美插图，"路在花海中，人在风景里"，青枝绿叶摇曳的姿影里有被阳光照亮的姹紫嫣红的鲜花，只有万物共生才会如此多姿多彩、生机勃勃……

一个人文荟萃的古老深圳，一个以热血浇铸的现代深圳，数千年的风雨沧桑，四十年的奋发崛起，仿佛正在每一个细胞里释放它的美丽和魅力。对于深圳经济特区如何评估，深圳人一向低调，还是看看旁观者如何评说吧。据英国《经济学人》评估："全球四千多个经济特区，唯有深圳经济特区最成功。"在该刊发布"全球最具经济竞争力城市"榜单上，深圳名列前茅。这是一家拥有全球影响力和公信力的媒体,其办刊宗旨是"参与一场推动前进的智慧与阻碍我们进步的胆怯无知之间的较量",这与中国第一个经济特区的追求不谋而合。

凡所过往,皆为序章。四十年前,深圳从低谷起飞,在国运与命运的双重选择甚至是双重逼迫下,深圳被第一个推向未来,你不知道那河有多深,你只能摸着石头过河,一方面充满了风险与挑战,另一方面也让深圳占得了先机。而历史已经告诉了我们现在的结局,深圳在改革开放中深刻地改变了自己,一个边陲小镇被打造成中国改革开放的一个标本,也堪称中国特色社会主义的杰作。

凡所将至,皆为可期。四十年后,而今迈步从头越,今日之时空已与四十年前不可同日而语。深圳已从低位超越进入了"高位过坎"。这座面积只有约两千平方公里的特区城市,承载着两千多万人口,这是中国人口密度最大的城市之一,而深圳在前四十年的改革开放中已占得先机,如今在负重而行时是否还有可持续发展的后劲?这也是深圳必须直面的问题:如何在极其有限的城市空间中进一步提升承载能力?如何有效提升城市综合治理能力?又如何在两万多亿元生产总值的高位上继续创造奇迹?

每每迈出关键一步,深圳都会审时度势,不断调整前行的姿态。从国内形势看,随着中国经济转型和供给侧结构性改革的不断深入,深圳的一大批高科技企业尤其是中小型民营高科技企业,为了跳出深圳狭小的空间,寻找更大的发展空间,已经把部分制造基地甚至整个企业迁离深圳,这让深圳面临着产业空心化的风险和危机;从国际环境看,随着中美贸易摩擦日益加剧,加上美国对中兴、华为等中国企业的封杀,深圳首当其冲,有人说这对深圳的冲击超过2008年的世界金融危机。而随着美国与日本、欧盟、加拿大、澳大利亚、韩国等发达国家的零关税、零壁垒自由贸易谈判的成功,世界经济格局、世界经济体系和世界经济秩序将面临重大调整,给深圳未来高新技术产业发展带来极大的不确定因素。这也让很多人拭目以待。

中国明白，深圳明白，改革开放已经走到了深水区、攻坚期，中国没有退路，深圳更没有退路，唯一的出路就是全面深化改革，将改革开放进行到底。2018年10月24日，习近平总书记在深圳视察时，走进深圳改革开放展览馆参观"大潮起珠江——广东改革开放40周年展览"，在这里向世界宣示："中国改革不停顿、开放不止步，中国一定会有让世界刮目相看的新的更大奇迹！"

当改革开放进入深水区，深圳又被中央批准为全国第一个中国特色社会主义先行示范区，还是广东人的那句口头禅——我走先！

当改革开放进入攻坚期，你必须敢于硬碰硬，广东人还有一句口头禅——顶硬上！

这话杠杠的，但没有一句空话，深圳人在说出来之前就已经开始干了。

为了拓展未来的发展空间，经中央批准，深圳经济特区现已延伸至汕尾市的深汕特别合作区。2018年12月16日，深圳市深汕特别合作区正式揭牌，标志着深汕特别合作区迈入由深圳市直接管理的全新阶段。这是全国第一个特别合作区，位于粤港澳大湾区最东端，土地面积超过深圳现有面积的五分之一，拥有地级市管理权限。这里原本就是深圳和汕尾的海域连接处，也是海洋文化交融之地。这一带依山面海，邻近国际帆船赛区红海湾，有四十多公里的黄金海岸线，具有打造深水码头的港湾资源。这里是古代海上丝绸之路的重要节点，孙中山先生在《建国方略》中提出要在这里建设南方大港和重要商埠。这一合作区将承接深圳的产业转移，腾讯云计算数据中心、华润新一代数据中心已在此落户。这里也将成为深圳的后花园，建设南方澳渔港度假村、九龙湾生态园、金丽湾度假村、日月湖生态园、水底山温泉度假庄园、鲘门游艇会所暨文化创意产业园项目，发展现代旅游业。在不远的将来，这里还将打造汕尾和粤东重要的航运枢纽。如果我们像当年预期深圳的未来一样预期这一方水土的未来，这里将成为南海边最具竞争力的城市之一，甚至会成为粤东的深圳。

深圳向外扩展的同时，也在进一步深化改革。蛇口，在深圳经济特区的拓荒史上被誉为"特区中的特区",如今紧邻着蛇口的前海湾则是新时代"特区中的特区"。前海有一条双向六车道的主干道,被誉为前海的"深南大道"。走在这条大道上,你才感觉真正走到了改革开放的最前沿,蔚蓝色的天空一往情深地拥抱着蔚蓝色的海水,这是典型的深圳蓝,连阴影也是蔚蓝色的。它们与一座城市默默地交融在一起,仿佛在默契地交换彼此的命运。

这一带是中国(广东)自由贸易试验区前海蛇口片区,堪称二十一世纪的"新经济特区",国家还给予其"比特区还要特"的先行先试政策,拥有"前海合作区+保税港区+自贸区"三区叠加的优势。深圳人说:"前海一起步,就与世界同步。"前海是与世界互联互通、加速建设海上丝绸之路的桥头堡。深圳还将紧紧抓住粤港澳大湾区建设的重大机遇,举全市之力推进粤港澳大湾区建设,将前海打造成粤港澳大湾区的曼哈顿。如今站在前海湾里打量深圳和香港,这两座曾有天壤之别的城市已变得不分上下,难分彼此。这是必然的,她们原本就是同胞姊妹。这两座与大海融为一体的城市,终于在这里得到了水乳交融的理解。前海是深港合作的先行示范区和深港科技创新特别合作区,"双城记"版的故事在新时代里进一步升级,把前海打造成衔接深港两地的创新创业新高地,这是中央赋予前海的使命。

前海只是深圳改革开放再出发迈出的第一步。深圳,从中国第一个经济特区到第一个中国特色社会主义先行示范区,已提出2035年和本世纪中叶的目标任务。凡所将至,皆为可期。新故相推,日生不滞。放眼下一个四十年,深圳人只有一句话:改革没有完成时,只有进行时。

此时,已是2020年春夏之交,我又一次登上了莲花山山顶,站在一位老人在海风中阔步向前的青铜雕塑下,打量着这座我既熟悉又陌生的城市。从莲花山到一个个海湾,那城市丛林仿佛正在静悄悄地生长,生长得仪态万方,如生命一样鲜亮多姿,横看成岭侧成峰,远近高低各不同。在当今城市高度复制的时代,从每一个角度都能看见这座特区城市的与众不同。这绝不是一座钢筋水泥的城市，这座城市展现出来的灵性和智性总是令我震撼。这一切源自海纳百川、轮回循环的情怀，也源自生生不息的万物生灵。我能感觉到，这座特区城市正在静悄悄地积聚力量，等待新一轮的爆发。

2019年4月26日初稿

2020年4月29日改定

参考文献

[1] 吴松营. 邓小平与深圳特区[M]. 北京: 中国青年出版社, 1997.

[2] 邓小平. 邓小平文选: 全三卷[M]. 北京: 人民出版社, 1993.

[3] 江潭瑜. 深圳改革开放史[M]. 北京: 人民出版社, 2010.

[4] 乐正. 深圳之路[M]. 北京: 人民出版社, 2010.

[5] 陈秉安. 大逃港[M]. 广州: 广东人民出版社, 2010.

[6] 《习仲勋主政广东》编委会. 习仲勋主政广东[M]. 北京: 中共党史出版社, 2007.

[7] 田涛, 吴春波. 下一个倒下的会不会是华为[M]. 北京: 中信出版社, 2012.

[8] 《习仲勋传》编委会. 习仲勋传[M]. 北京: 中央文献出版社, 2013.

[9] 中共广东省委党史研究室. 习仲勋主政广东忆述录[M]. 北京: 中共党史出版社, 2013.

[10] 中共广东省委党史研究室. 习仲勋主政广东风采录[M]. 广州: 广东人民出版社, 2013.

[11] 深圳市地方志编纂委员会. 深圳市志[M]. 北京: 方志出版社, 2014.

[12] 涂俏. 袁庚传[M]. 深圳: 海天出版社, 2016.

[13] 黄卫伟. 以奋斗者为本[M]. 北京: 中信出版社, 2014.

[14] 黄卫伟. 以客户为中心[M]. 北京: 中信出版社, 2016.

[15] 习近平. 习近平谈治国理政：二卷[M]. 北京：外文出版社, 2017.

[16] 黄志伟. 华为人力资源管理[M]. 苏州：古吴轩出版社, 2017.

[17] 黄卫伟. 价值为纲[M]. 北京：中信出版社, 2017.

[18] 田涛, 殷志峰. 厚积薄发[M]. 北京：生活·读书·新知三联书店, 2017.

[19] 张利华. 华为研发[M]. 3版. 北京：机械工业出版社, 2017.

[20] 吴晓波. 腾讯传[M]. 杭州：浙江大学出版社, 2017.

[21] 伊恩·古德费洛, 约书亚·本吉奥, 亚伦·库维尔, 等. 深度学习[M]. 赵申剑, 黎彧君, 符天凡, 等, 译. 北京：人民邮电出版社, 2017.

[22] 《邓小平讲话实录》编写组. 邓小平讲话实录：全三册[M]. 北京：红旗出版社, 2018.

[23] 中共中央宣传部. 习近平新时代中国特色社会主义思想三十讲[M]. 北京：学习出版社, 2018.

[24] 张一兵. 深圳通史[M]. 深圳：海天出版社, 2018.

[25] 丁正. 华为高效工作法[M]. 北京：机械工业出版社, 2018.

[26] 马化腾, 等. 指尖上的中国[M]. 北京：外文出版社, 2018.

[27] 人民文学出版社编辑部. 深圳报告[M]. 北京：人民文学出版社, 2018.

[28] 王苏生, 陈搏, 等. 深圳科技创新之路[M]. 北京：中国社会科学出版社, 2018.

[29] 谢志峰, 陈大明. 芯事[M]. 上海：上海科学技术出版社, 2018.

[30] 乐正. 深圳的国际科技产业创新之路[M]. 深圳：海天出版社, 2019.

[31] 深圳创新发展研究院. 改革者[M]. 北京：中信出版社, 2019.

[32] 大疆传媒. 无人机商业航拍教程[M]. 北京：北京科学技术出版社, 2020.

[33] 杰弗瑞·希顿. 人工智能算法：卷1[M]. 李尔超, 译. 北京：人民邮电出版社, 2020.

[34] 任正非. 华为的冬天[Z]. 内部资料.

[35] 任正非. 华为的红旗到底能打多久[Z]. 内部资料.

[36] 任正非. 我的父亲母亲[Z]. 内部资料.

[37] 任正非. 北国之春[Z]. 内部资料.

[38] 华为基本法[Z]. 内部资料.